内 容 简 介

本书内容全面结合中学数学课程改革的内容，借鉴最新初等数学研究方面的理论与实践成果，力求适应新世纪高等师范院校数学教育教学改革实践要求．本书分绪论和正文十章，绪论主要阐述代数学和几何学的发展简史，正文的内容包括数的理论、解析式与不等式、方程、函数、数列、概率与统计初步、平面几何、立体几何、平面解析几何和球面几何初步等．本书在阐述理论内容的同时，结合中学数学内容，特别是近几年高考、各种竞赛的试题等，给出具体的例子，并做详细解答．

本书既可作为高等师范院校数学教育专业本、专科初等数学研究的教材，也可作为中学数学教师继续教育以及其他各级、各类数学教育教学工作者的教学科研参考书．

为方便教师多媒体教学和读者学习，我们提供与教材配套的相关内容的电子资源（包括习题的解答），需要者请电子邮件联系 chengxiaoliang92@163.com．

作 者 简 介

刘 影 1987年本科毕业于四平师范学院数学系，硕士毕业于东北师范大学数学与统计学院．现为吉林师范大学数学学院教授、硕士生导师、数学学科教学论方向学科带头人，吉林省高等师范院校数学教育研究会副理事长、全国高等师范院校数学教育研究会理事．为本科生开设数学教学论、中学数学研究、微格教学、数学教学测量与评价等课程，其中数学教学论课程自1994年至今一直是吉林省高等学校优秀课程．主持或参与完成教育部软科学重点研究项目和省级高等教育教学改革项目多项．在《吉林大学学报（理学版）》、《中小学教师培训》、《中学数学的教与学》等刊物上发表学术论文30余篇，主编和参编教材10余部．2011年其主编的《数学教学论》教材获吉林省优秀教材奖．指导学生参加"东芝杯"全国师范大学理科生教学技能创新大赛，并于2010年获二等奖，2011年获一等奖和创新奖．

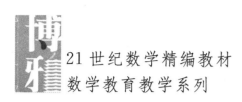

21 世纪数学精编教材
数学教育教学系列

初等数学研究

主　编	程晓亮	刘　影	
副主编	张运林	周仕荣	刘兴华
	范兴亚	喇雪燕	
编著者	刘　影	刘兴华	彭艳贵
	周仕荣	张运林	喇雪燕
	叶根福	陈建荣	王　乐
	柳成行	由　勇	杨灿荣
	马　云	程晓亮	范兴亚
	贺　侠	李春鹏	赵　赫
	张　莉	王雅丽	刘　岩

图书在版编目(CIP)数据

初等数学研究/程晓亮,刘影主编. —北京:北京大学出版社,2011.1
(21世纪数学精编教材·数学教育教学系列)
ISBN 978-7-301-18324-3

Ⅰ.①初… Ⅱ.①程…②刘… Ⅲ.①初等数学－教学研究－师范大学－教材②初等数学－教学研究－中小学 Ⅳ.①G633.602

中国版本图书馆 CIP 数据核字(2010)第 255021 号

书　　　　名:	初等数学研究
著作责任者:	程晓亮　刘　影　主编
责 任 编 辑:	曾琬婷
标 准 书 号:	ISBN 978-7-301-18324-3/O·0831
出 版 发 行:	北京大学出版社
地　　　　址:	北京市海淀区成府路 205 号　100871
网　　　　址:	http://www.pup.cn
电 子 邮 箱:	编辑部 lk1@pup.cn　总编室 zpup@pup.cn
电　　　　话:	邮购部 62752015　发行部 62750672　理科编辑部 62765014　出版部 62754962
印 　刷 　者:	河北滦县鑫华书刊印刷厂
经 　销 　者:	新华书店
	787mm×980mm　16 开本　19.5 印张　408 千字
	2011 年 1 月第 1 版　2024 年 1 月第 12 次印刷
印　　　　数:	39001—43000 册
定　　　　价:	49.00 元

未经许可,不得以任何方式复制或抄袭本书之部分或全部内容。
版权所有,侵权必究
举报电话:(010)62752024　电子邮箱:fd@pup.cn

"21世纪数学精编教材·数学教育教学系列"编委会

名誉主编：高 夯（东北师范大学） 王光明（天津师范大学）

主　编：刘 影（吉林师范大学） 程晓亮（吉林师范大学、首都师范大学）

编　委：王明礼（邢台学院） 徐传胜（临沂师范学院）
　　　　　周其明（皖西学院） 刘宝瑞　徐 伟　彭艳贵（鞍山师范学院）
　　　　　吴晓冬（呼伦贝尔学院） 杨灿荣（安庆师范学院）
　　　　　马秀梅　王雅丽（廊坊师范学院） 翁小勇（遵义师范学院）
　　　　　杨 尚　张海燕（包头师范学院） 孙广才（渭南师范学院）
　　　　　李全有（唐山师范学院） 蔡炯辉　黄 梅（玉溪师范学院）
　　　　　范兴亚　龚剑钧（北京四中） 潘 俭（玉林师范学院）
　　　　　刘金福（四平市实验中学） 李唐海（大庆师范学院）
　　　　　罗彦东（长春市十一高中） 武江红　常金勇（长治学院）
　　　　　王 乐（长春市第二实验中学） 孙雪梅（曲靖师范学院）
　　　　　王 莹（北京市通州区潞州中学） 程广文　郑雪静（泉州师范学院）
　　　　　张智民（唐山市开滦第一中学） 张艳霞　陈海俊（邯郸学院）
　　　　　由 勇　戴 莹（通化市通钢一中） 盛 登（绵阳师范学院）
　　　　　喇雪燕（青海民族大学） 苗凤华（长春师范学院）
　　　　　郭凤秀　何素芳（长江师范学院） 徐建国（通化师范学院）
　　　　　朱石焕　李光海（安阳师范学院） 李春玲（佳木斯大学）
　　　　　潘 瑞（首都师范大学） 李 莉　王 彬　牟 欣（白城师范学院）
　　　　　李云晖　柳成行　王 君（哈尔滨学院） 张运林　赵 赫　张 莉　刘 岩
　　　　　周仕荣（漳州师范学院） 　　（吉林师范大学）
　　　　　王 琦（拉萨师范高等专科学校） 李晓峰　杨继斌（哈尔滨市阿城区教育局）
　　　　　叶根福（杭州高级中学） 李春鹏　贺 侠（四平市第十四中学）
　　　　　刘兴华　李宝占　张广利 李 华（四平一中）
　　　　　　（哈尔滨市阿城区第七中学） 陈建荣（肇庆市高要二中高中部）
　　　　　赵红霞（长春市第104中学） 马 云（东北师范大学附属实验学校）

秘 书 长：程晓亮（吉林师范大学）
责任编辑：曾琬婷　刘 勇（北京大学出版社）

前　言

初等数学研究是高等师范院校数学教育专业必选课程.北京、吉林、安徽、福建、陕西、黑龙江、辽宁、云南、河北、河南、四川、贵州、山西、山东、重庆、内蒙古、广西、青海等二十余个省、市、自治区的二十余所高等师范院校初等数学教学与研究的教师、中学数学一线教师参与了编写本教材的全过程.我们组成提议、编写、审阅委员会.本书内容全面结合中学数学课程改革的内容,借鉴最新初等数学研究方面的理论与实践成果,力求适应新世纪高等师范院校数学教育教学改革实践要求.本书分绪论和正文十章,绪论主要阐述代数学和几何学的发展史,正文的内容包括:数的理论、解析式与不等式、方程、函数、数列、概率与统计初步、平面几何、立体几何、平面解析几何和球面几何初步等内容.本书在阐述理论内容的同时,结合中学数学内容,特别是近几年高考、各种竞赛的试题等,给出具体的例子,并做详细解答.本书的基本内容包括以下几个方面:

1. 代数学的发展历史,几何学的发展历史.
2. 数系的五次扩充,自然数集、整数集、有理数集、实数集和复数集的相关理论.
3. 解析式,绝对值不等式的证明方法,条件不等式的求解,经典的不等式及其应用.
4. 方程与方程组的基本理论,中学常用的解方程(组)的方法,不定方程的理论,整除与同余.
5. 函数概念的三种定义,函数的表示方法,函数的超越性,基本初等函数与初等函数,函数的性质(单调性、有界性、奇偶性、周期性等),函数图像的画法,函数概念的教学.
6. 等差、等比数列的相关问题,求一般数列的通项公式、前 n 项和的方法,数列的差分与高阶等差数列,齐次与非齐次线性递归数列的理论及其应用.
7. 随机事件与样本空间,概率及其计算,统计初步.
8. 平面几何中的著名定理与不等式,平面几何问题的证明.
9. 直线与平面的平行、垂直关系的对偶性,空间向量的数量积和向量积的应用,求解立体几何问题的方法.
10. 曲线、方程与函数,曲线的生成与类型的判别,解析几何问题求解.
11. 球面几何的有关概念,球面三角形.

全书的编写框架结构由吉林师范大学数学学院刘影、程晓亮确定,编写、审稿分工如下:绪论由刘兴华、刘影编写并审阅;第一章由彭艳贵、刘影编写并审阅;第二、三章由周仕荣编写,刘影、杨灿荣审阅;第四章由喇雪燕、程晓亮编写并审阅;第五章由叶根福、程晓亮编写并审阅;第六章由陈建荣、程晓亮编写并审阅;第七章由程晓亮、刘影编写并审阅;第八章由王乐、张莉、程晓亮编写并审阅;第九章由柳成行编写,杨灿荣审阅;第十章由由勇、赵赫、杨灿荣编写,程晓亮审阅.参加编写修改、图文处理工作的还有张运林、范兴亚、马云、戴莹、李春鹏、贺侠、赵红霞、王雅丽、刘岩.全书最后由刘影、程晓亮统稿并经讨论、修改后定稿.

在本书的编写过程中,全国十余所师范院校初等数学教学与研究专家,二十多所中学一线教师看了我们的初稿,提出了许多宝贵的建议,我们在此表示诚挚的谢意.主编刘影、程晓亮得到了东北师范大学高夯教授的热情鼓励,以及吉林师范大学教务处的支持.本书数学史与中学数学教学相结合内容的素材是黑龙江省哈尔滨市阿城区第七中学对新课程改革的实践探索成果,是集体智慧的结晶,感谢田芳、才雪亮、刘燕、张晓红、王冬梅、陶颖等同志的大力支持和帮助.各编写者也得到相应省市、学校的支持和资助,全体编者向给予支持和资助的单位和个人表示衷心的感谢.本书的出版得到北京大学出版社的大力支持,在此我们表示诚挚的谢意.

本书既可作为高等师范院校数学教育专业本、专科初等数学研究的教材,也可作为中学数学教师继续教育以及其他各级、各类数学教育教学工作者的教学科研参考书.

本书内容虽然经过各编委多次讨论、审阅、修改,但限于编者的水平,不妥之处仍然会存在,诚恳希望广大同行和读者给予批评指正.

刘　影　程晓亮

2010 年 8 月

目 录

绪 论 ·· (1)
  第一节　代数学发展简史 ················ (1)
    一、代数学概述 ······························ (1)
    二、代数学的发展 ··························· (2)
  第二节　几何学发展简史 ················ (6)
    一、几何学概述 ······························ (6)
    二、几何学的发展 ··························· (6)
  习题 ·· (12)
  参考文献 ······································· (12)

第一章　数 ······································· (13)
  第一节　数的形成与数系的扩充 ··· (13)
    一、数系的五次扩充 ······················ (13)
    二、数系扩充的途径 ······················ (14)
    三、数系扩充遵循的原则 ··············· (15)
  第二节　自然数理论 ······················ (15)
    一、自然数的基数理论 ·················· (15)
    二、自然数的序数理论 ·················· (18)
    三、自然数集的一些重要性质 ········ (21)
    四、扩大的自然数集 ······················ (22)
  第三节　整数集 ····························· (23)
    一、整数的概念与运算 ·················· (23)
    二、整数的顺序关系 ······················ (25)
    三、整数集的性质 ························· (26)
  第四节　有理数集及其性质 ··········· (28)
    一、有理数的运算 ························· (28)
    二、有理数的顺序关系 ·················· (29)
    三、有理数集的性质 ······················ (30)
  第五节　实数集 ····························· (32)
    一、无理数的引入 ························· (32)
    二、实数的概念 ···························· (32)
    三、实数的顺序关系 ····················· (33)
    四、实数的运算 ···························· (34)
    五、实数的性质 ···························· (35)
  第六节　复数集 ····························· (37)
    一、复数的概念 ···························· (37)
    二、复数的运算 ···························· (37)
    三、复数的表示 ···························· (38)
    四、复数的性质 ···························· (40)
  习题一 ·· (41)
  本章参考文献 ······························· (42)

第二章　解析式与不等式 ·················· (44)
  第一节　解析式 ····························· (44)
    一、数学符号发展简史 ·················· (44)
    二、解析式 ··································· (45)
  第二节　绝对不等式的证明 ··········· (47)
    一、分析法与综合法 ······················ (47)
    二、数学归纳法 ···························· (49)
    三、微积分法 ······························· (52)
    四、其他方法 ······························· (53)
  第三节　条件不等式的求解 ··········· (55)
    一、解条件不等式的相关定理 ········ (55)
    二、一元有理不等式 ····················· (56)
    三、一元无理不等式 ····················· (58)
    四、绝对值不等式 ························ (60)
  第四节　重要不等式 ······················ (62)
    一、平均值不等式 ························ (62)
    二、柯西不等式 ···························· (64)
    三、伯努利不等式 ························ (66)

目录

四、琴森不等式 …………………… (67)
五、排序不等式 …………………… (69)
习题二 ……………………………… (70)
本章参考文献 ……………………… (72)

第三章 方程

第一节 方程的概念 ……………… (73)
 一、方程的基本概念 …………… (74)
 二、方程组的基本概念 ………… (74)
第二节 同解方程 ………………… (75)
 一、方程的同解性 ……………… (75)
 二、方程组的同解性 …………… (79)
第三节 解方程的常用方法 ……… (80)
 一、方程的常用解法 …………… (80)
 二、三次方程和四次方程的
  公式解法 …………………… (84)
 三、五次以上高次方程的解法 … (87)
第四节 方程组的解法 …………… (87)
第五节 方程根的性质 …………… (90)
 一、韦达定理 …………………… (91)
 二、方程的变换 ………………… (92)
 三、关于方程根的近似计算 …… (94)
 四、根的性质的综合运用 ……… (95)
第六节 不定方程 ………………… (98)
 一、二元一次不定方程 ………… (99)
 二、商高不定方程 ……………… (105)
 三、高次不定方程与费马大定理 … (109)
 四、整除与同余 ………………… (110)
习题三 ……………………………… (119)
本章参考文献 ……………………… (121)

第四章 函数

第一节 函数概念的三种定义 …… (122)
 一、函数的定义 ………………… (122)
 二、反函数的定义 ……………… (125)
 三、复合函数 …………………… (125)
 四、函数的常用表示法 ………… (126)
第二节 初等函数 ………………… (127)
 一、基本初等函数 ……………… (127)
 二、基本初等函数的特征性质 … (128)
 三、初等函数及其分类 ………… (130)
 四、函数超越性的证明 ………… (132)
第三节 函数的性质与图像 ……… (135)
 一、函数的定义域和值域 ……… (135)
 二、函数的性质 ………………… (140)
 三、函数的图像及其画法 ……… (148)
第四节 函数概念的教学 ………… (151)
 一、把握不同学段对函数教学的
  不同要求 …………………… (151)
 二、把握函数与代数式、方程的
  关系 ………………………… (152)
 三、把握函数符号表示的变量之间的
  依赖关系和建立函数模型 … (152)
习题四 ……………………………… (153)
本章参考文献 ……………………… (154)

第五章 数列

第一节 等差数列与等比数列 …… (155)
 一、基本概念与简单性质 ……… (155)
 二、与二项展开式系数相关的
  两个公式 …………………… (157)
 三、综合运用 …………………… (159)
第二节 数列的通项公式与求和 … (165)
 一、求数列的通项公式 ………… (165)
 二、数列求和 …………………… (172)
第三节 数列的差分与高阶
  等差数列 …………………… (177)
 一、数列的差分 ………………… (177)
 二、高阶等差数列 ……………… (178)

三、高阶等差数列的应用 ………… (181)
　第四节　线性递归数列 …………… (181)
　　一、基础知识 …………………… (181)
　　二、齐次线性递归数列 ………… (182)
　　三、非齐次线性递归数列 ……… (186)
　习题五 ……………………………… (189)
　本章参考文献 ……………………… (190)

第六章　概率与统计初步 …………… (192)
　第一节　随机事件与样本空间 …… (192)
　　一、必然现象与随机现象 ……… (192)
　　二、随机试验与随机事件 ……… (193)
　　三、事件间的关系与运算 ……… (193)
　第二节　概率的概念与计算 ……… (197)
　　一、两种概率模型 ……………… (197)
　　二、条件概率 …………………… (202)
　　三、全概率公式与贝叶斯公式 … (203)
　　四、事件的独立性 ……………… (205)
　　五、独立试验概型 ……………… (206)
　第三节　随机变量及其分布 ……… (207)
　　一、随机变量的概念 …………… (207)
　　二、随机变量的概率分布 ……… (207)
　第四节　统计初步 ………………… (210)
　　一、总体、个体与样本 ………… (210)
　　二、统计量 ……………………… (211)
　习题六 ……………………………… (211)
　本章参考文献 ……………………… (214)

第七章　平面几何 …………………… (215)
　第一节　平面几何的几个
　　　　　重要定理 ………………… (215)
　第二节　平面几何中的若干
　　　　　重要不等式 ……………… (220)
　　一、关于周长与面积的若干结论 … (220)
　　二、三角形中的基本不等式 …… (221)

　第三节　平面几何问题的证明 …… (223)
　　一、平面几何问题的基本
　　　　证明方法 ………………… (223)
　　二、添加辅助线 ………………… (226)
　　三、问题证明实施的具体办法 … (227)
　习题七 ……………………………… (227)
　本章参考文献 ……………………… (229)

第八章　立体几何 …………………… (230)
　第一节　直线与平面的平行、垂直
　　　　　关系的对偶性 …………… (230)
　　一、对偶原则 …………………… (231)
　　二、对偶原则的理论解释及其启示 … (233)
　第二节　空间向量的数量积与向量积
　　　　　及其在几何中的应用 …… (233)
　　一、空间向量的数量积(内积)
　　　　及其应用 ………………… (233)
　　二、空间向量的向量积(外积)
　　　　及其应用 ………………… (237)
　　三、利用空间向量求解立体几何问题
　　　　综合举例 ………………… (239)
　第三节　求解立体几何问题的
　　　　　方法 ……………………… (245)
　　一、立体几何问题转化为
　　　　向量问题 ………………… (245)
　　二、空间问题与平面问题的转化 … (250)
　　三、化归方法在立体几何问题中的
　　　　应用 ……………………… (254)
　习题八 ……………………………… (255)
　本章参考文献 ……………………… (261)

第九章　平面解析几何 ……………… (262)
　第一节　曲线、方程与函数 ……… (262)
　　一、坐标与坐标系 ……………… (262)
　　二、曲线与方程 ………………… (263)

目录

  三、方程与函数 …………………… (265)
  四、函数与曲线 …………………… (265)
 第二节 曲线的生成与类型的
         判别 ……………………… (265)
  一、曲线的生成 …………………… (265)
  二、圆锥曲线类型的判别 ………… (267)
 第三节 解析几何问题的求解 …… (269)
  一、曲线的方程问题 ……………… (269)
  二、曲线的离心率问题 …………… (270)
  三、与曲线相关的最值问题 ……… (271)
  四、与曲线相关的直线问题 ……… (274)
 习题九 ………………………………… (277)
 本章参考文献 ………………………… (280)

第十章 球面几何初步 ……………… (281)
 第一节 球面几何的有关概念 …… (281)
  一、平面与球面的位置关系 ……… (281)
  二、直线与球面的位置关系和
      球幂定理 ………………… (282)
  三、球面上的距离与角 …………… (283)
  四、球面上的基本图形 …………… (284)
 第二节 球面三角形 ……………… (287)
  一、球面三角形三边之间的关系 … (287)
  二、球面"等腰"三角形 …………… (288)
  三、球面三角形的周长 …………… (288)
  四、球面三角形的内角和 ………… (289)
  五、球面三角形全等 ……………… (291)
  六、球面三角形的正弦定理与
      余弦定理 ………………… (292)
  七、球面多边形与欧拉公式 ……… (294)
 习题十 ………………………………… (296)
 本章参考文献 ………………………… (297)

绪 论

> 正如德国数学家希尔伯特(D. Hilbert)所言:"数学科学是一个不可分割的整体,它的生命正是在于各个部分之间的联系."数学根据自身发展过程中不同时期表现出的不同特点,分为初等数学和高等数学;根据数学问题研究的内容特点分为代数学、几何学、概率与统计学等等.作为教育任务的数学内容,则从知识结构和逻辑关系进行编排整理,分为不同门类,以便于让学生理解和掌握具体的数学概念与数学问题.从数学史发展的角度重新认识所教授的数学内容,从数学文化新视角开展教学活动,以崭新的数学发展历史来解释数学形成过程,达到数学教学与数学真实的和谐统一,对学生未来的发展是大有益处的.

第一节 代数学发展简史

一、代数学概述

公元 8 世纪,阿拉伯第一位伟大的数学家阿尔·花拉子米(al-Khowārizmī)的著名数学著作《还原和对消计算》(或翻译成《论复位及调整》),是代数学成为数学独立分支的重要标志. 此书名由阿拉伯文译为拉丁文"Ludus algebrae et almucgrabalaeque",简称为"algebra". 1859 年,我国清代数学家李善兰首次把"algebra"译成"代数学".

代数学从广义而言,是研究符号形式的运算的科学. 其发展经历了三个阶段:文辞阶段、缩写阶段、符号阶段. 文辞阶段的代数特点就是完全不用符号. 缩写阶段的代数,首先在埃及发展起来的,用某些常用的字逐渐缩写来表示运算,缩写已经成为一种符号. 公元 3 世纪,希腊数学家丢番图(Diophantus)在著作《算术》中用的全部符号都是缩写. 丢番图将符号引入到数学中,研究的对象就变为一个完全抽象物,成为某一指定运算的运算符号. 公元 7 世纪,印度数学家和天文学家婆罗摩笈多(Brahmagupta)创造了一套用颜色表示未知数的符号,即用相应颜色名称的字头作为未知数的符号. 我国古代也曾用不同字表示常数(已知数)或未知数, 在南宋数学家李冶的著作中, 用"元"表示未知数, "太"表示已知数. 代数学史的转折点是 16 世纪法国人弗朗西斯科·维叶德(Franciscus Vieta)用 A 或其他大写字母表示未知量, 使代数学进入了符号化时代. 直到十六七世纪, 法国数学家韦达(F. Vieta)在前人经验的基础上, 有意识、系统地用字母表示数. 在他的作品《分析入门》中, 把代数学看做一门完全符号化的科学, 引入了抽象的符号, 用元音字母表示未知数, 用辅音字母表示已知数. 他被西方人称为"代数之父". 1637 年法国数学家笛卡儿(Descartes)用小写字母 $a,b,c,\cdots$ 表示已知数, 用 $x,y,z,\cdots$ 表示未知数, 初步建立了代数学符号系统, 发展成为今天的习惯用法. 初等代数是算术的推广, 即用字母表示数, 进行数、字母与表达式之间的运算. 字母将代数学从字句的制约下解放出来, 使得方程的研究获得了新的生命. 方程的解法使人们获得了打开未知世界的金钥匙. 由此, 方程的研究成为代数学研究的中心问题之一.

在方程发展与完善的历史长河中, 随着字母表示数参与的运算体系的形成, 直到十六七世纪, 代数方程体系在韦达奠定的基础上, 由笛卡儿基本完成. 伴随数域的扩张, 方程理论跨入了现代化. 代数的发展由古代的算术、代数、几何的相互交融的初等代数时期, 逐渐发展到了高等代数和抽象代数的广阔领域.

二、代数学的发展

1. 代数学的发展基础——算术

算术是数学中最古老的一个分支, 它的一些结论是在长达数千年的时间里, 缓慢而逐渐地建立起来的. 算术有两种含义, 一种是从中国传下来的, 相当于一般所说的"数学", 如《九章算术》中的"算术". 另一种是从欧洲数学翻译过来的, 源自希腊语, 有"计算技术"之意. 现在一般所说的"算术", 往往指自然数的四则运算. 如果是在高等数学中, 则有"数论"的含义. 作为现代小学课程内容的算术, 主要讲的是自然数、正分数以及它们的四则运算, 并通过由计数和度量而引出的一些最简单的应用题加以巩固.

《九章算术》是世界上最早系统叙述了分数运算的著作, 其中"盈不足"的算法更是一项令人惊奇的创造;"方程"章还在世界数学史上首次阐述了负数及其加减运算法则. 在代数方面,《九章算术》在世界数学史上最早提出负数概念及正、负数加减运算法则. 现在中学讲授的线性方程组的解法和《九章算术》介绍的方法大体相同.《九章算术》是我国几代人共同劳动的结晶, 它的出现标志着我国古代数学体系的形成. 后世的数学家, 大多数都是从《九章算术》开始学习和研究数学知识的.

19 世纪中叶, 德国数学家格拉斯曼(Grassmann)第一次成功地挑选出一个基本公理体系, 来定义加法与乘法运算, 而算术的其他命题, 可以作为逻辑的结果, 从这一体系中被推导出来. 后来, 意大利数学家皮亚诺(G. Peano)进一步完善了格拉斯曼的体系, 形成了皮亚诺公理.

算术的基本概念和逻辑推论法则,以人类的实践活动为基础,深刻地反映了世界的客观规律性.尽管它是高度抽象的,但由于它概括的原始材料是如此广泛,因此我们几乎离不开它.同时,它又构成了数学其他分支的最坚实的基础.

2. 代数学成为独立分支——初等代数

作为中学数学课程主要内容的初等代数,其中心内容是方程理论.代数方程理论在初等代数中是由一元一次方程向两个方面扩展的:其一是增加未知数的个数,考查由几个未知数的若干个方程所构成的二元或三元方程组(主要是一次方程组);其二是增高未知数的次数,考查一元二次方程或准二次方程(即双二次方程,其一般形式为 $ax^4+bx^2+c=0(a,b\neq 0)$).初等代数的主要内容在 16 世纪便已基本上发展完备.

公元前 19 世纪—前 17 世纪,古巴比伦人解决了一次和二次方程问题.欧几里得(Euclid)的《几何原本》(公元前 4 世纪)中有用几何形式解二次方程的方法.我国的《九章算术》(公元 1 世纪)中有三次方程和一次联立方程组的解法,并运用了负数.3 世纪丢番图用有理数求一、二次不定方程的解.13 世纪我国出现的天元术(见李冶《测圆海镜》)是有关一元高次方程的数值解法.16 世纪意大利数学家塔尔塔利亚(N. Tartaglia)、费拉里(L. Ferrari)先后成功地得到了三次和四次方程的求根公式.16 世纪法国数学家韦达开始有意识地系统使用数学符号,他不仅用字母表示未知数及其方幂,而且还用字母表示方程的系数和常数项.韦达认为,代数与算术是不同的,算术仅研究关于具体数的计算方法,而代数则研究关于事物的类或形式的运算方法.字母表示数的思想方法是代数学发展史上的一个重大转折,从此,代数从算术中很快分离出来,成为一门独立的学科.

3. 代数学的深化阶段——高等代数

随着生产力的进一步发展,许多数量关系问题,都被归结为代数方程的求解问题.人们开始把注意力集中到关于方程和方程组求解的一般理论研究上.对二次以上方程求解问题的研究发展成为多项式理论;对一次方程组(即线性方程组)求解问题的研究发展成为线性代数理论.

16 世纪初,人们开始研究五次以至更高次代数方程的根式解法.在随后的三个世纪中,许多数学家为此付出了大量的精力,最后由挪威数学家阿贝尔(Abel)完成了定理"次数大于四的一般代数方程不可能有根式解"的证明.在 1830 年,法国数学家伽罗瓦(E. Galois)解决了方程有根式解的充分必要条件这个意义更为广泛的问题,创立了伽罗瓦理论.代数方程的另一个极其重要的成果是代数学基本定理,即:一元 n 次复系数多项式方程在复数域内有且只有 n 个根(重根按重数计算).在瑞士数学家欧拉(Euler)、法国数学家达朗贝尔(d'Alembert)研究的基础上,由德国数学家高斯(Gauss)在 1799 年圆满地完成了它的证明.

17 世纪日本数学家关孝和(Seki Kowa)提出了行列式的概念,他在 1683 年写了一部叫做《解伏题之法》的著作,意思是"解行列式问题的方法",书里对行列式的概念和它的展开已经有了清楚的叙述.而在欧洲,第一个提出行列式概念的是德国的数学家、微积分学奠基人之一——莱布尼茨(Leibnitz).17世纪下半叶,从研究线性方程组的解法出发,在莱布尼茨、英国数学家凯莱(Cayley)等人的努力下,建立了以行列式、矩阵、线性变换等为主要内容的线性代数.这标志着高等代数理论体系的建立.

1750 年瑞士数学家克莱姆(Cramer)在他的《线性代数分析导言》中发表了求解线性系统方程的重要基本公式(即人们熟悉的克莱姆法则).

1764 年,法国数学家贝祖(Bezout)把确定行列式每一项的符号的方法系统化.对给定含 n 个未知量的 n 个齐次线性方程,贝祖证明了系数行列式等于零是这方程组有非零解的条件.法国数学家范德蒙(Vandermonde)是第一个对行列式理论进行系统阐述(即把行列式理论与线性方程组的求解相分离)的人,并且给出了一条法则,用二阶子式和它们的余子式来展开行列式.针对行列式本身进行研究这一点而言,他是这门理论的奠基人.1772 年,法国数学家拉普拉斯(Laplace)在《对积分和世界体系的探讨》中证明了范德蒙的一些规则,并推广了行列式展开的方法:在 n 阶行列式中,任意取定 r 行(列)($1\leqslant r\leqslant n$),由这 r 行或列组成的所有 r 阶子式与它们的代数余子式的乘积之和等于其行列式.这个方法现在仍然以他的名字命名,称为拉普拉斯定理.1841 年,德国数学家雅可比(Jacobi)总结并提出了行列式的最系统的理论.另一个研究行列式的是法国最伟大的数学家柯西(Cauchy),他大大发展了行列式的理论.在行列式的记号方面,他把元素排成方阵并首次采用了双重足标的新记法;与此同时他发现两行列式相乘的公式,还改进并证明了拉普拉斯的展开定理.

1848 年,英格兰的西尔维斯特(J. J. Sylvester)首先提出了"矩阵"这个词,它来源于拉丁语,代表一排数.在 1855 年矩阵代数得到了凯莱的进一步发展.凯莱研究了线性变换的组成并提出了矩阵乘法的定义,使得复合变换 ST 的系数矩阵变为矩阵 S 和矩阵 T 的乘积.他还进一步研究了那些包括矩阵的逆在内的代数问题.1858 年,凯莱在他的矩阵理论文集中提出著名的 Cayley-Hamilton 理论:在矩阵 A 的特征方程中,以 A 代替变量,则得到一个零矩阵.利用单一的字母 A,B 等来表示矩阵对矩阵代数发展是至关重要的.在发展的早期,公式 $\det(AB)=\det(A)\det(B)$ 为矩阵代数和行列式之间提供了一种联系.柯西首先给出了特征方程的术语,并证明了阶数超过 3 的矩阵有特征值及任意阶实对称矩阵都有实特征值;给出了相似矩阵的概念,并证明了相似矩阵有相同的特征值;研究了代换理论.

矩阵的发展是与线性变换密切相连的,到 19 世纪它还仅占线性变换理论形成中有限的空间.第二次世界大战后随着现代数字计算机的发展,矩阵又有了新的含义,特别是在矩阵的数值分析等方面.由于计算机的飞速发展和广泛应用,许多实际问题可以通过离散化的数值计算得到定量的解决.于是作为处理离散问题的线性代数,成为从事科学研究和工程设计的科技人员必备的数学基础.

4. 代数学的抽象化阶段——抽象代数

抽象代数又称近世代数,它产生于 19 世纪.抽象代数是研究各种抽象的公理化代数系统的数学学科. 由于代数可处理实数与复数以外的物集,例如向量、矩阵、变换等的集合,这些物集分别是依它们各有的演算定律而定,而数学家将个别的演算经由抽象手法把共有的内容升华出来,并因此而达到更高层次,这就诞生了抽象代数. 抽象代数包含群论、环论、伽罗瓦理论、格论、线性代数等许多分支,并与数学其他分支相结合产生了代数几何、代数数论、代数拓扑、拓扑群等新的数学学科. 抽象代数已经成了当代大部分数学的通用语言.

被誉为天才数学家的伽罗瓦是近世代数的创始人之一. 他深入研究了一个方程能用根式求解所必须满足的本质条件,他提出的"伽罗瓦域"、"伽罗瓦群"和"伽罗瓦理论"都是近世代数所研究的最重要的课题. 伽罗瓦群理论被公认为 19 世纪最杰出的数学成就之一,它给方程可解性问题提供了全面而透彻的解答,解决了困扰数学家们长达数百年之久的问题. 伽罗瓦群论还给出了判断几何图形能否用直尺和圆规作图的一般方法,圆满解决了三等分任意角或倍立方体的问题都是不可解的. 最重要的是,群论开辟了全新的研究领域,以结构研究代替计算,把从偏重计算研究的思维方式转变为用结构观念研究的思维方式,并把数学运算归类,使群论迅速发展成为一门崭新的数学分支,对近世代数的形成和发展产生了巨大影响. 同时这种理论对于物理学、化学的发展,甚至对于 20 世纪结构主义哲学的产生和发展都产生了巨大的影响.

1843 年,爱尔兰数学家哈密顿(W. R. Hamilton)发明了一种乘法交换律不成立的代数——四元数代数. 第二年,格拉斯曼推演出更具有一般性的几类代数. 他们的研究打开了抽象代数的大门. 实际上,减弱或删去普通代数的某些假定,或将某些假定代之以别的假定(与其余假定是兼容的),就能研究出许多种代数体系.

1870 年,德国数家克罗内克(Kronecker)给出了有限阿贝尔群的抽象定义;德国数学家戴德金(R. Dedekind)开始使用"体"的说法,并研究了代数体;1893 年,德国数学家韦伯(Weber)定义了抽象的体;1910 年,德国数学家施坦尼茨(Steinitz)展开了体的一般抽象理论;戴德金和克罗内克创立了环论;1910 年,施坦尼茨总结了包括群、代数、域等在内的代数体系的研究,开创了抽象代数学.

有一位杰出女数学家被公认为抽象代数奠基人之一,被誉为"代数女皇",她就是德国数学家诺特(E. Noether). 诺特的工作在代数拓扑学、代数数论、代数几何的发展中有重要影响. 1907—1919 年,她主要研究代数不变式及微分不变式. 她给出了三元四次型不变式的完全组,还解决了有理函数域的有限有理基的存在问题,对有限群的不变式具有有限基给出了一个构造性证明. 她不用消去法而用直接微分法生成微分不变式,讨论连续群(李群)下不变式问题,给出了诺特定理,把对称性、不变性和物理的守恒律联系在一起. 1916 年后,她开始由古典代数学向抽象代数学过渡. 1920 年,她已引入"左模"、"右模"的概念. 1921 年她完成的《整环的理想理论》是交换代数发展的里程碑,其中建立了交换诺特环理论,证明了准素分解定理. 1926 年,她发表《代数数域及代数函数域的理想理论的抽象构造》,给戴德金环一个公理刻画,指出素理想因子唯一分解定理的充分必要条件. 诺特的这套理论也就是现代数学中的"环"和"理想"的系统理论. 一般认为抽象代数形成的时间就是 1926 年, 从此代数学研究对象由研究代数方程根的计算与分布, 进入到研究数字、文字和更一般元素的代数运算规律和各种代数结构, 完成了古典代数到抽象代数的本质的转变. 诺特的思想通过她的学生、荷兰数学家范·德·瓦尔登(Van der Waerden)的名著《近世代数学》得到广泛的传播, 她的主要论文收在《诺特全集》(1982)中.

1930 年, 美国数学家伯克霍夫(G. Birkhoff)建立格论, 它源于 1847 年的布尔代数. 第二次世界大战后, 出现了各种代数系统的理论和布尔巴基学派. 1955 年, 法国数学家亨利·嘉当(Henri Cartan)、法国数学家格洛辛狄克(A. Grothendieck)和美国数学家艾伦伯格(S. Eilenberg)建立了同调代数理论.

到现在为止, 数学家们已经研究过二百多种代数结构, 其中最主要的若当代数和李代数是不服从结合律的例子. 这些工作的绝大部分属于 20 世纪, 它们使一般化和抽象化的思想在现代数学中得到了充分的反映.

第二节 几何学发展简史

几何是人类认知世界、理解世界的有效工具. 正如荷兰数学家和数学教育家弗赖登塔尔(H. Freudenthal)所言:"在认知现实世界和联系现实, 使现实世界数学化方面, 几何的作用是无法替代的."古典几何学所代表的公理化方法、数形结合思想已经成为现代数学教育最基本的思想方法.

一、几何学概述

几何, 英文为 Geometry, 是由希腊文演变而来的, 其原意是土地测量. 由于尼罗河周期性泛滥, 为了重新划分地界, 需要有土地测量技术, 进而产生了几何学. 明代徐光启和利玛窦翻译欧几里得的《几何原本》时, 将"Geometry"一词译为"几何学". 几何学是研究形的科学, 以视觉思维为主导, 培养人的观察能力和空间想象能力. 几何学中最先发展起来的是欧几里得几何(也称欧氏几何). 到文艺复兴时期, 几何学上第一个重要成果是法国数学家笛卡儿和费马(Fermat)的解析几何. 他们把代数方法应用于几何学, 实现了"数"和"形"的相互结合与沟通. 随着透视画的出现, 又诞生了一个全新的几何学——射影几何. 到 19 世纪上半叶, 非欧几何诞生了. 人们的思想得到了很大的解放, 各种非欧几何、微分几何、拓扑学都相继产生, 几何学进入了一个空前繁荣的时期.

二、几何学的发展

纵观几何学的发展, 从欧氏几何到非欧几何经历了数千年的探索与研究. 几何学的发展大体上可分为如下五个时期:

第二节 几何学发展简史

1. 几何学的萌芽时期

这个时期是指几何学成为一门独立的数学分支之前的整个历史时期,其主要特点是,人们从生活、生产实践的丰富经验中,总结出几何图形及它们关系的一些结论,逐步形成了图形、几何命题及证明的概念.这个时期主要是在埃及、巴比伦、中国和希腊等国家初创,而在希腊得到发展.

几何学最早有记录的开端可以追溯到古埃及、古印度和古巴比伦,其年代大约始于公元前3000年.早期的几何学是关于长度、角度、面积和体积的经验原理,被用于满足在测绘、建筑、天文和各种工艺制作中的实际需要.在它们中间,有令人惊讶的复杂的原理,以至于现代的数学家很难不用微积分来推导它们.例如,古埃及和古巴比伦人都在毕达哥拉斯(Pythagoras)之前1500年就知道了毕达哥拉斯定理(勾股定理);古埃及有计算方形棱锥的锥台(截头金字塔形)体积的正确公式;而古巴比伦有三角函数表.

我国对几何学的研究也有悠久的历史.公元前1000年以前,在我国的黑陶文化时期,陶器上的花纹就有菱形、正方形和圆内接正方形等许多几何图形.公元前500年,在墨翟所著的《墨经》里有几何图形的一些知识.在《九章算术》里,记载了土地面积和物体体积的计算方法.在《周髀算经》里,记载了直角三角形的三边之间的关系,这就是著名的勾股定理——"勾三股四弦五",也称为商高定理.祖冲之的圆周率也是著称世界的.还有我国古代数学家刘徽、王孝通等对几何学都作出了重大的贡献.

古希腊人由于跟古埃及人通商,学到了测量与绘画等的几何初步知识.古希腊人在这些几何初步知识的基础上,逐步充实并提高成为一门完整的几何学.

2. 几何学成为独立分支时期

这个时期的标志是,公元前3世纪希腊大数学家欧几里得把在他以前的古埃及和古希腊人的几何学知识加以系统的总结和整理,编写成《几何原本》.这部书是世界上最著名、最完整而且流传最广的数学著作,也是欧几里得最有价值的一部著作.在《几何原本》里,欧几里得把人们公认的一些事实列成定义和公理,以形式逻辑的方法,用这些定义和公理来研究各种几何图形的性质,从而建立了一套从公理、定义出发,论证命题得到定理的几何学论证方法,形成了一个严密的逻辑体系——几何学.这标志着几何学成为一个独立分支.

《几何原本》中的五条公理:
(1) 等于同量的量彼此相等;
(2) 等量加等量,其和相等;
(3) 等量减等量,其差相等;
(4) 彼此能重合的物体是全等的;
(5) 整体大于部分.

五条公设:

(1) 过两点能作且只能作一直线；

(2) 线段(有限直线)可以无限地延长；

(3) 以任一点为圆心,任意长为半径,可作一圆；

(4) 凡是直角都相等；

(5) 同平面内一条直线和另外两条直线相交,若在直线同侧的两个内角之和小于 $180°$,则这两条直线经无限延长后在这一侧一定相交.

最后一条公设就是著名的平行公设,或者叫做第五公设.它引发了几何史上最著名的长达两千多年的关于"平行线理论"的讨论,并最终诞生了非欧几何.非欧几何则在推翻第五公设的前提下进行了另外情况的讨论.

3. 几何学蓬勃发展时期

笛卡儿引进直角坐标系,用代数方法研究几何问题,建立了"解析几何".法国数学家蒙日(Monge)把微积分的方法引进几何学,产生了"微分几何".法国数学家彭赛列(Jean-Victor Poncelet)建立了完整的"射影几何".由蒙日开创,产生了解决工程绘图问题的"画法几何".这些新的几何学分支采用了不同的研究方法,扩大了研究的对象,但它们的基础并没有改变.

解析几何的诞生是数学史上的一个伟大的里程碑.它的创始人是 17 世纪法国数学家笛卡儿和费马.他们都对欧氏几何和代数的局限性表示不满：欧氏几何过于抽象,过多地依赖于图形,而代数又过于受法则和公式的约束,缺乏直观.同时,他们认识到几何学提供了有关真实世界的知识和真理,而代数学能用来对抽象的未知量进行推理,是一门潜在的方法科学.因此,把代数学和几何学中的精华结合起来,取长补短,一门新的学科——解析几何诞生了.解析几何的基本思想是用代数方法研究几何学,从而把空间的论证推进到可以进行计算的数量层面,对空间的几何结构代数化,用一个基本几何量和它的运算来描述空间的结构.这个基本几何量就是向量,基本运算是指向量的加、减、数乘、内积和外积.向量的运算是几何基本性质的代数化.费马和笛卡儿研究解析几何的方法是不同的,费马是从方程出发来研究它的轨迹,而笛卡儿是从轨迹出发建立它的方程.这正是解析几何中一个问题的正、反两个方面的提法,但各有侧重,前者是从代数到几何,而后者是从几何到代数.从历史发展来看,后者更具有突破性.

19 世纪初,蒙日首先把微积分应用到曲线和曲面的研究中去,并于 1807 年出版了他的《分析在几何学上的应用》一书,这是微分几何最早的一本著作.在这些研究中,可以看到力学、物理学与工业的日益增长的要求是促进微分几何发展的因素.1827 年,高斯发表了《关于曲面的一般研究》的著作.这在微分几何的历史上有重大的意义,它的理论奠定了现代形式曲面论的基础.微分几何发展经历了 150 年之后,高斯抓住了微分几何中最重要的概念和根本性的内容,建立了曲面的内在几何学.其主要思想是强调了曲面上只依赖于第一基本形式的一些性质,例如曲面上曲线的长度、两条曲线的夹角、曲面上区域的面积、测地线、测地线曲率和总曲率等. 1872 年,法国数学家克莱因(C. F. Klein)在德国埃尔朗根大学作就职演讲时,阐述了"埃尔朗根纲领",用变换群对已有的几何学进行了分类. 在"埃尔朗根纲领"发表后的半个世纪内,它成了几何学的指导原理,推动了几何学的发展,导致了射影微分几何、仿射微分几何、共形微分几何的建立.

对综合几何的兴趣直到 18 世纪末才被重新唤起,这主要归功于蒙日的画法几何. 他指出画法几何只是射影几何的一个方面,这促使了更一般的射影几何与几何变换理论的发展. 射影几何主要是用正投影法来研究图示和图解空间几何的各种问题,其次是用轴测投影法来反映物体,使之富有立体感,作为帮助看图的辅助性样图. 射影几何是现代数学中一个重要的分支,专门研究空间物体在投影变换下的几何性质. 1814—1816 年,彭赛列在俘虏营的两年中,回忆、思考所学过的数学,创立了射影几何,写成《论图形的射影性质》一书. 彭赛列致力于研究图形经过任意中心射影的不变性,提出交比的概念,引进"无穷远"元素,并且作了系统的发展. 他还研究了二次曲线和曲面的配极理论,并由此得到一般的对偶原理. 此外,他直观地讨论了一类图形在一定范围内连续变动时所保持的性质,并应用于虚元素. 1827 年前后,德国数学家普吕克(T. Plücker)等人引进齐次坐标,以代数为工具建立了射影几何的理论体系.

4. 几何学的变革时期

这个时期的标志是,俄国数学家罗巴切夫斯基(Lobatchevscy)、匈牙利数学家亚诺什·鲍耶(Janos Bolyai)和德国数学家高斯分别建立的非欧几何. 它改变了人们对空间形式的认识,为建立新的空间观和几何体系铺平了道路.

非欧几何最初是指罗巴切夫斯基几何,是通过否定欧氏几何的平行线公理但保留其他公理而得到的,它的发现与发展经历了漫长的过程.

《几何原本》中的第五公设被认为是不证自明的真理,作为全书的逻辑推理的基石,而它的公设资格受到世人的怀疑与质疑. 历经两千多年的讨论与研究,许多数学家为此呕心沥血,耗尽毕生精力,却劳而无获. 然而,这种探讨却引发了意义深远的思想变革,开辟了科学发展的新天地.

最早提出大胆假设的是意大利数学家萨开里(Saccheri)和德国数学家兰伯特(Lambert). 他们开始怀疑第五公设的可证性,认为与直观表象不符的但逻辑推理上没有矛盾的结论可能是一种新的几何学. 第一个给出这个问题正确提法的是高斯. 他发展了由第五公设相反的断言推导出来的一系列定理,并得到了一种新几何体系的雏形. 但是高斯迫于当时社会舆论压力,隐藏了自己的研究. 高斯的同学亚诺什·鲍耶坚持探索与研究,其思路与高斯不谋而合. 他在 1823 年发表了《空间的绝对几何学》,但他遭到了世人的打击,包括高斯本人. 最终解决第五公设问题的是罗巴切夫斯基. 罗巴切夫斯基 22 岁起开始研究第五公设,起初也想找出第五公设的证明,试用的方法及得到的结果都与萨开里基本相同. 然而正是在萨开里以为成功,兰伯特望而止步的地方,罗巴切夫斯基以深刻的洞察力提出了导致几何革命的新思想.

  罗巴切夫斯基引用与第五公设相反的断言:"过不在已知直线上的一点,可以引至少两条直线平行于已知直线."与之相应的非欧几何三角形内角和是"任何一个三角形的内角和小于二直角".罗巴切夫斯基保留欧几里得除第五公设以外的其他公设,以此为基础,经过严格推理、演绎,得到了一连串与欧氏几何不同的命题.他发现这样构成的逻辑体系如同欧氏几何一样,本身相容,找不出任何矛盾,于是确认这个系统是一种新几何.后人把这种仅仅改变了平行公理的几何称为非欧几何.罗巴切夫斯基的新几何学说打破了人们两千年来"只能有一种几何学"的根深蒂固的信念,把几何学从其传统模式中解放出来.从发现新几何学的时间上来说,高斯在先,亚诺什·鲍耶几乎与罗巴切夫斯基同时.但就论文发表的时间之早、论证之完整、内容之丰富,以及终生不渝宣传新几何、捍卫新几何的功绩而言,高斯与亚诺什·鲍耶都无法同罗巴切夫斯基相比.世人称新几何学为罗氏几何.

  与罗氏几何体系相类似,德国数学家黎曼(Riemann)针对《几何原本》中的第五公设,提出了另一种新的几何体系,被后人称为"黎曼几何".其根本出发点是"过直线外一点的任意直线都与已知直线相交".黎曼把球面作为平面,球面上对径点(球面直径的两端点)视为一个点,建立黎曼半球面模型,进而建立了球面几何.在此基础上,黎曼于1854年建立了更广泛的一类非欧几何学——黎曼几何,并提出多维拓扑流形的概念.1857年,黎曼详细地讨论了黎曼面,把多值函数看成黎曼面上的单值函数.在几何发展史上,通常把黎曼几何与罗氏几何统称为"非欧几何".

5. 几何学的统一时期

  克莱因在著名几何学家普吕克的指导下,拜读了英国数学家凯莱的著作.他把凯莱的绝对形二次曲面的性质具体化,当绝对形二次曲面是实椭球面、实椭圆抛物面或实双叶双曲面时,便得到罗氏几何;而当绝对形二次曲面是虚的时,便得到狭义黎曼几何(正的常曲率);如果绝对形是球面虚圆,其齐次坐标方程为 $x^2+y^2+z^2=0, t=0$,便得到通常的欧氏几何.于是欧氏几何、罗氏几何和狭义黎曼几何等几种度量几何都被统一于射影几何而成为其特例.在此背景下克莱因还把上述几何学予以重新命名.他把罗氏几何叫做双曲几何,正的常曲率曲面上的黎曼几何叫做椭圆几何,而把欧氏几何称为抛物几何.克莱因对三种几何学的重新命名同样体现了他追求几何理论统一性的思想.他在1871年8月的一篇论文"论所谓非欧几何学"中将这种思想清楚地表述出来.克莱因对于几何学理论的统一性有着执著的追求,他在成功地把几种度量几何统一于射影几何之后,就立即在更深层次上寻求统一各种几何学理论的基础.

  在19世纪,人们开始把几何中图形的一些性质看做是一种"变换"运动的结果.在欧氏几何中,图形在作旋转、反射、平移等变换的过程中,该图形中线段的长短、角的大小是保持不变的,于是人们就称长度、角度是这种变换中的不变量.这就导致了对几何学中"不变量理论"的研究,并将它与群论结合起来.19世纪数学史上的重大突破之一是,伽罗瓦创造性地提出了"群"的概念和理论.所谓"群"是指一种"代数结构",即一个集合,在其抽象的元素之间赋予若干抽象的代数运算(如乘法运算),而且这些运算满足若干定律(如结合律、同一律等).

1870年4月,克莱因和挪威数学家李(M. S. Lie)向法国数学家若当(Jordan)讨教群论的知识.若当的《置换群》一书对克莱因产生了巨大影响.克莱因和李合作撰写论文,其中就涉及群的观点以及集合在某些变换下不变的性质.1870年,法国数学家若当发表了著作《置换群》,系统地发展了伽罗瓦的群论.克莱因在1871年至1872年进一步把群论、变换理论、不变量理论与几何学联结起来,做起了用变换群的观点在更深层次上将各种几何学理论统一起来的研究工作.

克莱因在"埃尔朗根纲领"中指出:存在通常空间的这样变换,使得空间图形的几何性质保持不变.事实上,几何性质本身不依赖于所考虑对象的位置、绝对大小及定向.空间图形的性质在空间中的运动、相似变换、反射以及它们所生成的一切变换之下都保持不变.所有这些变换的总体,称为空间变换的主群.几何性质在主群中的变换之下保持不变.这也可以改写为:几何性质由在主群中的变换之下保持不变的事实来刻画.于是,他认为每种几何学理论都可由变换群所刻画,每种几何学理论所要研究的就是几何图形在其变换群下的不变量(即不变性质);而一门几何学的子几何学理论就是研究原来变换群的子群下的不变量.射影变换群下的不变量有线性、共线性、交比、调和集以及保持为圆锥曲线不变等.在此基础上,克莱因论证了欧几里得变换群是射影变换群的子群.所以,欧氏几何是射影几何的子几何学.克莱因还把上述思想进一步推广到 n 维流形之上.他不仅把圆几何及球面几何也看成研究某些射影变换群的某些子群的不变性质,而且还进一步扩大了他的纲领的应用范围:代数几何研究双有理变换下的不变性,拓扑学研究连续变换下的不变性.克莱因的几何学群论思想,以简单明了的方式把相当多的几何学统一了起来,给已有的多种几何学提供了一个系统的分类方法,并提示了许多可供研究的问题,引导以后的几何学家的研究工作达50年之久,对几何学的发展产生了深刻的影响.克莱因对统一性的孜孜追求,对整个数学的发展也产生了深刻的影响.

20世纪初,德国数学家希尔伯特发起了公理化运动,提出以"公理系统"作为统一各门数学的基础.希尔伯特在《几何基础》中对欧氏几何及有关几何的公理系统进行了深入的研究.他比任何前人都更加透彻地弄清了公理系统的逻辑结构与内在联系.他提出的公理系统包括了20条公理,并将它们分为五组:关联公理、顺序公理、合同公理、平行公理、连续公理.在这样自然地划分公理之后,他在历史上第一次明确地提出了选择和组织公理系统的原则,即:相容性、独立性和完备性.相容性是指从系统的公理出发不能推出矛盾,故也称无矛盾性;独立性是指系统的每一条公理都不能是其余公理的逻辑推论;完备性是指系统中所有的定理都可由该系统的公理推出.在这样组织起来的公理系统中,通过否定或者替换其中的一条或几条公理,就可以得到相应的某种几何.例如,用罗巴切夫斯基平行公理替代欧几里得平行公理,而保持其余公理不变,就可以得到双曲几何.这样的做法不仅给出了已有几门非欧几何的统一处理,还可以引出新的几何学.希尔伯特所发展的这种形式公理化方法在 20 世纪已远远超出了几何学的范围而成为现代数学甚至某些物理领域中普遍应用的科学方法.

习 题

1. 简述代数学发展中的几种观点.
2. 在教学中如何介绍代数学发展的相关历史?
3. 代数学发展对数学教学有哪些启示?
4. 在几何学发展过程中,几何学有哪几种分类?举例说明.
5. 非欧几何发展初期,有哪些数学家进行了尝试性的探索工作?
6. 对解析几何的建立,历史上都有哪些数学家做过突出贡献?
7. 中学教学中如何将解析几何的核心思想渗入到教学中?举例说明.
8. 欧氏几何与非欧几何有哪些联系与区别?举例说明.
9. 如何理解变换群统一下的几何学?

参 考 文 献

[1] 菲利克斯·克莱因.高观点下的初等数学(第二卷·几何).舒湘芹,陈义章,杨钦樑,译.上海:复旦大学出版社,2009.
[2] 王树禾.数学百家.北京:国防工业出版社,2006.
[3] 钱宝琮.中国数学史话.北京:中国青年出版社,1957.
[4] 邓明立,张红梅.群论统一几何学的历史根源.自然辩证法通讯.2008,143:75-80.
[5] 袁志玲,陆书环,张绍增.欧氏几何的文化视角.曲阜师范大学学报.2006,7:120-121.
[6] 国佳.高中新课程"数学史选讲"应讲些什么——以平面解析几何产生为例.中学数学杂志,2008,7:14-16.
[7] 方运加.科学或理性精神的培养是"几何学"核心教育功能.中小学数学:教师版,2004,5:1-5.
[8] 李莉,李永杰.中学代数研究与教学.郑州:郑州大学出版社,2007.
[9] 张奠宙,张广祥.中学代数研究.北京:高等教育出版社,2006.
[10] 梁宗巨.数学历史典故.沈阳:辽宁教育出版社,1992.
[11] 戈丁 L.数学概观.胡作玄,译.北京:科学出版社,2008.
[12] 吴文俊.秦九韶与《数书九章》.北京:北京师范大学出版社,1987.
[13] 克莱因 M.古今数学思想(第一册).上海:上海科学技术出版社,1979.
[14] 张奠宙,沈文选.中学几何研究.北京:高等教育出版社,2006.
[15] 李文林.数学史概论.北京:高等教育出版社,2000.

第一章 数

> 回想我们学习数的经历,是从数数开始的,例如从 1 数到 100. 数是数学最基本的研究对象,它所蕴含的数学原理却并不那么简单. 了解数的概念的产生和发展、认识数系结构、掌握一定的数的理论是进一步学习其他数学知识的基础.

第一节 数的形成与数系的扩充

数的概念是抽象思维的产物,也是现代数学的基本概念之一,它的产生与人类的生产、生活是分不开的. 数系的扩充是随着人类文明的进步逐步完善的. 数的概念的使用与火的使用一样古老,大约是在 30 万年以前就有了. 发现人类刻痕计数的最早证据是,1937 年在捷克摩拉维亚出土的幼狼胫骨,上面有 55 道刻痕;还有结绳计数、石子计数的方式. 我们今天所熟悉的十进制、五进制、六十进制等都是与数的发展和应用过程息息相关. 数系的历史扩充途径与中小学关于数系的扩展过程是不同的,最明显的一个特征就是零和负数的出现并不像我们所想的那样早. 数系的历史扩充途径:自然数(如 $1,2,3,\cdots$)→正有理数→简单无理数(如 $\sqrt{2}$,$\sqrt{\sqrt{2}+\sqrt{3}}$ 等)→零(公元 650 年左右,在印度)与负有理数→复数→严格的实数系. 中小学数学课程关于数系的扩充过程:自然数集 $\xrightarrow{\text{添零}}$ 扩大的自然数集 $\xrightarrow{\text{添分数}}$ 算术数集 $\xrightarrow{\text{添负数}}$ 有理数集 $\xrightarrow{\text{添无理数}}$ 实数集 $\xrightarrow{\text{添虚数}}$ 复数集.

一、数系的五次扩充

从数的起源至今,数系总共经历了五次扩充. 随着生产的发展,在土地测量、天文观测、土木建筑等活动的测量中,常常会发生度量不尽的情况,如果要精确地度量下去,就必然产生自然数不够用的矛盾. 同时,为了保证在自然数集中除法的封闭性,使得像 $ax=b$ 这样的方程有解,分数(指正分数)就应运而生了. 这是数系的第一次扩充,由自然数集扩充为正有理数集.

第一章 数

在小学数学课程中,"零"的引入作为数的第一次扩充.然而,最初人们计数时,并没有"零"的概念,后来在生产实践中,需要记录和计算的东西越来越多,逐渐产生了位值制计数法,有了这种计数法,"零"的产生就不可避免了.我国古代筹算中,用"空位"表示"零".公元6世纪,印度数学家开始用符号"0"表示"零".这是数系的第二次扩充,自然数、零和正分数合在一起组成算术数集.

为了表示具有相反意义的量,引入了负数.反映在数学自身上,由于在非负有理数集中减法运算不封闭,像 $x+2=1$ 这样的方程就没有解,引进了负数才解决了这个矛盾.我国古代数学中很早就把负数与正数一起看成同一个数系的整体,用红色算筹记正数,黑色算筹记负数.在《九章算术》中对正、负数提出了一套完整的符号运算法则:

同名相除:$(\pm a)-(\pm b)=\pm(a-b)$;

异名相益:$(\pm a)-(\mp b)=\pm(a+b)$;

正无入负之:$0-(+a)=-a$;

负无入正之:$0-(-a)=+a$.

像这样,对于正数成立的运算法则,对于负数也同样成立,算法的合理性使得负数获得承认.在欧洲,直到17世纪才对负数有一个完整的认识.这是数系的第三次扩充,此时数系就扩充为有理数集.

无理数的引入是由于量的度量引起的.公元前5世纪,古希腊的毕达哥拉斯学派发现了单位正方形的边长与对角线是不可公度的,也就是说不能用两个数之比的形式来表示其对角线长度,引入无理数才解决了这个问题.在数学运算上,使得像 $x^2=2$ 这样的方程的解的问题也得到了解决.无理数的产生在历史上是先于负数的,但直到19世纪下半叶,才在皮亚诺、戴德金、魏尔斯特拉斯(Weierstrass)等数学家的努力下构建了严格的实数理论.这是数系的第四次扩充,形成了实数集.

在实数理论建立之前,虚数的概念就已经产生了,虚数的产生不是来源于计数或者测量,而是由于数学本身的需要.16世纪前半叶,意大利数学家塔尔塔利亚发现了三次方程的求根公式,大胆地引入了负数开平方的运算,得到了正确答案.虚数作为一种合乎逻辑的假设得以引进,并在进一步的发展中加以运用.直到19世纪前期,才由数学家高斯等人找到了复数的具体解释:复数表示复平面上的点.同时,复数在实际中得到了广泛的应用.这是数系的第五次扩充,引进虚数,形成复数集.

二、数系扩充的途径

数系的扩充一般通过两种基本途径来实现:一是添加元素法,即把新元素添加到已经建立的数集中去.例如,自然数集添加元素"零"形成扩大的自然数集,再添加元素"分数"形成算术数集,进一步添加元素"负数"形成有理数集等.二是构造法,即从理论上构造一个集合,通过定义和等价类来建立新数系,然后指出新数系的某个子集是和以前数集同构的,例如复数集.

中、小学数学教学中,为了适应学生的年龄特征和接受能力,关于数系的扩充,主要是渗透近代数学观点,采用添加元素并强调运算的方法来进行的.

三、数系扩充遵循的原则

不论是添加元素法还是构造法,由数集 A 扩充到数集 B 都要遵循以下原则:

(1) A 是 B 的真子集,即 $A \subsetneq B$.

(2) 在新数集上建立的各种运算,使得 A 的元素间所定义的运算关系,在 B 的元素间也有相应的定义,且 B 的元素间的这些关系和运算对 B 中的 A 的元素间来说与原定义一致. 这可以保证 A 的结构和 B 的结构彼此相容.

(3) B 的结构和 A 的结构有本质的不同,使得某种运算在 A 中不是总能实施,在 B 中却总能实施.

(4) 在 A 的具有上述三个性质的所有扩充中,在同构意义下,B 是唯一最小扩充(例如从自然数集扩充到整数集,而不是立即扩充到实数集).

需要注意的是,数系的每一次扩充,都解决了一定的矛盾,从而扩大了数的应用范围,但是数系的每一次扩充也会失去某些性质. 例如,从自然数集扩充到整数集后,整数集减法具有封闭性,但失去了自然数集的良序性质,即自然数集中任何非空子集都有最小元素. 又如,由实数集扩充到复数集后,复数集代数封闭,即任何代数方程必有根,但失去了实数集的顺序性,即复数集中元素不能比较大小. 请思考一下,如果不强调运算,能否定义一种方式比较复数的大小呢?

数系扩充到复数集后还能否继续扩充呢? 这个问题的答案是有条件的,如果要求完全满足复数集的全部运算性质,那么任何扩充都是难以成功的. 如果放弃某些要求,那么进一步扩充是可能的. 比如,放弃乘法交换律,复数集可以扩充为四元数系.

第二节 自然数理论

自然数具有两个方面最基本的意义:一是用来计数;二是用来排序. 这与我们平时对自然数的认识也是相吻合的. 自然数的理论是借助于原始概念和公理建立起来的,根据所选原始概念和公理的不同,自然数的理论分为两种:一种是基数理论,重在体现自然数的"计数"意义;另一种是序数理论,重在体现自然数的"顺序"意义.

一、自然数的基数理论

自然数的基数理论以集合作为原始概念,利用集合论的知识来定义自然数及其运算. 这种理论的实际背景是如何确定一类物体的个数.

第一章 数

定义 1 在集合论中,如果集合 A 和 B 的元素之间可以建立一一对应关系,就称集合 A 和 B **等价**,记做 $A \sim B$.

这样,我们可以把所有彼此等价的集合看成一类,一切相互等价的非空集合的共同特征称为这些集合的**基数**(或**势**).为了方便,下面把集合 A 的基数记做 $\overline{A}$.例如,五棵树的集合、五头牛的集合等等,它们都是等价的集合,其基数用符号"5"来表示.

我们把不能与其任一真子集等价的集合叫做**有限集**.这里我们限定所提到的有限集都不是空集.

定义 2 非空有限集的基数叫做**自然数**.

只含有一个元素的集合 $\{a\}$ 是有限集,所有等价于 $\{a\}$ 的集合的基数记做"1";含有两个元素的集合 $\{a,b\}$ 也是有限集,所有等价于 $\{a,b\}$ 的集合的基数记做"2";如此下去,可得到自然数 $1,2,3,\cdots$.由自然数组成的集合叫做**自然数集**,通常记做 $\mathbf{N}$.

定义 3 设非空有限集 A 和 B 的基数分别是 a 和 b.

(1) 若 $A \sim B$,则称 a **等于** b,记做 $a=b$;

(2) 若存在 A 的真子集 A',使得 $A \supsetneq A' \sim B$,则称 a **大于** b,记做 $a>b$;

(3) 若存在 B 的真子集 B',使得 $A \sim B' \subsetneq B$,则称 a **小于** b,记做 $a<b$.

这样,我们就定义了基数理论下的自然数大小关系,并得到了如下基本性质:

定理 1 设 $a,b,c \in \mathbf{N}$,则

(1) 三分律:对 $\forall a,b \in \mathbf{N}$,在 $a<b, a=b, a>b$ 中有且只有一个成立;

(2) 相等的自反性:对 $\forall a \in \mathbf{N}$,有 $a=a$;

(3) 相等的对称性:对 $\forall a,b \in \mathbf{N}$,若 $a=b$,则 $b=a$;

(4) 相等的传递性:对 $\forall a,b,c \in \mathbf{N}$,若 $a=b, b=c$,则 $a=c$;

(5) 不等的对逆性:对 $\forall a,b \in \mathbf{N}$,当且仅当 $a<b$ 时,$b>a$;

(6) 不等的传递性:对 $\forall a,b,c \in \mathbf{N}$,若 $a>b, b>c$,则 $a>c$.

证明 (1) 对于有限集 A 和 B 来说,A 与 B 的真子集等价、A 与 B 等价、A 的真子集与 B 等价,这三种情况必有且仅有一种情况成立,所以 a 和 b 之间有且仅有 $a<b, a=b, a>b$ 三种关系之一成立.

由于集合具有自反性、对称性及传递性,所以(2),(3),(4),(5)也显然成立.

下面证(6).设 a,b,c 分别是非空有限集 A,B,C 的基数,根据定义3,若 $a>b, b>c$,则存在非空有限集 A' 和 B',使得 $A \supsetneq A' \sim B, B \supsetneq B' \sim C$,从而必存在非空有限集 A'',使得 $A' \supsetneq A''$ 且 $A'' \sim B'$,于是 $A \supsetneq A' \supsetneq A'' \sim C$,所以 $a>c$.

定义 4 设 A, B 都是非空有限集,$\overline{A}=a, \overline{B}=b$,且 $A \cap B = \varnothing, C = A \cup B$,那么集合 C 的基数 c 叫做 a 与 b 的**和**,记做 $a+b=c$,其中 a,b 分别叫做**被加数**和**加数**.求和的运算叫做**加法**.

定理 2 设 $a,b,c \in \mathbf{N}$,则

(1) 存在唯一性：$a+b$ 的结果存在且唯一；(因为 $\overline{\overline{A \cup B}}$ 存在且唯一)

(2) 交换律：$a+b=b+a$；(因为 $A \cup B = B \cup A$)

(3) 结合律：$a+(b+c)=(a+b)+c$；(因为 $A \cup (B \cup C)=(A \cup B) \cup C$)

(4) 单调性：$a>b \Rightarrow a+c>b+c$，$a=b \Rightarrow a+c=b+c$，$a<b \Rightarrow a+c<b+c$.

(对于第一个关系式，因为若 $\overline{\overline{A}}>\overline{\overline{B}}$，则 $\overline{\overline{A \cup C}}>\overline{\overline{B \cup C}}$. 其他类似)

定义 5 设 $a,b,c \in \mathbf{N}$，如果 $a=b+c$，那么 c 叫做 a 减去 b 的**差**，记做 $a-b=c$，其中 a 叫做**被减数**，b 叫做**减数**. 求差的运算叫做**减法**.

减法是加法的逆运算，若存在，它的结果也是唯一的. 因为当 $A \cap B = \varnothing$ 时，有 $A \cup B \supsetneqq A$，$A \cup B \supsetneqq B$，所以两个自然数的和大于任何一个加数. 因此被减数要大于减数，不然的话差是不存在的. 这说明在自然数集中减法不是封闭的.

定义 6 若 b 个有限集 $A_1, A_2, \cdots, A_b$ 彼此之间没有公共元素，它们的基数都是 a，且 $C=A_1 \cup A_2 \cup \cdots \cup A_b$，则集合 C 的基数 c 叫做 a 与 b 的**积**，记做 $a \times b = c$，$ab = c$ 或 $a \cdot b = c$，其中 a 叫做**被乘数**，b 叫做**乘数**. 求积的运算叫做**乘法**.

根据乘法定义，求自然数 a 乘以自然数 b 的积就是求 b 个相同加数 a 的和. 特别地，当 $b=1$ 时，我们规定 $a \cdot 1 = a$. 根据上述内容，自然数的乘法满足：

定理 3 设 $a,b,c \in \mathbf{N}$，则

(1) 存在唯一性：$a \cdot b$ 的结果存在且唯一；

(2) 交换律：$a \cdot b = b \cdot a$；

(3) 对加法的分配律：$(a+b) \cdot c = a \cdot c + b \cdot c$；

(4) 结合律：$(a \cdot b) \cdot c = a \cdot (b \cdot c)$；

(5) 单调性：$a>b \Rightarrow a \cdot c > b \cdot c$，$a=b \Rightarrow a \cdot c = b \cdot c$，$a<b \Rightarrow a \cdot c < b \cdot c$.

证明 (1) $a \cdot b$ 就是 b 个 a 的和，所以根据加法的存在唯一性，$a \cdot b$ 的结果存在且唯一.

(2) 设 b 个有限集 $A_1, A_2, \cdots, A_b$ 彼此之间没有公共元素，它们的基数都是 a，根据自然数乘法定义，$C = A_1 \cup A_2 \cup \cdots \cup A_b$ 的基数 $c = a \cdot b$. 如果我们把 $A_1, A_2, \cdots, A_b$ 各集合中的第一个元素放在一起组成新的集合 B_1，第二个元素放在一起组成新的集合 B_2，$\cdots$，第 a 个元素放在一起组成新的集合 B_a，这里 $B_1, B_2, \cdots, B_a$ 也是彼此没有公共元素的集合，它们的基数都是 b，且其并集仍是 C，则 $C = B_1 \cup B_2 \cup \cdots \cup B_a$ 的基数 $c = b \cdot a$. 所以 $a \cdot b = b \cdot a$.

(3) 根据乘法定义、加法交换律和加法结合律，有

$$(a+b) \cdot c = \underbrace{(a+b)+(a+b)+\cdots+(a+b)}_{c\text{个}}$$
$$= \underbrace{(a+a+\cdots+a)}_{c\text{个}} + \underbrace{(b+b+\cdots+b)}_{c\text{个}}$$
$$= a \cdot c + b \cdot c.$$

(4) 根据性质(3)，$(a \cdot b) \cdot c = \underbrace{(ab+ab+\cdots+ab)}_{c\uparrow} = a \cdot \underbrace{(b+b+\cdots+b)}_{c\uparrow} = a \cdot (b \cdot c)$.

(5) 根据乘法定义和集合性质易证(5).

定义 7 设 $a, b, c \in \mathbf{N}$，如果存在一个自然数 c，使得 $b \cdot c = a$，那么 c 叫做 a 除以 b 的**商**，记做 $a \div b = c$ 或 $\dfrac{a}{b} = c$，其中 a 叫做**被除数**，b 叫做**除数**. 求两数商的运算叫做**除法**.

除法是乘法的逆运算，若存在，其结果也是唯一的. 以上我们在集合论知识的基础上，用非空有限集的基数定义了自然数、自然数的顺序及自然数的运算，并说明了加法和乘法所满足的运算律. 这样，自然数的基数理论就基本建立起来了.

二、自然数的序数理论

自然数的序数理论是完全采用公理化的方法，由两个原始的概念（"集合"、"后继"）和五条公理为基础建立起来的，着重强调自然数在顺序上的意义. 1889 年，皮亚诺建立了自然数的公理系统，即皮亚诺公理系统，证明了自然数的一切性质都可以从这些公理推出.

定义 8 任何一个非空集合 N 的元素叫做**自然数**，如果在这个集合里的某些元素之间有一基本关系"后继"（用符号"'"表示）满足下列公理：

(1) 1 是自然数.

(2) 每个自然数 a 都有一个后继 a'.

(3) 1 不是任何自然数的后继.

(4) 若 $a' = b'$，则 $a = b$.

(5) (**归纳公理**) 若 N 的一个子集 M 满足：(i) $1 \in M$；(ii) 当 $a \in M$ 时，有 $a' \in M$，则
$$M = N.$$

公理(1)和(3)说明 1 是自然数并且是最前面的自然数，公理(2)和(4)说明每个自然数都有唯一的后继，公理(5)给出了自然数集中元素的排列顺序，从 1 开始，有唯一的后继 $1' = 2$，2 有唯一的后继 $2' = 3$，…. 此外公理(5)还是第一数学归纳法原理的理论依据. 有了这组公理，就把自然数集里的元素完全确定下来. 以此为基础，就可以用公理化的方法来定义自然数的加法、乘法运算及顺序关系.

定理 4（**第一数学归纳法**） 设 $P(n)$ 是一个关于自然数 n 的命题，如果 $P(n)$ 满足条件：

(1) $P(1)$ 成立；

(2) 假定由 $P(k)$ 成立可以推出 $P(k+1)$ 也成立，

则命题 $P(n)$ 对所有的自然数 n 都成立.

证明 设 M 是使 $P(n)$ 成立的自然数的集合. 由于 $P(1)$ 成立，可知 $1 \in M$. 又因为由 $P(k)$ 成立可以推出 $P(k+1)$ 也成立，所以如果 $k \in M$，则有其后继 $k' \in M$. 于是由归纳公理得 $M = \mathbf{N}$. 所以，对于任意的自然数 n，命题 $P(n)$ 成立.

定义 9　在自然数集 **N** 中,满足下列条件的二元运算"+"叫做**加法**：
(1) 对于 $\forall a \in \mathbf{N}$,有 $a+1=a'$；
(2) 对于 $\forall a,b \in \mathbf{N}$,有 $a+b \in \mathbf{N}$,且 $a+b'=(a+b)'$.
这时 $a+b$ 叫做 a 与 b 的**和**,其中 a 与 b 分别称为**被加数**和**加数**.

例 1　证明：$2+3=5$.

证明　因为 $2+1=2'=3, 2+2=2+1'=(2+1)'=3'=4$,所以
$$2+3=2+2'=(2+2)'=4'=5.$$

定理 5　自然数的和存在且唯一.

证明　设 $\forall a,b \in \mathbf{N}, M$ 是所有使得命题成立的 b 组成的集合.

对于任意给定的自然数 a,先证当 $b=1$ 时命题真：由加法定义 $a+1=a'$,再由皮亚诺公理, a' 存在且唯一,所以当 $b=1$ 时,命题成立,即 $1 \in M$.

设当 $b=k$ 时命题成立,即 $a+k$ 存在且唯一. 由加法定义的条件(2)得 $a+k'=(a+k)'$,再由皮亚诺公理知 $(a+k)'$ 存在且唯一,所以当 $k \in M$ 时,有 $k' \in M$. 由归纳公理知命题对一切自然数成立.

定理 6　自然数加法满足以下运算律：
(1) 交换律：对于 $\forall a,b \in \mathbf{N}$,有 $a+b=b+a$；
(2) 结合律：对于 $\forall a,b,c \in \mathbf{N}$,有 $(a+b)+c=a+(b+c)$.

证明　(1) 我们需要分三步来证明加法交换律：

(i) 证明对于 $\forall a \in \mathbf{N}$,有 $a+1=1+a$. 设 M_1 是使上式成立的所有自然数 a 组成的集合,那么当 $a=1$ 时,$1+1=1+1$,因此 $1 \in M_1$. 假定 $a \in M_1$,于是 $a+1=1+a$,则
$$a'+1=(a+1)+1=(1+a)+1=(1+a)'=1+a'.$$
因此若 $a \in M_1$,则 $a' \in M_1$. 由归纳公理得 $a+1=1+a$.

(ii) 证明对于 $\forall a,b \in \mathbf{N}$,有 $b+a'=b'+a$. 设 M_2 是使上式成立的所有自然数 a 组成的集合. 若 $a=1$,则 $b+1'=(b+1)'=(b')'=b'+1$,因此 $1 \in M_2$. 现在假设 $a \in M_2$,即 $b+a'=b'+a$ 成立,则 $b+(a')'=(b+a')'=(b'+a)'=b'+a'$. 因此若 $a \in M_2$,则 $a' \in M_2$. 由归纳公理得 $b+a'=b'+a$.

(iii) 取定 a,设 M_3 是使 $a+b=b+a$ 成立的所有自然数 b 组成的集合. 下面证明 $M_3=\mathbf{N}$. 根据(i)有 $1 \in M_3$. 现在假设 $b \in M_3$,即 $a+b=b+a$,则根据(ii)有 $a+b'=(a+b)'=(b+a)'=b+a'=b'+a$. 因此若 $b \in M_3$,则 $b' \in M_3$. 所以,根据归纳公理知 $M_3=\mathbf{N}$.

(2) 对于任意给定的 a 和 b,我们就 c 来用数学归纳法证明.

当 $c=1$ 时,$(a+b)+1=(a+b)'=a+b'=a+(b+1)$,所以当 $c=1$ 时命题成立.

现在假设命题对某个自然数 c 成立,我们来证明它对于 c' 也成立. 由皮亚诺公理有
$$(a+b)+c'=[(a+b)+c]'=[a+(b+c)]'=a+(b+c)'=a+(b+c'),$$
即当命题对某个自然数 c 成立,可以推出它对于 c' 也成立. 所以对于一切自然数成立

$$a+(b+c)=(a+b)+c.$$

定义 10 在自然数集 **N** 中,满足下列条件的二元运算"·"叫做**乘法**:

(1) 对于 $\forall a \in \mathbf{N}$,有 $a \cdot 1 = a$;

(2) 对于 $\forall a, b \in \mathbf{N}$,有 $a \cdot b' = a \cdot b + a$.

这时 $a \cdot b$ 叫做 a 与 b 的**积**,简记为 ab,其中 a 叫做**被乘数**,b 叫做**乘数**.

根据归纳公理容易证明

$$a \cdot b = \underbrace{a + a + \cdots + a}_{b\text{个}},$$

再根据自然数和的存在唯一性可知自然数的积也是存在且唯一的.

例 2 证明:$2 \cdot 3 = 6$.

证明 因为 $2 \cdot 1 = 2, 2 \cdot 2 = 2 \cdot 1' = 2 \cdot 1 + 2 = 4$,所以

$$2 \cdot 3 = 2 \cdot 2' = 2 \cdot 2 + 2 = 4 + 2 = 6.$$

定理 7 自然数乘法满足以下运算律:

(1) 右分配律:对于 $\forall a, b, c \in \mathbf{N}, (a+b)c = ac + bc$;

(2) 交换律:对于 $\forall a, b \in \mathbf{N}, ab = ba$;

(3) 左分配律:对于 $\forall a, b, c \in \mathbf{N}, c(a+b) = ca + cb$;

(4) 结合律:对于 $\forall a, b, c \in \mathbf{N}, (ab)c = a(bc)$.

证明 (1) 对于任意给定的 a 和 b,我们就 c 来用数学归纳法证明.

因为 $(a+b) \cdot 1 = a + b = a \cdot 1 + b \cdot 1$,所以当 $c = 1$ 时命题正确.

如果命题对于 c 是正确的,那么 $(a+b)c = ac + bc$. 利用加法结合律和交换律有

$$(a+b)c' = (a+b)c + (a+b) = ac + bc + a + b$$
$$= (ac + a) + (bc + b) = ac' + bc',$$

所以命题对 c' 也成立. 按照归纳公理,命题得证.

(2) 当 $a = 1$ 时,我们就 b 用归纳法证明,即证 $1 \cdot b = b \cdot 1$.

因为 $1 \cdot 1 = 1 \cdot 1$,所以 $b = 1$ 时,$1 \cdot b = b \cdot 1$ 成立.

若 $1 \cdot b = b \cdot 1$,则 $1 \cdot b' = 1 \cdot b + 1 = b + 1 = b' = b' \cdot 1$. 所以根据归纳公理,对任何的 b,有 $1 \cdot b = b \cdot 1$.

对于给定的 b,我们就 a 用归纳法证明 $ab = ba$.

上面已经证明 $1 \cdot b = b \cdot 1$. 如果 $ab = ba$,那么

$$a'b = (a+1)b = ab + 1 \cdot b = ba + b \cdot 1 = ba + b = ba'.$$

所以根据归纳公理,对于给定的 b,对任何的 a,都有 $ab = ba$. 再根据 b 的任意性,乘法交换律成立.

(3) 根据乘法交换律和右分配律易证左分配律.

(4) 设任意给定自然数 a 和 b,对 c 用归纳法证明.

因为 $(ab)\cdot 1=ab=a(b\cdot 1)$，所以当 $c=1$ 时命题成立．

若 $(ab)c=a(bc)$ 成立，则根据左分配律有
$$(ab)c' = (ab)c+ab = a(bc)+ab = a(bc+b) = a(bc'),$$
即当 c 成立时，c' 也成立．根据归纳公理，$(ab)c=a(bc)$ 成立．

定义 11 （1）设 $a,b\in\mathbf{N}$，若 a' 与 b' 相同，则称 a **等于** b，记为 $a=b$．

（2）若 $a,b\in\mathbf{N}$，且存在 $k\in\mathbf{N}$，使得 $a=b+k$，则称 a **大于** b 或 b **小于** a，记为
$$a>b \quad \text{或} \quad b<a.$$

这样，就明确了自然数的顺序关系．我们也可以证明 $a=b,a>b,a<b$ 三种关系有且仅有一个成立，即三分律成立．

与基数理论一样，自然数序数理论的减法和除法借助于加法和乘法的逆运算来定义．

三、自然数集的一些重要性质

首先，我们介绍半序关系的概念．

定义 12 设有一个集合 M，若在 M 上定义了一个关系"$\leqslant$"，满足条件：

（1）自反性：对于 $\forall x\in M$，有 $x\leqslant x$；

（2）反对称性：如果 $x\leqslant y,y\leqslant x$，那么 $x=y$；

（3）传递性：如果 $x\leqslant y,y\leqslant z$，那么 $x\leqslant z$，

则称"$\leqslant$"为 M 上的**半序关系**，并称 M 为**半序集**或**偏序集**．

例 3 自然数集 $\mathbf{N}$ 以整除关系"$|$"构成半序集．

证明 对于 $\forall x,y,z\in\mathbf{N}$，有：$x|x$；如果 $x|y,y|x$，那么 $x=y$；如果 $x|y,y|z$，那么 $x|z$．所以自然数集 $\mathbf{N}$ 以整除关系"$|$"构成半序集．

如果半序集 M 进一步还满足下列条件，则 M 称为**全序集**：

（4）对一切的 $x,y\in M,x\leqslant y$ 和 $y\leqslant x$ 两式中至少有一个成立．

假定全序集 M 进一步还满足如下条件，那么 M 称为**良序集**：

（5）M 的任何一个非空子集 A，都有最小元 x_0，即对于任何 $x\in A$，总有 $x_0\leqslant x$．

下面我们再来看一下自然数集的主要性质．

性质 1 1 是自然数中的最小数，即对于任何的自然数 a，有 $a\geqslant 1$．

证明 若 $a\neq 1$，根据皮亚诺公理，a 必为某一个自然数 b 的后继，因此有
$$a = b' = b+1 = 1+b > 1.$$

性质 2（自然数集的离散性） 在任意两个相继的自然数 a 和 a' 之间不存在自然数 b，使得 $a<b<a'$．

证明 若 $a<b$，则有 $k\in\mathbf{N}$，使得 $b=a+k$．注意到 $k\geqslant 1$，即得
$$b = a+k \geqslant a+1 = a',$$
因此，b 不能小于 a'．

性质 3　自然数集是有序集.

证明　有序集是指,在这个集合中任意的两个元素之间,存在着顺序关系,并且具有全序性和传递性.显然,自然数集是一个有序集.

性质 4　自然数集关于通常的小于等于关系"≤"是良序集,并且自然数集的良序性可表示如下:

最小数原理　自然数集的任意非空子集中必存在一个最小数.

证明　设 $A \subseteq \mathbf{N}$,且 $A \neq \varnothing$.若 $1 \in A$,根据性质 1,1 就是 A 中的最小数.

若 $1 \notin A$,考虑所有不大于 A 中任何一个数的自然数构成的集合,即考虑集合
$$M = \{x \mid x \in \mathbf{N}, x \leq b, \forall b \in A\}.$$

显然,$1 \in M$,且 $M \subsetneq \mathbf{N}$.M 中必存在自然数 a,使 $a' \notin M$.若不是这样,根据归纳公理有 $M = \mathbf{N}$,与 $M \subsetneq \mathbf{N}$ 矛盾.

按照集合 M 的构成方法,必有 $a \leq b (\forall b \in A)$,且 $a \in A$.若 $a \notin A$,则由 $b \in A$,应有 $a < b$,从而 $a' \leq b$,即 $a' \in M$,与上面的结论矛盾.因此 a 是 A 的最小数.

实际上,最小数原理与归纳公理是等价命题,即二者是可以互相证明的.这里我们按照归纳公理证明了最小数原理,请大家试着用最小数原理来证明归纳公理.

性质 5(阿基米德性质)　设 $a, b \in \mathbf{N}$,则存在自然数 n,使得 $n \cdot a > b$.

证明　取 $n > b$,即可得证.

四、扩大的自然数集

零的出现比分数还要晚,所以,早期所说的自然数只是正整数序列.特别地,皮亚诺公理告诉我们,1 是一个自然数,且 1 不是任何自然数的后继.所以,皮亚诺公理系统中 1 是最小的自然数.0 不是自然数.在基数理论中,非空有限集的基数叫做自然数.可见,在基数理论中,0 也不是自然数.

0 是不是自然数不会对数学内容产生实质的影响,但为了理解上的需要,在基数理论中,按照 ZF 公理系统,把 0 与空集的基数相对应.将
$$\varnothing, \{\varnothing\}, \{\varnothing, \{\varnothing\}\}, \{\varnothing, \{\varnothing\}, \{\varnothing, \{\varnothing\}\}\}, \cdots$$
这一系列集合所对应的基数看成自然数列 $0, 1, 2, 3, \cdots$.在序数理论中,把 0 作为唯一的 1 前面的数而引入自然数列.$\{0\}$ 与自然数集的并集叫做扩大的自然数集.

这样,一方面,运算中两个相等的自然数相减为 0,如 $2 - 2 = 0$,在理解上更容易被接受;另一方面,0 可以起到联系正、负数桥梁的作用.

我国的数学教科书在 20 世纪 90 年代前一直没有把 0 作为自然数,自然数从 1 开始.1993 年《中华人民共和国国家标准》的《量和单位》中规定自然数包括 0.近年的教科书也作了修改:用 0 表示一个物体也没有对应的计数.目前的表示方法较多的用 $\mathbf{N}^*$ 表示不含 0 的自然数集,用 $\mathbf{N}$ 表示扩大的自然数集.从这里开始,我们也采用这样的表示方法.

在扩大的自然数集里,关于顺序关系和四则运算的定义,与原有的自然数集一样,但需要补充以下定义:

(1) 0 是最小的自然数;

(2) $0+a=a+0=a$ ($\forall a\in \mathbf{N}$);

(3) $0 \cdot a=a \cdot 0=0$ ($\forall a\in \mathbf{N}$).

不难验证,在扩大的自然数集里,原有的基本顺序关系和基本运算律仍然成立,但有些也需要作适当的修改. 例如,$a+b>a$ 应该改为 $a+b\geqslant a$,$a>b \Rightarrow ac>bc$ 应改为 $a>b \Rightarrow ac\geqslant bc$,等等.

第三节 整 数 集

一、整数的概念与运算

德国著名数学家克罗内克(L. Kronecker)有一句名言:"上帝创造了自然数,其他的数都是人造的."前面已经说明在自然数集中加法、乘法具有封闭性,为了解决减法的封闭性问题,即让形如 $a+x=b$ 的方程总能求解,我们需要引进一种新的数——负数. 按照数系扩充原则,这一次数系扩充可以采用添加元素的办法.

定义 1 对于 $\forall a\in \mathbf{N}^*$,定义 $-a$ 为其**相反数**,它满足
$$a+(-a)=(-a)+a=0,$$
即把 $-a$ 当做单独的一个数来看待,其中 a 叫做**正整数**,可写做 $+a$,而 $-a$ 叫做**负整数**.

特别地,0 的相反数是它的本身,还规定 0 既不是正数也不是负数. 正整数、负整数和零统称为**整数**,用 $\mathbf{Z}$ 表示**整数集**.

整数的定义表明,在正整数 $+a$ 前面加上符号"$-$",就得到它的相反数 $-a$,在负整数 $-a$ 前面加上符号"$-$",就得到它的相反数 $+a$,即有
$$-(+a)=-a, \quad -(-a)=+a.$$
所以,$a-b$ 可以看成是 a 加上 b 的相反数.

定义 2 对于 $\forall a,b,c\in \mathbf{Z}$,若 $b+c=a$,则 c 叫做整数 a 与 b 的**差**,记做 $c=a-b$,其中 a 叫做**被减数**,b 叫做**减数**. 求差的运算叫做**减法**.

定理 1 在整数集里两个数的差是唯一存在的.

证明 存在性 设 $a,b\in \mathbf{Z}$,则 $a+(-b)\in \mathbf{Z}$,且
$$[a+(-b)]+b=a+[(-b)+b]=a+0=a.$$
所以根据减法定义,$a+(-b)=a-b$.

唯一性 设 $a,b,c\in \mathbf{Z}$,且 c 是 a 与 b 的差,即 $c=a-b$,则有 $c+b=a$. 两边同加 $(-b)$,得 $c+b+(-b)=a+(-b)$,即

$$c+[b+(-b)]=a+(-b), \quad \text{所以} \quad c=a+(-b).$$

也就是说,$a-b$ 的结果只能是 $a+(-b)$. 定理得证.

显然,减法运算在整数集中是封闭的. $a-b=a+(-b)$,这就是中学课本中的减法法则. 由此可知,加法法则是定义,而减法法则是定理. 有了减法法则,就可把加、减法混合运算的式子,转化为和的形式,所以这类式子常常叫做**代数和**.

由于差可以表示成被减数与减数的相反数的和,所以采用符号"−"作为运算符号和作为表示一个数的相反数的性质符号是合理的. 同时可不必另行研究减法的运算性质,因为它们可以归结到加法的运算性质.

定义 3 对于 $\forall a,b,c \in \mathbf{Z}$ ($a\neq 0$),若 $ac=b$,则 c 叫做 b 与 a 的**商**,记做 $c=b\div a$ 或 $c=\dfrac{b}{a}$,其中 b 叫做**被除数**,a 叫做**除数**. 求商的运算叫做**除法**.

显然,在整数集中,除法运算并不是总可以施行的.

定义 4 定义正整数的**绝对值**是它本身,负整数的绝对值是它的相反数;零的绝对值是零. 绝对值用符号"| |"表示,即

$$|a|=\begin{cases} a, & a>0, \\ -a, & a<0, \\ 0, & a=0. \end{cases}$$

自然数集上的原有运算法则和运算律在整数集中保持不变,进一步对于整数运算后符号的确定,补充整数的运算如下:

(1) 两同号整数相加,绝对值相加,并取原来的符号,即

$$(\pm a)+(\pm b)=(\pm b)+(\pm a)=\pm(a+b), \quad \forall a,b \in \mathbf{N}^*.$$

(2) 两异号整数相加,当绝对值相等时(即互为相反数),其和为零;当绝对值不等时,绝对值相减,并取绝对值较大的加数的符号,即

$$(+a)+(-b)=(-b)+(+a)=\begin{cases} +(a-b), & a>b, \\ -(b-a), & a<b, \end{cases} \quad \forall a,b \in \mathbf{N}^*.$$

(3) 一个整数与零相加仍得到这个数,即

$$(\pm a)+0=0+(\pm a)=\pm a, \quad \forall a,b \in \mathbf{N}^*.$$

(4) 两同号整数相乘,绝对值相乘,积取正号,即

$$(\pm a)\cdot(\pm b)=(\pm b)\cdot(\pm a)=ab, \quad \forall a,b \in \mathbf{N}^*.$$

(5) 两异号整数相乘,绝对值相乘,积取负号,即

$$(+a)\cdot(-b)=(-b)\cdot(+a)=-ab, \quad \forall a,b \in \mathbf{N}^*.$$

(6) 零和任何整数相乘,积为零,即

$$(\pm a)\cdot 0=0\cdot(\pm a)=0, \quad \forall a \in \mathbf{N}^*.$$

类似地,还有其他一些关系式,大家可以根据加法、乘法的运算律以及上述两个定义推

导出来.

例 1 设 $a,b \in \mathbf{Z}$,求证 $ab=0 \Longleftrightarrow a=0$ 或 $b=0$.

证明 **充分性** 若 $b=0$,则根据整数的运算法则(6),有 $a \cdot 0 = 0 \cdot a = 0$;若 $a=0$,同理可证.

必要性 若 a,b 均不为 0,则根据整数的运算性质有 $ab \neq 0$,所以 a,b 至少有一个为 0.

为了更好地帮助大家理解整数集,在这里再简单介绍一个整数集的公理化定义方式. 后面的有理数集、复数集等也可以采用类似的结构化方式来定义. 为此我们先在 $\mathbf{N} \times \mathbf{N} = \{(a,b) \mid a,b \in \mathbf{N}\}$ 上定义一个关系

$$R: (a,b)R(c,d) \Longleftrightarrow a+d=b+c.$$

下面来证明关系 R 是一等价关系:

(1) 反身性:对于 $\forall (a,b) \in \mathbf{N} \times \mathbf{N}$,因 $a+b=b+a$,故 $(a,b)R(a,b)$.

(2) 对称性:若 $(a,b)R(c,d)$,即 $a+d=b+c$,则 $c+b=d+a$,即 $(c,d)R(a,b)$.

(3) 传递性:若 $(a,b)R(c,d)$,$(c,d)R(e,f)$,由定义有 $a+d=b+c$,$c+f=d+e$. 两式相加可得

$$a+d+c+f = b+c+d+e.$$

由此得 $a+f=b+e$,即 $(a,b)R(e,f)$.

所以,R 是 $\mathbf{N} \times \mathbf{N}$ 中的一个等价关系.

定义 5(**整数集的公理化定义**) 按照上述定义的等价关系可把所有等价的自然数对看成同一类,记 (a,b) 的等价类为 $\overline{(a,b)} = a-b$. 所有等价类组成的集合称为**整数集**,记为 $\mathbf{Z}$,即

$$\mathbf{Z} = \{a-b \mid a,b \in \mathbf{N}\}.$$

我们定义 $\mathbf{Z}$ 上的加法、减法、乘法运算与顺序关系如下:

(1) $(a-b)+(c-d) = (a+c)-(b+d)$;

(2) $(a-b)-(c-d) = (a-b)+(d-c)$;

(3) $(a-b)(c-d) = (ac+bd)-(ad+bc)$;

(4) $a-b \leqslant c-d$ 当且仅当 $a+d \leqslant b+c$.

二、整数的顺序关系

定义 6 对于 $\forall a,b \in \mathbf{Z}$,定义顺序关系如下:

若 $a-b>0$,则称 a **大于** b,记为 $a>b$;

若 $a-b<0$,则称 a **小于** b,记为 $a<b$;

若 $a-b=0$,则称 a **等于** b,记为 $a=b$.

由定义 6 知,负整数小于 0,0 小于正整数,负整数小于正整数. 整数的顺序关系基本具有与自然数类似的顺序关系,只是在乘法的单调性上稍有不同. 根据整数的运算和顺序关系定义可以得到下面的定理.

定理 2 对于 $\forall a,b,c \in \mathbf{Z}$,有

(1) 若 $a \geqslant b$,则 $a+c \geqslant b+c$;

(2) 若 $a > b$,则 $\begin{cases} ac > bc, & c > 0, \\ ac < bc, & c < 0, \\ ac = bc, & c = 0. \end{cases}$

三、整数集的性质

性质 1 整数集按照通常的小于或等于关系"$\leqslant$"是一个全序集.

证明 容易验证整数集按照通常的小于或等于关系"$\leqslant$"满足自反性、反对称性、传递性,并且对一切的 $x,y \in \mathbf{Z}$, $x \leqslant y$ 和 $y \leqslant x$ 两式中至少有一个成立,所以 $\mathbf{Z}$ 是全序集.

但是整数集 $\mathbf{Z}$ 的任何一个非空子集 A,不一定有最小元 x_0. 例如,负整数集是整数集的非空子集,却没有最小元. 所以负整数集不是良序集.

性质 2 整数集具有离散性,即任意两个相邻整数之间再没有其他整数.

借助自然数集的离散性,性质 2 是显然的.

性质 3 整数集满足阿基米德性质.

从自然数集扩充到整数集,阿基米德性质显然成立.

性质 4 整数集是一个可数集.

证明 所谓**可数集**,是指一切能与自然数列建立一一对应关系的集合. 我们把整数集与自然数列建立如下对应关系:

$$\begin{array}{cccccc} 0 & 1 & -1 & \cdots & k & -k & \cdots \\ \updownarrow & \updownarrow & \updownarrow & \cdots & \updownarrow & \updownarrow & \cdots \\ 1 & 2 & 3 & \cdots & 2k & 2k+1 & \cdots \end{array}$$

显然,在这样的排列里,每个整数都能找到其固定位置,即整数集和自然数列之间可以建立一一对应关系,所以整数集是一个可数集.

性质 5(带余除法) 若 a,b 是两个整数,其中 $b > 0$,则存在着两个整数 q 和 r,使得 $a = bq + r \ (0 \leqslant r < b)$ 成立,且 q 和 r 是唯一的.

证明 存在性 作整数列:

$$\cdots, -2b, -b, 0, b, 2b, \cdots,$$

则 a 必在上述数列的某两项之间,即存在一个整数 q,使得

$$qb \leqslant a < (q+1)b.$$

令 $a - qb = r$,则 $a = bq + r$,而 $0 \leqslant r < b$.

唯一性 设另外有整数 q_1, r_1,使得

$$a = bq_1 + r_1 \quad (0 \leqslant r_1 < b),$$

则 $bq + r = bq_1 + r_1$,从而 $b(q - q_1) = r_1 - r$. 由于 r, r_1 都是小于 b 的正整数,所以上式右边是

小于 b 的整数. 故必有 $r_1-r=0, q=q_1$.

例 2 求两整数 s 和 t, 使得 $21=15s+t$ $(0 \leqslant t < 15)$.

解 因为 $21=15 \cdot 1+6$, 所以 $s=1, t=6$.

定义 7 设 a, b 是两个整数, 且 $b \neq 0$. 若存在整数 q, 使得 $a=bq$ (即 $r=0$), 则称 b **整除** a, 记做 $b|a$, 其中 b 称为 a 的一个**约数(因子)**, 而 a 称为 b 的一个**倍数**; 如果不存在上述 q, 则称 b 不能整除 a, 记做 $b \nmid a$.

例 3 设 a, b 是两个整数, 求证: 在 $a, b, a+b, a-b$ 四个整数中, 必有一个能被 3 整除.

证明 若 a, b 中至少有一个被 3 整除, 则命题成立.

若 a, b 都不能被 3 整除, 则可设
$$a=3m+n, \quad b=3p+q \quad (0<n,q<3).$$

若 $n=q$, 则 $3|a-b$;

若 $n \neq q$, 则 n, q 必然一个为 1, 一个为 2, 则 $3|a+b$.

性质 6 整数集构成一个环.

群、环是近世代数课程中的基本概念, 为了帮助大家回忆, 这里再次提及这两个概念:

群 设 G 是一个非空集合, "∘" 是 G 上的一个代数运算, 即对于 $\forall a, b \in G$, 有 $a \circ b \in G$, 且满足:

(1) 结合律, 即对于 $\forall a, b, c \in G$, 有 $(a \circ b) \circ c = a \circ (b \circ c)$;

(2) G 中有元素 e, 即对于 $\forall a \in G$, 有 $e \circ a = a \circ e = a$;

(3) 对 G 中每个元素 a, 有元素 $b \in G$, 使 $a \circ b = b \circ a = e$,

则称 G 关于 "∘" 构成一个群, 记做 $(G, \circ)$.

环 设 R 是一个非空集合, 如果在 R 上定义了两个代数运算 "+" 和 "·", 分别称为加法和乘法, 并且满足:

(1) R 关于加法成为一个交换群;

(2) 对于 $\forall a, b, c \in R$, 有 $(a \cdot b) \cdot c = a \cdot (b \cdot c)$;

(3) 对于 $\forall a, b, c \in R$, 有 $a \cdot (b+c) = a \cdot b + a \cdot c, (b+c) \cdot a = b \cdot a + c \cdot a$,

则称 R 关于 "+" 和 "·" 构成一个**环**, 记做 $(R, +, \cdot)$. 若乘法满足交换律, 则称其为**交换环**.

下面我们来验证整数集构成环, 并且是交换环.

(1) 验证整数集关于通常的加法运算 "+" 构成一个交换群.

(i) 显然, 整数集关于通常的加法运算 "+" 满足封闭性, 即对于 $\forall a, b \in \mathbf{Z}$, 有 $a+b \in \mathbf{Z}$;

(ii) 整数集关于通常的加法运算 "+" 结合律成立, 即 $a+(b+c)=(a+b)+c$;

(iii) 对整数集中的每个元素 a, 存在元素 $b \in \mathbf{Z}$, 使 $a+(-b)=(-b)+a=0$;

(iv) 整数集关于通常的加法运算 "+" 交换律成立, 即对于 $\forall a, b \in \mathbf{Z}$, 有 $a+b=b+a$.

所以, 整数集关于通常的加法运算 "+" 构成一个交换群.

(2) 验证整数集进一步关于通常的乘法运算"·"满足：

(i) 封闭性，即对于 $\forall a,b \in \mathbf{Z}$，有 $a \cdot b \in \mathbf{Z}$；

(ii) 交换律，即对于 $\forall a,b \in \mathbf{Z}$，有 $a \cdot b = b \cdot a$；

(iii) 结合律，即对于 $\forall a,b,c \in \mathbf{Z}$，有 $(a \cdot b) \cdot c = a \cdot (b \cdot c)$；

(iv) 对加法的分配律，即对于 $\forall a,b,c \in \mathbf{Z}$，有
$$a \cdot (b+c) = a \cdot b + a \cdot c, \quad (b+c) \cdot a = b \cdot a + c \cdot a.$$

综上所述，整数集是一个交换环。

第四节 有理数集及其性质

扩充到整数集的时候，数系对于加法、减法和乘法已经都能满足封闭性了，但对于除法还不能满足封闭性，即在整数范围内形如 $ax=b$ 的方程还不是总能求解。为了解决这个问题，我们需要引入一种新数，把整数集扩充为有理数集。

在数系的历史扩充过程中，实际上是先在扩大的自然数集的基础上引入分数，扩充为算术数集。在算术数集上满足加法、乘法和除法的封闭性。然后再引入负数，形成有理数集。下面我们要说的数系扩充是在整数集的基础上，引入分数，形成有理数集。

定义1 若 a,b 是任意两个整数，且 $a \neq 0$，则把形如 $\dfrac{b}{a}$ 的数叫做**有理数**，且当 a 与 b 同号时称为**正有理数**，当 a 与 b 异号时称为**负有理数**。全体有理数组成的集合叫做**有理数集**，通常用 $\mathbf{Q}$ 来表示。特别地，当 $b=1$ 时，称 $\dfrac{1}{a}$ 为 a 的**倒数**。

根据有理数和整数的定义，对于每一个正有理数 a，一定存在与之对应的 $-a$，满足 $a+(-a)=(-a)+a=0$，即 a 的相反数是 $-a$。对于有理数来说，分数形式是可以和小数形式互化的，但由于小数存在有限和无限之分，所以有时分数形式更统一一些。

一、有理数的运算

有理数集里的加法、减法、乘法运算基本与整数集中的运算一致，满足加法运算的交换律、结合律，乘法运算的交换律、结合律，乘法对加法的分配律，而减法运算"－"和除法运算"÷"可以采用和整数集中相应运算一样的定义方式进行定义。这说明这样规定的有理数的运算是符合前面提出的数系的扩充原则的。特别地，有理数集中的除法满足封闭性，商是存在且唯一的。也就是说，在有理数集中，只要除数不为零，除法是永远可以实施的，并且有理数 a 除以有理数 b 等于有理数 a 乘以有理数 b 的倒数。

例1 设 $a,b,c \in \mathbf{Q}$，求证：$(a+b)c = ac + bc$.

证明 如果 a,b,c 至少有一个为 0，则命题成立。

若 a,b,c 全不为 0，分两种情况：

(1) 当 $c>0$ 时，这时 a,b 有三种不同的情况：

(i) 当 a,b 中一负一正时，不妨设 $a>0,b<0$.

若 $|a|\geqslant|b|$，则
$$(a+b)c=(|a|-|b|)|c|=|a||c|-|b||c|=|a||c|+(-|b||c|)=ac+bc;$$

若 $|a|<|b|$，则
$$(a+b)c=[-(|b|-|a|)]|c|=-[(|b|-|a|)|c|]$$
$$=-(|b||c|-|a||c|)=|a||c|+(-|b||c|)=ac+bc.$$

(ii) 当 $a<0,b<0$ 时，有
$$(a+b)c=[-(|a|+|b|)]|c|=-[(|a|+|b|)|c|]=-(|a||c|+|b||c|)$$
$$=(-|a||c|)+(-|b||c|)=ac+bc.$$

(iii) 当 $a>0,b>0$ 时，与自然数集中的运算律一致，命题成立.

(2) 当 $c<0$ 时，与(1)类似可同样证明.

例 2 有理数集中，两个有理数的差是唯一存在的.

证明 **存在性** 设 $a,b\in\mathbf{Q}$，注意到 $b+[a+(-b)]=a+[b+(-b)]=a+0=a$，所以根据减法定义，$a-b=a+(-b)$.

唯一性 设 c 和 d 都是 a 与 b 的差，即 $b+c=a,b+d=a$，则有 $b+c=b+d$. 所以由加法消去律即得 $c=d$.

例 3 对于任意两个有理数 $a,b(b\neq0)$，a 除以 b 的商一定存在，并且这个商等于 $a\cdot\dfrac{1}{b}$，即 $a\div b=a\cdot\dfrac{1}{b}$.

证明 仿照前面整数除法的定义，两个有理数相除 $a\div b$ 应该是这样的一个数，它与 b 的乘积等于 a，因此我们只要证明 $a\cdot\dfrac{1}{b}$ 也是这样一个数即可. 因为
$$\left(a\cdot\dfrac{1}{b}\right)\cdot b=a\cdot\left(\dfrac{1}{b}\cdot b\right)=a\cdot1=a,$$
所以 $a\div b=a\cdot\dfrac{1}{b}$.

二、有理数的顺序关系

定义 2 规定有理数的顺序关系如下：

(1) 两个正有理数之间、正有理数和零之间的大小比较，仍采用整数集中的规定；

(2) 每一个正有理数和零，都大于任一负有理数；

(3) 每一个负有理数都小于零，也小于任一正有理数；

(4) 两个负有理数之间,绝对值大的那个数较小;

(5) 如果两个有理数的符号相同,它们的绝对值相等,则称这两个有理数相等.

有理数的顺序关系与整数集的一样满足三分律和传递性.

定理 有理数集是一个有序集,即

(1) 对于任意两个有理数 a,b,有且仅有下列情况之一成立:
$$a>b, \quad b>a, \quad a=b.$$

(2) 对于任意三个有理数 a,b 和 c,若 $a>b, b>c$,则 $a>c$.

证明 (1) 可参考前面自然数的三分律来证明,具体证明略.

(2) 如果 a,b,c 中没有负有理数,由定义 2(1) 及整数集中的不等关系满足传递性可知传递性成立.

如果 a,b,c 中有一个负有理数,由条件知它必为 c,根据有理数顺序关系定义知道 $a>c$.

如果 a,b,c 中有两个负有理数,由条件知它们必为 b,c,显然 $a>c$.

如果 a,b,c 都是负有理数,由条件 $a>b, b>c$ 知
$$|a|<|b|, |b|<|c|, \quad 从而 \quad |a|<|c|.$$

由定义 2(4) 知 $a>c$.

三、有理数集的性质

性质 1 有理数集是一个数域,并且是最小的数域.

证明 因为有理数集关于加法、减法、乘法、除法(除数不为 0)四种运算都封闭,并且包含 0 和 1,故有理数集是一个数域.

设 F 是任意一个数域,则 F 中包含 0 和 1,且 F 存在不等于 0 的元素.由于 F 关于加法和减法是封闭的,所以 F 包含整数集;又因为 F 关于除法(除数不为 0)是封闭的,所以 F 包含分数集.因此 $\mathbf{Q} \subseteq F$,即 $\mathbf{Q}$ 是最小的数域.

性质 2 有理数域是有序域.

如果对一个域 F 的元素能规定一种性质(称为"正性质",记做 >0),使之满足以下两个条件:

(1) 对于 F 的每个元素 a,必有且仅有 $a=0, a>0, -a>0$ 之一成立;

(2) 若 $a>0, b>0$,则有 $a+b>0$ 和 $ab>0$,

那么 F 称为**有序域**.

证明 在有理数域 $\mathbf{Q}$ 内,任意两个有理数之间存在顺序关系(定义 2),满足全序性,且任意两个正有理数的和与积都是正有理数,所以有理数集是一个有序域.

性质 3 设 $a,b \in \mathbf{Q}$,则有
$$a>b \Longleftrightarrow a-b>0, \quad a<b \Longleftrightarrow a-b<0, \quad a=b \Longleftrightarrow a-b=0.$$

证明 仅证 $a>b \Leftrightarrow a-b>0$,分三种情形考查:

(1) a 为正有理数,b 为正有理数或 0.这时 $a-b$ 为正有理数,所以 $a-b>0$;

(2) a 为正有理数,b 为负有理数.这时 $a-b=a+(-b)$ 为正有理数,所以 $a-b>0$;

(3) a 为 0 或负有理数.这时 b 必为负有理数,又由于 $a>b$,有 $|a|<|b|$,从而 $a-b=a+(-b)$ 为正有理数,即 $a-b>0$.

性质 4 有理数域具有阿基米德性质,即对于任意的正有理数 a,b,必存在 $n\in \mathbf{N}$,使得
$$na>b.$$

证明 设 $a=\dfrac{q_1}{p_1}, b=\dfrac{q_2}{p_2}(p_1,q_1,p_2,q_2\in \mathbf{N}^*)$,根据自然数集的阿基米德性质,必存在 $n\in \mathbf{N}$,使得 $nq_1p_2>p_1q_2$,于是有
$$n\frac{q_1}{p_1}>\frac{q_2}{p_2}, \quad 即 \quad na>b.$$

性质 5 有理数域具有稠密性,即任意两个有理数 a,b 之间总存在无限多个有理数.

证明 不失一般性,设 $a<b$. 因为 $a,b\in \mathbf{Q}$,所以 $\dfrac{a+b}{2}\in \mathbf{Q}$. 由
$$a-\frac{a+b}{2}=\frac{a-b}{2}<0, \quad 有 \quad a<\frac{a+b}{2}.$$

又因为 $\dfrac{a+b}{2}-b=\dfrac{a-b}{2}<0$,有 $\dfrac{a+b}{2}<b$,所以 $a<\dfrac{a+b}{2}<b$. 这就表明,在两个有理数 a,b 之间至少存在一个有理数 $\dfrac{a+b}{2}$. 以此类推,可知在 a,b 两数之间必存在无限多个有理数.

性质 6 有理数集是可数集.

证明 我们按照以下的方法来排列所有的有理数,使之与自然数建立一一对应关系:

把一切非零有理数写成 $\pm\dfrac{m}{n}(m,n\in \mathbf{N}^*)$ 的分数形式,并按如下排序:

(1) 0 排在最前面;

(2) 对于正分数,按照它的分子与分母的和的大小排列,较小的和排在前面,较大的和排在后面.如果和相等,分子大的排在前面.

(3) 对于负分数,把它紧排在与它的绝对值相等的正分数的后面.

(4) 分数值相等的分数,只保留最前面的一个.

这样,就把全体有理数排成
$$0,\frac{1}{1},-\frac{1}{1},\frac{2}{1},-\frac{2}{1},\frac{1}{2},-\frac{1}{2},\frac{3}{1},-\frac{3}{1},\frac{1}{3},-\frac{1}{3},\frac{4}{1},-\frac{4}{1},\frac{3}{2},-\frac{3}{2},\frac{2}{3},-\frac{2}{3},\frac{1}{4},-\frac{1}{4},\cdots.$$

在这个排列里,每个有理数都有它固定的位置,可以与自然数列建立一一对应关系,因此,有理数集是可数集.

第五节 实 数 集

一、无理数的引入

把数系扩充为有理数集,使得我们熟悉的加法、减法、乘法、除法运算在这个范围内能够保证封闭性.但是进一步的对于开方运算就不再满足封闭性了.为了解决这个问题,我们还可以引进另一种新数——无理数.

按照数学史的介绍,无理数的产生起源于毕达哥拉斯学派.毕达哥拉斯学派的一个信条是任何数学规律都可以表示为两个整数之比,即只承认有理数.但是传说毕达哥拉斯学派的一个学生希帕苏斯(Hippasus)发现正方形的一边和对角线不可公度.这就是说,正方形的边长是 1 的话,对角线的长度不可能用有理数来表示,度量的结果只能是无限不循环小数.在亚里士多德(Aristotle)的著作中,证明了任何有理数的平方都不等于 2.

例 1 任何有理数的平方都不等于 2.

证明 假设有一个有理数 a,使得 $a^2=2$,且 $a=\dfrac{m}{n}$,$(m,n)=1$(即 m 与 n 互质),于是 $\dfrac{m^2}{n^2}=2$,即 $2n^2=m^2$.因此 m^2 是偶数,所以 m 是偶数.设 $m=2k$,则 $2n^2=m^2=(2k)^2=4k^2$,所以 $n^2=2k^2$,从而 n 是偶数.这与 $(m,n)=1$ 矛盾,说明假设 a 为一个有理数且满足 $a^2=2$ 是不能成立的,即任何有理数的平方都不等于 2.

二、实数的概念

实数概念的发展是数学发展历史上的一个重要内容,许多数学家在这一方面都作出了突出的贡献.这里我们简单介绍实数定义的三种不同方法.

1. 无穷小数说

有理数可以表示成两个整数之比,即分数的形式,每一个分数都可以表示成有限小数或无限循环小数.也就是说,有理数不包含无限不循环小数.

定义 1 无限不循环小数称为**无理数**.

定义 2 全体有限小数和无限小数组成的集合称为**实数集**,记为 **R**.

这是一种直观的定义方式,很容易判断一个数是不是无理数,但进一步要讨论无理数的加法或乘法运算时,就没有办法把两个无理数像两个有限小数那样相加或相乘了.

2. 康托尔的基本序列说

把无限小数看做一个有限小数序列的极限,例如:

$$\sqrt{2}:1.4,1.41,1.414,1.4142,\cdots;$$

$$\pi: 3.1,\ 3.14,\ 3.141,\ 3.1415,\cdots.$$

这说明,像 $\sqrt{2}$ 和 π 都不是有理数,但却是有理数序列的极限. 这就是有理数集的不完备性. 康托尔(Cantor)的定义方法是,把具有相同极限的全体有理数序列看成一个实数. 这种定义方式也很好地说明了实数的完备性.

例 2 证明无限循环小数 $0.9999\cdots$ 和 1 相等.

证明 设 $x=0.9999\cdots$,则 $10x=9.9999\cdots$. 所以
$$10x-x=9,\quad 即\quad x=1.$$

3. 戴德金分割说

先把全体实数与数轴对应起来,任何一个实数在数轴上都有一个对应的点,可以把这个点作为数轴的一个分界点. 例如,2 是全体有理数的一个分界点,任何有理数小于或等于 2,或者大于 2.

定义 3 将全体有理数分为两个非空的子集 A 和 A',使得 A' 中的任何数都大于 A 中的任何数,这样的分法称为一个有理数的分割,也称为**戴德金分割**,记为 $(A|A')$,其中 A 称为戴德金分割的一个**下集**,A' 称为**上集**.

戴德金分割有以下三种不同的形式:

(1) A 中有最大数,A' 中没有最小数;

(2) A 中没有最大数,A' 中有最小数;

(3) A 中没有最大数,A' 中没有最小数.

把情形(1),(2)对应的分割称为**有端点分割**,其中的最大数或最小数称为端点. 如果两个有端点分割的端点是同一个有理数,则称这两个分割**等价**,或者把它们看成同一个分割. 把情形(3)对应的分割称为**无端点分割**.

定义 4 有理数的戴德金分割称为**实数**,其中有端点的分割称为**有理数**;无端点的分割称为**无理数**.

实数的戴德金分割说很好地说明了实数的稠密性.

三、实数的顺序关系

定义 5 把两个正实数 α,β 都表示成无限小数的形式,若它们能用同一个十进制小数表示,则称它们相等;如果它们的整数部分不同,那么称整数部分较大的那个数大;如果整数部分相同,而小数点后所对应同位数码上的数不全相同,那么称第一个不同数码较大的那个数较大.

显然正实数、负实数和 0 的大小规定与有理数的规定一致. 同样地,若实数 α 大于实数 β,则有 β 小于 α.

有理数的顺序律在实数里仍然成立.

四、实数的运算

关于全体实数的运算,在正、负实数和零上,可以按照有理数的运算法则来进行四则运算.所以这里为了简便只讨论正实数的四则运算.

为了方便定义实数的运算,我们需要先了解以下退缩有理闭区间序列和闭区间套定理.

定义 6 设 $\{a_n\}, \{b_n\}$ 是两个有理数列,且

(1) 数列 $\{a_n\}$ 是单调递增数列,即 $a_1 \leqslant a_2 \leqslant \cdots \leqslant a_n \leqslant \cdots$,而数列 $\{b_n\}$ 是单调递减数列,即 $b_1 \geqslant b_2 \geqslant \cdots \geqslant b_n \geqslant \cdots$;

(2) 对任意自然数 $n, a_n < b_n$;

(3) 当 n 充分大时,差 $b_n - a_n$ 小于任意给定的正数 ε:$b_n - a_n < \varepsilon$,即 b_n 与 a_n 可任意接近,

则序列 $\{[a_n, b_n]\}$ 称为**退缩有理闭区间序列**.

在数学分析里已经证明,退缩有理闭区间序列确定唯一的实数 ε 属于所有的闭区间:
$$a_n \leqslant \varepsilon \leqslant b_n \quad (n \in \mathbf{N}^*).$$

定义 7 有限十进制小数 $\alpha_n^- = p_0 . p_1 p_2 \cdots p_n$ 和 $\alpha_n^+ = p_0 . p_1 p_2 \cdots (p_n + 1)$ 分别叫做正实数 $\alpha = p_0 . p_1 p_2 \cdots p_n \cdots$ 的精确到 $\dfrac{1}{10^n}$ 的**不足近似值**和**过剩近似值**.

例 3 $\sqrt{2}$ 精确到 $1, 0.1, 0.01, 0.001 \cdots$ 的不足近似值和过剩近似值分别如下:

不足近似值:$1, 1.4, 1.41, 1.414, \cdots$;

过剩近似值:$2, 1.5, 1.42, 1.415, \cdots$.

$\sqrt{3}$ 精确到 $1, 0.1, 0.01, 0.001 \cdots$ 的不足近似值和过剩近似值分别如下:

不足近似值:$1, 1.7, 1.73, 1.732, \cdots$;

过剩近似值:$2, 1.8, 1.74, 1.733, \cdots$

以此为基础,我们来简单讨论实数的运算.

定义 8(加法) 如果一个实数 γ 大于或等于两个给定的正实数 α, β 的一切对应的不足近似值的和,而小于或等于 α, β 的一切对应的过剩近似值的和,那么实数 γ 叫做 α 与 β 的和,记做 $\alpha + \beta = \gamma$. 也就是说,若对任意的非负整数 n,实数 γ 满足 $\alpha_n^- + \beta_n^- \leqslant \gamma \leqslant \alpha_n^+ + \beta_n^+$,则
$$\alpha + \beta = \gamma.$$

任意两个正实数 α 与 β 的和是唯一存在的,并且加法满足交换律和结合律.

例 4 已知 $\alpha = \sqrt{2}, \beta = \sqrt{3}$,求 $\alpha + \beta$.

解 由于 $\alpha = \sqrt{2} = 1.414\cdots, \beta = \sqrt{3} = 1.732\cdots$,从而
$$\alpha_0^- + \beta_0^- = 2, \qquad \alpha_0^+ + \beta_0^+ = 4,$$
$$\alpha_1^- + \beta_1^- = 3.1, \qquad \alpha_1^+ + \beta_1^+ = 3.3,$$

$$\alpha_2^- + \beta_2^- = 3.14, \quad \alpha_2^+ + \beta_2^+ = 3.16,$$
$$\alpha_3^- + \beta_3^- = 3.146, \quad \alpha_3^+ + \beta_3^+ = 3.148,$$
$$\cdots\cdots \qquad\qquad \cdots\cdots$$

于是 $\alpha + \beta = \gamma = 3.146\cdots$.

定义 9（乘法） 如果一个实数 γ 大于或等于两个给定的正实数 α,β 的一切对应的不足近似值的积，而小于或等于 α,β 的一切对应的过剩近似值的积，那么实数 γ 叫做 α 与 β 的**积**，记做 $\alpha\cdot\beta=\gamma$. 也就是说，若对任意的非负整数 n，实数 γ 满足 $\alpha_n^- \cdot \beta_n^- \leqslant \gamma \leqslant \alpha_n^+ \cdot \beta_n^+$，则 $\alpha\cdot\beta=\gamma$.

任意两个正实数 α 与 β 的积是唯一存在的，并且乘法满足交换律、结合律以及乘法对加法的分配律.

定义 10（减法） 设 α,β 是两个给定的正实数，$\alpha>\beta$，则满足 $\alpha=\beta+\gamma$ 的实数 γ 叫做 α 减去 β 的**差**，记做 $\gamma=\alpha-\beta$.

定义 11（除法） 设 α,β 是两个给定的正实数，则满足 $\alpha=\beta\cdot\gamma$ 的实数 γ 叫做 α 除以 β 的**商**，记做 $\gamma=\dfrac{\alpha}{\beta}$.

容易验证按上述定义的两正实数的差、商均是唯一存在的.

除了上面提到的四则运算外，正有理数的开方运算可行性可以看成是数系从有理数扩充到实数的一个重要原因. 在实数集里，负实数的偶次方根是不存在的.

定义 12 设有正实数 x，它的 n 次乘方等于正实数 a，即 $x^n=a$，则正实数 x 叫做 a 的 **n 次算术根**，记做 $x=\sqrt[n]{a}$. 求算术根的运算叫做**开方**.

五、实数的性质

性质 1 实数集是一个数域.

证明 实数集关于加法、减法、乘法、除法（除数不为零）四种运算都封闭，且含有 0 和 1，所以实数集是一个数域.

实数域包含有理数域.

性质 2 实数集是一个有序域.

证明 在实数集内，任意两个实数之间存在顺序关系，且满足全序性、三分律，又任意两个正实数的和与积都是正实数，所以实数集是一个有序域.

性质 3 实数域是阿基米德有序域.

证明 设 $\forall \alpha,\beta \in \mathbf{R}, \alpha>0$ 且 $\alpha<\beta$，那么总可以找到两个正有理数 a,b，使得 $a<\alpha,\beta<b$. 因为有理数集具有阿基米德性质，所以总可以找到 $n\in\mathbf{N}$，使得 $na>b$. 而 $n\alpha>na$，所以
$$n\alpha > na > b > \beta, \quad 即 \quad n\alpha > \beta.$$

性质 4 实数集具有稠密性.

证明 设 $\forall \alpha, \beta \in \mathbf{R}$，且 $\alpha < \beta$，下面分三种情况讨论：

(1) 若 $0 \leqslant \alpha < \beta$，令 $\alpha = p_0 . p_1 p_2 \cdots p_n \cdots$，$\beta = q_0 . q_1 q_2 \cdots q_n \cdots$（把整数和有限小数都表示成以 0 为循环节的无限小数）. 比较有限小数列：

$$p_0, \ p_0.p_1, \ p_0.p_1 p_2, \ \cdots;$$
$$q_0, \ q_0.q_1, \ q_0.q_1 q_2, \ \cdots.$$

因为 $\alpha < \beta$，所以必存在 $k \in \mathbf{N}$，使得

$$p_0.p_1 p_2 \cdots p_k < q_0.q_1 q_2 \cdots q_k, \quad 且 \quad p_0.p_1 p_2 \cdots p_{k-1} = q_0.q_1 q_2 \cdots q_{k-1}.$$

构造无限小数 $\gamma = p_0.p_1 p_2 \cdots p_k l_{k+1} l_{k+2} \cdots < \beta$. 如果 $p_{k+1} \neq 9$，那么取 l_{k+1} 为大于 p_{k+1} 的数码，$l_{k+2}, l_{k+3}, \cdots$ 取任意数码，都有 $\alpha < \gamma$，于是 $\alpha < \gamma < \beta$；如果 $p_{k+1} = 9$，而 $p_{k+2} \neq 9$，那么取 $l_{k+1} = 9$, l_{k+2} 取大于 p_{k+2} 的数码，$l_{k+3}, \cdots$ 取任意数码，都有 $\alpha < \gamma$，于是 $\alpha < \gamma < \beta$. 依此类推，$p_{k+1}, p_{k+2}, \cdots$ 不可能都是 9，所以总可以找到另外一个实数 γ，满足 $\alpha < \gamma < \beta$.

(2) 若 $\alpha < \beta \leqslant 0$，则有 $0 \leqslant -\beta < -\alpha$，借助(1)，显然稠密性成立.

(3) 若 $\alpha < 0 < \beta$，此时在 α 与 0 和 0 与 β 之间各存在无限多个实数，所以此种情况稠密性也是成立的.

性质 5 实数集具有完备性.

例 5 设 $a_0 > 0, b > 0, a_n = \dfrac{1}{2}\left(a_{n-1} + \dfrac{b}{a_{n-1}}\right) (n=1,2,\cdots)$，证明数列 $\{a_n\}$ 收敛，并求其极限.

证明 不难看出，对于 $\forall n \in \mathbf{N}^*$，有 $a_n > 0$. 根据几何平均值不超过算术平均值，有

$$a_n = \frac{1}{2}\left(a_{n-1} + \frac{b}{a_{n-1}}\right) \geqslant \sqrt{a_{n-1} \cdot \frac{b}{a_{n-1}}} = \sqrt{b} \quad (\forall n \in \mathbf{N}),$$

即数列 $\{a_n\}$ 有下界，且 $a_n \geqslant \sqrt{b}\ (\forall n \in \mathbf{N})$. 又因为

$$a_{n+1} - a_n = \frac{1}{2}\left(a_n + \frac{b}{a_n}\right) - a_n = \frac{b - a_n^2}{2a_n} \leqslant 0 \quad (\forall n \in \mathbf{N}),$$

即数列 $\{a_n\}$ 单调递减，从而数列 $\{a_n\}$ 单调递减且有下界，所以数列 $\{a_n\}$ 收敛.

设 $\lim\limits_{n \to \infty} a_n = a$，由极限的单调性，有 $a \geqslant \sqrt{b} > 0$.

对等式 $a_n = \dfrac{1}{2}\left(a_{n-1} + \dfrac{b}{a_{n-1}}\right)$ 的两端取极限得 $a = \dfrac{1}{2}\left(a + \dfrac{b}{a}\right)$. 因为 $a > 0$，得 $a = \sqrt{b}$.

特别地，当 $b = 2$ 时，$\sqrt{2}$ 是无理数. 这说明：若 $a_0 > 0$ 是一有理数，则 $\{a_n\}$ 是一单调递减的有理数列，且收敛于无理数 $\sqrt{2}$.

性质 6 实数集是不可数集.

证明 注意到可数集的无限子集仍是一个可数集，因此要证明实数集是不可数集，只要证明实数集的某一个无限子集是不可数集就可以了. 这里取实数集 $\mathbf{R}$ 的一个无限子集 $M = \{x \mid 0 < x < 1\}$.

假定 M 是一个可数集,那么 M 中所有的实数可写成数列的形式:
$$\alpha_1, \alpha_2, \alpha_3, \cdots, \alpha_n, \cdots.$$
将所有的 $\alpha_i(i=1,2,\cdots)$ 表示成无限小数:
$$\alpha_1 = 0.a_{11}a_{12}a_{13}\cdots,$$
$$\alpha_2 = 0.a_{21}a_{22}a_{23}\cdots,$$
$$\alpha_3 = 0.a_{31}a_{32}a_{33}\cdots,$$
$$\cdots\cdots$$
$$\alpha_n = 0.a_{n1}a_{n2}a_{n3}\cdots,$$
$$\cdots\cdots$$

现在,再做一个无限小数 $\beta=0.b_1b_2b_3\cdots b_n\cdots$,其中 $b_1,b_2,b_3,\cdots,b_n,\cdots$ 可以从 1 到 8 这八个数字中任意选取,只是要求 $b_1\neq a_{11},b_2\neq a_{22},b_3\neq a_{33},\cdots,b_n\neq a_{nn},\cdots$,于是 $\beta\neq\alpha_1,\beta\neq\alpha_2,\beta\neq\alpha_3,\cdots,\beta\neq\alpha_n,\cdots$,所以 $\beta\notin M$. 但是 $\beta=0.b_1b_2b_3\cdots b_n\cdots$ 是 $(0,1)$ 中的一个实数,即 $\beta\in M$,矛盾. 所以 $M=\{x|0<x<1\}$ 是不可数集,从而实数集是不可数集.

实数集与有理数集比较,二者都具有稠密性,但完备性却体现了实数集与有理数集的本质区别. 另外,实数集也不再像有理数集那样保持可数集的性质了.

第六节 复 数 集

数系从实数集扩充到复数集是通过数系扩充方法中的构造法来实现的,主要是为了解决负数不能开偶次方的问题,例如方程 $x^2+1=0$ 求解的问题. 早在 16 世纪意大利数学家塔塔利亚在求解三次方程根的过程中就大胆地引用了复数开平方的运算,经过数百年的发展终于确立了复数在数学中的地位和作用.

一、复数的概念

复数的概念主要借助于有序实数对和虚数单位 i 来确定.

定义 1 规定虚数单位 i,且 $i^2=-1$. 由有序实数对 (a,b) 和虚数单位 i 所确定的数 $a+bi$ 叫做**复数**,其中 a 叫做复数的**实部**,b 叫做复数的**虚部**. 全体复数所组成的集合叫做**复数集**,通常用 **C** 表示. 当 $a\neq 0,b\neq 0$ 时,复数 $a+bi$ 叫做**虚数**;当 $a=0,b\neq 0$ 时,复数 $a+bi$ 叫做**纯虚数**.

定义 2 称复数 $a+bi$ 与 $c+di$ $(a,b,c,d\in\mathbf{R})$ **相等**,当且仅当 $a=c,b=d$,记做
$$a+bi = c+di.$$
容易证明,复数相等具有自反性、对称性和传递性.

二、复数的运算

复数的运算可以借助向量的运算来定义. 把复数 $a+bi$ 看成是起点为原点,终点为 (a,b)

的平面向量.

定义 3(加法)　两个复数 $a+bi, c+di$ 的和定义为
$$(a+bi)+(c+di)=(a+c)+(b+d)i.$$
可见,两个复数相加,实部和实部相加结果为实部,虚部和虚部相加结果为虚部.

定义 4(乘法)　两个复数 $a+bi, c+di$ 的**积**定义为
$$(a+bi)(c+di)=(ac-bd)+(ad+bc)i.$$
由定义,两个复数相乘,可参照多项式乘法相乘,最后合并同类项.

根据上述定义,可得两个复数的和、积是存在唯一的,并且复数的加法、乘法运算满足交换律、结合律和乘法对加法的分配律.

定义 5(减法)　给定两个复数 z_1, z_2,满足条件 $z_1+z=z_2$ 的复数 z 叫做复数 z_2 减去 z_1 的**差**,记做 $z=z_2-z_1$.

显然两个复数的差存在并且唯一.

定义 6(除法)　给定两个复数 z_1, z_2,且 $z_1\neq 0$,满足条件 $z_1 z=z_2$ 的复数 z 叫做复数 z_2 除以 z_1 的**商**,记做 $z=\dfrac{z_2}{z_1}$.

两个复数的商也是唯一存在的.

特别地,数系扩充到复数集解决了任意一个数开方的问题,所以引入下面的定义.

定义 7(开方)　给定复数 z_1,满足条件 $z^n=z_1$ 的复数 z 叫做复数 z_1 的 n **次方根**.

一个不为 0 的复数 z,有 n 个不同的 n 次方根.高斯还证明了任意一元 n 次方程有 n 个复数根.

需要注意的是,虽然实数集是复数集的真子集,但实数集中的算术根的运算性质不能照搬到复数集中来.

三、复数的表示

复数的表示通常有以下几种:

(1) 复数的代数式:$z=a+bi\ (a, b\in \mathbf{R})$.复数的代数式在进行通常的加法、减法、乘法、除法等代数运算中比较方便.此时,非负整数 $\sqrt{a^2+b^2}$ 叫做 z 的**模**或**绝对值**,记做 $|z|$.

(2) 复数的三角式:$z=r(\cos\theta+i\sin\theta)$,其中 $r=|z|$ 是复数 z 的模,θ 叫做复数 z 的**辐角**.复数的三角式通常在复数的乘法、乘方、开方等运算中比较方便.

例如,设 $z_1=r_1(\cos\theta_1+i\sin\theta_1), z_2=r_2(\cos\theta_2+i\sin\theta_2)$,则
$$z_1 z_2 = r_1 r_2[\cos(\theta_1+\theta_2)+i\sin(\theta_1+\theta_2)].$$

(3) 复数的指数式:$z=re^{i\theta}$,其中 r 是复数 z 的模,θ 是复数 z 的辐角.

从这个公式我们可以发现:$i^i=e^{-\frac{\pi}{2}}=0.207879576\cdots$ 是一个实数;而另一个实数 $e^{2\pi}\approx 535.4916$,它的 i 次幂 $(e^{2\pi})^i=1$.这的确显示了复数不可思议的一些性质.

(4) 复数的向量式：$z=(a,b)(a,b\in \mathbf{R})$. 复数的向量式能够较好地体现复数的几何意义.

由于复数与向量的等同性质(即一个向量可以用一个复数表示；反之，一个复数表示了一个向量)，因此复数也是研究几何问题的有力工具之一(当然，复数的作用远非于此). 下面举例给予说明.

例 1　设图 1.1(a) 中并列的三个正方形全等，证明：$\angle 1+\angle 2=\dfrac{\pi}{4}$.

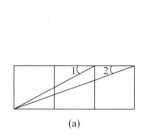 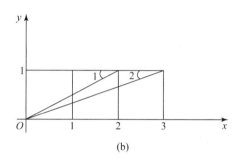

图　1.1

证明　如图 1.1(b) 所示，建立坐标系，根据平行线的内错角相等，可知 $\angle 1$ 与 $\angle 2$ 分别是复数 $2+i$ 与 $3+i$ 的辐角主值.

由复数的乘法可知，$\angle 1+\angle 2$ 是复数 $(2+i)(3+i)$ 的辐角. 而 $(2+i)(3+i)=5+5i$，它的辐角为 $\dfrac{\pi}{4}+2k\pi$. 因 $\angle 1+\angle 2<\dfrac{\pi}{2}$，故 $\angle 1+\angle 2=\dfrac{\pi}{4}$.

例 2（余弦定理）　证明：三角形中任意一边长的平方等于其余两边长的平方和减去两边长与其夹角余弦乘积的 2 倍.

证明　以三角形的任一边所在直线作为 x 轴建立坐标系如图 1.2 所示，令
$$r_1=|z_1|,\quad r_2=|z_2|,$$
$$r=|z_1-z_2|,\quad \theta=\mathrm{Arg}\,z_2.$$
我们将 z_1 与 z_2 用复数的三角式表示为
$$z_1=r_1,\quad z_2=r_2(\cos\theta+i\sin\theta),$$
于是有
$$r^2=|z_1-z_2|^2=|(r_1-r_2\cos\theta)-ir_2\sin\theta|^2$$
$$=(r_1-r_2\cos\theta)^2+(r_2\sin\theta)^2=r_1^2+r_2^2-2r_1r_2\cos\theta.$$

图　1.2

例 3　设 z_1,z_2 为两个复数，证明：$|z_1z_2|=|z_1||z_2|$.

证明　设 $z_1=a+bi, z_2=c+di$，其中 $a,b,c,d\in\mathbf{R}$，则
$$|z_1z_2|=|(a+bi)(c+di)|=|(ac-bd)+(ad+bc)i|$$

$$= \sqrt{(ac-bd)^2 + (ad+bc)^2}$$
$$= \sqrt{(ac)^2 + (bd)^2 - 2abcd + (ad)^2 + (bc)^2 + 2abcd}$$
$$= \sqrt{(ac)^2 + (bd)^2 + (ad)^2 + (bc)^2},$$
$$|z_1||z_2| = |a+bi||c+di| = \sqrt{a^2+b^2} \cdot \sqrt{c^2+d^2}$$
$$= \sqrt{a^2c^2 + a^2d^2 + b^2c^2 + b^2d^2}.$$

所以 $|z_1 z_2| = |z_1||z_2|$.

四、复数的性质

性质 1 复数集是一个数域.

复数对四则运算是封闭的,按照数域的定义,易证复数集是一个数域.

性质 2 复数集是有序集.

证明 如果一个集合中规定了一种顺序,且适合顺序律(三分律、传递性),则这个集合是有序集.在这个意义下,复数是可以比较大小的.例如,我们规定,按照字典排序法对两个复数进行大小比较,实部大的复数大,若实部相同,再比较虚部,任何异于 0 的复数都比 0 大;也可以类似地采用辐角主值和模的大小来比较,辐角主值大的复数大,若辐角主值相同,再按模来比较大小,任何异于 0 的复数都比 0 大.显然,这样规定的大小都符合三分律和传递性,即按照这样定义顺序,复数集是一个有序集.

性质 3 复数域不是有序域.

证明 假定复数域是有序域,由于 $i \neq 0$,则有 $i>0$ 或 $-i>0$,二者只能且仅有一个成立,从而复数不能像实数那样比较大小.

(1) 若 $i>0$,因为有序域中乘法的单调性成立,所以 $i^2>0$,即 $-1>0$,从而 $(-1)i=-i>0$.因此 $i>0$ 和 $-i>0$ 同时成立,矛盾.

(2) 若 $-i>0$,因为有序域中乘法的单调性成立,所以 $(-i)^2>0$,即 $-1>0$,从而 $(-1)(-i)=i>0$.因此 $i>0$ 和 $-i>0$ 同时成立,矛盾.

综上所述,假设不成立,复数域不是有序域.

性质 4 在复数域内,开 n 次方运算总是可以实施的,任何非零复数有 n 个不相等的 n 次方根,即:设 z 是任意复数,当 $z \neq 0$ 时,存在 n 个且仅有 n 个不同的复数 $\omega_k (k=0,1,\cdots,n-1)$,使得 $\omega_k^n = z$;当 $z=0$ 时,只有一个复数 $\omega=0$,使得 $\omega^n=z$.

证明 当 $z=0$ 时,结论显然成立.下证 $z \neq 0$ 的情形.

设 $z = \rho(\cos\theta + i\sin\theta)$. 我们在中学里已知不为 0 的复数 z 的 n 次方根存在,并可用 $\omega_k = \sqrt[n]{\rho}\left[\cos\left(\dfrac{2k\pi+\theta}{n}\right) + i\sin\left(\dfrac{2k\pi+\theta}{n}\right)\right] (k \in \mathbf{Z})$ 来计算.下面证明在 ω_k 中只有 n 个相异的数.

令 $k=0,1,\cdots,n-1$,得到 n 个值 $\omega_0, \omega_1, \omega_2, \cdots, \omega_{n-1}$,其中任意两个数都不相等,即 $\omega_l \neq$

$\omega_s(0 \leqslant l, s \leqslant n-1)$. 因为 $|l-s| \leqslant n$, 所以 $\frac{|l-s|}{n} < 1$. 由此知 ω_l 与 ω_s 的辐角之差

$$\frac{2l\pi + \theta}{n} - \frac{2s\pi + \theta}{n} = \frac{2(l-s)\pi}{n}$$

不能相差 2π 的整数倍, 所以 n 个值 $\omega_0, \omega_1, \omega_2, \cdots, \omega_{n-1}$ 都相异. 但 $k=n$ 时, 则有 $\omega_0 = \omega_n$, 这是因为其模不变, 而当 $k=n$ 时, ω_n 的辐角 $\frac{2n\pi + \theta}{n}$ 与 ω_0 的辐角 $\frac{\theta}{n}$ 相差 2π. 同理可得

$$\omega_0 = \omega_n = \omega_{2n} = \omega_{3n} = \cdots = \omega_{-n} = \omega_{-2n} = \cdots;$$
$$\omega_1 = \omega_{n+1} = \omega_{2n+1} = \omega_{3n+1} = \cdots = \omega_{-n+1} = \omega_{-2n+2} = \cdots;$$
$$\cdots\cdots\cdots\cdots$$
$$\omega_{n-1} = \omega_{2n+1} = \omega_{3n-1} = \omega_{4n-1} = \cdots = \omega_{-1} = \omega_{-n-1} = \cdots.$$

一般地, 如果 $k-1$ 是 n 的整数倍, 则 $\omega_k = \omega_1$. 故 $\omega_k(k \in \mathbf{Z})$ 中只有 n 个相异的数.

这表明, 在复数域中开方运算总可以实施, 从而达到了把实数域扩充到复数域的目的.

习 题 一

1. 简述数系的五次扩充过程.
2. 举例说明数系扩充的两种方法.
3. 列举数系的扩充原则.
4. 对于 $\forall a, b, c \in \mathbf{N}$, 用基数理论证明: $a > b, c \geqslant d \Rightarrow a+c > b+d$.
5. 按照自然数序数理论中加法和乘法的定义分别计算:
   (1) $5+3$;   (2) $5 \cdot 3$.
6. 设 $a_i > 0 (i=1, 2, \cdots, n)$, 且 $a_1 + a_2 + \cdots + a_n = 1$, 试用数学归纳法证明:

$$a_1^2 + a_2^2 + \cdots + a_n^2 \geqslant \frac{1}{n} \quad (n \geqslant 2).$$

7. 试用数学归纳法证明: 用票面为 3 角和 5 角的邮票可以支付任何 $n(n>7)$ 角的邮资.
8. 设平面内有 n 条直线, 其中任何两条不平行, 任何三条不过同一点. 记 n 条直线的交点个数为 $f(n)$.
   (1) 求 $f(2), f(3), f(4)$;   (2) 猜想 $f(n)$, 并用数学归纳法证明.
9. 列举中学数学中一个半序关系的例子, 并简单证明.
10. 试用最小数原理来证明归纳公理.
11. 设 $a, b, c, d \in \mathbf{N}, a > b, c > d$, 求证:
    (1) $a-b = c-d \Leftrightarrow a+d = b+c$;   (2) $(a-b) + (c-d) = (a+c) - (b+d)$;
    (3) $(a-b)(c-d) = (ac+bd) - (ad+bc)$.

12. 设 $a,b,c,d,\dfrac{a}{b},\dfrac{c}{d}\in\mathbf{N}$,求证:

(1) 当且仅当 $ad=bc$ 时,$\dfrac{a}{b}=\dfrac{c}{d}$;

(2) $\dfrac{a}{b}+\dfrac{c}{d}=\dfrac{ad+bc}{bd}$;   (3) $\dfrac{a}{b}\cdot\dfrac{c}{d}=\dfrac{ac}{bd}$.

13. 设 $m,n\in\mathbf{N}^*$,求证 $(m+n')'=m'+n'$.

14. 在自然数下证明三分律,即:对于 $\forall a,b\in\mathbf{N}$,证明 $a=b,a>b,a<b$ 三种关系有且仅有一个成立.

15. 设 a,b 是两个给定的非零整数,且有整数 x,y,使得 $ax+by=1$,证明:若 $a\mid n,b\mid n$,则 $ab\mid n$.

16. 设 $a,b,c,d\in\mathbf{Z}$,且 $a-c\mid ab+cd$,求证 $a-c\mid ad+bc$.

17. 如果质数 p,q 满足关系式 $3p+5q=31$,那么 $\log_2\dfrac{p}{3q+1}$ 的值是多少?

18. 证明:在有理数集中,两个数的差是唯一存在的.

19. 设 $a,b\in\mathbf{Q}$,且 $a<b$,试证 $\dfrac{2a+b}{3}$ 在 a 与 b 之间.

20. 设 a,b 是两个有理数,证明:$\lvert\lvert a\rvert-\lvert b\rvert\rvert\leqslant\lvert a+b\rvert\leqslant\lvert a\rvert+\lvert b\rvert$.

21. 用反证法证明:$e=1+\dfrac{1}{1!}+\dfrac{1}{2!}+\dfrac{1}{3!}+\cdots$ 是无理数.

22. 设正整数 a 不是任何整数的 n 次方,求证 $\sqrt[n]{a}$ 是无理数.

23. 证明:整系数代数方程 $x^n+a_1x^{n-1}+\cdots+a_n=0$ 的任何非整实根均为无理数.

24. 如果不强调运算,能否定义一种方式比较复数的大小呢?

25. 设 $m,n\in\mathbf{N}^*$,$f(x)=x^{3m+1}+x^{3n+2}+1$,在复数范围内证明:$(x^2+x+1)\mid f(x)$.

26. 证明 π 与 3.8 的和是无理数.

27. 两个无理数的商能不能是整数?举例说明.

28. 无理数集能否构成数域?

29. 设 $z=x+yi$ ($x,y\in\mathbf{R}$),求 z^4 是纯虚数的条件.

30. 证明:复数域是包含实数域且含有方程 $z^2=-1$ 的解的最小域.

本章参考文献

[1] 张奠宙,张广祥.中学代数研究.北京:高等教育出版社,2006.

[2] 菲利克斯·克莱因.高观点下的初等数学.舒湘芹,陈义章,杨钦樑,译.上海:复旦大学出版社,2008.

[3] 赵振威.中学数学教材教法.修订版.上海:华东师范大学出版社,1994.

[4] 曹才翰,沈伯英.初等代数教程.北京:北京师范大学出版社,1986.

[5] 余元希.初等代数研究.北京：高等教育出版社,1988.
[6] 林国泰.初等代数研究教程.广州：暨南大学出版社,1996.
[7] 赵立宽.初等代数研究.北京：航空工业出版社,1997.
[8] 张禾瑞.近世代数基础.北京：高等教育出版社,1978.
[9] 华东师范大学数学系.数学分析(上册).北京：高等教育出版社,2001.
[10] 柯召,孙琦.数论讲义.北京：高等教育出版社,2001.

第二章 解析式与不等式

> 本章的内容主要包括解析式与不等式，它们都是研究数量关系和变化规律的数学模型，可以帮助人们从数量关系的角度更准确、清晰地认识、了解、描述和把握现实世界．要求读者能对具体情境或符号演算过程中的数字与符号信息做出合理的解释和推断，能用代数式、解析式、方程和不等式、符号语言模式等刻画和抽象概括事物间的相互联系，以便能发展合情推理和演绎推理能力．
>
> 　　对于7—9年级的学生来说，代数中对解析式的研究，是由浅入深、逐步展开的．它的教学内容主要是：整式的加减、整式的乘除、因式分解、分式和二次根式（包括指数概念）以及方程（组）的理论和方程（组）的各种解法．通过对这些内容的学习，进一步提高运算求解能力、抽象概括能力、数据处理能力和逻辑思维能力．
>
> 　　对于10—12年级的学生来说，解条件不等式和证明绝对不等式是学生运算求解能力、推理论证能力以及抽象概括能力培养和形成的主要途径和重要知识点．在这个环节中，不等式、方程和函数、解析几何等内容往往是交融在一起，以便培养和形成10—12年级学生的综合数学能力和数学素养．
>
> 　　鉴于此，结合数学课程标准的理念和特征，我们将重点放在解析式的发展过程和特点，而对于各种解析式的变形、转换和化简等作淡化处理．

第一节　解　析　式

一、数学符号发展简史

　　人类是怎样一步一步学会计数的？这是一个漫长的、渐进的过程，大约可分为四个阶段：对应阶段；基数与序数阶段；语言阶段；文字记号阶段.在此基础上逐渐形成简单的数学语言乃至用某种方法记录数值的记号——数字.数字系统的产生标志人类抽象的数学思想又提高到一个新的层次,人们已经摆脱了与之对应的实物而赋予数字一种形式上的意义,这是符号思想的萌芽.因此,数字系统为数与数之间的运算提供了条件,数和数字系统形成以后,围绕它们而产生的数学思想集中在数的运算和数的性质的研究上,因而产生了初等代数学.

初等代数的特征之一是符号的引入及由此形成的符号代数.符号的引入大致经历三个阶段:第一阶段是文词代数,即采用普通的文句来叙述数学问题和解答.15 世纪之前大多数数学著作都属于文词代数.第二阶段是简词代数或半符号代数,其特点是在代数中某些量采用减缩的字母或记号来表示.丢番图及中世纪的印度人都曾部分地采用简词代数.中国的《九章算术》通过适当地排列算筹来表示方程(相当于矩阵表示法),宋朝的天元术和四元数则是一种相当成熟的半符号代数.第三阶段是符号代数,其特点是系统地引入字母和符号来表示数、式子、基本概念、运算以及关系.这项工作从 15 世纪开始,到 16 世纪中叶才基本形成现在的通用记号.

相对于数值运算,符号运算是数学发展的一个飞跃.实际上,代数运算施行于事物的类或形式,而算术运算施行于具体的数,即符号是对数的抽象和概括.符号代数的引入使代数学成为研究一般类型的形式和方程(模式)的学问,因而广泛应用.同时有效的符号系统,可以使数学书写更加方便,运算过程更加清晰,推演思路更加精练.

鉴于符号的引入对代数的发展所起的重要作用,数学的其他分支也都相应地采用.当今数学中,符号思想已经成为数学的一般思想方法.

二、解析式

1. 解析式的含义

解析式是数的概念的发展,也是研究函数、方程和不等式的基础.正确地理解解析式的概念和性质,熟练地掌握解析式的变形规律,对于提高中学数学教学的理论水平、运算能力和推理能力,都是必不可少的.

我们通常把依据数学概念、法则、原理、规律等而形成的形式符号的表达式称为**数学式**.例如,$kx+b$,$\triangle ABC \cong \triangle PQR$,三个变换相乘 $T_1 \cdot T_2 \cdot T_3$,等等,都是数学式.

由于研究方程、函数等的需要,我们将那些用运算符号、函数符号、括号,作用于数字和字母之上形成的数学式称为**解析式**.例如,$ax+by$,$ax^4+bx^3+cx^2$,$n!$,$x^n+\sin x+2$,$\int \sin x dx$ 等都是解析式,其中的 x,y,z 是未知数.解析式可以看做是未知数与数字通过运算符号连接起来的符号串.未知数的个数,称为解析式的**元数**.前后用加减符号隔开的那一部分称为解析式的**项**.

在初等数学里所说的运算是初等运算.初等运算可分为代数运算和初等超越运算.有

限次的加、减、乘、除、正整数次乘方、开方（或有理数次乘方）运算称为**代数运算**，其中加、减、乘、除运算称为**算术运算**或**四则运算**；无理数次乘方运算、对数运算、三角运算和反三角运算统称为**初等超越运算**.

2. 解析式的分类

只含有加、减、乘、除四则运算和有理数次的乘方、开方运算的解析式叫做**代数式**. 代数式中不含开方运算称为**有理式**，否则称为**无理式**. 有理式中又以分母上是否含有字母分为整式和分式. 解析式中如果除了代数运算之外，还有超越运算，如 $\sin, \cos, \lg, a^x$（x 为无理数），等等，我们称之为**超越式**. 综上所述，我们可以作以下的分类：

对于整式，我们可以谈它的未知数的个数和次数. 如果整式中有 k 个未知数，各个未知数出现的次数中的最高次数为 n，则称之为 **k 元 n 次式**. 例如，$x^m, 2x+7y, 5x^4+2y^3+z^2$ 分别是一元 m 次式、二元一次式、三元四次式.

3. 解析式的关系

研究数学式本身不是最终目的，由数学式（主要是解析式）构成的等式和不等式才是我们研究的主要对象. 解析式中一般含有未知数，它可以取某些数值（中学里主要是在实数范围内进行考查）. 因此，解析式最终代表数值，因而具有大小和相等关系.

3.1 解析式的相等关系

我们把由两个解析式 $A(x,y,\cdots,z), B(x,y,\cdots,z)$ 用等号连接起来的式子称为**等式**：
$$A(x,y,\cdots,z) = B(x,y,\cdots,z).$$
等式可以分为恒等式和条件等式. 当未知数取一切有意义的数值时，等号两边的解析式都取相同的值，我们称之为**恒等式**，也称为**绝对等式**. 若一个等式只在未知数取某些特殊的数值时才成立，我们称之为**条件等式**.

方程就是一种条件等式. 习惯上把含有未知数的等式叫做**方程**. 其实并不完全，我们一般不会把含有未知数的恒等式叫做方程. 例如 $x-x=0, 0\cdot x=0, \sin^2 x+\cos^2 x=1$，这样的等式都不属于方程的研究范围. 未知数所取的满足方程（条件等式）的特殊值，称为方程的**根**.

不失一般性，方程可以写成 $p(x,y,\cdots,z)=0$. 对于整式方程（指 $p(x,y,\cdots,z)$ 为多项式），我们将各个未知数出现的最高次数，称为方程的**次数**. 我们熟知的一元 n 次方程的一般表示式为
$$a_n x^n + a_{n-1}x^{n-1} + \cdots + a_1 x + a_0 = 0.$$

代数基本定理告诉我们,一元 n 次方程必有且只有 n 个复根. 方程的根的个数可以是无限的. 例如 $x^2+y^2=2$,它的根集合对应平面上的点集合组成一个圆.

3.2 解析式的不等关系

类似地,两个解析式 $A(x,y,\cdots,z),B(x,y,\cdots,z)$ 用不等号连接起来得到的式子称为**不等式**. 和等式情形一样,不等式也有绝对不等式和条件不等式之分. 当不定元取一切有意义的数值时,不等式恒成立,我们称之为**恒不等式**,也称为**绝对不等式**. 若一个不等式只当不定元取某些特殊的数值时才成立,我们称之为**条件不等式**. 求出使不等式成立的那些特殊值,称为**解不等式**.

中学里学习不等式具有特别重要的意义. 首先,不等式可以表示一种界限和范围,本身就是一种刻画现实世界数量和空间形式的规律,例如三角形两边之和大于第三边, $|\sin x|\leqslant 1, 2^x\geqslant 2x+3$,等等. 不等式在几何上可以表示一个区域. 例如,可用不等式表示圆的内部和外部.

近来,不等式的应用范围在不断扩大,但运作时需要较多的数学知识和技巧,学习起来不太容易. 所以,不等式的内容主要列入高中(10—12 年级)的数学课程. 高中阶段接触的基本不等式主要有:平均值不等式 $ab\leqslant\dfrac{(a^2+b^2)}{2}$;绝对值不等式 $|a+b|\leqslant|a|+|b|$. 其他几类重要不等式(比如伯努利不等式和柯西不等式等)和解绝对值不等式内容也列入了高中数学教学要求(见选修系列 4).

第二节 绝对不等式的证明

证明绝对不等式,就是根据不等式的性质,证明对于字母中所允许取的数值,这个不等式恒成立.

绝对不等式的证明与恒等式的证明相仿,证明方法灵活多变,有极强的技巧性,通常没有固定的程序可循. 要提高证明绝对不等式的能力,必须熟练掌握不等式的基本性质和基本不等式,并能灵活运用不等式证明的各种常用方法.

证明绝对不等式的方法很多,常用的有分析法、综合法、比较法、配方法、判别法、反证法、数学归纳法、利用已知不等式法、换元法、放缩法、调整法、构造法、微积分法等.

一、分析法与综合法

分析法是证明绝对不等式的一种重要的方法,用**分析法**论证"若 A,则 B"这类命题的格式是:欲证 B 真,只需证 B_1 真,从而又……只需证命题 A 为真. 现在已知 A 真,故 B 真. 可见分析法是执果索因,步步寻求上一步成立的充分条件,写出简要的形式为

$$B\Leftarrow B_1\Leftarrow B_2\Leftarrow\cdots\Leftarrow B_n\Leftarrow A.$$

第二章 解析式与不等式

而证明绝对不等式的**综合法**,是从题目的条件或已知成立的不等式出发,利用不等式的基本性质进行推导变形,进而得出所要求证的不等式. 利用综合法的关键是一些常用的不等式,即通过变形,将未知的不等式归结为常用不等式.

在实际的问题解决过程中,综合法和分析法往往是交织使用的,利用分析法试误证明思路和方法,用综合法整理或形成证明过程. 有些时候,采用"两边凑"的办法解决绝对不等式的证明问题. 这样的话,分析法和综合法也就可包括比较法、换元法、放缩法、构造法等,以构建证明过程的特殊技巧和策略.

例 1 已知函数 $f(x)=\dfrac{x}{1+x^2}$, $-1<x_1<x_2<1$,求证:$f(x_1)<f(x_2)$.

证明 方法 1 用求差法. 由于

$$f(x_1)-f(x_2)=\frac{x_1}{1+x_1^2}-\frac{x_2}{1+x_2^2}=\frac{(x_1-x_2)(1-x_1x_2)}{(1+x_1^2)(1+x_2^2)},$$

又 $x_1-x_2<0$,$x_1x_2<1$,所以 $f(x_1)-f(x_2)<0$,即 $f(x_1)<f(x_2)$.

方法 2 考虑函数 $f(x)$ 的单调性. 因为当 $-1<x<1$ 时,$f'(x)=\dfrac{1-x^2}{(1+x^2)^2}>0$,即 $f(x)$ 在区间 $(-1,1)$ 内单调递增,所以原不等式成立.

例 2 已知 $n\in \mathbf{N}^*$,$n>1$,$a\geqslant 1$,求证:

$$\frac{1+a^n}{a+a^2+\cdots+a^{n-1}}\geqslant \frac{2}{n-1}. \qquad ①$$

证明 要证结论成立,只需证 $(n-1)+(n-1)a^n\geqslant 2(a+a^2+\cdots+a^{n-1})$,即证

$$(n-1)+(n-1)a^n-2(a+a^2+\cdots+a^{n-1})\geqslant 0,$$

而要使此不等式成立,又只需证

$$(1-a)+(1-a^2)+\cdots+(1-a^{n-1})+(a^n-a)+(a^n-a^2)+\cdots+(a^n-a^{n-1})\geqslant 0,$$

即

$$(1-a)(1-a^{n-1})+(1-a^2)(1-a^{n-2})+\cdots+(1-a^{n-1})(1-a)\geqslant 0. \qquad ②$$

由 $a\geqslant 1$ 及 $(1-a^k)(1-a^{n-k})\geqslant 0$ $(1\leqslant k\leqslant n-1)$ 知,②式成立,从而①式成立.

例 3 已知 $a_1,a_2,\cdots,a_n,b_1,b_2,\cdots,b_n$ 均为正数,求证:

$$\sqrt[n]{(a_1+b_1)(a_2+b_2)\cdots(a_n+b_n)}\geqslant \sqrt[n]{a_1a_2\cdots a_n}+\sqrt[n]{b_1b_2\cdots b_n}.$$

证明 由

$$\frac{\sqrt[n]{a_1a_2\cdots a_n}+\sqrt[n]{b_1b_2\cdots b_n}}{\sqrt[n]{(a_1+b_1)(a_2+b_2)\cdots(a_n+b_n)}}$$

$$=\sqrt[n]{\frac{a_1}{a_1+b_1}\cdot\frac{a_2}{a_2+b_2}\cdot\cdots\cdot\frac{a_n}{a_n+b_n}}+\sqrt[n]{\frac{b_1}{a_1+b_1}\cdot\frac{b_2}{a_2+b_2}\cdot\cdots\cdot\frac{b_n}{a_n+b_n}}$$

$$\leqslant \frac{1}{n}\left(\frac{a_1}{a_1+b_1}+\frac{a_2}{a_2+b_2}+\cdots+\frac{a_n}{a_n+b_n}\right)+\frac{1}{n}\left(\frac{b_1}{a_1+b_1}+\frac{b_2}{a_2+b_2}+\cdots+\frac{b_n}{a_n+b_n}\right)$$

$$=1$$

变形即得，等号成立当且仅当 $\frac{a_1}{b_1}=\frac{a_2}{b_2}=\cdots=\frac{a_n}{b_n}$.

例 4 设 $n\in \mathbf{N}^*$，求证：$\frac{1}{2}\cdot\frac{3}{4}\cdot\frac{5}{6}\cdot\cdots\cdot\frac{2n-1}{2n}<\frac{1}{\sqrt{2n+1}}$.

证明 设 $P=\frac{1}{2}\cdot\frac{3}{4}\cdot\frac{5}{6}\cdot\cdots\cdot\frac{2n-1}{2n}$，则

$$\begin{aligned}P^2&=\frac{1^2}{2^2}\cdot\frac{3^2}{4^2}\cdot\frac{5^2}{6^2}\cdot\cdots\cdot\frac{(2n-1)^2}{(2n)^2}\\&<\frac{1^2}{2^2-1}\cdot\frac{3^2}{4^2-1}\cdot\frac{5^2}{6^2-1}\cdot\cdots\cdot\frac{(2n-1)^2}{(2n)^2-1}\\&=\frac{1^2}{1\cdot 3}\cdot\frac{3^2}{3\cdot 5}\cdot\frac{5^2}{5\cdot 7}\cdot\cdots\cdot\frac{(2n-1)^2}{(2n-1)(2n+1)}\\&=\frac{1}{2n+1}.\end{aligned}$$

所以 $P<\frac{1}{\sqrt{2n+1}}$，即 $\frac{1}{2}\cdot\frac{3}{4}\cdot\frac{5}{6}\cdot\cdots\cdot\frac{2n-1}{2n}<\frac{1}{\sqrt{2n+1}}$.

例 5 给定 $a_1,a_2,\cdots,a_9$ 为 9 个不同的实数，证明其中至少有两个数 $a_i,a_j(i\neq j)$，满足

$$0<\frac{a_i-a_j}{1+a_ia_j}<\sqrt{2}-1.$$

证明 设 $a_k=\tan\theta_k\left(-\frac{\pi}{2}<\theta_k<\frac{\pi}{2},k=1,2,\cdots,9\right)$. 因为 $\tan\theta$ 在 $\left(-\frac{\pi}{2},\frac{\pi}{2}\right)$ 内单调递增，所以当 $a_i\neq a_j$ 时，$\theta_i\neq\theta_j$. 显然，至少存在两角 $\theta_i,\theta_j\in\left(-\frac{\pi}{2},\frac{\pi}{2}\right)$，使得 $\theta_i\neq\theta_j$ 且满足 $0<\theta_i-\theta_j<\frac{\pi}{8}$. 所以 $0<\tan(\theta_i-\theta_j)<\tan\frac{\pi}{8}$. 又因为

$$\tan(\theta_i-\theta_j)=\frac{\tan\theta_i-\tan\theta_j}{1+\tan\theta_i\tan\theta_j}=\frac{a_i-a_j}{1+a_ia_j},$$

$$\tan\frac{\pi}{8}=\frac{\sin\frac{\pi}{4}}{1+\cos\frac{\pi}{4}}=\frac{\frac{\sqrt{2}}{2}}{1+\frac{\sqrt{2}}{2}}=\sqrt{2}-1,$$

所以

$$0<\frac{a_i-a_j}{1+a_ia_j}<\sqrt{2}-1.$$

二、数学归纳法

数学归纳法是一种用于判断一个命题是否对所有自然数成立的演绎推理方法，它常用如下形式表述：

数学归纳法 设 $P=P(n)$ 是一个关于自然数 n 的命题，如果下面两条件成立，则 P 对

所有自然数 n 成立：

条件 1：$P(1)$ 成立，即当 $n=1$ 时 P 成立；

条件 2：对任意自然数 k，若 $P(k)$ 成立（即当 $n=k$ 时 P 成立），则 $P(k+1)$ 成立（即当 $n=k+1$ 时 P 成立）.

也可将条件 2 换成它的等价命题，即：

条件 $2'$：对任意自然数 k，若 P 对所有 $n<k$ 成立，则 $P(k)$ 成立（即若 P 对小于 k 的每个自然数 n 都成立，则 P 对于 k 成立）.

数学归纳法是由皮亚诺公理的第五个公理（设 M 是 N 的子集，若 $1\in M$ 且对任何 a，$a\in M$ 蕴含 $a+1\in M$，则 $M=N$，即 M 就是 N 本身）推导出来的.

一般来说，与自然数有关的不等式问题可考虑采用数学归纳法来解决.

例 6 已知整数 $n>1$，求证：$1+\dfrac{1}{\sqrt{2}}+\dfrac{1}{\sqrt{3}}+\cdots+\dfrac{1}{\sqrt{n}}<2\sqrt{n}-1$.

证明 用数学归纳法.

当 $n=2$ 时，由于 $4<3\sqrt{2}$，可得 $1+\dfrac{1}{\sqrt{2}}<2\sqrt{2}-1$.

假定原不等式在 $n=k(k>1)$ 时成立. 当 $n=k+1$ 时，有

$$\begin{aligned}
& 1+\dfrac{1}{\sqrt{2}}+\dfrac{1}{\sqrt{3}}+\cdots+\dfrac{1}{\sqrt{k}}+\dfrac{1}{\sqrt{k+1}} \\
& < 2\sqrt{k}-1+\dfrac{1}{\sqrt{k+1}} = 2\sqrt{k}-1+\dfrac{2}{\sqrt{k+1}+\sqrt{k+1}} \\
& < 2\sqrt{k}-1+\dfrac{2}{\sqrt{k+1}+\sqrt{k}} = 2\sqrt{k}-1+2(\sqrt{k+1}-\sqrt{k}) \\
& = 2\sqrt{k+1}-1.
\end{aligned}$$

因此，所要证明的不等式对任何整数 $n>1$ 都成立.

例 7 已知 $a_1,a_2,\cdots,a_n$ 是 n 个正数，满足 $a_1a_2\cdots a_n=1$，求证：
$$(2+a_1)(2+a_2)\cdots(2+a_n)\geqslant 3^n.$$

证明 **方法 1** 当 $n=1$ 时，命题显然成立（取等号）.

假设 $n=k$ 时命题成立，即当 $a_i>0(i=1,2,\cdots,k)$ 且 $a_1a_2\cdots a_k=1$ 时，有
$$(2+a_1)(2+a_2)\cdots(2+a_k)\geqslant 3^k.$$

当 $n=k+1$ 时，由 $a_1a_2\cdots a_ka_{k+1}=1$ 知，其中必有 $a_i\leqslant 1$ 且 $a_j\geqslant 1(1\leqslant i\neq j\leqslant k+1)$. 不妨设 $a_1\leqslant 1, a_2\geqslant 1$，则有 $(1-a_1)(1-a_2)\leqslant 0$，得 $1+a_1a_2\leqslant a_1+a_2$，从而

$$(2+a_1)(2+a_2) = 4+2(a_1+a_2)+a_1a_2 \geqslant 4+2(1+a_1a_2)+a_1a_2 = 3(2+a_1a_2),$$

即 $(2+a_1)(2+a_2)\cdots(2+a_k)(2+a_{k+1})\geqslant 3(2+a_1a_2)(2+a_3)\cdots(2+a_k)(2+a_{k+1}).$

由于 $(a_1a_2),a_3,\cdots,a_k,a_{k+1}$ 满足归纳假设，我们有

$$(2+a_1a_2)(2+a_3)\cdots(2+a_k)(2+a_{k+1})\geqslant 3^k,$$

从而 $(2+a_1)(2+a_2)(2+a_3)\cdots(2+a_k)(2+a_{k+1})\geqslant 3\cdot 3^k=3^{k+1}.$

这表明 $n=k+1$ 时命题成立.

方法 2 因 $a_1,a_2,\cdots,a_n$ 都是正数，$2+a_i=1+1+a_i\geqslant 3\sqrt[3]{a_i}$，故

$$\prod_{i=1}^{n}(2+a_i)\geqslant 3^n\sqrt[3]{a_1a_2\cdots a_n}=3^n.$$

当 $a_1=a_2=\cdots=a_n=1$ 时，等号成立.

例 8 已知函数 $f(x)=\dfrac{x+3}{x+1}(x\neq -1)$. 设数列 $\{a_n\}$ 满足 $a_1=1,a_{n+1}=f(a_n)$，数列 $\{b_n\}$ 满足 $b_n=\left|a_n-\sqrt{3}\right|$，并记 $s_n=b_1+b_2+\cdots+b_n(n\in \mathbf{N}^*)$.

(1) 证明：$a_n\geqslant 1\ (n\in \mathbf{N}^*)$；　　(2) 用数学归纳法证明：$b_n\leqslant\dfrac{(\sqrt{3}-1)^n}{2^{n-1}}\ (n\in \mathbf{N}^*)$；

(3) 证明：$s_n<\dfrac{2\sqrt{3}}{3}\ (n\in \mathbf{N}^*)$.

证明 (1) 当 $x\geqslant 0$ 时，$f(x)=1+\dfrac{2}{x+1}>1$.

因为 $a_1=1,a_{n+1}=f(a_n)$，所以 $a_n\geqslant 1\ (n\in \mathbf{N}^*)$.

(2) (i) 当 $n=1$ 时，$b_1=\sqrt{3}-1$，不等式成立；

(ii) 假设 $n=k$ 时不等式成立，即 $b_k\leqslant\dfrac{(\sqrt{3}-1)^k}{2^{k-1}}$，那么

$$b_{k+1}=\left|a_{k+1}-\sqrt{3}\right|=\left|\dfrac{a_k+3}{a_k+1}-\sqrt{3}\right|=\dfrac{(\sqrt{3}-1)\left|a_k-\sqrt{3}\right|}{1+a_k}\leqslant\dfrac{\sqrt{3}-1}{2}b_k\leqslant\dfrac{(\sqrt{3}-1)^{k+1}}{2^k}.$$

所以，当 $n=k+1$ 时，不等式成立.

根据(i),(ii)，可知不等式对任意 $n\in \mathbf{N}^*$ 都成立.

(3) 由(2)知 $b_n\leqslant\dfrac{(\sqrt{3}-1)^n}{2^{n-1}}\ (n\in \mathbf{N}^*)$，所以

$$s_n=b_1+b_2+\cdots+b_n\leqslant(\sqrt{3}-1)+\dfrac{(\sqrt{3}-1)^2}{2}+\cdots+\dfrac{(\sqrt{3}-1)^n}{2^{n-1}}$$

$$=(\sqrt{3}-1)\dfrac{1-\left(\dfrac{\sqrt{3}-1}{2}\right)^n}{1-\dfrac{\sqrt{3}-1}{2}}<(\sqrt{3}-1)\dfrac{1}{1-\dfrac{\sqrt{3}-1}{2}}=\dfrac{2}{3}\sqrt{3}.$$

故对任意 $n\in \mathbf{N}^*$，$s_n<\dfrac{2}{3}\sqrt{3}$.

三、微积分法

微积分的知识和方法在中学数学的许多问题上,能起到以简驭繁的作用,尤其是在证明不等式、恒等式、恒等变形,求极值,研究函数的变化形态及作图,求弧长、面积、体积等方面,不仅可使解法简化,并能使问题的研究更为深入、全面.

在证明不等式时,常用的微积分知识和方法有微分中值定理、函数的增减性、极值判别法、定积分的性质等.

例 9 已知实数 $a > b > e$,其中 e 是自然对数的底,证明:$a^b < b^a$.

证明 显然,欲证 $a^b < b^a$,只需证

$$b\ln a < a\ln b, \quad 即 \quad \frac{\ln a}{a} < \frac{\ln b}{b}.$$

为此,只需证明一个更一般化的命题:函数 $f(x) = \dfrac{\ln x}{x}$ 在 $(e, +\infty)$ 上是单调递减的.

在 $(e, +\infty)$ 上,$f'(x) = \dfrac{1-\ln x}{x^2} < 0$,故 $f(x)$ 是单调递减的,从而对于 $a > b > e$,有 $f(a) < f(b)$,此即欲证结论.

例 10 证明以下不等式:

(1) $e^x > 1 + x \ (x > 0)$;   (2) $e^x > 1 + x + \dfrac{x^2}{2} \ (x > 0)$.

证明 (1) 设 $f(x) = e^x - 1 - x$,则 $f'(x) = e^x - 1 > 0 \ (x > 0)$. 所以,当 $x > 0$ 时,$f(x)$ 单调递增. 又 $f(0) = 0$,故

$$f(x) = e^x - 1 - x > 0 \ (x > 0), \quad 即 \quad e^x > 1 + x \ (x > 0).$$

(2) 设 $f(x) = e^x - 1 - x - \dfrac{x^2}{2}$,则 $f'(x) = e^x - 1 - x$. 由上面已证得的结果 $e^x > 1 + x$ 知 $f'(x) > 0 \ (x > 0)$,所以,当 $x > 0$ 时,$f(x)$ 单调递增. 因 $f(0) = 0$,即知

$$f(x) > 0 \ (x > 0), \quad 即 \quad e^x > 1 + x + \dfrac{x^2}{2} \ (x > 0).$$

例 11 证明:$\dfrac{\sin x}{x} > \sqrt[3]{\cos x} \ \left(0 < x < \dfrac{\pi}{2}\right)$.

证明 设 $f(x) = x - \sin x(\cos x)^{-1/3}$,则

$$f'(x) = 1 - (\cos x)^{2/3} - \frac{1}{3}\sin^2 x(\cos x)^{-4/3}, \quad f''(x) = -\frac{4}{9}\sin^3 x(\cos x)^{-7/3}.$$

可知 $f''(x) < 0 \ (0 < x < \pi/2)$,所以这时 $f'(x)$ 单调递减. 又 $f'(0) = 0$,则 $f'(x) < 0$,即 $f(x) \ (0 < x < \pi/2)$ 单调递减,于是知道 $f(x) < f(0) = 0 \ (0 < x < \pi/2)$,得

$$x - \sin x(\cos x)^{-1/3} < 0, \quad 即 \quad \frac{\sin x}{x} > \sqrt[3]{\cos x} \ \left(0 < x < \frac{\pi}{2}\right).$$

例 12 证明：$\log_a(a+b) > \log_{(a+c)}(a+b+c)$ $(b>0, c>0, a>1)$.

证明 设 $f(x) = \log_x(x+b)$ $(x>1)$，则

$$f(x) = \frac{\ln(x+b)}{\ln x}, \quad \text{而} \quad f'(x) = \frac{\frac{\ln x}{x+b} - \frac{\ln(x+b)}{x}}{(\ln x)^2}.$$

所以 $f'(x) < 0$，即 $f(x)$ 为单调递减函数．于是有 $f(a) > f(a+c)$，即

$$\log_a(a+b) > \log_{(a+c)}(a+b+c) \quad (b>0, c>0, a>1).$$

特别地，当 $b=c=1$ 时，有 $\log_2 3 > \log_3 4 > \log_4 5 > \cdots$.

例 13 试证：$\left(\frac{1}{n}\right)^n + \left(\frac{2}{n}\right)^n + \cdots + \left(\frac{n-1}{n}\right)^n + \left(\frac{n}{n}\right)^n < 2$.

证明 由定积分的定义有

$$\left[0 + \left(\frac{1}{n}\right)^n + \left(\frac{2}{n}\right)^n + \cdots + \left(\frac{n-1}{n}\right)^n\right]\frac{1}{n} < \int_0^1 x^n dx = \left.\frac{x^{n+1}}{n+1}\right|_0^1 = \frac{1}{n+1},$$

于是

$$\left[\left(\frac{1}{n}\right)^n + \left(\frac{2}{n}\right)^n + \cdots + \left(\frac{n-1}{n}\right)^n\right] + \left(\frac{n}{n}\right)^n < \frac{n}{n+1} + 1 < 2.$$

例 14 已知 $x>1$，求证：$5(x-1) < x^5 - 1 < 5x^4(x-1)$.

证明 设 $t \in (1, x)$，则 $1^4 < t^4 < x^4$，从而有 $5 < 5t^4 < 5x^4$．于是

$$\int_1^x 5 dt < \int_1^x 5t^4 dt < \int_1^x 5x^4 dt.$$

而 $\int_1^x 5 dt = 5(x-1)$，$\int_1^x 5t^4 dt = x^5 - 1$，$\int_1^x 5x^4 dt = 5x^4(x-1)$，所以

$$5(x-1) < x^5 - 1 < 5x^4(x-1).$$

例 15 设 $x>0$，求证：$x - \frac{x^3}{3} < \arctan x$.

证明 我们有

$$\arctan x = \int_0^x \frac{dt}{1+t^2} = \int_0^x \left(1 - t^2 + \frac{t^4}{1+t^2}\right) dt = x - \frac{x^3}{3} + \int_0^x \frac{t^4}{1+t^2} dt. \quad ③$$

因为 $x>0$，所以 $\int_0^x \frac{t^4}{1+t^2} dt > 0$，从而由 ③ 式即得 $x - \frac{x^3}{3} < \arctan x$.

四、其他方法

1. 反证法

当证明命题"$p \Rightarrow q$"时，不去直接证明它，而是把 q 的否命题作为前提，加进原命题的前提，并根据已知真命题和推理规则推出与另一已知真命题或原命题的前提相矛盾的结论，或者导出自相矛盾的结论，从而确立命题的正确性，这种证明命题的方法叫做**反证法**．它包括了分析法、综合法及其他证明思路和策略．

例 16 已知 $f(x)=x^2+px+q$,求证 $|f(1)|,|f(2)|,|f(3)|$ 中至少有一个不小于 $1/2$.

证明 此题正面解决比较困难,可用反证法. 假设结论不成立,即 $|f(1)|,|f(2)|,|f(3)|$ 都小于 $1/2$,则有

$$\begin{cases}|f(1)|<1/2,\\|f(2)|<1/2,\\|f(3)|<1/2\end{cases}\Leftrightarrow\begin{cases}|1+p+q|<1/2,\\|4+2p+q|<1/2,\\|9+3p+q|<1/2\end{cases}\Leftrightarrow\begin{cases}-1/2<1+p+q<1/2,\\-1/2<4+2p+q<1/2,\\-1/2<9+3p+q<1/2\end{cases}$$

$$\Leftrightarrow\begin{cases}-3/2<p+q<-1/2, & ④\\-9/2<2p+q<-7/2, & ⑤\\-19/2<3p+q<-17/2. & ⑥\end{cases}$$

由④和⑥式得 $-11/2<2p+q<-9/2$,此式与⑤式相矛盾. 这说明假设不成立,故原命题成立.

反证法在解决数学问题中有着广泛的应用,尤其在处理存在性问题、否定性命题、唯一性命题时,反证法更有特殊的优越性.

2. 放缩法

根据不等式的传递性,把原不等式中的和式(或积式)的某些项(或某些因式),换以较大或较小的数,从而证明不等式成立,这种证明方法通常称为**放缩法**,又称**传递法**或**不等量代换法**. 其证明过程和策略也包括分析法、综合法或数学归纳法等.

例 17 设 $0 \leqslant a,b,c \leqslant 1$,求证:

$$\frac{a}{b+c+1}+\frac{b}{b+c+1}+\frac{c}{b+c+1}+(1-a)(1-b)(1-c)\leqslant 1.$$

证明 不失一般性,设 $0\leqslant a\leqslant b\leqslant c\leqslant 1$,于是

$$\frac{a}{b+c+1}+\frac{b}{b+c+1}+\frac{c}{b+c+1}+(1-a)(1-b)(1-c)$$

$$\leqslant\frac{a}{a+b+1}+\frac{b}{a+b+1}+\frac{c}{a+b+1}+(1-a)(1-b)(1-c)$$

$$=1-\frac{1-c}{a+b+1}[1-(a+b+1)(1-a)(1-b)]. \qquad ⑦$$

又

$$(a+b+1)(1-a)(1-b)\leqslant (ab+a+b+1)(1-a)(1-b)$$
$$=(1+a)(1+b)(1-a)(1-b)$$
$$=(1-a^2)(1-b^2)\leqslant 1. \qquad ⑧$$

由⑦和⑧式并注意到 $1-c\geqslant 0$,即得

$$\frac{a}{b+c+1}+\frac{b}{b+c+1}+\frac{c}{b+c+1}+(1-a)(1-b)(1-c)\leqslant 1.$$

例 18 设 $\{a_n\}$ 是满足 $1=a_0 \leqslant a_1 \leqslant a_2 \leqslant \cdots \leqslant a_n \leqslant \cdots$ 的数列; $\{b_n\}$ 是由下式定义的数列:
$$b_n = \sum_{k=1}^{n} \left(1 - \frac{a_{k-1}}{a_k}\right) \frac{1}{\sqrt{a_k}} \quad (n=1,2,\cdots).$$
求证: $0 \leqslant b_n \leqslant 2$ $(n=1,2,\cdots)$.

证明 依题设 $1=a_0 \leqslant a_1 \leqslant a_2 \leqslant \cdots \leqslant a_n \leqslant \cdots$ 知 b_n 中的每一个加数都是非负的, 即有 $b_n \geqslant 0$ $(n=1,2,\cdots)$. 又对任意自然数 n, 有
$$b_n = \sum_{k=1}^{n} \left(1 - \frac{a_{k-1}}{a_k}\right) \frac{1}{\sqrt{a_k}} = \sum_{k=1}^{n} \frac{a_{k-1}}{\sqrt{a_k}} \left(\frac{1}{a_{k-1}} - \frac{1}{a_k}\right)$$
$$= \sum_{k=1}^{n} \frac{a_{k-1}}{\sqrt{a_k}} \left(\frac{1}{\sqrt{a_{k-1}}} + \frac{1}{\sqrt{a_k}}\right) \left(\frac{1}{\sqrt{a_{k-1}}} - \frac{1}{\sqrt{a_k}}\right)$$
$$= \sum_{k=1}^{n} \left(\sqrt{\frac{a_{k-1}}{a_k}} + \frac{a_{k-1}}{a_k}\right) \left(\frac{1}{\sqrt{a_{k-1}}} - \frac{1}{\sqrt{a_k}}\right) \leqslant \sum_{k=1}^{n} (1+1) \left(\frac{1}{\sqrt{a_{k-1}}} - \frac{1}{\sqrt{a_k}}\right)$$
$$= 2 \left(\frac{1}{\sqrt{a_0}} - \frac{1}{\sqrt{a_n}}\right) = 2 \left(1 - \frac{1}{\sqrt{a_n}}\right) \leqslant 2,$$
故 $0 \leqslant b_n \leqslant 2$ $(n=1,2,\cdots)$.

例 19 已知 n 个互不相等的正整数的倒数的平方和为 s_n, 求证: $0 < s_n < 2$.

证明 设这 n 个正整数为 $a_1, a_2, \cdots, a_n$, 并作有序化假设 $a_1 < a_2 < \cdots < a_n$, 则 $a_1 \geqslant 1, a_2 \geqslant 2, \cdots, a_n \geqslant n$, 从而 $a_1^2 \geqslant 1, a_2^2 > 1 \cdot 2, \cdots, a_n^2 > (n-1)n$. 所以
$$s_n = \frac{1}{a_1^2} + \frac{1}{a_2^2} + \cdots + \frac{1}{a_n^2} < 1 + \frac{1}{1 \cdot 2} + \cdots + \frac{1}{(n-1)n}$$
$$= 1 + \left(1 - \frac{1}{2}\right) + \left(\frac{1}{2} - \frac{1}{3}\right) + \cdots + \left(\frac{1}{n-1} - \frac{1}{n}\right) = 2 - \frac{1}{n} < 2,$$
即 $0 < s_n < 2$.

第三节 条件不等式的求解

一、解条件不等式的相关定理

解条件不等式(以下简称为解不等式), 就是在其允许值中, 求出适合这个不等式的未知元的一切值. 这一切值构成此不等式的解集. 不等式的解集简称为不等式的解.

解不等式通常要进行不等式的变形, 但变形后的不等式必须与原不等式的解集相等, 即变形前后的不等式同解.

根据不等式的性质, 可以证明一元不等式有如下的同解定理:

第二章 解析式与不等式

定理 1 $f(x)>g(x)$ 与 $g(x)<f(x)$ 同解.

定理 2 若在 $f(x)>g(x)$ 的允许值中，$\varphi(x)$ 有意义，则 $f(x)>g(x)$ 与 $f(x)+\varphi(x)>g(x)+\varphi(x)$ 同解.

定理 3 在 $f(x)>g(x)$ 的允许值中，

(1) 若 $\varphi(x)>0$，则 $f(x)>g(x)$ 与 $f(x)\varphi(x)>g(x)\varphi(x)$ 同解；

(2) 若 $\varphi(x)<0$，则 $f(x)>g(x)$ 与 $f(x)\varphi(x)<g(x)\varphi(x)$ 同解.

定理 4 (1) $f(x)g(x)>0$ 同解于两个不等式组：$\begin{cases} f(x)>0, \\ g(x)>0 \end{cases}$ 或 $\begin{cases} f(x)<0, \\ g(x)<0; \end{cases}$

(2) $f(x)g(x)<0$ 同解于两个不等式组：$\begin{cases} f(x)>0, \\ g(x)<0 \end{cases}$ 或 $\begin{cases} f(x)<0, \\ g(x)>0. \end{cases}$

定理 5 $\dfrac{f(x)}{g(x)}>0$ 与 $f(x)g(x)>0$ 同解，$\dfrac{f(x)}{g(x)}<0$ 与 $f(x)g(x)<0$ 同解.

定理 6 若在 $f(x)>g(x)$ 允许值的某个子集上恒有 $f(x)>0, g(x)>0$，则不等式 $f(x)>g(x)$ 与 $\sqrt[n]{f(x)}>\sqrt[n]{g(x)}$ ($n \in \mathbf{N}$ 且 $n>1$) 在这一子集上同解.

定理 7 设整数 $n>1$，则 $|f(x)|>|g(x)|$ 与 $|f(x)|^n>|g(x)|^n$ 同解.

下面说明如何运用不等式的性质和定理 1—定理 7 解各类不等式.

二、一元有理不等式

一元有理式包括整式和分式. 设有实系数的整式不等式
$$f(x) = a_n x^n + a_{n-1} x^{n-1} + \cdots + a_1 x + a_0 > 0 \quad (a_n \neq 0). \qquad ①$$

当 $n=1$ 时，①式是最基本的一元一次不等式；

当 $n=2$ 时，①式是一元二次不等式.

如果能把多项式 $f(x)$ 具体分解为实系数一次式和二次式的积，那么不等式 $f(x)>0$ 当然可解.

例 1 解不等式 $-x^3 + 2x^2 + 11x - 12 < 0$.

解 方法 1 用分类讨论法. 原不等式同解于
$$(x+3)(x-1)(x-4) > 0.$$

根据定理 4，必须讨论上面的不等式的左边各因式的符号. 我们选定 $(x+3)(x-1)(x-4)$ 的某个一次因式，比如 $x+3$，当 $x+3>0$ 时，其他两个因式必须满足：

$$\begin{cases} x-1>0, \\ x-4>0 \end{cases} \quad \text{或} \quad \begin{cases} x-1<0, \\ x-4<0; \end{cases}$$

当 $x+3<0$ 时，其他两个因式需满足：

$$\begin{cases} x-1>0, \\ x-4<0 \end{cases} \quad \text{或} \quad \begin{cases} x-1<0, \\ x-4>0. \end{cases}$$

所以可分成四种情况：

$$\begin{cases} x+3>0, \\ x-1>0, \\ x-4>0; \end{cases} \begin{cases} x+3>0, \\ x-1<0, \\ x-4<0; \end{cases} \begin{cases} x+3<0, \\ x-1>0, \\ x-4<0; \end{cases} \begin{cases} x+3<0, \\ x-1<0, \\ x-4>0. \end{cases}$$

解得 $\{x\mid x>4\}\cup\{x\mid -3<x<1\}$.

但当不等式的因式项过多时，这种方法就显得比较繁琐. 所以我们来看另一种简便方法.

方法 2 用零点分区间法. 原不等式同解于 $(x+3)(x-1)(x-4)>0$. 根据定理 4, 必须讨论上面的不等式的左边各因式的符号. 我们先求出多项式 $f(x)=(x+3)(x-1)(x-4)$ 的零点：$-3,1,4$, 并把它们标注在数轴上. 这样, 数轴被分为四个区间. 再把各因式在每一个区间内的符号写在相应区间的上方(见图 2.1). 由此可见, 原不等式的解为

$$\{x\mid x>4\}\cup\{x\mid -3<x<1\}.$$

图 2.1

注 进一步说, 如果 n 次多项式 $f(x)$ 的实数根为 $a_1,a_2,\cdots,a_n$, 且它们把实数集分成 $n+1$ 个区间：$(-\infty,a_1),(a_1,a_2),\cdots,(a_{n-1},a_n),(a_n,+\infty)$, 从右至左依次叫做第 $1,2,\cdots,n+1$ 号区间, 则在编号为奇数的区间内 $f(x)>0$, 而在编号为偶数的区间内 $f(x)<0$.

例 2 解不等式 $\dfrac{(2x-1)(x+3)}{(x+1)(x+2)}>0$.

解 原不等式同解于

$$(2x-1)(x+3)(x+1)(x+2)>0.$$

这个不等式的零点为 $1/2,-1,-2,-3$, 由零点分区间法即得不等式的解为

$$\{x\mid x<-3\}\cup\{x\mid -2<x<-1\}\cup\{x\mid x>1/2\}.$$

例 3 解不等式 $\dfrac{(x-k)(x+3)}{x+2}\leqslant x+1$, 其中 k 为参数.

解 $\dfrac{(x-k)(x+3)}{x+2}\leqslant x+1 \Leftrightarrow \dfrac{(x-k)(x+3)-(x+1)(x+2)}{x+2}\leqslant 0$

$$\Leftrightarrow \dfrac{kx+3k+2}{x+2}\geqslant 0. \qquad ②$$

(1) 当 $k=0$ 时, 不等式 ② 同解于不等式 $\dfrac{2}{x+2}\geqslant 0 \Leftrightarrow x>-2$. 所以, 当 $k=0$ 时, 原不等式的解是 $\{x\mid x>-2\}$.

(2) 当 $k\neq 0$ 时, 多项式 $f(x)=(kx+3k+2)(x+2)$ 的两个零点是 $-\dfrac{3k+2}{k}$ 和 -2, 而且

第二章 解析式与不等式

$$-\frac{3k+2}{k}-(-2)=-\frac{k+2}{k}.$$

容易知道，当 $k>0$ 或 $k<-2$ 时，$-\frac{k+2}{k}<0$，从而 $-\frac{3k+2}{k}<-2$；而当 $-2<k<0$ 时，$-\frac{k+2}{k}>0$，有 $-\frac{3k+2}{k}>-2$. 为此，可分四种情况讨论：

(i) 当 $k>0$ 时，不等式②同解于不等式组

$$\begin{cases} \left(x+\frac{3k+2}{k}\right)(x+2)\geqslant 0 \Leftrightarrow x\leqslant -\frac{3k+2}{k} \text{ 或 } x\geqslant -2, \\ x+2\neq 0 \Leftrightarrow x\neq -2 \end{cases} \Rightarrow x\leqslant -\frac{3k+2}{k} \text{ 或 } x>-2.$$

所以当 $k>0$ 时，原不等式的解为 $\left\{x \mid x\leqslant -\frac{3k+2}{k} \text{ 或 } x>-2\right\}$.

(ii) 当 $-2<k<0$ 时，不等式②同解于不等式组

$$\begin{cases} \left(x+\frac{3k+2}{k}\right)(x+2)\leqslant 0 \Leftrightarrow -2\leqslant x\leqslant -\frac{3k+2}{k}, \\ x+2\neq 0 \Leftrightarrow x\neq -2 \end{cases} \Rightarrow -2<x\leqslant -\frac{3k+2}{k}.$$

所以当 $-2<k<0$ 时，原不等式的解为 $\left\{x \mid -2<x\leqslant -\frac{3k+2}{k}\right\}$.

(iii) 当 $k=-2$ 时，代入不等式②，化简后得 $\frac{x+2}{x+2}\leqslant 0$. 显然，这是一个矛盾不等式. 所以当 $k=-2$ 时，原不等式无解.

(iv) 当 $k<-2$ 时，不等式②同解于不等式组

$$\begin{cases} \left(x+\frac{3k+2}{k}\right)(x+2)\leqslant 0 \Leftrightarrow -\frac{3k+2}{k}\leqslant x\leqslant -2, \\ x+2\neq 0 \Leftrightarrow x\neq -2 \end{cases} \Rightarrow -\frac{3k+2}{k}\leqslant x<-2.$$

所以，当 $k<-2$ 时，原不等式的解为 $\left\{x \mid -\frac{3k+2}{k}\leqslant x<-2\right\}$.

三、一元无理不等式

求解无理不等式时，关键在于根据不等式的同解定理 6，将其转化为有理不等式. 在对无理不等式进行乘方时，要仔细考虑原不等式的定义域以及不等式两边的等号.

例 4 解不等式 $\sqrt{x^2-3x+2}>3-x$.

解 原不等式与下面两个不等式组同解：

$$\begin{cases} 3-x\geqslant 0 \Leftrightarrow x\leqslant 3, \\ x^2-3x+2\geqslant 0 \Leftrightarrow x\leqslant 1 \text{ 或 } x\geqslant 2, \Rightarrow 7/3<x\leqslant 3, \\ x^2-3x+2>(3-x)^2 \Leftrightarrow x>7/3 \end{cases}$$

或

$$\begin{cases} 3-x<0 \Longleftrightarrow x>3, \\ x^2-3x+2\geqslant 0 \Longleftrightarrow x\leqslant 1 \text{ 或 } x\geqslant 2 \end{cases} \Longrightarrow x>3.$$

所以原不等式的解是 $\{x \mid 7/3 < x \leqslant 3\} \bigcup \{x \mid x>3\} = \{x \mid x>7/3\}$.

例 5 解不等式 $\sqrt{3-x} > \frac{1}{2} + \sqrt{x+1}$.

解 令 $f(x) = \sqrt{3-x} - \sqrt{x+1} - \frac{1}{2}$, 则 $f(x)$ 在其定义域 $[-1,3]$ 上连续.

易知, $f(x)=0$ 的零点为 $x = \frac{8-\sqrt{31}}{8}$, 它把 $f(x)$ 的定义域分成两个无零点的区间:

$$\left[-1, \frac{8-\sqrt{31}}{8}\right), \quad \left(\frac{8-\sqrt{31}}{8}, 3\right].$$

取 $x=0 \in \left[-1, \frac{8-\sqrt{31}}{8}\right)$, 有

$$f(0) = \sqrt{3} - 1 - \frac{1}{2} > 0;$$

取 $x=1 \in \left(\frac{8-\sqrt{31}}{8}, 3\right]$, 有

$$f(1) = \sqrt{2} - \sqrt{2} - \frac{1}{2} < 0.$$

注意到连续函数在其存在且无零点的区间内保持同一符号, 则当 $x \in \left[-1, \frac{8-\sqrt{31}}{8}\right)$ 时, $f(x)>0$, 即原不等式的解为

$$\left\{x \mid -1 \leqslant x < \frac{8-\sqrt{31}}{8}\right\}.$$

例 6 解不等式 $\sqrt{a^2-2x^2} > x+a$, 其中 a 为实参数.

解 显然 x 必须满足 $a^2-2x^2 \geqslant 0$, 即 $|x| \leqslant \frac{\sqrt{2}}{2}|a|$. 为此, 可分 $a>0, a=0, a<0$ 三种情况进行讨论:

(1) 当 $a>0$ 时, x 应满足

$$|x| \leqslant \frac{\sqrt{2}}{2}a, \quad 即 \quad \frac{-\sqrt{2}}{2}a \leqslant x \leqslant \frac{\sqrt{2}}{2}a.$$

这时有 $x+a \geqslant \left(1-\frac{\sqrt{2}}{2}\right)a > 0$, 所以原不等式同解于不等式组

$$\begin{cases} \frac{-\sqrt{2}}{2}a \leqslant x \leqslant \frac{\sqrt{2}}{2}a, \\ a^2-2x^2 > (x+a)^2 \Longleftrightarrow -\frac{2}{3}a < x < 0 \end{cases} \Longrightarrow -\frac{2}{3}a < x < 0.$$

(2) 当 $a=0$ 时，原不等式为 $\sqrt{-2x^2}>x$. 这时不等式无解.

(3) 当 $a<0$ 时，x 应满足

$$|x| \leqslant \frac{-\sqrt{2}}{2}a, \quad 即 \quad \frac{\sqrt{2}}{2}a \leqslant x \leqslant \frac{-\sqrt{2}}{2}a.$$

这时有 $x+a \leqslant \left(1-\frac{\sqrt{2}}{2}\right)a<0$，所以原不等式的解是 $\frac{\sqrt{2}}{2}a \leqslant x \leqslant \frac{-\sqrt{2}}{2}a$.

综上所述，当 $a>0$ 时，原不等式的解为 $\left\{x \mid -\frac{2}{3}a<x<0\right\}$；当 $a=0$ 时，原不等式无解；当 $a<0$ 时，原不等式的解为 $\left\{x \mid \frac{\sqrt{2}}{2}a \leqslant x \leqslant \frac{-\sqrt{2}}{2}a\right\}$.

四、绝对值不等式

求解绝对值不等式，关键在于去掉绝对值符号，将其转化为普通不等式. 常用的方法有如下三种：

(1) 根据绝对值的定义及有关的同解定理；

(2) 两边平方；

(3) 零点分区间法.

例 7 解不等式 $|x+2|+|x-2| \leqslant 12$.

解 **方法 1** 原不等式移项得

$$|x+2| \leqslant 12-|x-2|. \qquad ③$$

依不等式同解定理，不等式③同解于不等式组

$$\begin{cases} x+2 \leqslant 12-|x-2|, \\ x+2 \geqslant |x-2|-12. \end{cases}$$

移项整理得 $\begin{cases} |x-2| \leqslant 10-x, \\ |x-2| \leqslant 14+x, \end{cases}$ 从而原不等式同解于

$$\begin{cases} x \geqslant 2, \\ x-2 \leqslant 10-x, \\ x-2 \leqslant 14+x \end{cases} \Rightarrow 2 \leqslant x \leqslant 6 \quad 或 \quad \begin{cases} x<2, \\ 2-x \leqslant 10-x, \\ 2-x \leqslant 14+x \end{cases} \Rightarrow -6 \leqslant x<2,$$

即原不等式的解为 $\{x \mid -6 \leqslant x \leqslant 6\}$.

方法 2 依不等式同解定理 7，有

$$|x+2|+|x-2| \leqslant 12 \Leftrightarrow (|x+2|+|x-2|)^2 \leqslant 12^2$$

$$\Leftrightarrow |x^2-4| \leqslant 68-x^2$$

$$\Leftrightarrow \begin{cases} 68-x^2 \geqslant 0 \Rightarrow -2\sqrt{17} \leqslant x \leqslant 2\sqrt{17}, \\ |x^2-4|^2 \leqslant (68-x^2)^2 \Rightarrow -6 \leqslant x \leqslant 6 \end{cases}$$

$$\Rightarrow -6 \leqslant x \leqslant 6.$$

所以原不等式的解为 $\{x\mid -6\leqslant x\leqslant 6\}$.

方法 3 令各绝对值为 0，得零点 $-2,2$. 依两零点把数轴分成三个区间，分别就每个区间考虑去掉绝对值符号. 于是，原不等式的解是下列不等式组的解的并集:

(1) $\begin{cases} x\leqslant -2, \\ -(x+2)-(x-2)\leqslant 12; \end{cases}$ (2) $\begin{cases} -2\leqslant x<2, \\ (x+2)-(x-2)\leqslant 12; \end{cases}$

(3) $\begin{cases} x>2, \\ (x+2)+(x-2)\leqslant 12. \end{cases}$

易知，(1)的解是 $\{x\mid -6\leqslant x\leqslant -2\}$，(2)的解是 $\{x\mid -2\leqslant x<2\}$，(3)的解是 $\{x\mid 2<x\leqslant 6\}$，从而原不等式的解是 $\{x\mid -6\leqslant x\leqslant 6\}$.

例 8 解不等式 $|3x-5|-|x+3|<2$.

解 令 $f(x)=|3x-5|-|x+3|-2$，其定义域为 **R**. 由 $f(x)=0$ 解得 $x=0,5$. 在区间 $(-\infty,0),(0,5),(5,+\infty)$ 中只有 $f\left(\dfrac{5}{3}\right)<0$，故原不等式的解为 $\{x\mid 0<x<5\}$.

例 9 解不等式 $|x+a|+|x|<2$，其中 a 为实参数.

解 把原不等式变形为 $|x+a|<2-|x|$.

在坐标平面上作函数 $y=|x+a|,y=2-|x|$ 的图像，前者是以 $(-a,0)$ 为端点，斜率为 ± 1 的向上的两组平行射线；后者是以 $(0,2)$ 为端点，斜率为 ± 1 的向下的两条射线（见图 2.2）. 设 $A(x_A,y_A),B(x_B,y_B)$ 分别为上述两函数图像的交点，且 $x_A>x_B$. 容易求得

$$x_A=\dfrac{2-a}{2}, \quad x_B=-\dfrac{2+a}{2}.$$

从函数的图像可知，当 $a\leqslant -2$ 或 $a\geqslant 2$ 时，原不等式无解；当 $-2<a<2$ 时，原不等式的解为

$$\left\{x\mid -\dfrac{2+a}{2}<x<\dfrac{2-a}{2}\right\}.$$

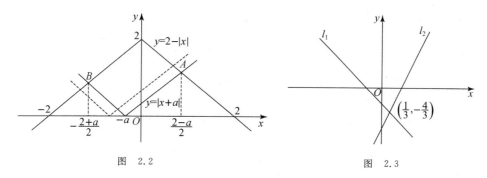

图 2.2

图 2.3

例 10 解二元一次不等式组

$$\begin{cases} x+y+1>0, \\ 2x-y-2<0. \end{cases} \quad \text{④} \\ \text{⑤}$$

解 方法 1 图像法. 如图 2.3 所示, 在直角坐标系内分别作直线
$$l_1: y=-x-1, \quad l_2: y=2x-2.$$
不等式④表示直线 l_1 右方的平面点集, 不等式⑤表示直线 l_2 左方的平面点集, 而 l_1 与 l_2 的交点坐标为 $\left(\dfrac{1}{3}, -\dfrac{4}{3}\right)$, 所以当 $x\leqslant \dfrac{1}{3}$ 时, $y>-x-1$; 当 $x>\dfrac{1}{3}$ 时, $y>2x-2$.

方法 2 将原不等式组变形为 $\begin{cases} y>-x-1, \\ y>2x-2. \end{cases}$ 由此可知

当 $-x-1\geqslant 2x-2$, 即 $x\leqslant \dfrac{1}{3}$ 时, $y>-x-1$;

当 $-x-1<2x-2$, 即 $x>\dfrac{1}{3}$ 时, $y>2x-2$.

第四节 重要不等式

用已知成立的不等式来证明不等式, 往往可以收到事半功倍的效果. 因此, 熟悉一些重要不等式, 是十分必要的. 本节介绍几个常用的重要不等式.

一、平均值不等式

定理 1 若 $a_i>0 (i=1,2,\cdots,n; n>1)$, 则
$$\frac{a_1+a_2+\cdots+a_n}{n}\geqslant \sqrt[n]{a_1 a_2 \cdots a_n},$$
其中等号当且仅当 $a_1=a_2=\cdots=a_n$ 时成立.

证明 令 $A_n=\dfrac{a_1+a_2+\cdots+a_n}{n}, G_n=\sqrt[n]{a_1 a_2 \cdots a_n}$.

当 $n=2$ 时, 由 $(\sqrt{a_1}-\sqrt{a_2})^2\geqslant 0$ 知 $A_2\geqslant G_2$, 其中等号当且仅当 $a_1=a_2$ 时成立. 假设 $n=k$ 时不等式成立, 即 $A_k\geqslant G_k$. 令 $\dfrac{1}{k+1}(a_1+\cdots+a_{k+1})=\alpha$, 由归纳假设也应有
$$\frac{1}{k}[a_{k+1}+(k-1)\alpha]\geqslant \sqrt[k]{a_{k+1}\alpha^{k-1}}, \quad \text{①}$$

于是
$$\frac{1}{2}\left[\frac{a_1+\cdots+a_k}{k}+\frac{a_{k+1}+(k-1)\alpha}{k}\right]\geqslant \sqrt{\frac{1}{k}(a_1+\cdots+a_k)\frac{1}{k}[a_{k+1}+(k-1)\alpha]}$$
$$\geqslant \sqrt{\sqrt[k]{a_1 a_2 \cdots a_k}\cdot \sqrt[k]{a_{k+1}\alpha^{k-1}}},$$

从而
$$\left[\frac{(k+1)\alpha+(k-1)\alpha}{2k}\right]^{2k} \geqslant a_1\cdots a_k a_{k+1}\alpha^{k-1},$$

化简得
$$\alpha^{k+1} \geqslant a_1\cdots a_k a_{k+1}, \quad 即 \quad A_{k+1} \geqslant G_{k+1}.$$

综上所述,对一切自然数 $n>1$,有 $A_n \geqslant G_n$,其中等号成立的条件由归纳假设及①式即得.

推论 1 若 $x_i \geqslant 0$ $(i=1,2,\cdots,n)$, $x_1 x_2 \cdots x_n = 1$,则 $x_1 + x_2 + \cdots + x_n \geqslant n$,其中等号成立当且仅当 $x_1 = x_2 = \cdots = x_n = 1$.

推论 2 令 $H_n = n \Big/ \sum_{i=1}^{n} \frac{1}{a_i}$, $Q_n = \sqrt{\sum_{i=1}^{n} a_i^2 \Big/ n}$,则 $H_n \leqslant G_n \leqslant A_n \leqslant Q_n$,其中等号均仅在 $a_1 = a_2 = \cdots = a_n$ 时成立.

事实上,运用定理 1 即可证 $H_n \leqslant G_n$;

由 $\sum_{1 \leqslant i \leqslant j \leqslant n}(a_i - a_j)^2 \geqslant 0 \Rightarrow n\sum_{i=1}^{n} a_i^2 - \left(\sum_{i=1}^{n} a_i\right)^2 \geqslant 0$ 即可证 $A_n \leqslant Q_n$.

推论 2 说明,n 个正数的**调和平均数** H_n 不大于**几何平均数** G_n,几何平均数 G_n 不大于**算术平均数** A_n,而算术平均数 A_n 又不大于**平方平均数** Q_n.

例 1 设 $a \geqslant 0, b \geqslant 0, c \geqslant 0$,且 $a+b+c \leqslant 3$,证明:
$$\frac{a}{1+a^2} + \frac{b}{1+b^2} + \frac{c}{1+c^2} \leqslant \frac{3}{2} \leqslant \frac{1}{1+a} + \frac{1}{1+b} + \frac{1}{1+c}.$$

证明 因为 $1+a^2 \geqslant 2a$,所以 $\frac{a}{1+a^2} \leqslant \frac{1}{2}$. 同理
$$\frac{b}{1+b^2} \leqslant \frac{1}{2}, \quad \frac{c}{1+c^2} \leqslant \frac{1}{2}.$$

以上所得三式两边相加即得要证的左边不等式.

设 $1+a=x, 1+b=y, 1+c=z$,则
$$x+y+z \leqslant 6. \tag{②}$$

对②式两边依次分别除以 x, y, z,并将所得三个不等式两边相加,得
$$\left(1 + \frac{y}{x} + \frac{z}{x}\right) + \left(\frac{x}{y} + 1 + \frac{z}{y}\right) + \left(\frac{x}{z} + \frac{y}{z} + 1\right) \leqslant 6\left(\frac{1}{x} + \frac{1}{y} + \frac{1}{z}\right).$$

注意到 $\frac{y}{x} + \frac{x}{y} \geqslant 2, \frac{y}{z} + \frac{z}{y} \geqslant 2, \frac{z}{x} + \frac{x}{z} \geqslant 2$,由上式有
$$\frac{9}{6} \leqslant \frac{1}{x} + \frac{1}{y} + \frac{1}{z},$$

此即所要证的不等式右边式.

第二章 解析式与不等式

例 2 求 $x^2+8x+\dfrac{64}{x^3}$ ($x>0$) 的最小值.

解 据定理 1 知

$$x^2+8x+\dfrac{64}{x^3}=x^2+\underbrace{\dfrac{8x}{m}+\cdots+\dfrac{8x}{m}}_{m\uparrow}+\underbrace{\dfrac{64}{nx^3}+\cdots+\dfrac{64}{nx^3}}_{n\uparrow}$$

$$\geqslant (m+n+1)\sqrt[m+n+1]{x^2\left(\dfrac{8x}{m}\right)^m\left(\dfrac{64}{nx^3}\right)^n}\quad(m,n\in\mathbf{N}^*).$$

欲使 $x^2+8x+\dfrac{64}{x^3}$ 取得最小值,需满足

$$\begin{cases} x>0, \\ x^2=\dfrac{8x}{m}=\dfrac{64}{nx^3}, \\ 2+m-3n=0, \end{cases}$$

解得 $m=4, n=2, x=2$. 这时 $x^2+8x+\dfrac{64}{x^3}$ 取得最小值,为 28.

二、柯西不等式

定理 2(柯西不等式) 设 $a_1,a_2,\cdots,a_n,b_1,b_2,\cdots,b_n$ 为实数,则

$$(a_1b_1+a_2b_2+\cdots+a_nb_n)^2 \leqslant (a_1^2+a_2^2+\cdots+a_n^2)(b_1^2+b_2^2+\cdots+b_n^2),$$

其中等号当且仅当 $\dfrac{b_1}{a_1}=\dfrac{b_2}{a_2}=\cdots=\dfrac{b_n}{a_n}$ 时成立.

证明 **方法 1** 构造二次函数

$$f(x)=(a_1^2+a_2^2+\cdots+a_n^2)x^2-2(a_1b_1+a_2b_2+\cdots+a_nb_n)x+(b_1^2+b_2^2+\cdots+b_n^2),$$

则 $f(x)=(a_1x-b_1)^2+(a_2x-b_2)^2+\cdots+(a_nx-b_n)^2\geqslant 0.$ ③

于是其判别式满足

$$\Delta=4(a_1b_1+a_2b_2+\cdots+a_nb_n)^2-4(a_1^2+a_2^2+\cdots+a_n^2)(b_1^2+b_2^2+\cdots+b_n^2)\leqslant 0,$$

整理即得原不等式,其中等号当且仅当③式中各配方项都为零,即 $\dfrac{b_1}{a_1}=\dfrac{b_2}{a_2}=\cdots=\dfrac{b_n}{a_n}$ 时成立.

方法 2 由平均不等式有 $|x_i||y_i|\leqslant\dfrac{1}{2}(x_i^2+y_i^2)$. 令

$$|x_i|=\dfrac{|a_i|}{\sqrt{\sum_{j=1}^n a_j^2}},\quad |y_i|=\dfrac{|b_i|}{\sqrt{\sum_{j=1}^n b_j^2}},$$

并取 $i=1,2,\cdots,n$,得 n 个不等式,一起相加得 $\sum_{i=1}^n|a_ib_i|\leqslant\left(\sum_{i=1}^n a_i^2\sum_{i=1}^n b_i^2\right)^{\frac{1}{2}}$,于是

$$\Big|\sum_{i=1}^n a_i b_i\Big| \leqslant \sum_{i=1}^n |a_i b_i| \leqslant \Big(\sum_{i=1}^n a_i^2 \sum_{i=1}^n b_i^2\Big)^{\frac{1}{2}}.$$

再把上式平方,即得柯西不等式.

显然柯西不等式也可采用配方来证明:

$$\Big(\sum_{i=1}^n a_i^2\Big)\Big(\sum_{i=1}^n b_i^2\Big) - \Big(\sum_{i=1}^n a_i b_i\Big)^2 = \sum_{1 \leqslant i \leqslant j \leqslant n}(a_i b_j - a_j b_i)^2 \geqslant 0.$$

例 3 证明:对于 $\forall a_i, b_i \in \mathbf{R}(i=1,2,\cdots,n)$,有

$$\Big[\sum_{i=1}^n (a_i+b_i)^2\Big]^{\frac{1}{2}} \leqslant \Big(\sum_{i=1}^n a_i^2\Big)^{\frac{1}{2}} + \Big(\sum_{i=1}^n b_i^2\Big)^{\frac{1}{2}}.$$

证明 由 $\sum_{i=1}^n (a_i+b_i)^2 = \sum_{i=1}^n (a_i+b_i)a_i + \sum_{i=1}^n (a_i+b_i)b_i$ 及柯西不等式有

$$\sum_{i=1}^n (a_i+b_i)a_i \leqslant \Big[\sum_{i=1}^n (a_i+b_i)^2 \sum_{i=1}^n a_i^2\Big]^{\frac{1}{2}}, \quad \sum_{i=1}^n (a_i+b_i)b_i \leqslant \Big[\sum_{i=1}^n (a_i+b_i)^2 \sum_{i=1}^n b_i^2\Big]^{\frac{1}{2}}.$$

上两式相加,再除以 $\Big[\sum_{i=1}^n (a_i+b_i)^2\Big]^{\frac{1}{2}}$ 即得证.

例 4 设 $x_1, x_2, \cdots, x_n$ 都是正数,求证:

$$\frac{x_1^2}{x_2} + \frac{x_2^2}{x_3} + \cdots + \frac{x_{n-1}^2}{x_n} + \frac{x_n^2}{x_1} \geqslant x_1 + x_2 + \cdots + x_n.$$

证明 由柯西不等式有

$$(x_1+x_2+\cdots+x_n)^2 = \Big(\sqrt{x_2}\cdot\frac{x_1}{\sqrt{x_2}} + \sqrt{x_3}\cdot\frac{x_2}{\sqrt{x_3}} + \cdots + \sqrt{x_1}\cdot\frac{x_n}{\sqrt{x_1}}\Big)^2$$
$$\leqslant (x_2+x_3+\cdots+x_n+x_1)\Big(\frac{x_1^2}{x_2}+\frac{x_2^2}{x_3}+\cdots+\frac{x_{n-1}^2}{x_n}+\frac{x_n^2}{x_1}\Big).$$

由此得

$$\frac{x_1^2}{x_2} + \frac{x_2^2}{x_3} + \cdots + \frac{x_{n-1}^2}{x_n} + \frac{x_n^2}{x_1} \geqslant x_1 + x_2 + \cdots + x_n.$$

例 5 设三角形的三边为 a, b, c,面积为 S,求证:$a^2+b^2+c^2 \geqslant 4\sqrt{3}S$.

证明 由海伦(Heron)公式 $S^2 = p(p-a)(p-b)(p-c)$,其中 $p=\dfrac{a+b+c}{2}$,并根据定理 1,有

$$(p-a)(p-b)(p-c) \leqslant \Big(\frac{p}{3}\Big)^3, \quad 于是 \quad p^2 \geqslant 3\sqrt{3}S.$$

又根据定理 2,有

$$(a+b+c)^2 = a^2+b^2+c^2+2(ab+bc+ca) \leqslant a^2+b^2+c^2+2(a^2+b^2+c^2),$$

所以

$$a^2+b^2+c^2 \geqslant \frac{4}{3}p^2 \geqslant \frac{4}{3}\cdot 3\sqrt{3}S = 4\sqrt{3}S.$$

例6 设 $a,b,c,d,m \in \mathbf{R}, m \neq -1$ 且 $(a-c)^2+(b-d)^2 \neq 0$,求证:

$$\frac{|ad-bc|}{\sqrt{(a-c)^2+(b-d)^2}} \leqslant \sqrt{\left(\frac{a+mc}{1+m}\right)^2+\left(\frac{b+md}{1+m}\right)^2}.$$

证明 由柯西不等式有

$$|ad-bc| = \left|(a-c)\frac{b+md}{1+m}+(d-b)\frac{a+mc}{1+m}\right|$$

$$\leqslant \sqrt{(a-c)^2+(b-d)^2}\sqrt{\left(\frac{a+mc}{1+m}\right)^2+\left(\frac{b+md}{1+m}\right)^2},$$

再变形即得结论.

三、伯努利不等式

定理3(伯努利(Bernoulli)不等式) 设 $x > -1$,则

(1) 当 $0 < \alpha < 1$ 时,$(1+x)^\alpha \leqslant 1+\alpha x$,其中等号当且仅当 $x=0$ 时成立;

(2) 当 $\alpha < 0$ 或 $\alpha > 1$ 时,$(1+x)^\alpha \geqslant 1+\alpha x$,其中等号当且仅当 $x=0$ 时成立.

证明 (1) 若 α 是小于 1 的正有理数,令 $\alpha = \frac{m}{n}$($m,n \in \mathbf{N}^*, m < n$),于是

$$(1+x)^\alpha = \sqrt[n]{(1+x)^m \cdot 1^{n-m}} \leqslant \frac{m(1+x)+(n-m)\cdot 1}{n} = 1+\frac{m}{n}x = 1+\alpha x,$$

其中等号仅在 $1+x=1$,即 $x=0$ 时成立.

若 α 是小于 1 的正无理数,取 $\alpha_1, \alpha_2, \cdots, \alpha_n, \cdots$,使得每一个 α_i 都是小于 1 的正有理数,并且 $\lim\limits_{n \to \infty} \alpha_n = \alpha$. 由上面证得的结果有 $(1+x)^{\alpha_n} \leqslant 1+\alpha_n x$($n=1,2,\cdots$),于是

$$(1+x)^\alpha = \lim_{n \to \infty}(1+x)^{\alpha_n} \leqslant \lim_{n \to \infty}(1+\alpha_n x) = 1+\alpha x.$$

当 $x=0$ 时,显然上式等号成立. 现在证明:当 $x \neq 0$ 时,$(1+x)^\alpha < 1+\alpha x$. 取有理数 r,使得 $\alpha < r < 1$,则 $0 < \frac{\alpha}{r} < 1$. 于是

$$(1+x)^\alpha = \left[(1+x)^{\frac{\alpha}{r}}\right]^r \leqslant \left(1+\frac{\alpha}{r}x\right)^r < 1+r\cdot\frac{\alpha}{r}x = 1+\alpha x.$$

(2) 当 $\alpha > 1$ 时,不妨设 $1+\alpha x > 0$($1+\alpha x \leqslant 0$ 时结论显然成立),仿(1)可证.

当 $\alpha < 0$ 时,取正整数 n,使得 $n > \max\{-\alpha, |\alpha x|\}$,这样 $0 < -\frac{\alpha}{n} < 1$. 根据结论(1),有 $(1+x)^{-\frac{\alpha}{n}} \leqslant 1-\frac{\alpha}{n}x$. 又由于

$$1-\frac{\alpha x}{n} > 0, \quad 1+\frac{\alpha x}{n} > 0, \quad \left(1-\frac{\alpha x}{n}\right)\left(1+\frac{\alpha x}{n}\right) = 1-\left(\frac{\alpha x}{n}\right)^2 \leqslant 1,$$

从而

$$(1+x)^{\frac{\alpha}{n}} = \frac{1}{(1+x)^{-\frac{\alpha}{n}}} \geqslant \frac{1}{1-\frac{\alpha}{n}x} \geqslant 1+\frac{\alpha}{n}x,$$

所以
$$(1+x)^\alpha \geqslant \left(1+\frac{\alpha}{n}x\right)^n \geqslant 1+n\cdot\frac{\alpha}{n}x = 1+\alpha x.$$

当 $\alpha>1$ 或 $\alpha<0$ 时，等号成立的条件显然.

例 7 设 $a>1$，$-1<\lambda<0$，求证：$\dfrac{(a+1)^{1+\lambda}-a^{1+\lambda}}{1+\lambda}<a^\lambda<\dfrac{a^{1+\lambda}-(a-1)^{1+\lambda}}{1+\lambda}$.

证明 由 $-1<-\dfrac{1}{a}<0$，$-1<\dfrac{1}{a}<1$，$0<1+\lambda<1$，依据定理 3(1)，有
$$\left(1+\frac{1}{a}\right)^{1+\lambda}<1+\frac{1+\lambda}{a}, \quad \left(1-\frac{1}{a}\right)^{1+\lambda}<1-\frac{1+\lambda}{a},$$
于是
$$(a+1)^{1+\lambda}<a^{1+\lambda}+(1+\lambda)a^\lambda, \quad (a-1)^{1+\lambda}<a^{1+\lambda}-(1+\lambda)a^\lambda.$$
由上面两个不等式结论得证.

例 8 利用函数的单调性证明伯努利不等式.

证明 定理 3(伯努利不等式)可改述为：设 $x>0$，则
$$x^\alpha-\alpha x\leqslant 1-\alpha\ (0<\alpha<1) \quad \text{或} \quad x^\alpha-\alpha x\geqslant 1-\alpha\ (\alpha<0\ \text{或}\ \alpha>1),$$
其中等号当且仅当 $x=1$ 时成立.

令 $f(x)=x^\alpha-\alpha x$，则 $f'(x)=\alpha(x^{\alpha-1}-1)$. 易知 $x=1$ 是 $f(x)$ 唯一的极值点.

当 $x=1$ 时，$f(x)=x^\alpha-\alpha x=1-\alpha$；

当 $x\neq 1$ 时，$f(x)=x^\alpha-\alpha x<1-\alpha\ (0<\alpha<1)$，或者 $f(x)=x^\alpha-\alpha x>1-\alpha\ (\alpha<0\ \text{或}\ \alpha>1)$.

四、琴森不等式

定理 4 若函数 $f(x)$ 在区间 I 内上凸，则对任意的 $x_1,x_2,\cdots,x_n\in I$ 以及任意满足 $\lambda_1+\lambda_2+\cdots+\lambda_n=1$ 的正数 $\lambda_1,\lambda_2,\cdots,\lambda_n$，必有
$$f(\lambda_1 x_1+\lambda_2 x_2+\cdots+\lambda_n x_n)\geqslant \lambda_1 f(x_1)+\lambda_2 f(x_2)+\cdots+\lambda_n f(x_n); \quad ④$$
若 $f(x)$ 在区间 I 内下凸，则上式不等号反向，其中等号当且仅当 $x_1=x_2=\cdots=x_n$ 时成立.

证明 用数学归纳法. 仅证明函数 $f(x)$ 在区间 I 内上凸的情形.

当 $n=1$ 时，④式显然成立；

当 $n=2$ 时，由上凸的定义知④式成立，其中当且仅当 $x_1=x_2$ 时取等号.

假定 $n=k$ ($k\in \mathbf{N}^*$)时④式与取等号的条件均成立. 当 $n=k+1$ 时，令
$$\tilde{x}=u_1 x_1+u_2 x_2+\cdots+u_k x_k, \quad \text{这里} \quad u_i=\frac{\lambda_i}{\lambda}(i=1,2,\cdots,k),$$
记 $\lambda=\lambda_1+\lambda_2+\cdots+\lambda_k$，于是 $u_i>0(i=1,2,\cdots,k)$，$u_1+u_2+\cdots+u_k=1$，$\tilde{x}\in I$，而且
$$f(\lambda_1 x_1+\lambda_2 x_2+\cdots+\lambda_k x_k+\lambda_{k+1}x_{k+1})$$
$$=f(\lambda\tilde{x}+\lambda_{k+1}x_{k+1})\geqslant \lambda f(\tilde{x})+\lambda_{k+1}f(x_{k+1})$$
$$=\lambda f(u_1 x_1+u_2 x_2+\cdots+u_k x_k)+\lambda_{k+1}f(x_{k+1})$$

$$\geqslant \lambda u_1 f(x_1) + \lambda u_2 f(x_2) + \cdots + \lambda u_k f(x_k) + \lambda_{k+1} f(x_{k+1})$$
$$= \lambda_1 f(x_1) + \lambda_2 f(x_2) + \cdots + \lambda_k f(x_k) + \lambda_{k+1} f(x_{k+1}),$$

其中等号当且仅当 $\tilde{x} = x_{k+1}, x_1 = x_2 = \cdots = x_k$,即 $x_1 = x_2 = \cdots = x_k = x_{k+1}$ 时成立.

至此,$f(x)$ 在区间 I 内上凸的情形得证.

推论 若函数 $f(x)$ 在区间 I 内上凸,则对任意 $x_1, x_2, \cdots, x_n \in I$,总有

$$f\left(\frac{x_1 + x_2 + \cdots + x_n}{n}\right) \geqslant \frac{f(x_1) + f(x_2) + \cdots + f(x_n)}{n};$$

若 $f(x)$ 在区间 I 内下凸,则上式不等号反向,其中等号当且仅当 $x_1 = x_2 = \cdots = x_n$ 时成立.

定理 4 及其推论叫做**琴森(Jonson)不等式**.用琴森不等式考查其他不等式问题,必须选择恰当的函数,使其在某个区间内上凸或下凸.

例 9 证明:在圆的内接 n 边形的面积中,以正 n 边形的面积为最大.

证明 设圆的半径为 r,内接 n 边形的面积为 S,各边所对的圆心角分别为 $\theta_1, \theta_2, \cdots, \theta_n$,则

$$S = \frac{1}{2}r^2(\sin\theta_1 + \sin\theta_2 + \cdots + \sin\theta_n).$$

设 $f(x) = \sin x$,由于它在 $(0, \pi)$ 内上凸,于是根据定理 4 的推论,有

$$\sin\theta_1 + \sin\theta_2 + \cdots + \sin\theta_n \leqslant n\sin\left(\frac{\theta_1 + \theta_2 + \cdots + \theta_n}{n}\right) = n\sin\frac{2\pi}{n},$$

且当且仅当 $\theta_1 = \theta_2 = \cdots = \theta_n$ 时等号成立.所以当 $\theta_1 = \theta_2 = \cdots = \theta_n$ 时,S 取最大值,也就是以正 n 边形的面积为最大.

例 10 设 $x_i > 0$ $(i = 1, 2, \cdots, n), \alpha < \beta$,证明**幂平均不等式**:

$$\left(\frac{x_1^\alpha + x_2^\alpha + \cdots + x_n^\alpha}{n}\right)^{1/\alpha} \leqslant \left(\frac{x_1^\beta + x_2^\beta + \cdots + x_n^\beta}{n}\right)^{1/\beta}.$$

证明 取 $f(x) = x^u$ $(x > 0)$,由于 $f''(x) = u(u-1)x^{u-2}$,所以当 $u > 1$ 或 $u < 0$ 时,$f(x)$ 在 $(0, +\infty)$ 内下凸.

(1) 若 $0 < \alpha < \beta$,则 $\beta/\alpha > 1$.依定理 4,对于 $\forall a_1, a_2, \cdots, a_n \in (0, +\infty)$,有

$$\left(\frac{1}{n}\sum_{k=1}^{n} a_k\right)^{\beta/\alpha} \leqslant \frac{1}{n}\sum_{k=1}^{n} a_k^{\beta/\alpha},$$

令 $x_k = a_k^{1/\alpha}$ $(k = 1, 2, \cdots, n)$,于是有

$$\left(\frac{1}{n}\sum_{k=1}^{n} x_k^\alpha\right)^{\beta/\alpha} \leqslant \frac{1}{n}\sum_{k=1}^{n} x_k^\beta.$$

上式两边开 β 次方,并由 $a_1, a_2, \cdots, a_n \in (0, +\infty)$ 的任意性可得结论成立.

(2) 若 $\alpha < \beta < 0$,则 $\alpha/\beta > 1$,同(1)可证结论成立.

(3) 若 $\alpha < 0 < \beta$,则 $\beta/\alpha < 0$,仿(1)可证结论成立.但需要指出的是,当 $r = 0$ 时,显然

$\left(\dfrac{x_1^r + x_2^r + \cdots + x_n^r}{n}\right)^{1/r}$ 是没有意义的，这时可代之以

$$\lim_{r \to 0}\left(\dfrac{x_1^r + x_2^r + \cdots + x_n^r}{n}\right)^{1/r} = (x_1 x_2 \cdots x_n)^{1/n}.$$

例 11 设 $x_1, x_2, \cdots, x_n, y_1, y_2, \cdots, y_n, \alpha, \beta$ 都是正数，且 $\alpha^{-1} + \beta^{-1} = 1$，证明霍尔德（Hölder）**不等式**：$\sum_{k=1}^{n} x_k y_k \leqslant \left(\sum_{k=1}^{n} x_k^\alpha\right)^{1/\alpha} \left(\sum_{k=1}^{n} y_k^\beta\right)^{1/\beta}$.

证明 设 $\sum_{k=1}^{n} x_k^\alpha = \sigma_1$，$\sum_{k=1}^{n} y_k^\beta = \sigma_2$. 根据定理 4，并注意到 $\alpha^{-1} + \beta^{-1} = 1$，考查函数 $f(x) = e^x, f''(x) = e^x > 0, f(x)$ 是下凸的，从而对任意的正数 a, b，有

$$ab = e^{\ln(ab)} = e^{\ln a + \ln b} = e^{\left(\frac{\ln a^\alpha}{\alpha} + \frac{\ln b^\beta}{\beta}\right)} \leqslant \frac{1}{\alpha} e^{\ln a^\alpha} + \frac{1}{\beta} e^{\ln b^\beta} = \frac{1}{\alpha} a^\alpha + \frac{1}{\beta} b^\beta$$

（此不等式称为 Yong **不等式**）. 于是，有

$$\frac{1}{\alpha} \cdot \frac{x_k^\alpha}{\sigma_1} + \frac{1}{\beta} \cdot \frac{y_k^\beta}{\sigma_2} \geqslant \left(\frac{x_k^\alpha}{\sigma_1}\right)^{1/\alpha} \left(\frac{y_k^\beta}{\sigma_2}\right)^{1/\beta} = \frac{x_k y_k}{\sigma_1^{1/\alpha} \sigma_2^{1/\beta}}.$$

令 $k = 1, 2, \cdots, n$，得 n 个不等式，一起相加，就有

$$\frac{\sum_{k=1}^{n} x_k y_k}{\sigma_1^{1/\alpha} \sigma_2^{1/\beta}} \leqslant \frac{1}{\alpha} \frac{\sum_{k=1}^{n} x_k^\alpha}{\sigma_1} + \frac{1}{\beta} \frac{\sum_{k=1}^{n} y_k^\beta}{\sigma_2} = \frac{1}{\alpha} + \frac{1}{\beta} = 1,$$

即

$$\sum_{k=1}^{n} x_k y_k \leqslant \left(\sum_{k=1}^{n} x_k^\alpha\right)^{1/\alpha} \left(\sum_{k=1}^{n} y_k^\beta\right)^{1/\beta}.$$

五、排序不等式

对于许多不等式问题，如果把所涉及的数按照大小顺序排列起来，讨论起来就比较简单. 这是因为有下面的结论：

定理 5（排序不等式） 设 $a_1 \leqslant a_2 \leqslant \cdots \leqslant a_n$ 及 $b_1 \leqslant b_2 \leqslant \cdots \leqslant b_n$，则

$$a_1 b_1 + a_2 b_2 + \cdots + a_n b_n \geqslant a_{i_1} b_{j_1} + a_{i_2} b_{j_2} + \cdots + a_{i_n} b_{j_n} \quad \text{（乱序）} \quad ⑤$$

$$\geqslant a_1 b_n + a_2 b_{n-1} + \cdots + a_n b_1, \quad \text{（反序）} \quad ⑥$$

其中 $i_1, i_2, \cdots, i_n$ 与 $j_1, j_2, \cdots, j_n$ 是 $1, 2, \cdots, n$ 的任意两个排列，当且仅当 $a_1 = a_2 = \cdots = a_n$ 或 $b_1 = b_2 = \cdots = b_n$ 时式中等号成立.

证明 经过有限次交换，总可得

$$a_{i_1} b_{j_1} + a_{i_2} b_{j_2} + \cdots + a_{i_n} b_{j_n} = a_1 b_{k_1} + a_2 b_{k_2} + \cdots + a_n b_{k_n}. \quad ⑦$$

由于对任给排列 $k_1, k_2, \cdots, k_n$，总可经过有限次对换把它变为 $1, 2, \cdots, n$，而每做一次这样的对换，⑦式左边的值不会减小，例如，若 $k_1, k_2, \cdots, k_n$ 换成 $k_2, k_1, \cdots, k_n$，则

$$a_1 b_{k_1} + a_2 b_{k_2} + \cdots + a_n b_{k_n} - (a_1 b_{k_2} + a_2 b_{k_1} + \cdots + a_n b_{k_n})$$

$$= a_1 b_{k_1} + a_2 b_{k_2} - a_1 b_{k_2} - a_2 b_{k_1} = (a_1 - a_2)(b_{k_1} - b_{k_2}) \leqslant 0,$$

即⑤式成立.

再由⑤式证明⑥. 由于 $a_1 \leqslant a_2 \leqslant \cdots \leqslant a_n, -b_1 \geqslant -b_2 \geqslant \cdots \geqslant -b_n$,有

$$a_{i_1}(-b_{j_1}) + a_{i_2}(-b_{j_2}) + \cdots + a_{i_n}(-b_{j_n}) \leqslant a_1(-b_n) + a_2(-b_{n-1}) + \cdots + a_n(-b_1).$$

把上式两边除以 -1,即知⑥式成立.

例 12 设 $a_1, a_2, \cdots, a_n$ 是 n 个互不相同的自然数,证明:$\sum_{k=1}^{n} \dfrac{a_k}{k^2} \geqslant \sum_{k=1}^{n} \dfrac{1}{k}$.

证明 设 $b_1, b_2, \cdots, b_n$ 是 $a_1, a_2, \cdots, a_n$ 的一个排列,且满足 $b_1 < b_2 < \cdots < b_n$. 由于 $b_1, b_2, \cdots, b_n$ 是 n 个互不相同的自然数,所以 $b_1 \geqslant 1, b_2 \geqslant 2, \cdots, b_n \geqslant n$. 又因 $\dfrac{1}{1^2} > \dfrac{1}{2^2} > \cdots > \dfrac{1}{3^2}$,所以由排序不等式即得

$$\sum_{k=1}^{n} \frac{a_k}{k^2} \geqslant \sum_{k=1}^{n} \frac{b_k}{k^2} \geqslant \sum_{k=1}^{n} \frac{1}{k}.$$

例 13 一台机床加工 n 个零件,若加工每个零件的时间各不相同,问:按照怎样的加工次序才能使总等待的时间最短?

解 设加工 n 个零件的时间分别为 $t_1, t_2, \cdots, t_n$,且 $t_1 \leqslant t_2 \leqslant \cdots \leqslant t_n$,按照加工次序加工第 k 个零件的时间为 $\tau_k (k=1,2,\cdots,n)$,则总等待时间为

$$\tau_1 + (\tau_1 + \tau_2) + \cdots + (\tau_1 + \tau_2 + \cdots + \tau_n) = n\tau_1 + (n-1)\tau_2 + \cdots + \tau_n.$$

由于 $\tau_1, \tau_2, \cdots, \tau_n$ 是 $t_1, t_2, \cdots, t_n$ 的一个排列,于是按定理 5 中的不等式⑥,有

$$n\tau_1 + (n-1)\tau_2 + \cdots + \tau_n \geqslant nt_1 + (n-1)t_2 + \cdots + t_n.$$

因此,按照加工每个零件所用时间由大到小的次序加工,才能使总等待的时间最短.

例 14 请用定理 5 证明定理 1 中的推论 1(若 $x_i \geqslant 0\ (i=1,2,\cdots,n), x_1 x_2 \cdots x_n = 1$,则 $x_1 + x_2 + \cdots + x_n \geqslant n$,其中等号当且仅当 $x_1 = x_2 = \cdots = x_n = 1$ 时成立).

证明 设 $x_i \geqslant 0 (i=1,2,\cdots,n), x_1 x_2 \cdots x_n = 1, b'_1 = x_1, b'_2 = x_1 x_2, \cdots, b'_n = x_1 x_2 \cdots x_n$,把 $b'_1, b'_2, \cdots, b'_n$ 按照由小到大的顺序排列为 $b_1 \leqslant b_2 \leqslant \cdots \leqslant b_n$,而 $\dfrac{1}{b_1} \geqslant \dfrac{1}{b_2} \geqslant \cdots \dfrac{1}{b_n}$,从而根据定理 5 有

$$x_1 + x_2 + \cdots + x_n = b'_1 \cdot \frac{1}{b'_n} + b'_2 \cdot \frac{1}{b'_1} + \cdots + b'_n \cdot \frac{1}{b'_{n-1}}$$

$$\geqslant b_1 \cdot \frac{1}{b_1} + b_2 \cdot \frac{1}{b_2} + \cdots + b_n \cdot \frac{1}{b_n} = n.$$

习 题 二

1. 设 $x > 0$,证明:$\dfrac{x}{1+x} < \ln(1+x) < x$.

2. 若 x,y,z 均为实数，且 $x+y+z=a$ ($a>0$), $x^2+y^2+z^2=\dfrac{1}{2}a^2$，求证：
$$0 \leqslant x \leqslant \dfrac{2}{3}a, \quad 0 \leqslant y \leqslant \dfrac{2}{3}a, \quad 0 \leqslant z \leqslant \dfrac{2}{3}a.$$

3. 设 a,b,c 表示一个三角形三边的长，求证：
$$a^2(b+c-a)+b^2(c+a-b)+c^2(a+b-c) \leqslant 3abc.$$

4. 设 $x,y \in \mathbf{R}$，且 $x^2+y^2 \leqslant 1$，求证：$|x^2+2xy-y^2| \leqslant \sqrt{2}$.

5. 已知 $|a|<1, |b|<1$，求证：$\left|\dfrac{a+b}{1+ab}\right|<1$.

6. 若 $\sum\limits_{i=1}^{n} a_i = 1 (a_i>0, i=1,2,\cdots,n)$，求证：$\prod\limits_{i=1}^{n}\left(a_i+\dfrac{1}{a_i}\right) \geqslant \left(n+\dfrac{1}{n}\right)^n$.

7. 证明：$x^8-x^5+x^2-x+1$ 恒大于 0.

8. 证明：若 $a_i \geqslant 1 (i=1,2,\cdots,n)$，则 $2^{n-1}(a_1 a_2 \cdots a_n+1) \geqslant (1+a_1)(1+a_2)\cdots(1+a_n)$.

9. 设 $a_i \geqslant 1 (i=1,2,\cdots,n)$，求证：$\prod\limits_{i=1}^{n}(1+a_i) \geqslant \dfrac{2^n}{n+1}(1+a_1+a_2+\cdots+a_n)$.

10. 设 $x+y+z=0$，求证：$6(x^3+y^3+z^3) \leqslant (x^2+y^2+z^2)^3$.

11. 已知 a,b 为小于 1 的正数，求证：
$$\sqrt{a^2+b^2}+\sqrt{(1-a)^2+b^2}+\sqrt{a^2+(1-b)^2}+\sqrt{(1-a)^2+(1-b)^2} \geqslant 2\sqrt{2}.$$

12. 设 $a,b,c \in \mathbf{R}^+$（正实数集），求证：$a^n+b^n+c^n \geqslant a^p b^q c^r + a^q b^r c^p + a^r b^p c^q$，其中 $n,p,q,r \in \mathbf{N}$，且 $p+q+r=n$.

13. 设 $a,b,c \in \mathbf{R}^+$，求证：$a^3+b^3+c^3 \geqslant a^2 b+b^2 c+c^2 a$.

14. 已知 $a>b>0$，求证：$\sqrt[3]{a}-\sqrt[3]{b}<\sqrt[3]{a-b}$.

15. 若对于 $p \in \mathbf{R}$ 且 $|p|<2$，不等式 $(\log_2 x)^2+p\log_2 x+1>2\log_2 x+p$ 恒成立，求实数 x 的取值范围.

16. 设 e 是自然对数的底，π 是圆周率，求证：$\mathrm{e}^\pi>\pi^\mathrm{e}$.

17. 当 x 为何值时，不等式 $\dfrac{4x^2}{(1-\sqrt{1+2x})^2}<2x+9$ 成立？

18. 已知 $a>0$ 且 $a \neq 1$，解关于 x 的不等式 $\log_a\left(1-\dfrac{1}{x}\right)>1$.

19. 某厂拟生产甲、乙两种适销产品，已知甲、乙产品每件销售收入分别为 3 千元、2 千元. 甲、乙产品都需要在 A,B 两种设备上加工，在每台 A,B 上加工一件甲所需工时分别为 1 小时、2 小时，加工一件乙所需工时分别为 2 小时、1 小时，A,B 两种设备每月有效使用台时数分别为 400 和 500. 如何安排生产可使收入最大？

20. 设 n 个机器人在一条流水线上工作，产品加工后需送到检验台，检验合格后再送下一道工序. 问：检验台设置在流水线上什么位置时，才能使机器人送验时所走距离之和最短？也即耗时最少？

21. 已知函数 $f(x)=ax^3-3x+1$ 对于 $x\in[-1,1]$ 总有 $f(x)\geqslant 0$ 成立，求实数 a 的值。

22. 已知函数 $f(x)=\lg(x+1),g(x)=2\lg(2x+t)$ ($t\in\mathbf{R}$)。

    (1) 当 $t=-1$ 时，解不等式 $f(x)\leqslant g(x)$；

    (2) 如果对于 $x\in[0,1]$，$f(x)\leqslant g(x)$ 恒成立，求参数 t 的取值范围。

23. 设函数 $f(x)=\dfrac{\mathrm{e}^x}{x}$。

    (1) 求函数 $f(x)$ 的单调区间；

    (2) 若 $k>0$，解不等式 $f'(x)+k(1-x)f(x)>0$。

24. 设函数 $f(x)=x|x-a|+b$，其中 b 为常数且 $b<2\sqrt{2}-3$。若对于任意 $x\in[0,1]$，$f(x)<0$ 恒成立，求实数 a 的取值范围。

25. 设 a 为实数，函数 $f(x)=2x^2+(x-a)|x-a|$。

    (1) 若 $f(0)\geqslant 1$，求 a 的取值范围； (2) 求 $f(x)$ 的最小值。

26. 已知函数 $f(x)=|x-1|+|x-2|$，且不等式 $|a+b|+|a-b|\geqslant|a|f(x)$ 对 $a\neq 0$，$a,b\in\mathbf{R}$ 恒成立，求实数 x 的取值范围。

27. 设实数 a,b,c,d 满足 $a+b+c+d=3$，$a^2+2b^2+3c^2+6d^2=5$，求 a 的取值范围。

28. 已知函数 $f(x)$ 满足下列条件：对任意实数 x_1,x_2，都有
$$\lambda(x_1-x_2)^2\leqslant(x_1-x_2)[f(x_1)-f(x_2)],\ |f(x_1)-f(x_2)|\leqslant|x_1-x_2|,$$
其中 λ 是大于 0 的常数。设实数 a_0,a,b 满足 $f(a_0)=0$ 和 $b=a-\lambda f(a)$。证明：

    (1) $\lambda\leqslant 1$，并且不存在 $b_0\neq a_0$，使得 $f(b_0)=0$；

    (2) $(b-a_0)^2\leqslant(1-\lambda^2)(a-a_0)^2$； (3) $f^2(b)\leqslant(1-\lambda^2)f^2(a)$。

本章参考文献

[1] 赵振威. 中学数学教材教法(第二分册·初等代数研究). 上海：华东师范大学出版社，1994.

[2] 余元希，田万海，毛宏德. 初等代数研究. 北京：高等教育出版社，1993.

[3] 沈文选. 初等数学研究教程. 长沙：湖南教育出版社，1996.

[4] 张顺燕. 数学的源与流. 第二版. 北京：高等教育出版社，2003.

[5] 罗增儒. 数学解题学引论. 第二版. 西安：陕西师范大学出版社，2001.

[6] 张奠宙，张广祥. 中学代数研究. 北京：高等教育出版社，2006.

[7] 吴炯圻，林培榕. 数学思想方法——创新与应用能力的培养. 第二版. 厦门：厦门大学出版社，2009.

[8] 中华人民共和国教育部. 普通高中数学课程标准(实验). 北京：人民教育出版社，2003.

[9] 钱佩玲，邵光华. 数学思想方法与中学教学. 北京：北京师范大学出版社，1999.

[10] 胡炳生. 现代数学观点下的中学数学. 北京：高等教育出版社，1999.

第三章 方程

从人类的早期文明到现代社会,方程的思想无处不在.方程的概念也随着数学的发展而不断变化,从经典的代数方程到微分方程、积分方程.方程的理论无疑是数学中最重要的内容之一.代数方程的产生大大地扩展了数学的应用范围,许多算术难以解决或无法解决的问题利用代数方程轻而易举地解决了.代数方程对整个数学的进程产生巨大而深远的影响,许多重大的发现都与代数方程思想方法有关,如对四次以上代数方程的求解导致群论的产生.

从方程的历史角度进行分析,很容易体察到方程的产生完全是出于实际的需要,即为了解决实际生活中的问题.它的发展过程是:实际需要→方法的发现→理论的形成→实际应用.目前中学所学的方程知识偏重于方程的解法和列方程、方程组解应用题.

本章从加深方程的概念认识入手,介绍方程、方程的解的意义和等式的两个基本性质,进而介绍方程的同解原理,然后讨论各种方程和方程组的解法及其解的性质等问题,最后讨论不定方程的解的理论与应用,以及整除与同余的性质和理论.

第一节 方程的概念

目前,中学数学教材中通用的方程定义是:含有未知数的等式叫做方程.这种定义方式简洁明了,能为大家所认同和接受,也较符合学生的知识水平和认知特征.它比较直观、形象,便于初学者理解和掌握.这个定义注重外观的描述,指出方程是通过已知数"求"未知数而产生的等量关系,从中往往只能识别一个对象是不是方程,却无从获得方程的思想实质.识别不同于认识和理解.所以我们还是就方程是一种关系这一本质属性来给出其定义.

第三章 方程

一、方程的基本概念

定义 1 形如
$$f(x_1, x_2, \cdots, x_n) = g(x_1, x_2, \cdots, x_n) \qquad ①$$
的等式叫做**方程**,其中 $f(x_1, x_2, \cdots, x_n)$ 及 $g(x_1, x_2, \cdots, x_n)$ 是在它们定义域的交集里讨论的两个函数,f 与 g 中至少有一个不是常数函数. 变量 $x_1, x_2, \cdots, x_n$ 叫做方程①的**未知数**. 函数 $f(x_1, x_2, \cdots, x_n)$ 与 $g(x_1, x_2, \cdots, x_n)$ 的定义域的交集,叫做方程①的**定义域**.

定义 2 若将 $x_1 = a_1, x_2 = a_2, \cdots, x_n = a_n$ 代入方程①有
$$f(a_1, a_2, \cdots, a_n) = g(a_1, a_2, \cdots, a_n)$$
成立,则称有序数组 $(a_1, a_2, \cdots, a_n)$ 为方程①的一个**解**.

仅含有一个未知数的方程的解也叫做方程的**根**.

方程的所有解组成的集合,叫做方程的**解集**.

方程的解集 D 与该方程的定义域 M 之间有下列几种关系:

(1) $D \subsetneq M, D \neq \varnothing$,即 D 是 M 的非空真子集,这时方程称为**条件方程**,它是我们研究的主要对象. 条件方程的解或有有限个,或有无穷多个.

(2) $D \subsetneq M, D = \varnothing$,即方程无解,这时方程称为**矛盾方程**.

(3) $D = M \neq \varnothing$,即非空定义域中的一切数(数组)都是方程的解,这时方程称为**恒等方程**.

定义 3 求方程解集的过程叫做**解方程**.

通常我们是在给定的数集上讨论方程的解. 同一个方程在不同的数集里的解集可能不相同.

定义 4 在方程①中,如果 f 与 g 都是代数函数,那么这种方程叫做**代数方程**;如果 f 与 g 中含有超越函数,那么这种方程叫做**超越方程**.

定义 5 在代数方程①中,如果 f 与 g 都是有理函数,那么这种方程叫做**有理方程**;如果 f 与 g 含有无理函数,那么这种方程叫做**无理方程**.

定义 6 在有理方程①中,如果 f 与 g 都是整函数,那么这种方程叫做**整式方程**;如果 f 与 g 中含有分式函数,那么这种方程叫做**分式方程**.

综上所述,方程可以分类如下:

$$\text{方程} \begin{cases} \text{代数方程} \begin{cases} \text{有理方程} \begin{cases} \text{整式方程} \\ \text{分式方程} \end{cases} \\ \text{无理方程} \end{cases} \\ \text{超越方程} \end{cases}$$

二、方程组的基本概念

定义 7 含有未知数 $x_1, x_2, \cdots, x_n$ 的 $k(k \geqslant 2)$ 个方程的集合:

$$\begin{cases} f_1(x_1,x_2,\cdots,x_n) = g_1(x_1,x_2,\cdots,x_n), \\ f_2(x_1,x_2,\cdots,x_n) = g_2(x_1,x_2,\cdots,x_n), \\ \cdots\cdots\cdots\cdots \\ f_k(x_1,x_2,\cdots,x_n) = g_k(x_1,x_2,\cdots,x_n), \end{cases} \quad ②$$

叫做含有未知数 $x_1,x_2,\cdots,x_n$ 的 k 个方程的**方程组**. 方程组②中的 k 个方程的定义域的交集叫做方程组②的定义域.

定义 8 如果有序数组 $(x_1,x_2,\cdots,x_n)$ 是方程组②中的每一个方程的解, 那么有序数组 $(x_1,x_2,\cdots,x_n)$ 叫做方程组②的一个解.

方程组的所有解组成的集合, 叫做方程组的解集. 求方程组的解集的过程叫做解方程组. 如果方程组的解集是空集, 那么这个方程组叫做矛盾方程组.

第二节 同 解 方 程

解方程(组)就是把已知方程(组)经过一系列变形, 使之转化为最简方程(组), 进而求出解. 在这些变形中, 有时得到的最简方程(组)与原方程(组)的解集相同, 有时也会出现解集不同的情形. 因此, 需要研究方程(组)的同解理论.

一、方程的同解性

1. 方程的同解概念

定义 1 设有两方程

$$f_1(x) = g_1(x), \quad ①$$
$$f_2(x) = g_2(x). \quad ②$$

如果方程①的每一个解都是方程②的解, 即方程①的解集 D_1 是方程②的解集 D_2 的子集: $D_1 \subseteq D_2$, 那么方程②叫做方程①的**结果**.

定义 2 如果方程②是方程①的结果, 且方程①是方程②的结果, 即方程①和②的解集相同, 那么称方程①与②**同解**.

由上述定义即知: 方程的同解性是一个等价关系, 它具有自反性、对称性、传递性.

关于方程的同解概念, 需要说明以下几点:

(1) 约定: 在某个数集上的所有矛盾方程都是同解的, 因为它们的解集都是空集.

(2) 方程的同解概念与所讨论的数集有关.

例如, 方程 $x+1=0$ 与方程 $(x+1)(x^2+2)=0$ 在实数集上是同解的, 但在复数集上是不同解的.

(3) 对于有重根存在的整式方程, 只有当一个方程的重根是另一个方程的同次重根时, 这两个方程才是同解的.

2. 方程的同解定理

定理 1 如果方程①与方程②的定义域相同,且 $f_1(x)\equiv f_2(x), g_1(x)\equiv g_2(x)$,那么方程①与②同解.(证明略)

应用定理1时,必须注意方程①变形为②时的定义域要相同,否则将可能出现方程①与②不同解. 如果①变形为②时,定义域扩大了,则可能产生增解;如果①变形为②时,定义域缩小了,则可能产生遗解. 如果方程②的定义域既有扩大,又有缩小,则既可能产生增解,又可能产生遗解.

定理 2 方程 $f(x)=g(x)$ 与 $f(x)+h(x)=g(x)+h(x)$ 同解,其中 $h(x)$ 对方程 $f(x)=g(x)$ 的定义域中的一切数均有意义.(证明略)

应用定理2时,必须使 $h(x)$ 对方程 $f(x)=g(x)$ 的定义域中的一切数均有意义,否则两方程不一定同解.

推论 1 方程中任意一解析式由方程的一端改变符号后移到方程的另一端所得到的新方程与原方程同解.

推论 2 设 $h(x)$ 是一个数,或者是关于 x 的整式,则方程 $f(x)=g(x)$ 与 $f(x)+h(x)=g(x)+h(x)$ 一定同解.

推论 3 方程 $f(x)=g(x)$ 可以化为与它同解的方程 $f(x)-g(x)=0$.

定理 3 方程 $f(x)=g(x)$ 与 $f(x)h(x)=g(x)h(x)$ 同解,其中 $h(x)$ 对方程 $f(x)=g(x)$ 的定义域中的一切数均有意义,且 $h(x)\neq 0$.(证明略)

应用定理3时,必须注意"$h(x)$ 对 $f(x)=g(x)$ 的定义域中的一切数均有意义,且 $h(x)\neq 0$"这一条件,不然将可能导致两方程不同解.

定义 3 如果方程 $f(x)=0$ 的解集与方程 $f_1(x)=0, f_2(x)=0, \cdots, f_n(x)=0$ 的解集的并集相同,那么称方程 $f(x)=0$ 与这 n 个方程同解.

定理 4 如果方程
$$f_1(x)f_2(x)\cdots f_n(x)=0 \qquad ③$$
的定义域与 n 个方程
$$f_1(x)=0, \quad f_2(x)=0, \quad \cdots, \quad f_n(x)=0 \qquad ④$$
的定义域的并集相同,那么方程③与④同解.(证明略)

解方程时,根据上述定理及推论将原方程变形,或将原方程的任何一端在不改变方程定义域的前提下作恒等变形后所得到的方程与原方程是同解的,这样的变形称为解方程的**同解变形**.

在解方程时,除了利用同解变形外,有时还要作以下几种情况相应的变形:

(1) 方程 $f^n(x)=g^n(x)$ 是方程 $f(x)=g(x)$ 的结果,正整数 n 是对函数 $f(x), g(x)$ 施行乘方运算的指数;

(2) 方程 $\sqrt[n]{f(x)}=\sqrt[n]{g(x)}$ 是方程 $f(x)=g(x)$ 的结果，不小于 2 的整数 n 是对函数 $f(x),g(x)$ 施行开方运算的根指数（n 为偶数时，$f(x)\geqslant 0$，且 $g(x)\geqslant 0$）；

(3) 若 $g_1(x)$ 与 $g_2(x)$ 不等于零，则方程 $\dfrac{f_1(x)}{g_1(x)}=\dfrac{f_2(x)}{g_2(x)}$ 是方程 $\dfrac{g_1(x)}{f_1(x)}=\dfrac{g_2(x)}{f_2(x)}$ 的结果；

(4) 若对于定义域中的数 $f_1(x)\neq g_1(x)$，且 $f_2(x)\neq g_2(x)$，则方程 $\dfrac{f_1(x)+g_1(x)}{f_1(x)-g_1(x)}=\dfrac{f_2(x)+g_2(x)}{f_2(x)-g_2(x)}$ 是方程 $\dfrac{f_1(x)}{g_1(x)}=\dfrac{f_2(x)}{g_2(x)}$ 的结果；

(5) 方程 $f(x)=g(x)$ 是方程 $\lg f(x)=\lg g(x)$ 的结果；

(6) 方程 $\sin f(x)=\sin g(x)$ 是方程 $f(x)=g(x)$ 的结果.

经过上述变形后，作为原方程的结果往往是与原方程不同解的. 一般来说，当在两端施行某一运算，而这种运算的逆运算的运算结果不是唯一确定的，便将得到与原方程不同解的方程. 若方程变形后改变了（扩大或缩小）原方程的定义域，变形后的方程与原方程往往也是不同解的.

在不是同解变形的情况下解方程，可能产生增解，即不满足原方程而满足原方程的结果的那些解，也可能失去原方程的某些解. 产生的增解又称为**增根**，而失去的解又称为**遗根**.

为了在解方程时剔除增根，避免产生遗根，可采取以下步骤：

(1) 在方程变形过程中，把由原方程的结果得到的解代入原方程检验满足与否，以判断是不是增根.

(2) 在方程变形过程中，把原方程的定义域扩大的部分中的数代入原方程检验满足与否，以判断是不是增根.

例如，由 $\sqrt{x-1}\cdot\sqrt{x+1}=\sqrt{x+5}$ 变形得 $\sqrt{x^2-1}=\sqrt{x+5}$，则 $x=-2$ 是后者的根，而不是前者的根.

(3) 在方程变形过程中，把原方程的定义域缩小的部分中的数代入原方程检验满足与否，以判断是不是原方程的遗根.

例如，由 $\dfrac{x^2-x+2}{x^2+x+2}=\dfrac{x+1}{3x+1}$ 经合分比变形得 $\dfrac{2x^2+4}{-2x}=\dfrac{4x+2}{-2x}$，因而失去原方程的根 $x=0$.

(4) 在方程变形过程中，根据变形结果与原方程不同解的原因判断是否有增根或遗根.

例如，方程 $\arcsin x+\arccos(1-x)=\arcsin(-x)$ 变形为

$$2\arcsin x+\arccos(1-x)=0 \qquad ⑤$$

或

$$2\arcsin x=-\arccos(1-x), \qquad ⑥$$

这两个方程与原方程都是同解的. 又由

$$\cos(2\arcsin x) = \cos[-\arccos(1-x)], \qquad ⑦$$

得 $\cos(2\arcsin x)=1-x$,化简得 $2x^2-x=0$,从而 $x=0, x=1/2$. 这里由方程⑥变形为方程⑦时,不是同解变形,因为方程⑥的解必然满足方程⑦,但方程⑦的解不一定满足方程⑥. 事实上方程⑦还可以作为方程 $2\arcsin x = \arccos(1-x)$ 的结果. 经检验,$x=1/2$ 不满足原方程,但满足方程 $2\arcsin x = \arccos(1-x)$.

例 1 解方程 $\dfrac{x+1}{2(x-1)} = \dfrac{9}{2(x+4)} + \dfrac{1}{(x-1)}$.

解 方程两端同乘以最简公分母 $2(x-1)(x+4)$,得

$$(x+1)(x+4) = 9(x-1) + 2(x+4), \quad 即 \quad x^2 - 6x + 5 = 0.$$

由此解得 $x_1=5, x_2=1$.

因为 $x=1$ 使 $2(x-1)(x+4)=0$,所以 $x=1$ 不是原方程的根. $x=5$ 是原方程的根.

在解分式方程时,为了将原方程的求解转化为整式方程的求解而在两端乘以原方程的最简公分母,由此所求得的解如果使公分母为零,那么这样的解便是原方程的增根.

例 2 解方程 $\sqrt{2x-6}+\sqrt{x+4}=5$.

解 方程两端平方后,再一次平方,以消去根号,得

$$x^2 - 170x + 825 = 0.$$

由此解得 $x_1=5, x_2=165$. 经检验 $x=165$ 不是原方程的解,$x=5$ 是原方程的解.

在解无理方程时,除了上述将方程两端变形时因扩大了原方程的定义域而会引起增根产生外,由于两端平方引入了共轭因式也往往会产生增根.

例 3 解方程 $\log_2(x+2) + \log_2(3x-4) = 4$.

解 将方程变形为 $\log_2(x+2)(3x-4)=4$,从而得 $(x+2)(3x-4)=16$. 由此解得

$$x_1 = \dfrac{-1+\sqrt{73}}{3}, \quad x_2 = \dfrac{-1-\sqrt{73}}{3}.$$

这里只有 x_1 是原方程定义域内的数,因此 x_2 是增根. 于是原方程的解是 $x=\dfrac{-1+\sqrt{73}}{3}$.

例 4 解方程 $x^{\log_{\sqrt{x}} 2x} = 4$.

解 因为 $\log_{\sqrt{x}} 2x = \dfrac{\log_x 2x}{\log_x \sqrt{x}} = \log_x(2x)^2$,所以有

$$x^{\log_x(2x)^2} = 4, \quad 即 \quad (2x)^2 = 4.$$

由此解得 $x_1=1, x_2=-1$. x_1 与 x_2 都使原方程失去意义,因此原方程没有解.

例 3 与例 4 表明,在方程变形中,由于定义域的扩大而产生增根. 在解方程时,即使方程两端所作的都是恒等变形,只要原方程的定义域扩大了,就有产生增根的可能. 例如同类项相互抵消的计算有时会导致增根产生.

例 5 解方程 $\lg\sqrt{1+x} + 3\lg\sqrt{1-x} = \lg\sqrt{1-x^2} + 2$.

解 原方程两端经恒等变形得
$$\lg\sqrt{1+x} + 3\lg\sqrt{1-x} = \lg\sqrt{1+x} + \lg\sqrt{1-x} + 2,$$
抵消同类项后,得 $2\lg\sqrt{1-x}=2$. 显然,这个方程的定义域比原方程的定义域大. 这个方程的解是 $x=-99$,它不属于原方程的定义域. 因此,原方程没有解.

例 6 解方程 $\sin x - 2\cos x = 2$.

解 设 $\tan\dfrac{x}{2}=t$,于是原方程变形为
$$\frac{2t}{1+t^2} - \frac{2(1-t^2)}{1+t^2} = 2.$$
由此解得 $t=2$,即 $\tan\dfrac{x}{2}=2$,从而
$$x = 2\arctan 2 + 2k\pi \quad (k\in\mathbf{Z}).$$
由于万能置换公式的利用,引入了 $x\neq(2k+1)\pi$ 的限制,因此缩小了原方程的定义域,而 $x=(2k+1)\pi$ 正是原方程的解.

二、方程组的同解性

1. 同解方程组的概念

定义 4 在给定数集内,如果方程组(A)和方程组(B)的解集相同,那么这两个方程组叫做**同解方程组**.

两个矛盾方程组认为是同解方程组.

方程组的同解概念与所讨论的数集有关. 两个方程组在某一数集内可能同解,但在另一数集内可能不同解. 例如,方程组 $\begin{cases}x+y=3,\\ x-y=1\end{cases}$ 与 $\begin{cases}x^3=8,\\ x+y=3\end{cases}$ 在实数集上同解,但在复数集上不同解.

定义 5 如果方程组(A)的每一个解都是方程组(B)的解,那么方程组(B)称为方程组(A)的**结果**.

显然,如果两个方程组互为结果,那么这两个方程组就是同解方程组.

2. 方程组的同解定理

为了叙述方便,只以二元方程组为例给出几个主要的方程组的同解定理,这些定理很容易推广到多元方程组.

定理 5 设有两方程组
$$(A)\begin{cases}f(x,y)=0,\\ g(x,y)=0;\end{cases} \quad (B)\begin{cases}h(x,y)=0,\\ g(x,y)=0.\end{cases}$$
如果方程 $h(x,y)=0$ 与方程组(A)的方程 $f(x,y)=0$ 同解,则方程组(B)与(A)同解.

定理 6 以下两个方程组同解：$\begin{cases} f(x,y)=0, \\ y=g(x), \end{cases}$ $\begin{cases} f(x,g(x))=0, \\ y=g(x). \end{cases}$

定理 8 是用代入消元法解方程组的理论根据.

定理 7 方程组 $\begin{cases} f(x,y)=0, \\ g(x,y)=0 \end{cases}$ 与以下两方程组均同解：

$$\begin{cases} mf(x,y)+ng(x,y)=0, \\ f(x,y)=0, \end{cases} \begin{cases} mf(x,y)+ng(x,y)=0, \\ g(x,y)=0 \end{cases} \quad (m,n \text{ 为非零的数}).$$

定理 7 是用加减消元法解方程组的理论根据.

定理 8 设 $g_1(x,y), g_2(x,y), f(x,y)$ 的定义域分别为 D_1, D_2, D_3，记 $D = D_1 \cap D_2 \cap D_3$，则方程组 $\begin{cases} f(x,y)=0, \\ g_1(x,y) \; g_2(x,y)=0 \end{cases}$ 的解是以下两个方程组的解的并集再与 D 的交集：

$$\begin{cases} f(x,y)=0, \\ g_1(x,y)=0, \end{cases} \begin{cases} f(x,y)=0, \\ g_2(x,y)=0. \end{cases}$$

定理 8 是用因式分解法解方程组的理论根据.

第三节 解方程的常用方法

解一元分式方程和无理方程的基本方法都是通过适当的变形归结为解整式方程. 四次和四次以下的一元方程都有一般的解法，有各自的求根公式，但是五次和五次以上的一元方程就不存在用根号表示的一般求根公式. 所以，对于一元代数方程的求解，只能局限于一些特殊类型的方程.

一、方程的常用解法

不同的方程，可能有不同的解法. 下面仅给出几种常用的方法供读者参考.

1. 换元法

用方程同解变形定理指导解题，是解方程的指导思想. **换元法**是通过换元，以达到求解方程的目的，即引进新未知数代换原有未知数，使原方程转化为一个易解方程.

例 1 解方程 $2x+1+x\sqrt{x^2+2}+(x+1)\sqrt{x^2+2x+3}=0$.

解 设 $\sqrt{x^2+2}=u, \sqrt{x^2+2x+3}=v$，则 $u>0, v>0$，且 $v^2-u^2=2x+1$. 于是

$$x = \frac{v^2-u^2-1}{2}, \quad x+1 = \frac{v^2-u^2+1}{2}.$$

所以原方程可变形为

$$v^2-u^2+\frac{v^2-u^2-1}{2}u+\frac{v^2-u^2+1}{2}v=0, \quad 即 \quad (v-u)\left[v+u+\frac{(v+u)^2}{2}+\frac{1}{2}\right]=0.$$

因为 $v+u+\frac{(v+u)^2}{2}+\frac{1}{2}>0$，所以 $v-u=0$。由此得

$$\sqrt{x^2+2}=\sqrt{x^2+2x+3} \Longleftrightarrow x=-1/2.$$

所以，原方程的解是 $x=-1/2$.

例 2 解方程 $(6x+7)^2(3x+4)(x+1)=6$.

解 令 $6x+7=y$，则 $3x+4=\frac{y+1}{2}, x+1=\frac{y-1}{6}$. 于是原方程变形为

$$y^2\left(\frac{y+1}{2}\right)\left(\frac{y-1}{6}\right)=6, \quad 即 \quad y^4-y^2-72=0.$$

解之得 $y^2=9$ 或 $y^2=-8$，所以得到如下四个解：

$$y_1=3, \quad y_2=-3, \quad y_3=2\sqrt{2}\mathrm{i}, \quad y_4=-2\sqrt{2}\mathrm{i}.$$

换回原来的未知数得到原方程的解：

$$x_1=-\frac{2}{3}, \quad x_2=-\frac{5}{3}, \quad x_3=-\frac{7}{6}+\frac{\sqrt{2}}{3}\mathrm{i}, \quad x_4=-\frac{7}{6}-\frac{\sqrt{2}}{3}\mathrm{i}.$$

例 3 解方程 $-\frac{36}{x^2}+\frac{72}{x}-11=(x-6)^2$.

解 将方程右边展开并变形可得

$$\left(x^2+12+\frac{36}{x^2}\right)-12\left(x+\frac{6}{x}\right)+35=0.$$

令 $u=x+\frac{6}{x}$，代入上式，得 $u^2-12u+35=0$，解得 $u_1=5, u_2=7$.

由 $x+\frac{6}{x}=5$，解得 $x_1=2, x_2=3$；由 $x+\frac{6}{x}=7$，解得 $x_3=1, x_4=6$. 它们都是原方程的解.

例 4 解方程 $x^6-4x^3+3=0$.

解 设 $x^3=y$，有 $y^2-4y+3=0$，解得 $y_1=1, y_2=3$. 再分别解方程 $x^3=1$ 和 $x^3=3$，可得原方程的解为 $x_1=1, x_2=\omega, x_3=\omega^2, x_4=\sqrt[3]{3}, x_5=\sqrt[3]{3}\omega, x_6=\sqrt[3]{3}\omega^2$，其中

$$\omega=\frac{-1+\sqrt{3}\mathrm{i}}{2} \quad 或者 \quad \omega=\cos\frac{2\pi}{3}+\mathrm{i}\sin\frac{2\pi}{3}.$$

2. 因式分解法

在解各类一元方程时，如果可能的话，常用因式分解将原方程化成几个较低次方程（或者有理方程）的形式，然后根据方程同解理论分别求解. 这种求解方程的方法称为**因式分解法**.

例 5 解方程 $x^3+3x^2-6x-8=0$.

解 因为 $x^3+3x^2-6x-8=(x^3-8)+3x(x-2)=(x-2)(x^2+5x+4)$，所以原方程的

解为 $x_1=2, x_2=-4, x_3=-1$.

例 6 解方程 $\sqrt{x+3-4\sqrt{x-1}}+\sqrt{x+8-6\sqrt{x-1}}=1$.

解 把原方程变形为 $\sqrt{(\sqrt{x-1}-2)^2}+\sqrt{(\sqrt{x-1}-3)^2}=1$,再根据算术根的定义原方程即为

$$|\sqrt{x-1}-2|+|\sqrt{x-1}-3|=1.$$

(1) 若 $0 \leqslant \sqrt{x-1} \leqslant 2$,即 $1 \leqslant x \leqslant 5$,有 $2-\sqrt{x-1}+3-\sqrt{x-1}=1$,即 $\sqrt{x-1}=2$,解得 $x=5$.

(2) 若 $2<\sqrt{x-1} \leqslant 3$,即 $5<x \leqslant 10$,有 $\sqrt{x-1}-2+3-\sqrt{x-1}=1$,原式为恒等式.

(3) 若 $\sqrt{x-1} \geqslant 3$,即 $x \geqslant 10$,有 $\sqrt{x-1}-2+\sqrt{x-1}-3=1$,即

$$2\sqrt{x-1}=6, \quad 解得 \quad x=10.$$

所以,原方程的解是 $\{x \mid 5 \leqslant x \leqslant 10\}$.

例 7 解方程 $\sqrt{x^2+5x+6}+\sqrt{x^2-2x-8}-\sqrt{4x^2+7x-2}=0$.

解 原方程即为

$$\sqrt{(x+2)(x+3)}+\sqrt{(x+2)(x-4)}-\sqrt{(x+2)(4x-1)}=0.$$

易知,方程的定义域是 $\{x \mid x=-2$ 或 $x \geqslant 4$ 或 $x \leqslant -3\}$.

显然 $x=-2$ 是原方程的解.

当 $x \geqslant 4$ 时,原方程可变形为 $\sqrt{x+2}(\sqrt{x+3}+\sqrt{x-4}-\sqrt{4x-1})=0$. 因为 $\sqrt{x+2} \geqslant \sqrt{6}$,所以必须 $\sqrt{x+3}+\sqrt{x-4}-\sqrt{4x-1}=0$. 但在 $x \geqslant 4$ 时这一方程是无解的.

当 $x \leqslant -3$ 时,原方程可变形为 $\sqrt{-x-2}(\sqrt{-x-3}+\sqrt{-x+4}-\sqrt{1-4x})=0$. 因为 $\sqrt{-x-2} \geqslant 1$,所以必须

$$\sqrt{-x-3}+\sqrt{-x+4}-\sqrt{1-4x}=0.$$

当 $x \leqslant -3$ 时,可解得 $x=-12$.

所以原方程的解是 $x=-2$ 或 $x=-12$.

3. 三角法

当无理方程形如

$$f(x, \sqrt{a^2-x^2})=0, \quad f(x, \sqrt{x^2+a^2})=0 \quad 或 \quad f(x, \sqrt{x^2-a^2})=0$$

时,可以分别设 $x=a\sin\theta, x=a\tan\theta, x=a\sec\theta$,使原方程转化为比较简单的三角方程来求解. 我们称这种求解方程的方法为**三角法**. 一些非无理方程亦可根据三角函数的定义域和值域的特点,利用三角法化简方程或求出高次方程的根. 三角法的本质也是一种换元法,即利用三角函数进行换元.

例 8 解方程 $\dfrac{1}{x}+\dfrac{1}{\sqrt{1-x^2}}=\dfrac{35}{12}$.

解 由于 $|x|<1$，可设 $x=\sin\theta$（$-\pi/2<\theta<\pi/2$），于是原方程可变形为

$$\dfrac{1}{\sin\theta}+\dfrac{1}{\cos\theta}=\dfrac{35}{12}, \quad 即 \quad \dfrac{\sin\theta+\cos\theta}{\sin 2\theta}=\dfrac{35}{24}.$$

两边平方，得

$$\dfrac{1+\sin 2\theta}{\sin^2 2\theta}=\dfrac{1225}{576} \Longleftrightarrow 1225\sin^2 2\theta-576\sin 2\theta-576=0$$

$$\Longrightarrow \sin 2\theta=\dfrac{24}{25} \text{ 或 } \sin 2\theta=-\dfrac{24}{49},$$

所以 $\cos 2\theta=\pm\dfrac{7}{25}$ 或 $\cos 2\theta=\pm\dfrac{5\sqrt{73}}{49}$. 因此

$$x=\sin\theta=\pm\dfrac{3}{5},\ \pm\dfrac{4}{5},\ \pm\dfrac{5+\sqrt{73}}{14},\ \pm\dfrac{5-\sqrt{73}}{14}.$$

经检验，$x=\sin\theta=-\dfrac{3}{5},\ -\dfrac{4}{5},\ \dfrac{5+\sqrt{73}}{14},\ \pm\dfrac{5-\sqrt{73}}{14}$ 都是增根，所以原方程的根为

$$x_1=\dfrac{3}{5}, \quad x_2=\dfrac{4}{5}, \quad x_3=-\dfrac{5+\sqrt{73}}{14}.$$

4. 含参数的方程的解法

如果方程含有参数，必须讨论参数在什么情况下方程有解，或是无解，以及有解时的解个数.

例 9 解方程 $(a^2+2x)(x+a)=(x-a)^2$，其中 a 为实参数.

解 原方程可变形为

$$x^2+(4a+a^2)x+a^3-a^2=0.$$

此方程的判别式为

$$\Delta=(4a+a^2)^2-4(a^3-a^2), \quad 化简得 \quad \Delta=a^2(a^2+4a+20).$$

当 $a=0$ 时，原方程的解为 $x=0$；

当 $a\neq 0$ 时，因为 $a^2(a^2+4a+20)>0$，所以原方程的解为

$$x_1=\dfrac{(-4a-a^2)+\sqrt{a^2(a^2+4a+20)}}{2}, \quad x_2=\dfrac{(-4a-a^2)-\sqrt{a^2(a^2+4a+20)}}{2}.$$

例 10 在实数集内解方程 $(12+5a-2a^2)\sqrt{x}=2a+3$，其中 a 为参数.

解 (1) 当 $12+5a-2a^2=0$ 时，有 $a=4$ 或 $a=-3/2$.

(i) 若 $a=4$，则原方程就是 $0\cdot\sqrt{x}=11$，无解.

(ii) 若 $a=-3/2$，则原方程就是 $0\cdot\sqrt{x}=0$，$x\geqslant 0$ 都是解.

(2) 当 $12+5a-2a^2 \neq 0$ 时,有 $a \neq 4$,且 $a \neq -3/2$,此时原方程同解于方程

$$\sqrt{x} = \frac{1}{4-a}.$$

(i) 若 $a > 4$,这时 $\frac{1}{4-a} < 0$,此方程无解.

(ii) 若 $-\frac{3}{2} < a < 4$,这时 $\frac{1}{4-a} > 0$,此方程的解是 $x = \frac{1}{(4-a)^2}$,它即为原方程的解.

(iii) 若 $a < -\frac{3}{2}$,这时 $\frac{1}{4-a} > 0$,原方程的解是 $x = \frac{1}{(4-a)^2}$.

综上所述,当 $a \geq 4$ 时,方程无解;当 $-\frac{3}{2} < a < 4$ 或 $a < -\frac{3}{2}$ 时,方程有唯一解 $x = \frac{1}{(4-a)^2}$;当 $a = -\frac{3}{2}$ 时,方程有无穷多个解 $x \geq 0$.

例 11 在复数集内解方程 $\frac{x+a}{x-a} + \frac{x-a}{x+a} + \frac{x+b}{x-b} + \frac{x-b}{x+b} = 0$,其中 a, b 为实参数,且 $ab \geq 0$.

解 原方程可变形为同解方程

$$\frac{x^2-ab}{x^2-a^2} \cdot \frac{x^2+ab}{x^2-b^2} = 0. \qquad ①$$

(1) 当 $a = b$ 时,方程①可化为同解方程

$$\frac{x^2+a^2}{x^2-a^2} = 0. \qquad ②$$

(i) 若 $a = 0$,则方程②无解,从而原方程无解.

(ii) 若 $a \neq 0$,则方程②可化为同解方程 $x^2 + a^2 = 0$,所以 $x = \pm ai$ 是原方程的解.

(2) 当 $a \neq b$ 时,有

(i) 若 $ab = 0$ 由①得 $x = 0$.这时 a, b 中只有一个为零,从而可知 $x = 0$ 不是原方程①的解,即原方程无解.

(ii) 若 $ab > 0$,则方程①与两个方程 $x^2 - ab = 0, x^2 + ab = 0$ 同解,所以原方程的解为

$$x_{1,2} = \pm\sqrt{ab}, \quad x_{3,4} = \pm\sqrt{ab}\,i.$$

解方程有许多灵活的方法,比如还有图像法、待定系数法等,这些方法在第二章解不等式和后面根与系数的关系部分有所涉及,这里不再赘述.

二、三次方程和四次方程的公式解法

1. 三次方程的公式解法

一般的实系数三次方程 $ax^3 + bx^2 + cx + d = 0 (a \neq 0)$ 可以化为

$$x^3 + \frac{b}{a}x^2 + \frac{c}{a}x + \frac{d}{a} = 0,$$

第三节 解方程的常用方法

根据结论"方程 $f(y+h)=0$ 的各根分别等于方程 $f(x)=0$ 的各根减去 h"(见本章第五节定理2),此方程各根减去 $-\dfrac{b}{3a}$,可得二次项系数为 0 的方程

$$x^3+px+q=0, \qquad ③$$

其中 $p=\dfrac{3ac-b^2}{3a^2}, q=\dfrac{2b^3-9abc+27a^2d}{27a^3}$。为此只要讨论方程③的解法即可。

设 $x=u+v$,代入③式,得

$$u^3+v^3+(3uv+p)(u+v)+q=0. \qquad ④$$

令 $3uv+p=0$,则有

$$uv=-p/3. \qquad ⑤$$

将⑤式代入④式,得

$$u^3+v^3=-q. \qquad ⑥$$

由⑤和⑥式得方程组

$$\begin{cases} u^3+v^3=-q, \\ u^3v^3=-\dfrac{p^3}{27}. \end{cases}$$

可知,u^3 和 v^3 是二次方程 $z^2+qz-\dfrac{p^3}{27}=0$ 的根。注意到 u^3 和 v^3 在方程组中是对称的,于是解得

$$u^3=-\dfrac{q}{2}+\sqrt{\dfrac{q^2}{4}+\dfrac{p^3}{27}}, \quad v^3=-\dfrac{q}{2}-\sqrt{\dfrac{q^2}{4}+\dfrac{p^3}{27}}. \qquad ⑦$$

显然,u 和 v 各有三个值。设 u 的一个值是 u_1,那么另外两个值是 $\omega u_1, \omega^2 u_1$;同样 v 的三个值是 $v_1, \omega v_1, \omega^2 v_1$。这里,$\omega$ 是 1 的虚立方根,且 $u_1 v_1=-p/3$。

因为 u 和 v 必须满足⑤式,所以 u 和 v 的值只有下列三组:

$$\begin{cases} u=u_1, \\ v=v_1; \end{cases} \quad \begin{cases} u=\omega u_1, \\ v=\omega^2 v_1; \end{cases} \quad \begin{cases} u=\omega^2 u_1, \\ v=\omega v_1. \end{cases}$$

根据假设 $x=u+v$,于是

$$x_1=u_1+v_1, \quad x_2=\omega u_1+\omega^2 v_1, \quad x_3=\omega^2 u_1+\omega v_1$$

就是方程③的三个根。

三次方程的上述解法,通常称为**塔尔塔利亚解法**或**卡丹公式法**,其中⑦式中的 $\dfrac{q^2}{4}+\dfrac{p^3}{27}$ 通常叫做方程③的**判别式**,可以用来讨论实系数方程 $x^3+px+q=0$ 的根的性质。

例 12 解方程 $2x^3+6x-3=0$.

解 由三次方程求根公式,解得 $u^3=2, v^3=-\dfrac{1}{2}$。取 $u_1=\sqrt[3]{2}, v_1=-\dfrac{1}{2}\sqrt[3]{4}$,得原方程的

三个根是:

$$x_1 = \sqrt[3]{2} - \frac{1}{2}\sqrt[3]{4}, \quad x_2 = \sqrt[3]{2}\omega - \frac{1}{2}\sqrt[3]{4}\omega^2 = -\frac{1}{2}\sqrt[3]{2} + \frac{1}{4}\sqrt[3]{4} + \left(\frac{1}{2}\sqrt[6]{108} + \frac{1}{4}\sqrt[6]{432}\right)i,$$

$$x_3 = \sqrt[3]{2}\omega^2 - \frac{1}{2}\sqrt[3]{4}\omega = -\frac{1}{2}\sqrt[3]{2} + \frac{1}{4}\sqrt[3]{4} - \left(\frac{1}{2}\sqrt[6]{108} + \frac{1}{2}\sqrt[6]{432}\right)i.$$

当然，对于三次方程，也可根据观察，采用因式分解等其他方法求解.

2. 四次方程的公式解法

这里介绍四次方程的公式解法——**费拉里解法**. 按这一方法, 要解一个一元四次方程, 只要解一个一元三次方程和两个一元二次方程就可以了. 具体解法如下:

一般的实系数四次方程

$$x^4 + ax^3 + bx^2 + cx + d = 0 \qquad \text{⑧}$$

经过配方,可化为

$$\left(x^2 + \frac{ax}{2}\right)^2 - \left[\left(\frac{a^2}{4} - b\right)x^2 - cx - d\right] = 0. \qquad \text{⑨}$$

在方程⑨左边的 $\left(x^2 + \frac{ax}{2}\right)^2$ 和方括号内同时加上一个含有参数 t 的多项式 $\left(x^2 + \frac{ax}{2}\right)t + \frac{t^2}{4}$, 把方程⑨变形为

$$\left(x^2 + \frac{ax}{2} + \frac{t}{2}\right)^2 - \left[\left(\frac{a^2}{4} - b + t\right)x^2 + \left(\frac{at}{2} - c\right)x + \left(\frac{t^2}{4} - d\right)\right] = 0. \qquad \text{⑩}$$

要使方程⑩方括号内的二次三项式成为一个完全平方式, 当且仅当

$$\left(\frac{at}{2} - c\right)^2 - 4\left(\frac{a^2}{4} - b + t\right)\left(\frac{t^2}{4} - d\right) = 0,$$

即

$$t^3 - bt^2 + (ac - 4d)t - a^2d + 4bd - c^2 = 0. \qquad \text{⑪}$$

设 t_0 是方程⑪的任意一个根, 则方程⑩可变形为

$$\left(x^2 + \frac{ax}{2} + \frac{t_0}{2}\right)^2 - \left(\sqrt{\frac{a^2}{4} - b + t_0} \cdot x + \sqrt{\frac{t_0^2}{4} - d}\right)^2 = 0.$$

由此可分解为以下两个二次方程:

$$x^2 + \left(\frac{a}{2} + \sqrt{\frac{a^2}{4} - b + t_0}\right)x + \left(\frac{t_0}{2} + \sqrt{\frac{t_0^2}{4} - d}\right) = 0, \qquad \text{⑫}$$

$$x^2 + \left(\frac{a}{2} - \sqrt{\frac{a^2}{4} - b + t_0}\right)x + \left(\frac{t_0}{2} - \sqrt{\frac{t_0^2}{4} - d}\right) = 0. \qquad \text{⑬}$$

解方程⑫,⑬, 就可得到方程⑧的根.

用四次方程的系数 a,b,c,d 表示的根的公式比较复杂, 并且没有什么实用价值, 这里就不罗列出来了.

例 13 解方程 $x^4 - 2x^3 - 5x^2 + 10x - 3 = 0$.

解 这里 $a=-2, b=-5, c=10, d=-3$. 利用费拉里解法，将原方程进行配方，可得 $(x^2-x)^2-(6x^2-10x+3)=0$. 引入参数 t，并配方，得

$$\left(x^2-x+\frac{t}{2}\right)^2-\left[(6+t)x^2-(10+t)x+\left(\frac{t^2}{4}+3\right)\right]=0. \quad ⑭$$

令 $(10+t)^2-4(6+t)\left(\frac{t^2}{4}+3\right)=0$，有

$$t^3+5t^2-8t-28=0. \quad ⑮$$

解方程⑮，可得 t 的一个根 $t=-2$. 代入⑭式，得

$$(x^2-x-1)^2-(2x-2)^2=0, \quad 即 \quad (x^2+x-3)(x^2-3x+1)=0.$$

于是原方程的解为 $x_{1,2}=\dfrac{-1\pm\sqrt{13}}{2}$，$x_{3,4}=\dfrac{3\pm\sqrt{5}}{2}$.

当然，对于四次方程，也可根据观察，采用因式分解、换元等其他方法求解.

三、五次以上高次方程的解法

有些五次以上的高次方程可采用因式分解、配方或换元等方法，将之转化为四次以下的方程求解. 但人们自然会思考这样一个问题：一般的五次以上的一元高次方程的解是否像四次以下一元方程的解那样，都是方程系数的根式形式？

数学家一直在努力探索五次及五次以上的一元方程的求解问题，直到伽罗瓦利用根的置换群的概念给出了方程可根式求解的判别准则，才彻底解决了这个问题，即五次及五次以上的一元方程没有一般的根式求根公式.

与高次方程求解问题相关的重要定理是高斯首先证明的代数基本定理：任意一元 n 次方程有 n 个复根.

第四节　方程组的解法

在高等代数里，对线性方程组的理论已经做了较详细的研究，并且讨论了二元高次方程组的一些解法. 解方程组的主要思路是消元与降次，采用的主要思想方法是化归与转化、函数思想、数形结合等. 具体的方法和策略有代入法、加减法、因式分解法、还原法或相乘相除法. 另外，解线性方程组还有矩阵方法.

例 1 解方程组

$$\begin{cases} ax+by+cz=0, & ① \\ x+y+z=0, & ② \\ bcx+cay+abz=(a-b)(b-c)(c-a). & ③ \end{cases}$$

解 由方程①可得

$$a\left(\frac{x}{z}\right)+b\left(\frac{y}{z}\right)+c=0. \qquad ④$$

由方程②可得

$$\frac{x}{z}+\frac{y}{z}+1=0. \qquad ⑤$$

由方程④与⑤解出 $\frac{x}{z}=\frac{b-c}{a-b}, \frac{y}{z}=\frac{c-a}{a-b}$,从而有

$$\frac{x}{b-c}=\frac{y}{c-a}=\frac{z}{a-b}=k.$$

将 $x=k(b-c), y=k(c-a), z=k(a-b)$ 代入方程③得

$$k[bc(b-c)+ca(c-a)+ab(a-b)]=(b-c)(c-a)(a-b).$$

由此解得 $k=-1$,于是原方程组的解为

$$\begin{cases} x=c-b, \\ y=a-c, \\ z=b-a. \end{cases}$$

例 2 解方程组

$$\begin{cases} y^2+xy+x^2=z, & ⑥ \\ x^2+zx+z^2=y, & ⑦ \\ z^3-y^3=x^2+2zx+zy. & ⑧ \end{cases}$$

解 ⑥－⑦得 $(y-z)(x+y+z+1)=0$.

(1) 当 $y=z$ 时,由方程⑧得 $x^2+2xz+z^2=0$,即 $(x+z)^2=0$. 由此得 $x=-z$. 将 $y=z$ 和 $x=-z$ 代入方程⑥,得 $z^2=z$,即 $z_1=0, z_2=1$. 所以可得原方程组的两个解

$$\begin{cases} x_1=0, \\ y_1=0, \\ z_1=0, \end{cases} \begin{cases} x_2=-1, \\ y_2=1, \\ z_2=1. \end{cases}$$

(2) 当 $x+y+z+1=0$ 时,$(y-x)\times⑥+(x-z)\times⑦$ 并代入⑧式,得

$$z(y-x)+y(x-z)+x^2+2xz+yz=0, \quad 即 \quad (x+y)(x+z)=0.$$

当 $x+y=0$ 时,$z=-1$,代入方程⑥,得 $x=\pm i$;当 $x+z=0$ 时,$y=-1$,代入方程⑦,得 $z=\pm i$. 因此又可得原方程组的四个解

$$\begin{cases} x_3=i, \\ y_3=-i, \\ z_3=-1, \end{cases} \begin{cases} x_4=-i, \\ y_4=i, \\ z_4=-1, \end{cases} \begin{cases} x_5=-i, \\ y_5=-1, \\ z_5=i, \end{cases} \begin{cases} x_6=i, \\ y_6=-1, \\ z_6=-i. \end{cases}$$

例 3 解方程组 $\begin{cases} (x^2+1)(y^2+1)=10, \\ (x+y)(xy-1)=3. \end{cases}$

解 设 $x+y=u, xy=v$,原方程可化为

$$\begin{cases} u^2 + v^2 - 2v = 9, & \text{⑨} \\ uv - u = 3. & \text{⑩} \end{cases}$$

由⑨＋⑩×2 及⑨－⑩×2 得同解方程组

$$\begin{cases} (u+v)^2 - 2(u+v) = 15, & \text{⑪} \\ (u-v)^2 + 2(u-v) = 3. & \text{⑫} \end{cases}$$

由方程⑪得 $u+v=5$ 或 $u+v=-3$；由方程⑫得 $u-v=-3$ 或 $u-v=1$. 因此，可把⑨，⑩组成的方程组化为四个方程组

$$\begin{cases} u+v=5, \\ u-v=-3, \end{cases} \begin{cases} u+v=5, \\ u-v=1, \end{cases} \begin{cases} u+v=-3, \\ u-v=-3, \end{cases} \begin{cases} u+v=-3, \\ u-v=1. \end{cases}$$

分别解之，可得

$$\begin{cases} u_1 = 1, \\ v_1 = 4, \end{cases} \begin{cases} u_2 = 3, \\ v_2 = 2, \end{cases} \begin{cases} u_3 = -3, \\ v_3 = 0, \end{cases} \begin{cases} u_4 = -1, \\ v_4 = -2. \end{cases}$$

于是可得四个方程组

$$\begin{cases} x+y=1, \\ xy=4, \end{cases} \begin{cases} x+y=3, \\ xy=2, \end{cases} \begin{cases} x+y=-3, \\ xy=0, \end{cases} \begin{cases} x+y=-1, \\ xy=-2. \end{cases}$$

因此解得原方程组的八组解

$$\begin{cases} x_1 = \dfrac{1+\sqrt{15}\mathrm{i}}{2}, \\ y_1 = \dfrac{1-\sqrt{15}\mathrm{i}}{2}, \end{cases} \begin{cases} x_2 = \dfrac{1-\sqrt{15}\mathrm{i}}{2}, \\ y_2 = \dfrac{1+\sqrt{15}\mathrm{i}}{2}; \end{cases} \begin{cases} x_3 = 2, \\ y_3 = 1, \end{cases} \begin{cases} x_4 = 1, \\ y_4 = 2; \end{cases}$$

$$\begin{cases} x_5 = -3, \\ y_5 = 0, \end{cases} \begin{cases} x_6 = 0, \\ y_6 = -3; \end{cases} \begin{cases} x_7 = 1, \\ y_7 = -2, \end{cases} \begin{cases} x_8 = -2, \\ y_8 = 1. \end{cases}$$

例 4 解方程组

$$\begin{cases} y + \dfrac{2\sqrt{x^2 - 12y + 1}}{3} = \dfrac{x^2 + 17}{12}, & \text{⑬} \\ \dfrac{x}{8y} + \dfrac{2}{3} = \sqrt{\dfrac{x}{3y} + \dfrac{1}{4}} - \dfrac{y}{2x}. & \text{⑭} \end{cases}$$

解 设 $\sqrt{x^2 - 12y + 1} = t$，方程⑬即为 $t^2 - 8t + 16 = 0$. 由此得 $t=4$，所以

$$x^2 - 12y - 15 = 0.$$

注意到 $y \neq 0$，将方程⑭乘以 $\dfrac{2x}{y}$，得

$$\left(\dfrac{x}{2y}\right)^2 - 2\left(\dfrac{x}{2y}\right)\sqrt{1+\dfrac{4x}{3y}} + \left(1+\dfrac{4x}{3y}\right) = 0,$$

即

$$\dfrac{x}{2y} - \sqrt{1+\dfrac{4x}{3y}} = 0. \qquad \text{⑮}$$

将方程⑮移项后两边平方,整理得 $3\left(\dfrac{x}{y}\right)^2 - 16\left(\dfrac{x}{y}\right) - 12 = 0$. 所以 $\dfrac{x}{y} = 6$ 或 $\dfrac{x}{y} = -\dfrac{2}{3}$. 显然 $\dfrac{x}{y} = -\dfrac{2}{3}$ 不适合方程⑮,由此可得方程组

$$\begin{cases} x^2 - 12y - 15 = 0, \\ \dfrac{x}{y} = 6, \end{cases} \quad \text{解得} \quad \begin{cases} x_1 = 5, \\ y_1 = \dfrac{5}{6}, \end{cases} \begin{cases} x_2 = -3, \\ y_2 = -\dfrac{1}{2}. \end{cases}$$

经检验,这些解都是原方程组的解.

例 5 解方程组

$$\begin{cases} 4^x + (\lg xy)^2 = 68, & \text{⑯} \\ 2^x + \lg y = 8 + \lg \dfrac{100}{x}. & \text{⑰} \end{cases}$$

解 由方程⑰得

$$2^x + \lg xy = 10. \qquad \text{⑱}$$

令 $2^x = u, \lg xy = v$,则方程⑯,⑱分别为

$$u^2 + v^2 = 68, \qquad \text{⑲}$$
$$u + v = 10. \qquad \text{⑳}$$

⑳^2 − ⑲,整理后得

$$uv = 16. \qquad \text{㉑}$$

由⑳,㉑两式可知,u, v 即为方程 $t^2 - 10t + 16 = 0$ 的两个根. 解此方程得 $t_1 = 2, t_2 = 8$. 所以 $u = 2, v = 8$ 或 $u = 8, v = 2$.

当 $2^x = 2, \lg xy = 8$ 时,有 $x = 1, y = 10^8$;当 $2^x = 8, \lg xy = 2$ 时,有 $x = 3, y = \dfrac{100}{3}$.

所以原方程组的解是

$$\begin{cases} x_1 = 1, \\ y_1 = 10^8, \end{cases} \begin{cases} x_2 = 3, \\ y_2 = \dfrac{100}{3}. \end{cases}$$

第五节 方程根的性质

上节考查了代数方程(组)的求解问题,并给出了三次方程和四次方程的解法. 需要指出的是,求根公式解方程的方法对一般方程来说是远远不够的,除了二次方程以外,即使能用求根公式解,也由于方法的复杂性而具有较少的使用价值. 因此,数学家对代数方程理论的研究着手在以下三个方面进行工作:

(1) 关于根的存在性;

第五节 方程根的性质

(2) 不解方程而是根据系数来判断方程的根的性质；

(3) 关于方程的根的近似计算问题.

关于根的存在性可由代数基本定理解决，所以我们下面讨论后面两个问题.

一、韦达定理

我们如果知道二次方程 $ax^2+bx+c=0(a\neq 0, b^2-4ac\geq 0)$ 的两个根

$$x_1 = \frac{-b+\sqrt{b^2-4ac}}{2a}, \quad x_2 = \frac{-b-\sqrt{b^2-4ac}}{2a},$$

就可以将 $ax^2+bx+c=0$ 变形为

$$a\left(x-\frac{-b+\sqrt{b^2-4ac}}{2a}\right)\left(x-\frac{-b-\sqrt{b^2-4ac}}{2a}\right)=0,$$

即 $a(x-x_1)(x-x_2)=0$，变形为

$$ax^2 - a(x_1+x_2)x + ax_1x_2 = 0.$$

由此可以得出**韦达定理**：

对于二次方程 $ax^2+bx+c=0(a\neq 0, b^2-4ac\geq 0)$，有 $x_1+x_2=-\dfrac{b}{a}$，$x_1x_2=\dfrac{c}{a}$.

事实上，由代数基本定理，一个给定的 n 次多项式

$$f(x) = x^n + a_1x^{n-1} + a_2x^{n-2} + \cdots + a_{n-1}x + a_n$$

在复数范围内可以分解为一次因式的乘积形式

$$f(x) = (x-x_1)(x-x_2)\cdots(x-x_n).$$

把它展开并比较各项系数，就得到了 n 次方程 $f(x)=0$ 的根与系数的关系：

$$a_1 = -(x_1+x_2+\cdots+x_n),$$

$$a_2 = x_1x_2 + x_1x_3 + \cdots + x_1x_n + x_2x_3 + \cdots + x_nx_{n-1} = \sum_{i<j} x_ix_j,$$

$$a_3 = -\sum_{i<j<k} x_ix_jx_k,$$

$\cdots\cdots\cdots\cdots$

$$a_n = (-1)^n x_1 x_2 \cdots x_n.$$

例 1 已知一个一元整系数四次方程有四个不同实根 $6\pm\sqrt{2}$ 和 $-6\pm\sqrt{2}$，求这个四次方程.

解 设这个四次方程的根分别为 x_1, x_2, x_3, x_4，于是

$$x_1+x_2=12, \quad x_1x_2=34; \quad x_3+x_4=-12, \quad x_3x_4=34.$$

根据韦达定理知这个四次方程是由两个二次方程构成的，即

$$(x^2-12x+34)(x^2+12x+34)=0, \quad \text{整理得} \quad x^4-76x^2+1156=0.$$

例 2 已知在 Oxy 平面上三直线

$$l_1: x\cos 3\alpha + y\cos\alpha = a, \quad l_2: x\cos 3\beta + y\cos\beta = a, \quad l_3: x\cos 3\gamma + y\cos\gamma = a$$

第三章 方程

相交于一点(交点不在坐标轴上),求证:$\cos\alpha+\cos\beta+\cos\gamma=0$.

证明 可将 3 倍角化为单角,并设 l_1, l_2, l_3 均过点 $P_0(x_0, y_0)$ $(x_0\neq 0, y_0\neq 0)$,得到
$$x_0(4\cos^3\alpha - 3\cos\alpha) + y_0\cos\alpha = a, \quad x_0(4\cos^3\beta - 3\cos\beta) + y_0\cos\beta = a,$$
$$x_0(4\cos^3\gamma - 3\cos\gamma) + y_0\cos\gamma = a.$$

显然,上述三个方程的结构完全相同,只是角度 α, β, γ 不同,联想方程解的定义,可把 $\cos\alpha, \cos\beta, \cos\gamma$ 理解为关于 t 的三次方程 $x_0(4t^3 - 3t) + y_0 t = a$ 的三个根. 此方程经过整理可变形为
$$4x_0 t^3 - (3x_0 - y_0)t - a = 0 \quad (x_0 \neq 0, y_0 \neq 0).$$
由代数方程根与系数的关系得证.

例 3 解方程组
$$\begin{cases} x+y+z=1, & \text{①} \\ x^2+y^2+z^2=1/3, & \text{②} \\ x^3+y^3+z^3=1/9. & \text{③} \end{cases}$$

解 方程①表示某方程三根之和,由方程①,②不难得到这三个根两两之积的和为
$$xy + yz + xz = 1/3,$$
再由方程③又可得三根之积 $xyz=1/27$,所以由韦达定理可构造一个一元三次方程
$$t^3 - t^2 + \frac{1}{3}t - \frac{1}{27} = 0,$$
而 x, y, z 恰好是其三个根,故得 $x=y=z=1/3$.

二、方程的变换

解一元高次方程除了使用降次这一基本方法外,有时还需要把方程作适当的变换,使它变为便于求解的形式. 常用的变换有以下三种:

(1) 使变换后的方程的各个根是原方程的各个根的 k 倍.

定理 1 方程 $f\left(\dfrac{y}{k}\right)=0$ 的各个根分别等于方程 $f(x)=0$ 的各个根的 k 倍.

证明 设 $a_i (i=1,2,\cdots,n)$ 是 n 次方程 $f(x)=0$ 的根. 因为 $f(a_i)=0$,所以
$$f\left(\frac{ka_i}{k}\right) = f(a_i) = 0 \quad (i=1,2,\cdots,n).$$
因此,$ka_i (i=1,2,\cdots,n)$ 是 n 次方程 $f\left(\dfrac{y}{k}\right)=0$ 的根. 因为 $f\left(\dfrac{y}{k}\right)=0$ 只有 n 个根,所以 $f\left(\dfrac{y}{k}\right)=0$ 的各个根分别是 $f(x)=0$ 的各个根的 k 倍.

推论 1 n 次方程 $a_0 x^n + a_1 k x^{n-1} + a_2 k^2 x^{n-2} + \cdots + a_n k^n = 0$ 的各个根分别是 n 次方程 $a_0 x^n + a_1 x^{n-1} + a_2 x^{n-2} + \cdots + a_n = 0$ 的各个根的 k 倍.

例如，把 $f_1(x)=x^6-6x^5+16x^3+32x-16=0$ 表示成
$$x^6-3\cdot 2x^5+2\cdot 2^3 x^3+2^5 x-\frac{1}{4}\cdot 2^6=0,$$
那么 $f_1(x)=0$ 的各个根分别是 $x^6-3x^5+2x^3+x-\frac{1}{4}=0$ 的各个根的 2 倍。反过来说，把方程 $x^6-3x^5+2x^3+x-\frac{1}{4}=0$ 的各个根乘以 2，对应的方程便是
$$x^6-3\cdot 2x^5+2\cdot 2^3 x^3+2^5 x-\frac{1}{4}\cdot 2^6=0, \quad 即 \quad x^6-6x^5+16x^3+32x-16=0.$$
因此，推论 1 也可叙述为：把 n 次方程 $a_0 x^n+a_1 x^{n-1}+a_2 x^{n-2}+\cdots+a_n=0$ 的各个根乘以 k，对应的方程是 $a_0 x^n+a_1 k x^{n-1}+a_2 k^2 x^{n-2}+\cdots+a_n k^n=0$。

推论 2 把 n 次方程 $a_0 x^n+a_1 x^{n-1}+a_2 x^{n-2}+\cdots+a_n=0$ 的各个根变号，对应的方程是
$$a_0 x^n-a_1 x^{n-1}+a_2 x^{n-2}-\cdots+(-1)^n a_n=0.$$

例 4 已知方程 $x^4+x^3+x^2-4x-20=0$ 的四个根中，有两个根的绝对值相等，符号相反，解这个方程。

解 设 $f(x)=x^4+x^3+x^2-4x-20=0$ 的四个根为 $\alpha,-\alpha,\beta,\gamma$。将 $f(x)=0$ 的各个根变号后对应的方程是 $f(-x)=x^4-x^3+x^2+4x-20=0$，即这个方程的根是 $-\alpha,\alpha,-\beta,-\gamma$。可见，$f(x)=0$ 与 $f(-x)=0$ 有公共根 $\pm\alpha$。

用辗转相除法求得 $f(x)$ 和 $f(-x)$ 的最大公因式是 x^2-4。因为
$$f(x)\div(x^2-4)=x^2+x+5,$$
所以原方程为 $(x^2-4)(x^2+x+5)=0$，它的根是 $2,-2,\dfrac{-1+\sqrt{19}i}{2},\dfrac{-1-\sqrt{19}i}{2}$。

(2) 使变换后的方程的各个根是原方程的各个根减去 k。

定理 2 方程 $f(y+k)=0$ 的各个根分别等于方程 $f(x)=0$ 各个根减去 k。

证明 设 $a_i(i=1,2,\cdots,n)$ 是 n 次方程 $f(x)=0$ 的根。因为 $f(a_i)=0$，所以
$$f[(a_i-k)+k]=0 \quad (i=1,2,\cdots,n).$$
因此，$a_i-k\ (i=1,2,\cdots,n)$ 是 n 次方程 $f(y+k)=0$ 的根。因为 $f(y+k)=0$ 只有 n 个根，所以 $f(y+k)=0$ 的各个根分别等于方程 $f(x)=0$ 各个根减去 k。

(3) 使变换后的方程的各个根是原方程的各个根的倒数。

定理 3 如果方程 $f(x)=0$ 没有等于零的根，那么方程 $f\left(\dfrac{1}{y}\right)=0$ 的各个根等于方程 $f(x)=0$ 的各个根的倒数。

证明 设 $a_i(i=1,2,\cdots,n)$ 是 n 次方程 $f(x)=0$ 的根，并且 $a_i\neq 0$。因为 $f(a_i)=0$，所以
$$f\left(\frac{1}{1/a_i}\right)=f(a_i)=0 \quad (i=1,2,\cdots,n).$$

因此，$\frac{1}{a_i}(i=1,2,\cdots,n)$是$f\left(\frac{1}{y}\right)=0$的根．因为$n$次方程只有$n$个根，所以$f\left(\frac{1}{y}\right)=0$的各个根等于$f(x)=0$的各个根的倒数．

推论 如果n次方程$g(x)=0$的各个根分别是n次方程
$$f(x) = a_0 x^n + a_1 x^{n-1} + a_2 x^{n-2} + \cdots + a_n = 0$$
的各个根的倒数，那么
$$g(x) = a_n x^n + a_{n-1} x^{n-1} + \cdots + a_1 x + a_0.$$

例5 已知方程$14x^3-13x^2-18x+9=0$的三个根的倒数成等差数列，解这个方程．

解 根据定理3的推论可知方程$f(x)=9x^3-18x^2-13x+14=0$的三个根成等差数列．设这三个根是$a-b,a,a+b$，于是$3a=2,a=2/3$．因此，$f(x)=0$的一个根是$2/3$．

因为$f(x)\div(3x-2)=3x^2-4x-7=(x+1)(3x-7)$，所以$f(x)=0$的另外两个根是$-1$和$7/3$．由此可知，原方程的根是$3/2$，$-1$和$3/7$．

三、关于方程根的近似计算

方程实根的近似计算在应用中具有重要的意义，计算机的广泛应用使得方程实根的近似计算更加重要．对于方程的根的近似计算，连续函数的零点存在定理具有基础的地位．我们先给出这一定理．

定理4(零点存在定理) 若$f(x)$在区间$[a,b]$上连续，且$f(a)<0,f(b)>0$，则在区间(a,b)上至少存在一点c，使得$f(c)=0$．

设$f(x)=a_n x^n+a_{n-1}x^{n-1}+\cdots+a_1 x+a_0$．显然，$f(x)$是实数集上的连续函数．因此，我们可利用上述定理来讨论方程$f(x)=0$在某区间上的根的存在性．

例6 证明方程$x^3-5x^2+16x-80=0$在区间$[2,6]$内必有一个实根．

解 把方程的左边看成是一个函数$f(x)=x^3-5x^2+16x-80$，它在区间$[2,6]$上连续，且$f(2)=-60,f(6)=52$．据零点存在定理知，在$(2,6)$内必有一点c，使得$f(c)=0$，即c为方程$x^3-5x^2+16x-80=0$的一个实根．

如果知道方程存在根，怎样寻找和计算方程的根呢？下面介绍一个计算方程近似根的常用方法．

对于区间$[a,b]$上的连续函数$f(x)$，如果$f(a)$与$f(b)$异号，那么$f(x)$在$[a,b]$上一定有根．为叙述方便，假定$f(a)<0,f(b)>0$，且$f(x)$在$[a,b]$上只有一个根α．我们用**二分法**来确定α的近似值：取$x_1=\frac{a+b}{2}$．如果$f(x_1)=0$，那么x_1就是$f(x)$的根．如果$f(x_1)\neq 0$，那么$f(x_1)$必和$f(a)$与$f(b)$中之一异号．不妨设$f(x_1)$与$f(b)$异号．再在区间(x_1,b)内取$x_2=\frac{x_1+b}{2}$．如果$f(x_2)=0$，那么x_2就是$f(x)$的根．如果$f(x_2)\neq 0$，那么$f(x_2)$必和$f(x_1)$

与 $f(b)$ 之一异号. 不妨设 $f(x_2)$ 和 $f(x_1)$ 异号. 在区间 (x_1,x_2) 内取 $x_3=\dfrac{x_1+x_2}{2}$. 如此继续下去,就可得到任意指定的精确度的 α 的近似值.

例 7 已知方程 $f(x)=2x^3+6x-5=0$ 在 $[0,1]$ 内有一个实根 α,求它的一个精确到 0.01 的近似值.

解 容易算出 $f(0)=-5<0, f(1)=3>0$.

取 $x_1=0.5$. 由于 $f(0.5)<0$,所以 α 落在 $(0.5,1)$ 内.

取 $x_2=\dfrac{0.5+1}{2}=0.75$. 由于 $f(0.75)>0$,所以 α 落在 $(0.5,0.75)$ 内.

取 $x_3=\dfrac{0.5+0.75}{2}=0.625$,而 $f(0.625)<0$,于是 α 落在取 $(0.625,0.75)$ 内.

取 $x_4=\dfrac{0.625+0.75}{2}\approx 0.688$,而 $f(0.688)<0$,所以 α 落在 $(0.688,0.75)$ 内.

取 $x_5=\dfrac{0.688+0.75}{2}=0.719$,而 $f(0.719)>0$,所以 α 落在 $(0.688,0.719)$ 内.

取 $x_6=\dfrac{0.688+0.719}{2}=0.704$,而 $f(0.704)<0$,所以 α 落在 $(0.704,0.719)$ 内.

我们的目的是取精确到 0.01 的近似值. 从上面的计算知,可取 $\alpha\approx 0.70$ 或 $\alpha\approx 0.71$.

四、根的性质的综合运用

在中学尤其是高中,往往不是单纯的只解方程(组),而是综合其他知识点,比如函数的性质、立体几何中的位置关系和解析几何中直线与曲线的关系等,要求学生有综合运用方程(组)同解理论及解方程的思想方法来解决问题的意识和能力. 下面的例子是近几年全国高考数学试题,从题目和解题分析中,我们可以看出综合运用方程(组)理论解决问题的途径、思路、策略,以及各部分知识点有机交汇的精妙性.

例 8 已知函数 $f(x)=x^3-x$.

(1) 求曲线 $y=f(x)$ 在点 $M(t,f(t))$ 处的切线方程;

(2) 设 $a>0$,如果过点 (a,b) 可作曲线 $y=f(x)$ 的三条切线,证明:
$$-a<b<f(a).$$

分析 对于(1),可以容易求得曲线 $y=f(x)$ 在点 $M(t,f(t))$ 处的切线方程为
$$y-f(t)=f'(t)(x-t), \quad 即 \quad y=(3t^2-1)x-2t^3.$$

第(2)问是证明题,首先要审题,明确条件与结论. 这里条件是研究过一个点作切线问题,结论是有关切点坐标要满足的条件. 接着,从条件出发,求出过点 (a,b) 的切线方程. 因为过点 (a,b) 可作曲线 $y=f(x)$ 的三条切线,故点 (a,b) 就不在曲线上. 设所作切线的切点坐标是 $M(t,f(t))$,由(1)得切线方程 $y=(3t^2-1)x-2t^3$. 由于切线过点 (a,b),则 $b=(3t^2-1)a-2t^3$. 思考"过点 (a,b) 可作曲线 $y=f(x)$ 的三条切线"需要什么条件,其实它等价

于"关于 t 的方程 $2t^3-3at^2+a+b=0$ 有三个相异的实数根".

关于方程根的个数问题,我们可以利用数形结合思想,把方程的解转化为函数零点来研究. 设

$$g(t)=2t^3-3at^2+a+b, \quad \text{则} \quad g'(t)=6t^2-6at=6t(t-a).$$

当 t 变化时,$g(t)$,$g'(t)$ 的变化情况如下表:

t	$(-\infty,0)$	0	$(0,a)$	a	$(a,+\infty)$
$g'(t)$	$+$	0	$-$	0	$+$
$g(t)$	↗	极大值 $a+b$	↘	极小值 $b-f(a)$	↗

由 $g(t)$ 的单调性,我们可以大致作出 $g(t)$ 的图像. 结合图像,可以发现:

当极大值 $a+b<0$ 或极小值 $b-f(a)>0$ 时,方程 $g(t)=0$ 最多有一个实数根;

当 $a+b=0$ 时,解方程 $g(t)=0$ 得 $t=0, t=\dfrac{3a}{2}$,即方程 $g(t)=0$ 只有两个相异的实数根;

当 $b-f(a)=0$ 时,解方程 $g(t)=0$ 得 $t=-\dfrac{a}{2}, t=a$,即方程 $g(t)=0$ 只有两个相异的实数根.

综上,如果过点 (a,b) 可作曲线 $y=f(x)$ 三条切线,即 $g(t)=0$ 有三个相异的实数根,则

$$\begin{cases} a+b>0, \\ b-f(a)<0, \end{cases} \quad \text{即} \quad -a<b<f(a).$$

本例是一道综合性很强的试题. 从考查的知识内容来看,是在方程与函数、导数、不等式等知识网络的交汇点处设计的试题,涉及函数单调性、极值、函数图像、导数的几何意义、方程的解、函数零点等基本知识. 从考查的思想方法上看,要用到分类与整合思想、化归与转化思想,数形结合思想、函数与方程思想,具有较强的综合性;在从已知出发向着目标逐步分析、转化的过程中,可以比较充分地考查演绎推理能力.

例 9 已知 a 是实数,函数 $f(x)=2ax^2+2x-3-a$. 如果函数 $y=f(x)$ 在区间 $[-1,1]$ 上有零点,求 a 的取值范围.

解 (1) 若 $a=0$,则 $f(x)=2x-3$. 令 $f(x)=0$,得 $x=3/2\notin[-1,1]$,不符题意,故 $a\neq 0$.

(2) 若 $a>0$,则 $f(x)=2ax^2+2x-3-a$. 可计算出对称轴 $x=-\dfrac{2}{2\times 2a}=-\dfrac{1}{2a}<0$,最小值为

$$f(x)_{\min}=\dfrac{4\times 2a(-3-a)-4}{4\times 2a}=-\dfrac{2a^2+6a+1}{2a}<0.$$

又 $f(0)=-3-a<0$, $f(1)=a-1$, $f(-1)=a-5$, $f(1)>f(-1)$.

由以上的值综合图像可知,若要 $f(x)=2ax^2+2x-3-a$ 在 $[-1,1]$ 内有零点,只需 $f(1)\geqslant 0$,即 $a\geqslant 1$.

(3) 若 $a<0$,则 $f(x)=2ax^2+2x-3-a$. 可计算出对称轴 $x=-\dfrac{2}{2\times 2a}=-\dfrac{1}{2a}>0$. 又

第五节 方程根的性质

$$f(0)=-3-a, \quad f(1)=a-1<0, \quad f(-1)=a-5<0, \quad f(1)<f(-1).$$

若要 $f(x)$ 有零点,需满足 $f\left(-\dfrac{1}{2a}\right)\geqslant 0$.

(i) 当 $f\left(-\dfrac{1}{2a}\right)=0$ 时,得 $a_1=\dfrac{-3-\sqrt{7}}{2}, a_2=\dfrac{-3+\sqrt{7}}{2}$. 经验证,当 $a=\dfrac{-3-\sqrt{7}}{2}$ 时,$f(x)$ 在 $[-1,1]$ 内有零点.

(ii) $f\left(-\dfrac{1}{2a}\right)>0$ 即 $a<\dfrac{-3-\sqrt{7}}{2}$ 或 $\dfrac{-3+\sqrt{7}}{2}<a<0$.

若要 $f(x)$ 在 $[-1,1]$ 内有零点,只需 $-\dfrac{1}{2a}<1$,即 $a<-\dfrac{1}{2}$.

综合 (i),(ii),当 $a<0$ 时,若 $f(x)$ 在 $[-1,1]$ 内有零点,有 $a\leqslant\dfrac{-3-\sqrt{7}}{2}$.

综上所述,实数 a 的取值范围为 $\left(-\infty,\dfrac{-3-\sqrt{7}}{2}\right]\cup[1,+\infty)$.

本例函数的表达式中 x^2 的系数为不定实数,当 $a=0$ 时为一次函数,当 $a\neq 0$ 时为二次函数(对应的为二次方程根的个数问题). 根据相应的函数表达式进行分类讨论,将分析结果整合起来,体现了分类和整合的思想.

例 10 设函数 $f(x)=\ln(x+a)+x^2$.

(1) 若当 $x=-1$ 时,$f(x)$ 取得极值,求 a 的值,并讨论 $f(x)$ 的单调性;

(2) 若 $f(x)$ 存在极值,求 a 的取值范围,并证明所有极值之和大于 $\ln\dfrac{e}{2}$.

解 (1) 对函数求导数得 $f'(x)=\dfrac{1}{x+a}+2x$. 依题意有 $f'(-1)=0$,故 $a=\dfrac{3}{2}$,从而

$$f'(x)=\dfrac{2x^2+3x+1}{x+3/2}=\dfrac{(2x+1)(x+1)}{x+3/2}.$$

$f(x)$ 的定义域为 $\left(-\dfrac{3}{2},+\infty\right)$,当 $-\dfrac{3}{2}<x<-1$ 时,$f'(x)>0$;当 $-1<x<-\dfrac{1}{2}$ 时,$f'(x)<0$;当 $x>-\dfrac{1}{2}$ 时,$f'(x)>0$. 因此 $f(x)$ 分别在区间 $\left(-\dfrac{3}{2},-1\right),\left(-\dfrac{1}{2},+\infty\right)$ 上单调递增,在区间 $\left(-1,-\dfrac{1}{2}\right)$ 上单调递减.

(2) $f(x)$ 的定义域为 $(-a,+\infty)$,$f'(x)=\dfrac{2x^2+2ax+1}{x+a}$.

方程 $2x^2+2ax+1=0$ 的判别式 $\Delta=4a^2-8$.

(i) 若 $\Delta<0$,即 $-\sqrt{2}<a<\sqrt{2}$,则在 $f(x)$ 的定义域内 $f'(x)>0$,故 $f(x)$ 无极值.

(ii) 若 $\Delta=0$,则 $a=\sqrt{2}$ 或 $a=-\sqrt{2}$.

若 $a=\sqrt{2}$,则 $x\in(-\sqrt{2},+\infty)$,$f'(x)=\dfrac{(\sqrt{2}x+1)^2}{x+\sqrt{2}}$.

当 $x=-\dfrac{\sqrt{2}}{2}$ 时,$f'(x)=0$. 当 $x\in\left(-\sqrt{2},-\dfrac{\sqrt{2}}{2}\right)\cup\left(-\dfrac{\sqrt{2}}{2},+\infty\right)$ 时,$f'(x)>0$,所以 $f(x)$

无极值.

若 $a=-\sqrt{2}$,则 $x\in(\sqrt{2},+\infty)$,$f'(x)=\dfrac{(\sqrt{2}x-1)^2}{x-\sqrt{2}}>0$,从而 $f(x)$ 也无极值.

(iii) 若 $\Delta>0$,即 $a>\sqrt{2}$ 或 $a<-\sqrt{2}$,则 $2x^2+2ax+1=0$ 有两个不同的实根
$$x_1=\dfrac{-a-\sqrt{a^2-2}}{2},\quad x_2=\dfrac{-a+\sqrt{a^2-2}}{2}.$$

当 $a<-\sqrt{2}$ 时,$x_1<-a$,$x_2<-a$,从而 $f'(x)$ 在 $f(x)$ 的定义域内没有零点,故 $f(x)$ 无极值.

当 $a>\sqrt{2}$ 时,$x_1>-a$,$x_2>-a$,从而 $f'(x)$ 在 $f(x)$ 的定义域内有两个不同的零点. 由极值判别方法知,$f(x)$ 在 $x=x_1$,$x=x_2$ 取得极值.

综上所述,$f(x)$ 存在极值时,a 的取值范围为 $(\sqrt{2},+\infty)$. $f(x)$ 的极值之和为
$$f(x_1)+f(x_2)=\ln(x_1+a)+x_1^2+\ln(x_2+a)+x_2^2$$
$$=\ln\dfrac{1}{2}+a^2-1>1-\ln 2=\ln\dfrac{e}{2}.$$

本例主要考查导数、方程根判别式和函数极值等基本知识,以及分类和整合的思想.

第六节 不定方程

这一节主要涉及一次不定方程、二次不定方程和高次不定方程. 不定方程的问题古老而常青,是数学研究的热门问题. **不定方程**是这样一类方程,其中未知数的个数多于方程的个数,并且未知数还要受到某种限制,例如限制未知数为整数、有理数等. 不定方程的讨论非常复杂,我们重点讨论二元一次不定方程,然后简单介绍一下二次不定方程和高次不定方程. 不定方程起源很早,大约在公元 3 世纪就有丢番图方程的研究. 我国《周髀算经》中的商高定理"勾三股四弦五"就属于此类问题.

对于不定方程,结合数学课程标准理念和教学目标的要求,我们主要解决如下问题:

(1) 解的存在问题. 借助分析、代数或其他工具去找解. 如果解不存在,则需给出证明. 这里顺便指出,不存在性证明比较复杂,如五次以上的一元代数方程的求解问题、几何作图三大难题无解的证明、本章所提及的费马大定理等等.

如果解存在,问题就转化为:

(2) 解的个数问题;

(3) 确定所有解的问题.

倘若能够找出解的所有解当然是最理想的,但这是很罕见的情况. 所以,有时还需讨论下面的问题.

(4) 解的界的估计.

第六节 不定方程

一、二元一次不定方程

公元5世纪,我国古代数学家张丘建在他的《算经》中通过百钱百鸡问题提出并解答了一个二元一次不定方程的问题. 张丘建的世界著名百钱百鸡问题是:"鸡翁一,值钱五,鸡母一,值钱三,鸡雏三,值钱一. 百钱买百鸡. 问:鸡翁母雏各几何?"

设用 x,y,z 分别代表鸡翁、鸡母、鸡雏的数目,就得到下面的方程:

$$5x+3y+\frac{1}{3}z=100, \quad x+y+z=100.$$

消去 z,再化简,得到 $7x+4y=100$. 我们要解决的问题就是要求出上述方程的非负整数解.

但是上述方程不过是二元一次不定方程的一个具体例子. 二元一次不定方程的一般形式是 $ax+by=c$,其中 a,b,c 是整数,且 $a\neq 0, b\neq 0$. 下面我们研究它的解法.

1. 通解公式

二元一次不定方程的任何一个具体的解都叫做它的一个**特解**. 先假定二元一次不定方程有一个特解,我们来说明如何借助这一特解将它的解全部表示出来.

定理 1 设二元一次不定方程

$$ax+by=c \quad (\text{其中 }a,b,c\text{ 是整数且 }a\neq 0, b\neq 0) \qquad ①$$

有一组整数解 $x=x_0, y=y_0$,又设 $(a,b)=d, a=a_1 d, b=b_1 d$,则方程①的一切整数解可以表示成

$$x=x_0-b_1 t, \quad y=y_0+a_1 t \quad (\text{其中 } t=0,\pm 1,\pm 2,\cdots). \qquad ②$$

证明 (1) 证明②式是方程①的解. 由于 $x=x_0, y=y_0$ 是方程①的解,从而有 $ax_0+by_0=c$. 由此得

$$a(x_0-b_1 t)+b(y_0+a_1 t)=c+(ba_1-ab_1)t=c+(b_1 d a_1-a_1 d b_1)t=c.$$

这表明②式是方程①的解.

(2) 证明方程①的任意解都具有②的形式. 设 x', y' 是方程①的任一解,则 $ax'+by'=c$. 此式与 $ax_0+by_0=c$ 相减,即得

$$a(x'-x_0)+b(y'-y_0)=0 \Rightarrow a_1 d(x'-x_0)+b_1 d(y'-y_0)=0.$$

消去 d,并移项,得到

$$a_1(x'-x_0)=-b_1(y'-y_0).$$

因为 $(a_1,b_1)=1$,所以 $a_1 | (y'-y_0)$,从而

$$y'-y_0=a_1 t \Rightarrow y'=y_0+a_1 t.$$

将 $y'-y_0$ 代入上式即得 $a_1(x'-x_0)=-b_1 a_1 t \Rightarrow x'-x_0=-b_1 t$,所以 $x'=x_0-b_1 t$. 因此 x', y' 可表示成②的形式.

综合(1),(2)知,②式表示方程①的一切整数解.

我们通常把②式称为方程①的**通解**.

例 1 求不定方程 $10x-7y=17$ 的整数解.

解 由观察知 $x=1, y=-1$ 是一个特解,因此通解为
$$x=1+7t, \quad y=-1+10t \quad (t=0,\pm 1,\pm 2,\cdots).$$

2. 整数的模

为了给出二元一次不定方程可解的充分必要条件,我们需要整数的模的概念.当然,证明二元一次不定方程可解的充分必要条件还有别的方法,但这种方法较为简洁.

定义 1 一个整数集合构成一个**模**,如果它对加、减运算是封闭的.

比如全体整数集构成一个模,因为任何两个整数的和与差仍是整数.但自然数集不构成一个模,因为两个自然数的差可能不再是自然数,如 $5-7=-2$,而 -2 不是自然数.

只含有 0 的模称为**零模**.

例 2 任意自然数的倍数构成一个模,如 $\{3k|k=0,\pm 1,\pm 2,\cdots\}$ 构成一个模.

定理 2 (1) 任何模中必含有 0;

(2) 若 a,b 在模中,则 $ma+nb$ 也在模中,其中 m,n 为任意整数.

证明 (1) 在模中任取一个数 a,由模的定义,$a-a=0$ 在模中.

(2) 若 a 在模中,则 $2a=a+a$ 在模中,$3a=2a+a$ 在模中,$\cdots$,$a-2a=-a$ 在模中,$a-3a=-2a$ 在模中,$\cdots$,从而对任意 m 整数,ma 在模中.同样对任意整数 n,nb 也在模中,进而 $ma+nb$ 在模中.

定理 3 对任意两个整数 a 和 b,所有形如 $am+bn$(m,n 为整数)的全体整数构成一个模.(证明略)

定理 4 任何一个非零模都是某正整数的倍数所组成的集合.

证明 任取一非零模,这个模中一定有一个最小的正整数,设最小正整数为 d.我们来证明该模中的任意其他数都是 d 的倍数.

用反证法.如若不然,则此模中一定存在一个整数 n,它不是 d 的倍数.这时必然有整数 q 和 r,使得 $n=dq+r(1\leqslant r<d)$.由模的定义,$r=n-dq$ 在这个模中,而 $r<d$,这与 d 的最小性相矛盾.这就证明了,模中的任何数都是 d 的倍数.此外,由模的定义知,d 的倍数也在该模中,所以这个模是由 d 的整数倍组成的集合.

定理 4 把模的结构搞清楚了:它是某个整数的倍数的集合,且这个整数一定是模中最小的正整数.

有了这些准备之后,现在我们给出两个正整数的最大公因数的另一定义,并证明它与通常的定义是一样的.

定义 2 设 a,b 是两个正整数.取一切形如 $am+bn$ ($m,n\in \mathbf{Z}$) 的整数所构成的模,模中的最小正整数 d 称为 a 与 b 的**最大公因数**,记为 (a,b).

定理 5 (a,b) 具有如下性质:

(1) 存在整数 x,y,使得 $(a,b)=ax+by$;

(2) 对任意两个整数 x,y，必有 $(a,b)|ax+by$；

(3) 如果整数 e 满足 $e|a, e|b$，则 $e|(a,b)$.

证明 (1) (a,b) 在由 $am+bn$ 所组成的模中，所以一定存在整数 x,y，使得
$$(a,b) = ax + by.$$

(2) 由定理 4，模中的数都是 (a,b) 的倍数.

(3) 由(1)，存在整数 x,y，使得 $(a,b)=ax+by$. 由此式可知，若 $e|a, e|b$，则 $e|(a,b)$.

我们可把定理 5 中的(1)叫做**表示定理**，即 a 与 b 的最大公因数 (a,b) 可通过 a 与 b 表示出来．(3)指出 (a,b) 就是通常的最大公因数.

3. 二元一次不定方程可解的充要条件

定理 6 二元一次方程 $ax+by=c$ 有整数解的充分必要条件是 $(a,b)|c$.

证明 **必要性** 设方程 $ax+by=c$ 有整数解，为 x_0, y_0，则 $ax_0+by_0=c$. 因 $(a,b)|a$，$(a,b)|b$，从而 $(a,b)|c$，故条件的必要性得证.

充分性 若 $(a,b)|c$，则 $c=c_1(a,b)$，其中 c_1 是整数. 由定理 5(1)，存在两个整数 s,t，满足
$$as + bt = (a,b) \Rightarrow asc_1 + btc_1 = (a,b)c_1 = c.$$
令 $x_0=sc_1, y_0=tc_1$，即得 $ax_0+by_0=c$. 所以方程 $ax+by=c$ 有整数解 x_0, y_0.

例 3 判定下列二元一次方程是否有整数解：

(1) $10x-7y=3$；　　　(2) $117x+21y=38$；

(3) $18x+24y=9$；　　　(4) $107x+37y=25$.

解 (1) 有整数解，因为 $(10,7)=1$，而 $1|3$.

(2) 无整数解，因为 $(117,21)=3$，而 3 不整除 38.

(3) 无整数解，因为 $(18,24)=6$，而 6 不整除 9.

(4) 有整数解，因为 $(107,37)=1$，而 $1|25$.

4. 求二元一次不定方程的解

求解二元一次不定方程 $ax+by=c$ 的过程一般分为三步：

(1) 判断方程是否有解. 先求出最大公因数 (a,b)，并判断是否有 $(a,b)|c$. 若 (a,b) 不整除 c，则方程无解；若 $(a,b)|c$，则方程有解.

(2) 若方程有解，设法求出一组特解，然后利用公式②求出通解.

(3) 如果特解不易用观察法求，则用辗转相除法求解.

例 4 求不定方程 $107x+37y=25$ 的整数解.

解 前面已判断出该方程有解，下面用辗转相除法去求它的解. 由原方程得
$$37y = 25 - 107x \Rightarrow y = \frac{25-107x}{37} = -2x + \frac{25-33x}{37}.$$

令 $y_1 = \dfrac{25-33x}{37}$，则 y_1 应是一个整数，于是得到一个新的不定方程 $37y_1 + 33x = 25$. 由此得

$$33x = 25 - 37y_1 \Rightarrow x = \dfrac{25-37y_1}{33} = -y_1 + \dfrac{25-4y_1}{33}. \qquad ③$$

仿照上面，令 $x_1 = \dfrac{25-4y_1}{33}$，又得到一个新的不定方程：$33x_1 + 4y_1 = 25$. 再由此得

$$4y_1 = 25 - 33x_1 \Rightarrow y_1 = \dfrac{25-33x_1}{4} = 6 - 8x_1 + \dfrac{1-x_1}{4}. \qquad ④$$

令 $y_2 = \dfrac{1-x_1}{4}$，这就得到 $x_1 + 4y_2 = 1$. 不难看出，此方程的一切解是

$$x_1 = 1 - 4t, \quad y_2 = t \quad (t = 0, \pm 1, \pm 2, \cdots).$$

把这个结果代入方程④，得 $y_1 = 2 + 33t\ (t=0, \pm 1, \pm 2, \cdots)$. 这样一来，方程④的一切解是

$$x_1 = 1 - 4t, \quad y_1 = -2 + 33t \quad (t = 0, \pm 1, \pm 2, \cdots).$$

又把这个结果代入方程③，得到方程③的一切解

$$y_1 = -2 + 33t, \quad x = 3 - 37t \quad (t = 0, \pm 1, \pm 2, \cdots).$$

再把结果代回到原方程，得到原方程的解为

$$x = 3 - 37t, \quad y = -8 + 107t \quad (t = 0, \pm 1, \pm 2, \cdots).$$

从这个例子可以看出，求解的过程就是对整个不定方程做辗转相除，依次化为等价的不定方程，直到出现某个未知数的系数为 ± 1 为止. 在上例中是 $x_1 + 4y_1 = 1$. 这样的方程可以直接解出. 然后再依次反推上去，就可求出原不定方程的解. 为了减少运算次数，在做带余除法时，要取绝对值最小的余数.

如果不定方程无解，则使用这种解法时，到某一步就会立刻看出问题，请看下例.

例 5 求不定方程 $117x + 21y = 38$ 的整数解.

解 $21y = 38 - 117x \Rightarrow y = \dfrac{1}{21}(38 - 117x) = -6x + 2 + \dfrac{1}{21}(9x - 4).$

令 $y_1 = \dfrac{1}{21}(9x - 4)$，$y_1$ 应是整数，于是

$$21y_1 = 9x - 4 \Rightarrow x = \dfrac{1}{9}(21y_1 + 4) = 2y_1 + \dfrac{1}{9}(3y_1 + 4).$$

再令 $x_1 = \dfrac{1}{9}(3y_1 + 4)$，$x_1$ 也应是整数，从而

$$9x_1 = 3y_1 + 4 \Rightarrow y_1 = \dfrac{1}{3}(9x_1 - 4) = 3x_1 - 1 - \dfrac{1}{3}.$$

最后一式表明，x_1, y_1 不可能同时为整数. 所以不定方程无整数解.

这种方法还可以用来解三元一次不定方程.

5. 二元一次不定方程的非负整数解

有时所给的问题只要求非负整数解或正整数解,例如百钱百鸡的问题. 现在来研究二元一次不定方程什么时候有非负整数解或正整数解. 利用通解公式②,这可归结为确定参数 t 的值,使 x,y 均为非负整数或均为正整数. 当 a,b 异号时,不定方程 $ax+by=c$ 可能有无穷多组非负整数解或正整数解. 我们只讨论 a,b 均为正的情形.

我们知道,方程 $ax+by=c$ 有整数解的充分必要条件是 $(a,b)|c$. 这时设 $(a,b)=d$,则存在整数 a_1,b_1,c_1,使得 $a=a_1d, b=b_1d, c=c_1d$,于是 $ax+by=c \Rightarrow a_1x+b_1y=c_1, (a_1,b_1)=1$. 因此我们可以只考虑形如 $ax+by=c\ ((a,b)=1)$ 的方程.

定理 7 设 a,b,c 都是正整数,$(a,b)=1$,则当 $c>ab-a-b$ 时,不定方程 $ax+by=c$ 有非负整数解,且解个数为 $\left[\dfrac{c}{ab}\right]$ 或 $\left[\dfrac{c}{ab}\right]+1$(这里 [ ] 表示取整);当 $c=ab-a-b$ 时,此不定方程无非负整数解.

证明 由于 $(a,b)=1$,所以方程 $ax+by=c$ 必有整数解. 设 x_0, y_0 是该方程的一组特解. 由通解公式②,要 x_0, y_0 是非负整数解,参数 t 必须同时满足 $x_0-bt \geqslant 0, y_0+at \geqslant 0$,从而 $-\dfrac{y_0}{a} \leqslant t \leqslant \dfrac{x_0}{b}$. 由于 t 取整数数值,所以上式就是

$$-\left[\dfrac{y_0}{a}\right] \leqslant t \leqslant \left[\dfrac{x_0}{b}\right]. \qquad ⑤$$

因此,方程①的非负整数解的个数为

$$N = \left[\dfrac{y_0}{a}\right] + \left[\dfrac{x_0}{b}\right] + 1 \qquad ⑥$$

($t=0$ 时也是一样). 利用性质 $[u]+[v] \leqslant [u+v] \leqslant [u]+[v]+1$,可知

$$\left[\dfrac{y_0}{a}\right] + \left[\dfrac{x_0}{b}\right] \leqslant \left[\dfrac{x_0}{b} + \dfrac{y_0}{a}\right] \leqslant \left[\dfrac{y_0}{a}\right] + \left[\dfrac{x_0}{b}\right] + 1, \qquad ⑦$$

上式等号中只有一个成立. 由于 x_0, y_0 是特解,所以

$$ax_0 + by_0 = c \Rightarrow \dfrac{x_0}{b} + \dfrac{y_0}{a} = \dfrac{c}{ab} \Rightarrow \left[\dfrac{x_0}{b} + \dfrac{y_0}{a}\right] = \left[\dfrac{c}{ab}\right].$$

由⑦式得 $N = \left[\dfrac{c}{ab}\right]$ 或 $N = \left[\dfrac{c}{ab}\right]+1$. 当 $c > ab-a-b$ 时,有

$$1 - \dfrac{1}{b} - \dfrac{1}{a} = \dfrac{ab-a-b}{ab} < \dfrac{c}{ab} = \dfrac{ax_0+by_0}{ab} = \dfrac{x_0}{b} + \dfrac{y_0}{a}$$

$$= \left[\dfrac{x_0}{b}\right] + \left\{\dfrac{x_0}{b}\right\} + \left[\dfrac{y_0}{a}\right] + \left\{\dfrac{y_0}{a}\right\} \leqslant \left[\dfrac{x_0}{b}\right] + \dfrac{a-1}{a} + \left[\dfrac{y_0}{a}\right] + \dfrac{b-1}{b},$$

即

$$1 - \dfrac{1}{a} - \dfrac{1}{b} < \left[\dfrac{x_0}{b}\right] + \left[\dfrac{y_0}{a}\right] + 1 - \dfrac{1}{a} + 1 - \dfrac{1}{b} \Leftrightarrow -1 < \left[\dfrac{y_0}{a}\right] + \left[\dfrac{x_0}{b}\right],$$

其中{}表示取小数部分运算. 再由⑥式知 $N=\left[\dfrac{y_0}{a}\right]+\left[\dfrac{x_0}{b}\right]+1>0$. 这说明方程 $ax+by=c$ 必有非负整数解.

最后证明, 当 $c=ab-a-b$ 时, 不定方程没有非负整数解. 用反证法. 假定方程(1)有非负整数解 x_1, y_1, 则 $ax_1+by_1=c=ab-a-b$, 即
$$a(x_1+1)+b(y_1+1)=ab. \qquad\qquad ⑧$$
又 $(a,b)=1 \Rightarrow b|(x_1+1), a|(y_1+1), \quad x_1\geqslant 0, y_1\geqslant 0 \Rightarrow y_1+1\geqslant a\geqslant 1, x_1+1\geqslant b\geqslant 1$.
由⑧式有
$$ab=a(x_1+1)+b(y_1+1)\geqslant ab+ab=2ab.$$
这是不可能的, 这个矛盾说明, 当 $c=ab-a-b$ 时, 不定方程没有非负整数解.

现在我们就可以用定理 7 证明中的结论来解张丘建的百钱百鸡问题.

设用 x, y, z 分别代表鸡翁、鸡母、鸡雏的数目, 就得到下面的方程:
$$5x+3y+\dfrac{1}{3}z=100, \quad x+y+z=100.$$
消去 z, 再化简, 得到 $7x+4y=100$. 容易看出来, $x=0, y=25$ 是一组特解. 由通解公式②得
$$x=0-4t, \quad y=25+7t, \quad \text{其中} \quad -3=-\left[\dfrac{25}{7}\right]\leqslant t\leqslant \left[\dfrac{0}{4}\right]=0.$$
所以 $t=0,-1,-2,-3$, 即共得到四组解: $(0,25),(4,18),(8,11),(12,4)$. 因此买鸡的各种情况为

$$\begin{cases}x_1=0,\\ y_1=25,\\ z_1=75,\end{cases} \begin{cases}x_2=4,\\ y_2=18,\\ z_2=78,\end{cases} \begin{cases}x_3=8,\\ y_3=11,\\ z_3=81,\end{cases} \begin{cases}x_4=12,\\ y_4=4,\\ z_4=84.\end{cases}$$

6. 多元一次不定方程

所谓多元一次不定方程, 就是可以写成下列形式的方程:
$$a_1 x_1+a_2 x_2+\cdots+a_n x_n=N, \qquad\qquad ⑨$$
其中 $a_1, a_2, \cdots, a_n, N$ 都是整数, $n\geqslant 2$, 并且 $a_1, a_2, \cdots, a_n$ 中至少有两个不为零. 不失一般性, 我们假定 $a_1, a_2, \cdots, a_n$ 都不等于零.

定理 8 方程⑨有整数解的充分必要条件是 $(a_1, a_2, \cdots, a_n)|N$, 这里 $(a_1, a_2, \cdots, a_n)$ 表示 $a_1, a_2, \cdots, a_n$ 的最大公因数.

证明 设 $(a_1, a_2, \cdots, a_n)=d$.

必要性 若方程⑨有整数解, 即有 n 个整数 $x_1', x_2', \cdots, x_n'$ 满足等式
$$a_1 x_1'+a_2 x_2'+\cdots+a_n x_n'=N,$$
则 $d|(a_1 x_1'+a_2 x_2'+\cdots+a_n x_n')$, 即 $d|N$. 这就证明了条件的必要性.

充分性 若 $d|N$，我们用数学归纳法证明方程⑨有整数解.

当 $n=2$ 时，由定理 6，方程⑨有整数解.

假定上述条件对 $n-1$ 元一次不定方程是充分的，下证上述条件对 n 元一次不定方程也是充分的.

令 $d_2=(a_1,a_2)$，则 $(d_2,a_3,a_4,\cdots,a_n)=d|N$. 由归纳假设，方程
$$d_2 t_2 + a_3 x_3 + a_4 x_4 + \cdots + a_n x_n = N$$
有整数解，设其一整数解为 $t_2', x_3', \cdots, x_n'$. 再考虑方程 $a_1 x_1 + a_2 x_2 = d_2 t_2'$. 因为 $(a_1,a_2)=d_2|d_2 t_2'$，由定理 6 知此方程有整数解，设其一整数解为 x_1', x_2'，则
$$a_1 x_1' + a_2 x_2' + \cdots + a_n x_n' = d_2 t_2' + a_3 x_3' + \cdots + a_n x_n' = N.$$
故 $x_1', x_2', \cdots, x_n'$ 是方程⑨的整数解. 这就证明了条件的充分性.

这里需要指出的是，二元一次不定方程的通解中含有一个参数 t，三元一次不定方程的通解要含有两个参数，因为 x_1, x_2, x_3 中只有两个确定了才有确定的解. 同样道理可知，n 元一次不定方程的通解中含有 $n-1$ 个参数.

例 6 求不定方程 $15x_1 + 10x_2 + 6x_3 = 61$ 的整数解.

解 由于 $(15,10,6)=1|61$，所以方程有整数解. 注意到 x_3 的绝对值系数最小，我们把原方程化为 $x_3 = \frac{1}{6}(-15x_1 - 10x_2 + 61) = -2x_1 - 2x_2 + 10 + \frac{1}{6}(-3x_1 + 2x_2 + 1)$. 令
$$x_4 = \frac{1}{6}(-3x_1 + 2x_2 + 1).$$
这是一个整数，由此解出
$$x_2 = \frac{1}{2}(6x_4 + 3x_1 - 1).$$
这也是一个整数，由此解出 $x_1 = 1 + 2x_5$. 取 x_5 作为参数，依次反推上去，就得到
$$x_2 = 3x_4 + x_1 + x_5 = 1 + 3x_4 + 3x_5, \quad x_3 = -2x_1 - 2x_2 + 10 + x_4 = 6 - 5x_4 - 10x_5.$$
再把 x_4 作为参数，这就得到了原方程的通解，其中含有两个参数 x_4, x_5. 为了把解表示得更明确些，取 $s = x_4, t = x_5$，这时解可写为
$$x_1 = 1 + 2t, \quad x_2 = 1 + 3s + 3t, \quad x_3 = 6 - 5s - 10t \quad (s, t = 0, \pm 1, \pm 2, \cdots).$$

二、商高不定方程

我国古代数学名著《周髀算经》中曾提到"勾广三，股修四，径隅五"，这指出了**商高不定方程**
$$x^2 + y^2 = z^2 \qquad ⑩$$
的一个整数解：$3, 4, 5$. 刘徽的《九章算术注》中又载有 $5^2 + 12^2 = 13^2, 8^2 + 15^2 = 17^2, 7^2 + 24^2 = 25^2, 20^2 + 21^2 = 29^2$. 由此可知，我国古代数学家早已得出方程⑩的许多个整数解.

第三章 方程

为了求出方程⑩的一切整数解，我们先作几点说明：

(1) 若 x,y,z 中有一为 0，则方程⑩的解易得，且因方程⑩各项的次数均为 2，故可设 $x>0, y>0, z>0$.

(2) 若 x,y,z 是方程⑩的整数解，显然 $(x,y)=(y,z)=(z,x)$，故可设 $(x,y)=1$.

(3) 若 x,y,z 中有一为 0，$(x,y)=1$，则 x,y 必有一奇一偶。事实上，显然 x,y 不能同为偶数。又若 x,y 同为奇数，则 $x^2=4m+1, y^2=4n+1, x^2+y^2=4(m+n)+2$，而无论 z 为奇数还是偶数，必有 $z^2=4s+1$ 或 $4s$，故 $x^2+y^2\ne z^2$，矛盾。可见 x,y 必一奇一偶，不妨设 x 为偶数，即 $2\mid x$.

现在我们在满足(1),(2),(3)的条件下求解方程⑩。

定理 9 不定方程⑩符合条件 $x>0, y>0, z>0, (x,y)=1, 2\mid x$ 的一切整数解为

$$x=2ab, \quad y=a^2-b^2, \quad z=a^2+b^2 \quad (a>b>0, (a,b)=1, a,b \text{ 一奇一偶}). \qquad ⑪$$

证明 先证⑪式是方程⑩的符合给定条件的解：

$$x^2+y^2=(2ab)^2+(a^2-b^2)^2=a^4+2a^2b^2+b^4=(a^2+b^2)^2=z^2.$$

显然 $2\mid x$。又由 $a>b>0, (a,b)=1, a,b$ 一奇一偶知 $x>0, y>0, z>0$ 且

$$(x,y)=(y,z)=(a^2-b^2,a^2+b^2)=(2a^2,a^2+b^2)=(a^2,a^2+b^2)$$
$$=(a^2,b^2)=(a,b)=1$$

(注意 $(a^2+b^2,2)=1$).

再证方程⑩的符合给定条件的解是⑪：

因为 $x>0, y>0, z>0, (x,y)=1, 2\mid x$，所以 $(z,x)=1$ 且 y,z 均为奇数。由 $x^2=z^2-y^2$ 得

$$\left(\frac{x}{2}\right)^2=\frac{z+y}{2}\cdot\frac{z-y}{2}, \qquad ⑫$$

于是必有

$$\left(\frac{z+y}{2},\frac{z-y}{2}\right)=1. \qquad ⑬$$

事实上，若 $\left(\dfrac{z+y}{2},\dfrac{z-y}{2}\right)=d>1$，则 $d\left|\dfrac{z+y}{2},d\right|\dfrac{z-y}{2}$. 于是

$$d\left|\left(\frac{z+y}{2}+\frac{z-y}{2}\right),\quad d\left|\left(\frac{z+y}{2}-\frac{z-y}{2}\right),\quad 即\quad d\mid z, d\mid y,\right.\right.$$

因而 $d\mid x$，随之 $d\mid 1$，矛盾。由⑫、⑬两式可令 $\dfrac{z+y}{2}=a^2, \dfrac{z-y}{2}=b^2$，且 $a>b>0$，则有

$$z=a^2+b^2, \quad y=a^2-b^2, \quad x=2ab.$$

又由⑬式知 $(a^2,b^2)=1$，从而 $(a,b)=1$. 因为 a,b 必一奇一偶，且 $(a,b)=1$，故 a,b 不能同为偶数，也不能同为奇数（若同为奇数，则 y,z 必同为偶数，与 $(y,z)=(x,y)=1$ 矛盾）。所以方程⑩的符合给定条件的解是

第六节 不定方程

$$x = 2ab, \quad y = a^2 - b^2, \quad z = a^2 + b^2 \quad (a > b > 0, (a,b) = 1, a,b \text{ 一奇一偶}).$$

一般地，若$(x,y)=d$，则方程⑩的一切整数解可表为

$$x = \pm 2abd, \quad y = \pm(a^2 - b^2)d, \quad z = \pm(a^2 + b^2)d.$$

方程⑩的整数解称为**商高数**或**勾股数**. 古希腊数学家毕达哥拉斯曾研究过方程⑩的解，故它的整数解亦称为**毕达哥拉斯数**.

推论1 单位圆上的一切有理点可以表示成

$$\left(\pm\frac{2ab}{a^2+b^2}, \pm\frac{a^2-b^2}{a^2+b^2}\right) \quad \text{或} \quad \left(\pm\frac{a^2-b^2}{a^2+b^2}, \pm\frac{2ab}{a^2+b^2}\right), \qquad ⑭$$

其中a,b不全为零，符号$\pm$可任意取.

证明 （1）形如⑭的有理点在单位圆上：$\left(\pm\dfrac{2ab}{a^2+b^2}\right)^2 + \left(\pm\dfrac{a^2-b^2}{a^2+b^2}\right)^2 = \left(\dfrac{a^2+b^2}{a^2+b^2}\right)^2 = 1.$

（2）下证单位圆上的有理点必形如⑭.

由于单位圆的对称性，不妨就第一象限讨论. 在第一象限内单位圆上的有理点可设为$\left(\dfrac{p}{q}, \dfrac{r}{q}\right)$，其中$(p,q)=1, (r,q)=1$，则$\left(\dfrac{p}{q}\right)^2 + \left(\dfrac{r}{q}\right)^2 = 1$，即$p^2 + r^2 = q^2$，亦即$p,r,q$是勾股数. 由定理9知$p=2ab, r=a^2-b^2, q=a^2+b^2$，其中$(a,b)=1, a,b$一奇一偶，$a \geq b \geq 0$，故

$$\left(\frac{p}{q}, \frac{r}{q}\right) = \left(\frac{2ab}{a^2+b^2}, \frac{a^2-b^2}{a^2+b^2}\right).$$

据对称性知，单位圆上的有理点必为形如⑭的数对，其中a,b不全为零，符号$\pm$可任意取.

推论2 若x,y,z是勾股数，$(x,y)=1$，则

（1）x,y中有3和4的倍数；

（2）x,y,z中有5的倍数；

（3）$60 \mid xyz$.

证明 不妨设$x>0, y>0, z>0, (x,y)=1, 2 \mid x$. 由定理9知

$$x = 2ab, \quad y = a^2 - b^2, \quad z = a^2 + b^2 \quad (a > b > 0, (a,b) = 1, a,b \text{ 一奇一偶}).$$

（1）显然$4 \mid x$. 若$3 \mid ab$，则$3 \mid x$. 若3不整除ab，则3不整除a，3不整除b，从而3不整除x. 而$y = a^2 - b^2 = (a^2 - 1) - (b^2 - 1) = (a-1)(a+1) - (b-1)(b+1)$，于是$3 \mid (a+1)$或$3 \mid (a-1), 3 \mid (b+1)$或$3 \mid (b-1)$，从而$3 \mid y$. 所以$x,y$中总有3和4的倍数.

（2）$xyz = 2ab(a^2-b^2)(a^2+b^2) = 2ab(a^4-1) - 2ab(b^4-1)$

$= 2b(a-1)a(a+1)(a^2+1) - 2a(b-1)b(b+1)(b^2+1)$

$= 2b(a-1)a(a+1)(a^2-4+5) - 2a(b-1)b(b+1)(b^2-4+5)$

$= 2b(a-2)(a-1)a(a+1)(a+2) + 10b(a-1)a(a+1)$

$\quad -2a(b-2)(b-1)b(b+1)(b+2) - 10a(b-1)b(b+1).$

因五个连续整数之积必为5的倍数，于是上式右边各项都是5的倍数，所以$5 \mid xyz$. 由于5是素数，故5能整除x,y,z中的某一个.

第三章 方程

(3) 由(1),(2)知 $3|xyz, 4|xyz, 5|xyz$,又 $3,4,5$ 两两互素,则由整除的性质知
$$3\times 4\times 5|xyz, \quad 即 \quad 60|xyz.$$

例 7 证明不定方程 $x^2+2y^2=z^2((x,y)=1)$ 的整数解可表为
$$x=|a^2-2b^2|, \quad y=2ab, \quad z=a^2+2b^2 \quad (a,b 为整数). \qquad ⑮$$

证明 容易验证⑮是 $x^2+2y^2=z^2((x,y)=1)$ 的整数解. 现证它的整数解形如⑮. 因为
$$2y^2=z^2-x^2=(z+x)(z-x), \quad (z,x)=(x,y)=1,$$
所以 $(z+x,z-x)=1$ 或 2. 又因为 x,z 只能同为奇数,则 $z+x,z-x$ 同为偶数,从而 $(z+x,z-x)=2$. 于是
$$y^2=\frac{z+x}{2}(z-x). \qquad ⑯$$

由 $\left(\frac{z+x}{2},\frac{z-x}{2}\right)=1$ 可知 $z+x,z-x$ 不能同为 4 的倍数. 若 4 不整除 $z+x$,则 $\frac{z+x}{2}$ 是奇数,因而 $\left(\frac{z+x}{2},z-x\right)=1$. 因此,由⑯知可令 $\frac{z+x}{2}=a^2, z-x=(2b)^2$. 故
$$x=a^2-2b^2, \quad y=2ab, \quad z=a^2+2b^2.$$

若 4 不整除 $z-x$,则由 $y^2=(z+x)\frac{z-x}{2}$,同理可令
$$z+x=(2b)^2, \frac{z-x}{2}=a^2, \quad 则 \quad x=-(a^2-2b^2), y=2ab, z=a^2+2b^2.$$

总之,原方程的整数解为 $x=|a^2-2b^2|, y=2ab, z=a^2+2b^2$.

例 8 求不定方程 $2(x+y)=xy+7$ 的整数解.

解 由原方程得 $x(y-2)=2y-7$. 显然 $x=2,y=2$ 不适合方程. 求出 x,并分离其整数部分得 $x=2-\frac{3}{y-2}$. 可知 $y-2$ 为 3 的约数,否则 x 就不是整数了. 由 $y-2=\pm 1,\pm 3$ 得 x,y 的四个整数解为
$$\begin{cases}x=-1,\\ y=3,\end{cases}\begin{cases}x=5,\\ y=1,\end{cases}\begin{cases}x=1,\\ y=5,\end{cases}\begin{cases}x=3,\\ y=-1.\end{cases}$$

例 9 求不定方程 $x^2+y^2=656$ 的正整数解.

解 首先 $x\neq y$,因为 656 的一半是 328,它不是完全平方数. 不妨设 $x>y$. 由于 656 是偶数,x,y 必同为偶数,所以 $x\pm y$ 必为偶数.

设 $u_1=\frac{x+y}{2}, v_1=\frac{x-y}{2}(u_1,v_1$ 是正整数,$u_1>v_1)$,则 $x=u_1+v_1, y=u_1-v_1$. 代入原方程得 $u_1^2+v_1^2=328$,这里 328 仍为偶数;按上述方法设 $u_1=u_2+v_2, v_1=u_2-v_2(u_2,v_2$ 为正整数,$u_2>v_2)$,则有 $u_2^2+v_2^2=164$,这里 164 仍为偶数;再按上述方法设 $u_2=u_3+v_3, v_2=u_3-v_3$ (u_3,v_3 为整数,$u_3>v_3$),得 $u_3^2+v_3^2=82$,这里 82 仍为偶数;如此继续再设 $u_3=u_4+v_4, v_3=u_4-v_4,(u_4,v_4$ 为整数,$u_4>v_4)$,得 $u_4^2+v_4^2=41$,这里 41 为奇数,u_4,v_4 必为一奇一偶. 现以

小于或等于 $\sqrt{41}$ 的偶数平方去试：$41-2^2=37, 41-4^2=25=5^2, 41-6^2=5$. 可见 $u_4=5$，$v_4=4$ 适合 $u_4^2+v_4^2=41$. 将此结果倒推上去得到：

$$u_3 = 5+4 = 9, \quad v_3 = 5-4 = 1;$$
$$u_2 = 9+1 = 10, \quad v_2 = 9-1 = 8;$$
$$u_1 = 10+8 = 18, \quad v_1 = 10-8 = 2;$$
$$x = 18+2 = 20, \quad y = 18-2 = 16.$$

由于开始假设 $x>y$，所以原方程有两个正整数解：$\begin{cases} x=20, \\ y=16 \end{cases}$ 和 $\begin{cases} x=16, \\ y=20. \end{cases}$

三、高次不定方程与费马大定理

公元 1637 年，法国著名数学家费马在一本书的空白处写了一段简短的笔记："把一个立方数分为两个立方数之和，一个四次幂分为两个四次幂之和，或一般地，把一个高于二次的幂分为两个同次的幂的和，这是不可能的．至于这一点我已发现一种巧妙的证明，可惜这里空白的地方太少，写不下."这就是所谓的费马大定理．用不定方程表示，**费马大定理**就是：

当整数 $n>2$ 时，如下不定方程没有正整数解：
$$x^n + y^n = z^n. \qquad ⑰$$

若不定方程⑰对于正整数 n 没有正整数解，则对于能被 n 整除的任何整数 m 来说，它也没有正整数解．否则我们将从 $x^m+y^m=z^m$ 得到 $(x^{\frac{m}{n}})^n+(y^{\frac{m}{n}})^n=(z^{\frac{m}{n}})^n$，因而⑰有正整数解．我们知道一个大于 2 的整数必能被 4 或奇素数整除．因此，如果方程⑰对 $n=4$ 或 n 等于任意奇素数都没有正整数解，那么问题就全部解决．1985 年，美国加利福尼亚大学伯克利分校多瑟教授已证明当 $2<n<4100\times10^4$ 时，方程 $x^n+y^n=z^n$ 无整数解，对于大于 4100×10^4 的无限多个素数 p，方程 $x^p+y^p=z^p$ 没有正整数解由英国数学家维尔斯(A. Wiles)解决．下面我们用初等方法来证明 $n=4$ 的情况，即 $x^4+y^4=z^4$ 没有正整数解．为此我们先证明如下定理：

定理 10 不定方程 $x^4+y^4=z^2$ 没有正整数解．

证明 用反证法．若此不定方程有正整数解，那么在这些解中一定有一个解使得 z 的值比其余解对应的 z 的值小．设这个最小的 z 为正整数 u. 这时 $(x,y)=1$，否则，就有 $(x,y)>1$ 且 $\left(\dfrac{x}{(x,y)}\right)^4+\left(\dfrac{y}{(x,y)}\right)^4=\left(\dfrac{u}{(x,y)^2}\right)^2$，但 $0<\dfrac{u}{(x,y)^2}<u$ 与 u 的最小性相矛盾．

由定理 9 知，在 $x^4+y^4=z^2$ (x,y,z 为正整数) 中 x^2,y^2 必定一奇一偶，不妨假设 $2|x^2$，2 不整除 y^2，因此
$$x^2 = 2ab, \quad y^2 = a^2-b^2, \quad u = a^2+b^2 \quad (a>b>0, (a,b)=1, a,b \text{ 一奇一偶}).$$
所以 $2|x$，2 不整除 y，并且 2 不整除 a，$2|b$（不然的话，就有 b 是奇数，a 是偶数，从而

$y^2 = a^2 - b^2 = 4m - 1$. 又因 $(x,y) = 1$, 所以 y 是奇数, $y = 4n - 1$, 矛盾).

由 $y^2 = a^2 - b^2$ 得 $b^2 + y^2 = a^2$. 根据定理 9 又得
$$b = 2cd, y = c^2 - d^2, a = c^2 + d^2 \quad (c > d > 0, (c,d) = 1, c,d \text{ 一奇一偶}),$$
于是 $x^2 = 2ab = 2(c^2 + d^2) \cdot 2cd$, 即 $x^2 = 4cd(c^2 + d^2)$. 因为 $(c,d) = 1$, 从而 $c, d, c^2 + d^2$ 两两互素, 所以它们必是某数的平方. 令 $c = r^2, d = s^2, c^2 + d^2 = t^2$, 则 $r^4 + s^4 = t^2$. 此时 $u = a^2 + b^2 > a = c^2 + d^2 = t^2 > t$. 这与 u 的最小性相矛盾, 故该方程无正整数解.

推论 方程 $x^4 + y^4 = z^4$ 没有正整数解.

事实上, 若有正整数 x_0, y_0, z_0, 使得 $x_0^4 + y_0^4 = z_0^4$, 则 $x_0^4 + y_0^4 = (z_0^2)^2$, 从而 $x^4 + y^4 = z^2$ 有正整数解 x_0, y_0, z_0^2, 矛盾.

对于费马大定理的证明, 经过许多数学家的努力, 可以确定用完全初等的办法是不可能成功的. 1983 年德国数学家法尔廷斯(Faltings)对这一定理的证明做出了较大的突破, 他证实了 $x^n + y^n = z^n$ 当 $n \geqslant 4$ 时至多只有有限组整数解. 这带给我们费马大定理是真命题的启示. 1985 年德国数学家符莱(Frey)迈出了关键的一步, 从而成就费马大定理的第三次突破. 符莱把研究问题倒转了过来. 如果费马大定理有非零解 (a,b,c), 则可设计一条椭圆曲线 $y = x(x + a^n)(x - b^n)$. 这个结论与谷山-志村猜想矛盾, 如果它们都是正确的, 那么费马大定理不成立就是错误的, 由此得到费马大定理成立. 1986 年, 吕贝特证明了符莱的猜想, 这样证明费马大定理的工作归结为证明谷山-志村猜想. 得到这个消息之后, 维尔斯立刻集中全部精力去证明这个猜想. 功夫不负有心人, 1995 年 10 月维尔斯发表两篇论文, 一篇是"模椭圆曲线和费马大定理", 另一篇是与理查德·泰勒合作的补篇"某些海克代数的环论性质". 费马大定理由此最终获得了证明.

四、整除与同余

这部分内容阐述整除理论中最基本的性质, 并简单介绍同余理论. 由于这部分内容是 10—12 年级的必修和选修内容, 对于未来的中学数学教师来说, 力求理论体系的连贯性和逻辑推理的严密性是很有必要的.

1. 整除

我们知道, 整数的相加、相减、相乘, 其和、差、积仍为整数, 相除则不然, 从而有必要引入整除的概念.

定义 3 对于整数 $a, b(b \neq 0)$, 如果存在整数 q, 使得 $a = bq$, 则称 b 能**整除** a, 或 a 能被 b **整除**, 记为 $b | a$. 此时, 又称 a 是 b 的**倍数**, b 是 a 的**因数**或**约数**. 如果这样的 q 不存在, 则称 b 不能整除 a, 或 a 不能被 b 整除.

设 a, b 为整数, 由定义易知 $1 | a, a | a, b | b \ (b \neq 0)$. 以后如无特殊声明, 英文字母 $a, b, c, \cdots$ 均表示整数.

整除不是整数集中的代数运算, 因为两整数的商不一定是整数. 整除有下列性质:

第六节 不定方程

性质 1 如果 $b \mid a$ ($b \neq 0$)，则有 $b \mid (-a), (-b) \mid a, (-b) \mid (-a)$.

证明 由 $b \mid a$ 知，存在整数 q，使得 $a = bq$，从而有
$$-a = b(-q), \quad a = (-b)(-q), \quad -a = (-b)q,$$
故 $b \mid (-a), (-b) \mid a, (-b) \mid (-a)$.

性质 1 表明，整除性与整数之间正负无关.

性质 2 若 $c \mid b, b \mid a$ ($b \neq 0, c \neq 0$)，则 $c \mid a$.

证明 由 $c \mid b, b \mid a$ 的定义知，有整数 q_1, q_2，使得 $b = cq_1, a = bq_2$，于是 $a = c(q_1 q_2)$. 又 $c \neq 0, q_1, q_2$ 为整数，故 $c \mid a$.

性质 3 (1) 若 $b \mid a$，则 $a = 0$ 或 $|b| \leqslant |a|$；

(2) 若 $b \mid a, a \mid b$，则 $a = \pm b$；

(3) 若 $b \mid a$，则 $b \mid ma$ (m 为整数).

证明留给读者作为练习.

性质 4 若 $b \mid a_1, b \mid a_2$ ($b \neq 0$)，则 $b \mid (m_1 a_1 + m_2 a_2)$ (m_1, m_2 为整数).

证明 由性质 3(3) 知 $b \mid m_1 a_1, b \mid m_2 a_2$，于是存在整数 q_1, q_2，使得 $m_1 a_1 = bq_1, m_2 a_2 = bq_2$，从而有 $m_1 a_1 + m_2 a_2 = b(q_1 + q_2)$，其中 $q_1 + q_2$ 为整数，故得 $b \mid (m_1 a_1 + m_2 a_2)$.

由性质 4 易得如下推论：

推论 (1) 若 $b \mid a_i$ ($i = 1, 2, \cdots, n; n \geqslant 2$)，则 $b \mid \sum_{i=1}^{n} m_i a_i$ (m_i 为整数, $i = 1, 2, \cdots, n$)；

(2) 设 $a = \sum_{i=1}^{n} a_i$，而 $b \mid a_l$ ($l = 1, 2, \cdots, k-1, k+1, \cdots, n$)，则 $b \mid a$ 的充分必要条件是 $b \mid a_k$.

例 10 证明：$9 \mid \overline{a_n a_{n-1} \cdots a_1 a_0}$ 的充分必要条件是 $9 \mid \sum_{i=0}^{n} a_i$ (其中 $a_0, a_1, \cdots, a_n$ 是十进制数码，$\overline{a_n a_{n-1} \cdots a_1 a_0}$ 表示 $n+1$ 位数码组成的数).

证明 $\overline{a_n a_{n-1} \cdots a_1 a_0} = a_n \cdot 10^n + a_{n-1} \cdot 10^{n-1} + \cdots + a_1 \cdot 10 + a_0$
$$= a_n(10^n - 1) + a_{n-1}(10^{n-1} - 1) + \cdots + a_1(10 - 1) + \sum_{i=0}^{n} a_i.$$
由 $10^k - 1 = (10-1)(10^{k-1} + \cdots + 10 + 1)$ 知 $9 \mid (10^k - 1)$，从而有 $9 \mid a_i(10^k - 1)$ ($k = 1, 2, \cdots, n$). 用性质 4 的推论(2)即得：$9 \mid \overline{a_n a_{n-1} \cdots a_1 a_0}$ 的充分必要条件是 $9 \mid \sum_{i=0}^{n} a_i$.

同理可以证明：$3 \mid \overline{a_n a_{n-1} \cdots a_1 a_0}$ 的充分必要条件是 $3 \mid \sum_{i=0}^{n} a_i$.

例 11 设 m 为非负整数，证明 $57 \mid (7^{m+2} + 8^{2m+1})$.

证明 当 $m = 0$ 时，$7^{m+2} + 8^{2m+1} = 7^2 + 8 = 57$，有 $57 \mid 57$. 当 m 为正整数时，
$$7^{m+2} + 8^{2m+1} = 49 \cdot 7^m + 8 \cdot 64^m = 57 \cdot 7^m + 8(64^m - 7^m)$$

$$= 57 \cdot 7^m + 8(64-7)(64^{m-1} + \cdots + 7^{m-1})$$
$$= 57[7^m + 8(64^{m-1} + \cdots + 7^{m-1})],$$

所以仍有 $57|(7^{m+2}+8^{2m+1})$.

例 12 是否存在 10 个正奇数的倒数之和等于 1?

解 不存在. 可用反证法证明:若有 10 个正奇数 $a_1,a_2,\cdots,a_{10}$,使得 $\frac{1}{a_1}+\frac{1}{a_2}+\cdots+\frac{1}{a_{10}}$ $=1$ 成立,两边乘以 $a_1 a_2 \cdots a_{10}$ 得
$$a_2 a_3 \cdots a_{10} + a_1 a_3 \cdots a_{10} + \cdots + a_1 a_2 \cdots a_9 = a_1 a_2 \cdots a_{10}.$$
此式右边是奇数之积,为奇数,而左边是 10 个奇数之和,应为一偶数,故等式不成立.

例 13 不用直接计算,证明矩阵 $\begin{bmatrix} 1 & 3 & 5 & 7 & 9 \\ 3 & 5 & 7 & 9 & 2 \\ 5 & 7 & 9 & 2 & 4 \\ 7 & 9 & 2 & 4 & 6 \\ 9 & 2 & 4 & 6 & 8 \end{bmatrix}$ 的行列式不为零.

证明 根据行列式的定义,这个五阶行列式共有 $5!=120$ 项,每项的绝对值是取自不同行不同列的五个数的乘积. 副对角线上的五个数之积 $9 \cdot 9 \cdot 9 \cdot 9 \cdot 9$ 这一项为奇数,又易知其余 119 项均为偶数,其代数和应为偶数. 因此,这个行列式之值可化为一个奇数与一个偶数的代数和,应为一个奇数,故不可能为 0 (0 为偶数).

定理 11(带余除法) 对于任意整数 a 和 $b(b>0)$,有且仅有一整数对 q,r,使得
$$a = bq+r, \quad 0 \leqslant r < b.$$

证明 任一给定的整数 a 必落在整数序列 $\cdots,-3b,-2b,-b,0,b,2b,3b,\cdots(b>0)$ 某相邻两整数之间,即必存在整数 q,使 $qb \leqslant a<(q+1)b$ 成立,于是 $0 \leqslant a-bq<b$. 令 $a-bq=r$,即得
$$a = bq+r \quad (0 \leqslant r < b).$$
这样的 q,r 是唯一的. 事实上,如果另存在正整数 q',r',使得 $a=bq'+r'(0 \leqslant r'<b)$,则 $r-r'=b(q-q')$,即 $b|(r-r')$. 而 $|r-r'|<b$,故必有 $r-r'=0$,于是 $r=r'$,随之 $q=q'$.

定理中的 q 称为 b 除 a 的 **整数商**,r 称为 b 除 a 的 **余数**. 容易证明以下两个推论:

推论 1 对于任意整数 a,b $(b \neq 0)$,存在唯一整数对 q,r,使得 $a=bq+r, 0 \leqslant r<|b|$.

推论 2 $b|a$ 的充分必要条件是余数 $r=0$.

例 14 证明:三个连续整数乘积必为 3 的倍数.

证明 设三个连续整数为 $n-2,n-1,n$. 由带余除法,对于这个 n,存在整数 q,r,使得
$$n = 3q+r \quad 或 \quad n-r=3q, \quad 0 \leqslant r<3.$$
当 $r=0$ 时,有 $3|n$;当 $r=1$ 时,有 $3|(n-1)$;当 $r=2$ 时,有 $3|(n-2)$. 故总有 $3|n(n-1)(n-2)$.

例 15 证明:任意 100 个整数中,必有两个整数之差能被 99 整除.

证明 设 $a_1,a_2,\cdots,a_{100}$ 为任意给定的 100 个整数,于是应存在 100 个整数对 q_i,r_i,使得 $a_i=99q_i+r_i$,$0\leq r_i<99$ $(i=1,2,\cdots,100)$. 这 100 个 r_i 的每一个只能为 0 至 98 这 99 个整数中的某一个,于是至少有两个余数 r_i,r_j 相同,从而有 $a_j-a_i=99(q_j-q_i)$,且 q_j-q_i 是整数,所以 $99|(a_j-a_i)$.

定义 4 设整数 $d\neq 0$,如果 d 分别是整数 $a_1,a_2,\cdots,a_n(n\geq 2)$ 的因数,则称 d 是 $a_1,a_2,\cdots,a_n$ 的**公因数**或**公约数**.

显然,如果 $a_1,a_2,\cdots,a_n$ 全为零,则任何非零整数都是它们的公因数. 另外,公因数与数组顺序和数的正负性无关.

定义 5 若 d 是整数 $a_1,a_2,\cdots,a_n(n\geq 2)$ 的公因数中的最大值,则称 d 是它们的**最大公因数**或**最大公约数**,记为 $d=(a_1,a_2,\cdots,a_n)$.

如果 $(a_1,a_2,\cdots,a_n)=1$,则称 $a_1,a_2,\cdots,a_n$ **互素**或**互质**. 如果 $a_1,a_2,\cdots,a_n$ 中任意两个数的最大公因数都是 1,则称它们**两两互素**.

两两互素必互素,但互素不一定两两互素. 例如 $(2,4,5)=1$,但 $2,4,5$ 非两两互素,因为 $(2,4)=2\neq 1$.

全为零的数组,任意整数都是它们的公因数,规定 $(0,0,\cdots,0)=0$. 不全为零的整数组的最大公因数显然是存在的. 由定义不难得到下面的性质.

性质 5 (1) $(a,1)=1$,即任一整数与 1 互素;

(2) $(b,0)=|b|$;

(3) $(a_1,a_2,\cdots,a_n)=(|a_1|,|a_2|,\cdots,|a_n|)$.

于是讨论最大公因数常常就正整数进行.

定理 12 若 $a=bq+r$ $(q,r\in \mathbf{Z},0\leq r<b)$,则

(1) a,b 与 b,r 有相同的公因数;

(2) $(a,b)=(b,r)$ 或 $(a,b)=(b,a-bq)$. (证明略)

如何求两个数的最大公因数呢? 我们介绍辗转相除法.

设 a,b 均为正整数,反复引用带余除法可得

$$\begin{aligned}
a &= bq_1+r_1, & 0 &< r_1 < b,\\
b &= r_1q_2+r_2, & 0 &< r_2 < r_1,\\
r_1 &= r_2q_3+r_3, & 0 &< r_3 < r_2,\\
&\cdots\cdots\cdots & &\cdots\cdots\cdots\\
r_{k-2} &= r_{k-1}q_k+r_k, & 0 &< r_k < r_{k-1},\\
r_{n-2} &= r_{n-1}q_n+r_n, & 0 &< r_n < r_{n-1},\\
r_{n-1} &= r_nq_{n+1}+r_{n+1}, & r_{n+1} &= 0.
\end{aligned}$$ ⑱

由于 b 是已给定的正整数,显然存在 n,使 $r_{n+1}=0$.

⑱式所表示的计算方法,通常称为**辗转相除法**或**辗转算法**. 辗转相除法为我国古代筹

算家的卓越成就之一；西方则因欧几里得有此法而称之为**欧几里得除法**.

定理 13 正整数 a,b 的最大公因数 $(a,b)=r_n$.

证明 由性质 5(2)、定理 11、定理 12 及 ⑱ 式知
$$(a,b)=(b,r_1)=(r_1,r_2)=\cdots=(r_n,r_{n-1})=r_n.$$

推论 设 d 是 a,b 的任一公因数，则 $d\mid(a,b)$.

定理 14 设 $a_1,a_2,\cdots,a_n(n\geqslant 2)$ 是 n 个不全为零的整数. 令 $(a_1,a_2)=d_2,(d_2,a_3)=d_3,\cdots,(d_{n-1},a_n)=d_n$，则 $(a_1,a_2,\cdots,a_n)=d_n$.

证明 一方面，令 $(a_1,a_2,\cdots,a_n)=d$，则因 $d\mid a_1,d\mid a_2$，有 $d\mid d_2$. 而 $d\mid a_3$，又有 $d\mid d_3$. 依此类推，得 $d\mid d_n$. 故 $d\leqslant d_n$.

另一方面，因 $d_n\mid a_n,d_n\mid d_{n-1}$，故 $d_n\mid a_{n-1}$. 仿此可推得 $d_n\mid a_{n-2},\cdots,d_n\mid a_2,d_n\mid a_1$. 于是 d_n 是 $a_1,a_2,\cdots,a_n$ 的公因数，从而 $d_n\leqslant d$. 故 $d_n=d$，即 $(a_1,a_2,\cdots,a_n)=d_n$.

推论 1 设 d 是 $a_1,a_2,\cdots,a_n$ 的任一公因数，则 $d\mid(a_1,a_2,\cdots,a_n)$.

推论 2 (1) $(ma_1,ma_2,\cdots,ma_n)=|m|(a_1,a_2,\cdots,a_n)$，其中 m 为整数；

(2) $\left(\dfrac{a_1}{b},\dfrac{a_2}{b},\cdots,\dfrac{a_n}{b}\right)=\dfrac{(a_1,a_2,\cdots,a_n)}{|b|}$，其中 $b\neq 0$，且 $b\mid a_i\ (i=1,2,\cdots,n)$.

它们的证明由辗转相除法及定理 14 易得.

定理 15 设 a,b 均为正整数，则
$$a[(-1)^{k-1}Q_k]+b[(-1)^kP_k]=r_k,\quad k=1,2,\cdots,n, \qquad ⑲$$
其中
$$\begin{array}{lll}P_0=1, & P_1=q_1, & P_k=q_kP_{k-1}+P_{k-2}, \\ Q_0=0, & Q_1=1, & Q_k=q_kQ_{k-1}+Q_{k-2}\end{array}\quad(k=2,3,\cdots,n). \qquad ⑳$$

证明 对 k 用数学归纳法.

当 $k=1$ 时，⑲ 式显然成立.

当 $k=2$ 时，由 ⑳ 式有 $P_2=q_2P_1+P_0=q_1q_2+1,Q_2=q_2Q_1+Q_0=q_2$，于是
$$a[(-1)^{2-1}Q_2]+b[(-1)^2P_2]=a(-q_2)+b(q_1q_2+1)=b-(a-bq_1)q_2=b-r_1q_2=r_2,$$
即此时 ⑲ 式成立.

假定 ⑲ 式在条件 ⑳ 下对小于 $k(k\geqslant 3)$ 成立，现对 k 用归纳假设及 ⑱，⑳ 两式得
$$\begin{aligned}&a[(-1)^{k-1}Q_k]+b[(-1)^kP_k]=a[(-1)^{k-1}(q_kQ_{k-1}+Q_{k-2})]+b[(-1)^k(q_kP_{k-1}+P_{k-2})]\\&=(-1)^{k-1}aq_kQ_{k-1}+(-1)^{k-1}aQ_{k-2}+(-1)^kbq_kP_{k-1}+(-1)^kbP_{k-2}\\&=q_k[(-1)^{k-1}aQ_{k-1}+(-1)^kbP_{k-1}]+[(-1)^{k-1}aQ_{k-2}+(-1)^kbP_{k-2}]\\&=-q_k[(-1)^{k-2}aQ_{k-1}+(-1)^{k-1}bP_{k-1}]+[(-1)^{k-3}aQ_{k-2}+(-1)^{k-2}bP_{k-2}]\\&=-q_kr_{k-1}+r_{k-2}=r_k,\end{aligned}$$
即 ⑲ 式对 k 成立. 故 ⑲ 式对 $k=1,2,\cdots,n$ 成立.

推论 (1) 对于不全为零的整数 a,b，必存在整数 s,t，使得 $as+bt=(a,b)$；

(2) $(a,b)=1$ 的充分必要条件是存在整数 s,t, 使得 $as+bt=1$.

定理 16 (1) 若 $(a_1,a_2,\cdots,a_n)=d_n(n\geq 2)$, 则必存在整数 $k_i(i=1,2,\cdots,n)$, 使得
$$k_1 a_1 + k_2 a_2 + \cdots + k_n a_n = d_n;$$

(2) $(a_1,a_2,\cdots,a_n)=1(n\geq 2)$ 的充分必要条件是存在整数 $k_i(i=1,2,\cdots,n)$, 使得
$$k_1 a_1 + k_2 a_2 + \cdots + k_n a_n = 1.$$

证明 (1) 用数学归纳法. 当 $n=2$ 时, 由定理 15 的推论(1)知其成立.

假设当 $n=l$ 时命题成立. 当 $n=l+1$ 时, 令 $(a_1,a_2,\cdots,a_l)=d_l$, $(d_l,a_{l+1})=d'_{l+1}$. 由定理 14 知 $d'_{l+1}=(a_1,a_2,\cdots,a_{l+1})=d_{l+1}$, 再由归纳假设知, 必存在整数 $m_1, m_2, \cdots, m_l$ 及 s, k_{l+1}, 使得
$$m_1 a_1 + m_2 a_2 + \cdots + m_l k_l = d_l, \quad sd_l + k_{l+1} a_{l+1} = d_{l+1},$$

从而
$$(sm_1)a_1 + (sm_2)a_2 + \cdots + (sm_l)a_l + k_{l+1} a_{l+1} = d_{l+1}, \quad 即 \quad k_1 a_1 + k_2 a_2 + \cdots + k_n a_n = d_n,$$
其中整数 $k_i = sm_i(i=1,2,\cdots,l)$. 可见 $n=l+1$ 时命题也成立. 故对于任何正整数 $n(n\geq 2)$, (1)成立.

(2)的证明留给读者作为练习.

例 16 求 $(135,243,558)$, 并求整数 k_1, k_2, k_3, 使得
$$135 k_1 + 243 k_2 + 558 k_3 = (135,243,558).$$

解 因为 $(135,243)=27, (27,558)=9$, 所以 $(135,243,558)=9$. 求得
$$135 \cdot 2 + 243 \cdot (-1) = 27, \quad 27 \cdot 21 + 558 \cdot (-1) = 9,$$
$$135 \cdot 42 + 243 \cdot (-21) + 558 \cdot (-1) = 9,$$
于是 $k_1 = 42, k_2 = -21, k_3 = -1$.

或者因为 $135 \cdot (-3) + 243 \cdot 4 + 558 \cdot (-1) = 9$, 从而 $k_1 = -3, k_2 = 4, k_3 = -1$.

由此例可见定理 16 中的 $k_1, k_2, \cdots, k_n$ 不是唯一的.

对于最大公因数, 还有以下性质:

定理 17 若 $(a,b)=1$, 则 $(ac,b)=(c,b)$. (证明略)

推论 1 若 $(a,b)=1$, $b|ac$, 则 $b|c$.

推论 2 (1) 若 $(a,c)=1, (b,c)=1$, 则 $(ab,c)=1$.

(2) 若 $(a_i,b_j)=1$ $(i=1,2,\cdots,n; j=1,2,\cdots,m)$, 则 $(a_1 a_2 \cdots a_n, b_1 b_2 \cdots b_m)=1$.

我们再来介绍最小公倍数的定义并考查其性质.

定义 6 若 a 分别为 $a_1, a_2, \cdots, a_n(n\geq 2)$ 的倍数, 则称 a 为 $a_1, a_2, \cdots, a_n$ 的**公倍数**.

定义 7 若 m 是整数 $a_1, a_2, \cdots, a_n(n\geq 2)$ 的公倍数中的最小正数, 则称 m 为 $a_1, a_2, \cdots, a_n$ 的**最小公倍数**, 记为 $m=[a_1,a_2,\cdots,a_n]$.

由于零不存在非零倍数, 故整数 $a_1, a_2, \cdots, a_n$ 中有零时, 其非零的公倍数是不存在的. 因此在讨论公倍数时, 总假定 $a_1, a_2, \cdots, a_n$ 全不为零.

由定义易知最小公倍数具有以下性质:

(1) $[a_1, a_2, \cdots, a_n] = [|a_1|, |a_2|, \cdots, |a_n|]$;

(2) $[a_1 k, a_2 k, \cdots, a_n k] = [a_1, a_2, \cdots, a_n]|k|$,其中整数 $k \neq 0$.

定理 18 非零整数 $a_1, a_2, \cdots, a_n (n \geqslant 2)$ 的任意公倍数 m 总是 $[a_1, a_2, \cdots, a_n]$ 的倍数.

证明 由带余除法知,存在整数 q, r,使得
$$m = [a_1, a_2, \cdots, a_n] q + r \quad (0 \leqslant r < [a_1, a_2, \cdots, a_n]).$$
又因 $a_i | m, a_i | [a_1, a_2, \cdots, a_n]$,故 $a_i | r (i=1,2,\cdots,n)$. 可见 r 是 $a_1, a_2, \cdots, a_n$ 的公倍数,但 $0 \leqslant r < [a_1, a_2, \cdots, a_n]$,故 $r=0$,即 m 是 $[a_1, a_2, \cdots, a_n]$ 的倍数.

定理 19 若 a, b 为正整数,且 $(a, b) = 1$,则 $[a, b] = ab$.

证明 因为 ab 是 a 和 b 的公倍数,由定理 18 知 $[a, b] | ab$,于是存在整数 q,使得 $ab = [a, b] q (q > 0)$. 又 $b | [a, b]$,有整数 t,使得 $[a, b] = bt$,从而 $ab = btq (b \neq 0)$,即有 $a = tq$,故 $q | a$. 同理 $q | b$. 所以 $q | (a, b)$. 而 $(a, b) = 1$,故 $q = 1, ab = [a, b]$,即 $[a, b] = ab$.

有了前面的预备知识,结合素数的定义和性质,我们即可得出下面的算术基本定理.

定理 20(算术基本定理) 任何大于 1 的整数,都能唯一地分解为素因数的有序乘积,即对于任何大于 1 的整数 a,必存在素数 $p_1, p_2, \cdots, p_n (p_1 < p_2 < \cdots < p_n)$,使得 $a = p_1 p_2 \cdots p_n$,并且这种分解式是唯一的.(证明略)

2. 同余与同余式(组)

定义 8 给定一个正整数 m,我们把它称为**模**. 如果用 m 去除任意两个整数 a 和 b 所得的余数相同,则称 a, b 对模 m **同余**,记为 $a \equiv b \pmod{m}$;如果余数不同,则记为 $a \not\equiv b \pmod{m}$ (mod 是 modulo(对……模)的缩写).

例如 $21 \equiv 6 \pmod 5$, $3 \not\equiv 8 \pmod 2$. 显然,无论 a, b 是什么整数,都有 $a \equiv b \pmod 1$. 给定两个整数,如何判断它们对给定的模同余? 对此,我们有下面的定理.

定理 21 对于任意整数 a, b 及正整数 m,有 $a \equiv b \pmod m$ 的充分必要条件是
$$m | (a - b).$$

证明 设 $a = mq_1 + r_1 (0 \leqslant r_1 < m), b = mq_2 + r_2 (0 \leqslant r_2 < m)$.

必要性 若 $a \equiv b \pmod m$,则 $r_1 = r_2$,因而 $a - b = m(q_1 - q_2)$,即 $m | (a - b)$.

充分性 若 $m | (a - b)$,则 $m | [m(q_1 - q_2) + (r_1 - r_2)]$. 因此 $m | (r_1 - r_2)$. 但因 $|r_1 - r_2| < m$,故 $r_1 = r_2$,即 $a \equiv b \pmod m$.

定理 21 建立了整除和同余之间的关系,说明整除和同余之间可以互相转化. 因此关于整除的有关问题,我们都可以用同余的语言来叙述,这样给解决某些问题带来很大的方便.

由同余的定义,我们可以得到一系列有关同余的性质. 这些性质与等式的性质有很多相似之处,因此高斯最初引入同余的符号为"≡",表示和等号"="有相似之意. 具体性质如下:

(1) 反身性:$a \equiv a \pmod m$;

(2) 传递性:若 $a \equiv b \pmod m$, $b \equiv c \pmod m$,则 $a \equiv c \pmod m$;

(3) 两个同模的同余式两边可以相加或相减，即若 $a_1 \equiv b_1 \pmod{m}, a_2 \equiv b_2 \pmod{m}$，则
$$a_1 \pm a_2 \equiv b_1 \pm b_2 \pmod{m};$$

(4) 同余式的每一项，可以改变它们的符号由同余式的一边移到另一边去，即若 $a+b \equiv c \pmod{m}$，则 $a \equiv c-b \pmod{m}$；

(5) 两个同模的同余式两边可以相乘，即若 $a_1 \equiv b_1 \pmod{m}, a_2 \equiv b_2 \pmod{m}$，则
$$a_1 a_2 \equiv b_1 b_2 \pmod{m};$$

(6) 同余式的两边可以约去公共的整数因数，如果这个因数是与模互素的，即若 $a = a_1 d, b = b_1 d, (d,m) = 1$，且 $a \equiv b \pmod{m}$，则 $a_1 \equiv b_1 \pmod{m}$；

(7) 若 $a \equiv b \pmod{m}$，d 是 a, b 及 m 的任一公因数，则 $\frac{a}{d} \equiv \frac{b}{d} \left(\mod \frac{m}{d}\right)$；

(8) 若 $a \equiv b \pmod{m_i} (i=1,2,\cdots,k)$，则 $a \equiv b \pmod{[m_1,m_2,\cdots,m_k]}$；

(9) 若 $a \equiv b \pmod{m}$，且 $d|m, d>0$，则 $a \equiv b \pmod{d}$；

(10) 若 $a \equiv b \pmod{m}$，则 $(a,m) = (b,m)$。

上面介绍了同余的一些简单性质，这些性质很重要，今后时常用到，读者应很好地掌握。下面我们举几个例子说明以上性质的应用。

例 17 求 2^{40} 被 23 除所得的余数。

解 因 $2^5 = 32$，故 $2^5 \equiv 9 \pmod{23}$，因而 $2^{10} \equiv 81 \pmod{23}, 81 \equiv 12 \pmod{23}$。所以 $2^{10} \equiv 12 \pmod{23}$。于是 $2^{20} \equiv 144 \equiv 6 \pmod{23}$，从而 $2^{40} \equiv 36 \equiv 13 \pmod{23}$。这就是说，$2^{40}$ 被 23 除所得的余数为 13。

例 18 证明 $641 | (2^{2^5} + 1)$。

证明 因为 $2^8 = 256$，故 $2^{16} = 65536 \equiv 154 \pmod{641}$，从而
$$2^{32} \equiv 154^2 \pmod{641}.$$
又 $154^2 = 23716 \equiv -1 \pmod{641}$，则
$$2^{32} \equiv -1 \pmod{641}, \quad 即 \quad 2^{32} + 1 \equiv 0 \pmod{641}.$$
因此结论成立。

定理 22 设 $a_i \equiv b_i \pmod{m} (i=0,1,2,\cdots,n)$，则
$$a_n x^n + a_{n-1} x^{n-1} + \cdots + a_0 \equiv b_n x^n + b_{n-1} x^{n-1} + \cdots + b_0 \pmod{m} \quad (x \text{ 取整数}).$$

此定理的证明留给读者作为练习。

例 19 设正整数 $a = a_n 1000^n + a_{n-1} 1000^{n-1} + \cdots + a_0 (0 \leqslant a_i < 1000, i=0,1,\cdots,n)$，证明 7（或 11，或 13）整除 a 的充分必要条件是 7（或 11，或 13）整除 $\sum_{i=0}^{n}(-1)^i a_i$。

证明 由于 $1000 \equiv -1 \pmod{7}$，由定理 22 知 $a \equiv \sum_{i=0}^{n}(-1)^i a_i \pmod{7}$，则 $7|a$ 的充分必要条件是 $7 \left| \sum_{i=0}^{n}(-1)^i a_i \right.$。

又 $1000 \equiv -1 \pmod{11}$, $1000 \equiv -1 \pmod{13}$, 故同理可得 11(或 13) 整除 a 的充分必要条件是 11(或 13) 整除 $\sum_{i=0}^{n}(-1)^i a_i$.

有了这些准备知识,我们可以来研究同余式(组)的解. 这里我们仅限于讨论一元一次同余式(组)的解. 所谓**一元一次同余式**是指如下形式的同余式:
$$ax \equiv b \pmod{m},\qquad ㉑$$
其中 x 为未知数. 若有 x_0 满足㉑式,则称 x_0 为同余式㉑的**解**.

定理 23 一元一次同余 $ax \equiv b \pmod{m}$ ($a \not\equiv 0 \pmod{m}$) 有解的充要条件是 $(a,m) \mid b$.

事实上,一元一次同余 $ax \equiv b \pmod{m}$ 有解的话,根据同余的定义有 $ax - b = my$, 即有二元一次不定方程 $ax - my = b$. 由上节不定方程解理论和定理 8 知道,它有整数解的充分必要条件是 $(a,m) \mid b$.

例 20 解同余式 $8x \equiv 10 \pmod{22}$.

解 因 $(8,22)=2, 2 \mid 10$, 故同余式有解. 先解 $4x \equiv 5 \pmod{11}$. 由 $(4,11)=1$ 知
$$4 \cdot 3 + 11 \cdot (-1) = 1, \quad 4 \cdot (3 \cdot 5) + 11 \cdot (-5) = 5, \quad 4 \cdot 4 \equiv 5 \pmod{11},$$
所以 $x \equiv 4 \pmod{11}$. 因此原同余式的解为 $x \equiv 4 \pmod{22}$ 和 $x \equiv 15 \pmod{22}$.

由一个未知数的一元一次同余式构成的同余式组,称为**一元一次同余式组**. 若 x_0 是同余式组中每个同余式的解,则称 x_0 是该同余式组的解. 那么怎样寻求一元一次同余式组的解呢?中国剩余定理可以回答这个问题.

定理 24 (中国剩余定理) 设 $m_1, m_2, \cdots, m_n$ 是正整数,并且 $(m_i, m_j) = 1$ ($i \neq j; i, j = 1, 2, \cdots, n$),那么一元一次同余式组
$$\begin{cases} x \equiv a_1 \pmod{m_1}, \\ x \equiv a_2 \pmod{m_2}, \\ x \equiv a_n \pmod{m_n} \end{cases}$$
恰有一个模 $m_1 m_2 \cdots m_n$ 的公共解.

证明 首先证明解的存在性. 令 $M = m_1 m_2 \cdots m_n$. 对于每一个 $k=1,2,\cdots,n$, 再令 $M_k = \dfrac{M}{m_k} = m_1 \cdots m_{k-1} m_{k+1} \cdots m_n$, 则根据定理条件可得 $(M_k, m_k) = 1$. 又根据一元一次同余式有解的充分必要条件可知 $M_k x \equiv 1 \pmod{m_k}$ 是有解的,设它的一个解为 x_k. 构造
$$\bar{x} = a_1 M_1 x_1 + a_2 M_2 x_2 + \cdots + a_n M_n x_n.$$
根据 M_k 的构造可知
$$M_j \equiv 0 \pmod{m_k} \quad (j \neq k; j, k = 1, 2, \cdots, n),$$
于是
$$\bar{x} = a_1 M_1 x_1 + a_2 M_2 x_2 + \cdots + a_n M_n x_n \equiv a_k M_k x_k \pmod{m_k}.$$
又 x_k 是 $M_k x \equiv 1 \pmod{m_k}$ 的解,所以

$$\overline{x} \equiv a_k M_k x_k \pmod{m_k} \equiv a_k \pmod{m_k}.$$

这就证明了 $\overline{x}$ 是所给的同余式组的一个解. 所以解存在.

再证解的唯一性. 假设 $\overline{x}'$ 是所给同余式组的另一个解, 则有

$$\overline{x} \equiv a_k \pmod{m_k} \equiv \overline{x}' \pmod{m_k},$$

所以对于每一个 k 都有 $M_k \mid (\overline{x}-\overline{x}')$. 又因为 $(m_i, m_j) = 1 (i \neq j, i, j = 1, 2, \cdots, n)$, 所以 $m_1 m_2 \cdots m_n \mid (\overline{x}-\overline{x}')$, 于是 $\overline{x} \equiv \overline{x}' \pmod{M}$. 故解是唯一的.

例 21（物不知其数问题） 今有物不知其数, 三三数之剩二, 五五数之剩三, 七七数之剩二, 问: 物几何?

解 这一问题就是要解同余式组

$$\begin{cases} x \equiv 2 \pmod{3}, \\ x \equiv 3 \pmod{5}, \\ x \equiv 2 \pmod{7}. \end{cases}$$

对应于中国剩余定理的证明, 这里 $M = 3 \times 7 \times 5, M_1 = 7 \times 5 = 35, M_2 = 3 \times 7 = 21, M_3 = 3 \times 5 = 15$, 则得到

$$\begin{cases} 35x \equiv 1 \pmod{3}, \\ 21x \equiv 1 \pmod{5}, \\ 15x \equiv 1 \pmod{7}. \end{cases}$$

分别有解 $x_1 = 2, x_2 = 1, x_3 = 1$, 所以同余式组的一个解为

$$\overline{x} = 2 \times 35 \times 2 + 3 \times 21 \times 1 + 2 \times 15 \times 1 = 233.$$

根据中国剩余定理得到同余式组的唯一解为 $\overline{x} = 233 \equiv 23 \pmod{105}$.

习 题 三

1. 证明: 如果 $F(x) = f_1(x) f_2(x) \cdots f_k(x)$, 那么方程 $F(x) = 0$ 的解集等于下列各个方程的解集的并集: $f_1(x) = 0, f_2(x) = 0, \cdots, f_k(x) = 0$, 其中每一个解都属于这 k 个方程的定义域的交集.

2. 解关于 x 的方程 $\dfrac{a^2}{x} - a = \dfrac{b^2}{x} - b$（其中 a, b 为实参数）.

3. 解方程 $\sqrt{x - \dfrac{1}{x}} + \sqrt{1 - \dfrac{1}{x}} = x$.

4. 求方程 $5x^2 + 6xy + 2y^2 - 14x - 8y + 10 = 0$ 的所有实数解.

5. 在实数范围内解关于 x 的方程 $x = \sqrt{a - \sqrt{a+x}}$（其中 a 为实参数）.

6. 解方程 $4 - |x| = \sqrt{x^2 + 4}$.

7. 解方程 $\sqrt{\log_a \sqrt[4]{ax} + \log_x \sqrt[4]{ax}} + \sqrt{\log_a \sqrt[4]{\dfrac{x}{a}} + \log_x \sqrt[4]{\dfrac{x}{a}}} = a$,其中 a 为实参数.

8. 解方程 $\log_{(16-3x)}(x-2) = \log_8 2\sqrt{2}$.

9. 解方程 $4^{x+\sqrt{x^2-2}} - 5 \cdot 2^{x-1+\sqrt{x^2-2}} - 6 = 0$.

10. 解方程组 $\begin{cases} x+y=a, \\ x^5+y^5=a^5 \end{cases}$ (参数 $a \neq 0$).

11. 解方程组 $\begin{cases} xy + \dfrac{1}{xy} + \dfrac{x}{y} + \dfrac{y}{x} = 13, \\ xy - \dfrac{1}{xy} + \dfrac{x}{y} + \dfrac{y}{x} = 12. \end{cases}$

12. 解方程组 $\begin{cases} x+y+z=10, \\ xy+yz+zx=33, \\ (x+y)(y+z)(z+x)=294. \end{cases}$

13. 解方程组 $\begin{cases} x^{x-y} = y^{x+y}, \\ \sqrt{xy} = 1 \end{cases}$ (如果底数和指数是变量,只考虑使底数取正值的情形).

14. 解方程 $4x + 3y = 2x \left[\dfrac{x^2+y^2}{x^2} \right]$,其中 $[\ ]$ 表示取整.

15. 解方程 $|x^2+3x-4| = |2x-1| - 1$.

16. 解方程组 $\dfrac{xy}{ay+bx} = \dfrac{yz}{bz+cy} = \dfrac{zx}{cx+az} = \dfrac{x^2+y^2+z^2}{a^2+b^2+c^2}$ (参数 $a \neq 0, b \neq 0, c \neq 0$).

17. 已知方程组 $\begin{cases} x - my - (2+m) = 0, \\ x^2 + 9y^2 - 9 = 0 \end{cases}$ 有唯一解,求参数 m 的值.

18. 解方程 $|x+1| + |3x+5| + |2x+7| = 7 + |2x-1| + |5x-2|$.

19. 求方程 $\dfrac{x}{3} - 3y = 1$ 的正整数解.

20. 解同余式组 $\begin{cases} x \equiv 11 \pmod{20}, \\ x \equiv 3 \pmod{24}. \end{cases}$

21. (百牛问题)有银百两,买牛百头. 已知大牛每头十两,小牛每头五两,牛犊每头半两. 问:买的一百头牛中大牛、小牛、牛犊各几头?

22. 一个正整数,如果用九进位制表示,则为 $\overline{ABC}$;如果用七进位制表示出来,则为 $\overline{CBA}$. 试用十进位制表示出这个数.

23. 已知 $(-2346, 1081) = 23$,求 s, t,使得 $-2346s + 1081t = 23$.

24. 证明一个数的素因数分解式是唯一的.

25. 证明素数有无穷多个.

26. 证明:如果自然数 x, y, z 满足方程 $x^n + y^n = z^n$,则 $\min\{x, y\} \geq n$.

27. 设函数 $f(x)=px^2+qx+r$ $(p>0)$,且方程 $f(x)=x$ 的两根 x_1,x_2 满足 $x_2-x_1>\dfrac{1}{p}$,求证:当 $x\in(0,x_1)$ 时,$f(x)>x_1$.

28. 设函数 $f(x)=ax^2+8x+3$ $(a<0)$,证明:对于给定的负数 a,有一个最大的正数 $l(a)$,使得在整个区间 $[0,l(a)]$ 上,不等式 $|f(x)|\leqslant 5$ 都成立.

本章参考文献

[1] 赵振威. 中学数学教材教法(第二分册·初等代数研究). 上海:华东师范大学出版社,1994.
[2] 余元希,田万海,毛宏德. 初等代数研究. 北京:高等教育出版社,1993.
[3] 沈文选. 初等数学研究教程. 长沙:湖南教育出版社,1996.
[4] 张顺燕. 数学的源与流. 第二版. 北京:高等教育出版社,2003.
[5] 罗增儒. 数学解题学引论. 第二版. 西安:陕西师范大学出版社,2001.
[6] 张奠宙,张广祥. 中学代数研究. 北京:高等教育出版社,2006.
[7] 吴炯圻,林培榕. 数学思想方法——创新与应用能力的培养. 第二版. 厦门:厦门大学出版社,2009.
[8] 中华人民共和国教育部. 普通高中数学课程标准(实验). 北京:人民教育出版社,2003.
[9] 中华人民共和国教育部. 全日制义务教育数学课程标准(实验稿). 北京:北京师范大学出版社,2001.
[10] 郑克明. 数论基础. 第二版. 重庆:西南师范大学出版社,1993.
[11] 钱佩玲,邵光华. 数学思想方法与中学教学. 北京:北京师范大学出版社,1999.

第四章 函数

> 函数是贯穿中学数学课程的一条基本主线,甚至是整个数学课程的一条主线.初中阶段,以平面直角坐标系和实数为基础,介绍了常量、变量和函数的概念及其表示法,之后具体研究了正比例函数及其图像、反比例函数及其图像、一次函数的图像和性质、抛物线的顶点和开口方向等内容.高中阶段,主要学习二次函数、幂函数、指数函数、对数函数、三角函数等内容,并将函数和方程、曲线联系起来,为高等数学的学习奠定了基础,为描述现实世界提供了数学模型.
>
> 本章我们将从函数概念的三种定义、初等函数、函数的性质与图像、函数概念的教学四个方面进行讨论、研究,以便更好地掌握中学数学教材中有关函数的内容.

第一节 函数概念的三种定义

一、函数的定义

1. 传统定义(变量说)

定义 1(变量说) 设在一个变化过程中有两个变量 x 和 y.如果对于 x 变化范围内的每一个确定的值,y 都有唯一确定的值与其对应,则称 y 为 x 的**函数**,并称 x 为**自变量**,y 为**因变量**.

"变量说"建立在变量(数)的基础上,内容形象、直观、自然,通俗易懂,一般被用做初中阶段的函数定义.但它没有突出函数的本质——对应关系.

2. 近代定义(对应说)

定义 2(对应说) 设 A,B 是非空的数集.如果按照某个确定的对应关系 f,使对于集合 A 中的任一个数 x,在集合 B 中都有唯一确定的数 y 和它对应,则称对应关系 $f:A \to B$ 为从集合 A 到集合 B 的一个**函数**,记

做 $y=f(x)$，$x \in A$，其中 x 称为**自变量**，x 的取值范围 A 称为函数的**定义域**；与 x 的值相对应的 y 称为**函数值**，函数值的集合 $\{f(x) | x \in A\} \subseteq B$ 称为函数的**值域**.

"对应说"建立在"集合"和"对应"这两个基本概念上，把函数看做是定义域到值域这两个集合之间的单值对应（映射）. 事实上，它不局限于具体的表现形式，两个集合中的元素也不一定是数或量，可以是任何事物. 因此，"对应说"全面概括了函数的本质特征，使函数定义有了广泛的适用范围. 定义 2 是高中教材中所采用的函数定义. 为了方便学生理解，降低了抽象程度，限定集合 A, B 为非空数集.

3. 现代定义（关系说）

"关系说"源于法国布尔巴基学派，他们认为，"对应说"并没有给出"对应"的确切含义，不能够用此定义函数. 于是，他们给出了只涉及原始概念"集合"的函数定义.

定义 3（关系说） 设 f 是从集合 X 到集合 Y 的关系，即 $f \subseteq X \times Y$，如果还满足 $(x_1, y_1) \in f$，$(x_1, y_2) \in f$，必有 $y_1 = y_2$，那么称 f 是集合 X 到集合 Y 的**函数**.

定义 3 中涉及的两个概念：

（1）集合的笛卡儿积：集合 X 和集合 Y 的笛卡儿积是全体序偶 (x, y) 的集合，其中 $x \in X$，$y \in Y$，记为 $X \times Y = \{(x, y) | x \in X, y \in Y\}$.

（2）关系：从集合 X 到集合 Y 的关系 R 是指笛卡儿积 $X \times Y$ 的一个子集 R. 若 (x, y) 属于 R，则称 x, y 具有关系 R，记做 xRy.

"关系说"虽然比较抽象，但它只涉及"集合"这一概念，既不需要用到意义并不明确的"对应"概念，又避免了"序"的定义，全部使用的是集合论的语言，也便于计算机接受，具有多方面的优越性. 只是这一定义过于形式化，抽掉了函数关系生动的直观——变量的运动特征，看不出对应关系的形式，更没有解析式的表达，对于初学者来说是很不容易掌握的.

这个定义说明，一个从集合 X 到集合 Y 的函数是从集合 X 到集合 Y 的一个特殊的关系，在这个关系中，不存在两个不同的有序对 (x, y) 有同一个第一元. 因此，函数是两个集合的关系. 但是，两个集合间的关系不一定是两个集合间的函数.

例如，设 $X = \{1, 2, 3\}$，$Y = \{4, 5, 6, 7\}$，$R = \{(1, 4), (1, 6), (2, 7), (3, 5), (3, 7)\}$，显然 R 是从 X 到 Y 的关系，但是 X 中的元 1 对应 Y 中的元 4 和 6，元 3 对应元 5 和 7. 也就是说，同一个元却对应了不同的元，所以 R 不是函数.

由此可见，函数和关系虽然都刻画关于两个集合之间的联系，但是是有区别的. 函数的定义域是某个集合的整体，不能是这个集合的一部分，而关系则不然；在函数的定义中，对于任给的 $x \in X$，存在唯一的 $y \in Y$ 与之对应，而在关系定义中，对于任给的 $x \in X$，在 Y 中可以有多于一个的元与之对应. 所以说函数是一种特殊的关系.

上述三个函数定义，各有各的不同特点，也反映了函数的发展史. "变量说"最朴素、最根本，也是最重要的，对于初学者更容易接受；"对应说"形式化的程度较高，对于研究函数的精细性质具有一定优势；"关系说"形式化的程度更高，在计算机科学、人工智能设计中具有一定作用."对应说"和"关系说"建立在集合论的基础上,相对于"变量说"更为优越,它们摆脱了变量定义中的"变化"一词的不确定含义,"对应说"用单值对应代替变量,"关系说"进一步用有序对代替变量,后两者更接近现代数学的语言,普适性强,并且它们都抓住了函数的本质——对应关系."对应说"在处理复合函数与反函数问题时,由于使用集合语言,在表示上比"变量说"方便且自然,参见图 4.1(a),(b).

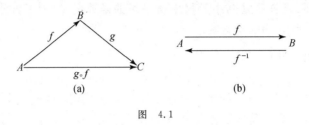

图 4.1

例如,$y=\sin^2 x+\cos^2 x(x\in \mathbf{R})$用"变量说"来诠释有些困难,因为无论 x 取何值,y 始终等于 1,即 y 并不随 x 的变化而变化.又如,著名的狄利克雷函数

$$D(x)=\begin{cases} 1, & \text{当 } x \text{ 为有理数时,} \\ 0, & \text{当 } x \text{ 为无理数时,} \end{cases}$$

用"变量说"也不易解释,但是用"对应说"就能够准确、清晰地刻画这个函数.另外,"关系说"比"变量说"更明确地指出了定义域、对应法则、值域这三个要素,而且定义域和值域不再局限于区间或实数集.

需要指出的是,"变量说"也有其优势,它在表达上直观、生动、适于表达定义在某个区间上且给出解析式因而有算法可循的连续函数,所以至今在一些书籍仍在使用.总之,三种不同的定义,都有各自存在的理由.但是"变量说"无论如何总是最基本的.

4. 函数的三要素

定义域、对应法则和值域是函数的三大要素.这其中前二者更为重要,因为在没有特殊限制的条件下,值域可由定义域及对应法则确定.前二者中又以对应法则 f 为重要,f 是使"对应"得以实现的方法和途径,是联系 x 与 y 的纽带,因而是函数概念的核心.在研究函数的抽象定义时,不妨把函数比喻为一个机器加工的过程,输入 x,输出 y,而这关键的加工机器就是 f.这一过程可表示为:$x \to [f] \to f(x)=y$.由于 x 必须经过 f 的"加工"才能达到 y,因此 x 的取值范围也要受 f 的制约,当 f 是用一个解析式表示的时候,往往可以根据 f 的解析式来确定函数的定义域.但有些函数的对应法则却无法用解析式明确地表示,比如某地的气温是关于时间的函数,这个函数却无法用解析式表示.

对应法则是函数概念的核心,但不能因此抹煞了定义域和值域的作用.讨论函数的性质时,都要从函数的定义域出发.当解析式相同而定义域不同时,应视为不同的函数.例如

$y=\sin x$ ($x\in[0,\pi]$)和 $y=\sin x$ ($x\in[-\pi/2,\pi/2]$)是两个不同的函数,它们的图像也不同. 所以我们如下定义两个函数**相等**:如果函数 f 和 g 有相同的定义域,并且它们定义中的每一个 x,$f(x)$ 和 $g(x)$ 的值都相等,就称函数 f 和 g **相等**. 至于函数的值域,虽然它可以由定义域和对应法则 f 确定而显得无关紧要,但是在某种情形下,例如求一个函数的反函数时,值域也能起重要的作用. 例如,反正弦函数 $y=\arcsin x$,在整个定义域上它没有反函数,但将它的值域规定为 $[-\pi/2,\pi/2]$,情形就不一样了.

二、反函数的定义

定义 4 设 f 为非空数集 A 到数集 B 的函数. 如果对于 $f(A)$ 中的任一个数 y,在 A 中都存在唯一的数 x,使得 $y=f(x)$,则称这个定义在 $f(A)$ 上的对应关系为函数 f 的**反函数**,记做 f^{-1},即 $f^{-1}: y\in f(A) \mapsto x\in A$.

按此定义,对每个 $y\in f(A)$,都有唯一的 $x\in A$ 与之对应,使得 $f(x)=y$,于是有 $f^{-1}(y)=x$. 这就是说,反函数 f^{-1} 的对应法则是完全由函数 f 的对应法则所确定的.

由定义可知,不是任何一个函数都存在反函数,只有当 $y=f(x)$ 的映射 f 是定义域 A 到值域 $f(A)$ 上的一一映射时,才存在逆映射,这时也就存在反函数.

函数 $y=f(x)$ 与反函数 $x=f^{-1}(y)$ 是形式不同而实际相同的表达式,如在同一坐标系中做出它们的图像,则是完全一样的. 但习惯上总以 x 为自变量,y 为因变量,所以常把 $y=f(x)$ 的反函数表示成 $y=f^{-1}(x)$ 时,这时在同一坐标系中它们的图像关于直线 $y=x$ 对称.

三、复合函数

定义 5 设函数 $y=f(u)$ 的定义域为 D_f,函数 $u=g(x)$ 在 D 上有定义,$g(D)\subseteq D_f$,则下式所确定的函数称为由函数 $y=f(u)$ 和函数 $u=g(x)$ 构成的**复合函数**:
$$y=f[g(x)], \quad x\in D,$$
它的定义域为 D,其中变量 u 称为**中间变量**.

由函数 f 与函数 g 构成的复合函数通常记为 $f\circ g$,即
$$(f\circ g)(x) = f[g(x)].$$
函数 f 与 g 构成复合函数 $f\circ g$ 的条件是:函数 g 在 D 上的值域 $g(D)$ 必须含在 f 的定义域 D_f 内,即 $g(D)\subseteq D_f$;否则,不能构成复合函数. 例如,函数 $y=f(u)=\arcsin u$ 的定义域为 $[-1,1]$,而函数 $u=g(x)=2\sqrt{1-x^2}$ 在 $D=\left[-1,-\frac{\sqrt{3}}{2}\right]\cup\left[\frac{\sqrt{3}}{2},1\right]$ 上有定义,且 $g(D)\subset[-1,1]$,则 f 与 g 构成复合函数 $y=\arcsin 2\sqrt{1-x^2}$ ($x\in D$);但函数 $y=\arcsin u$ 和 $u=2+x^2$ 不能构成复合函数,这是因为对任一 $x\in\mathbf{R}$,$u=2+x^2$ 均不在 $y=\arcsin u$ 的定义域 $[-1,1]$ 内.

有时,也会遇到两个以上函数所构成的复合函数,只要它们依次满足构成复合函数的条件. 例如,函数 $y=\sqrt{u}, u=\cos v, v=\dfrac{x}{2}$ 可构成复合函数 $y=\sqrt{\cos\dfrac{x}{2}}$,这里 u 及 v 都是中间变量,复合函数的定义域是 $D=\{x\mid(2k-1)\pi<x<(2k+1)\pi, k\in\mathbf{Z}\}$,而不是 $v=\dfrac{x}{2}$ 的定义域 $\mathbf{R}$,D 是 $\mathbf{R}$ 的一个非空子集.

根据映射理论,可以推得:$f\circ f^{-1}$ 和 $f^{-1}\circ f$ 都是恒等映射(若对于 A 中任意元素 a,均有 $I(a)=a$,则称 I 为 A 上的**恒等映射**).

四、函数的常用表示法

数学中研究函数主要是研究函数的变化特征(因为函数的变化特征反映了它所刻画的自然规律的特征),这就要研究函数的性质. 为了研究函数的性质,人们往往借助解析法、列表法和图像法这三种函数的表示方法. 虽然某些图像、表格、数列不能用解析式表达出其内在的规律,但是其中的变量仍旧存在着函数关系,所以它们都是函数.

1. 解析法

解析法就是用解析式来表达函数的对应法则,是最常用的方法,也叫做**公式法**,适用于表述连续函数或者分段函数,其中的解析式叫做**函数关系式**. 解析式有利于研究函数的性质、构建数学模型,对初学者来说也是最抽象的. 例如,

$$f(x)=\frac{1}{x+2} \quad \text{或} \quad f: x\mapsto\frac{1}{x+2},$$

这两者表示同一个函数. 用解析法表示函数时,定义域往往不被直接表示出来,这时定义域就是使式子有意义的所有 x 的集合. 上例中 $f(x)$ 的定义域为集合 $\{x\mid x\neq-2, x\in\mathbf{R}\}$,$f(x)$ 的值域是非零实数. 有些函数,如狄利克雷函数,其表达形式是将定义域划分为几个既不重复又不遗漏的部分,各部分用不同的解析式表示,这样的函数叫做**分段函数**.

2. 列表法

列表法就是把自变量与对应函数值用表格形式表示出来. 列表法适用于表达函数变量取值是离散的情况. 平方根表、对数表、正弦表等等,都是用列表法表示函数的例子. 列表法常常不可能将所有的对应值都列入数表,而只能达到使用上大致够用的程度.

3. 图像法

在中学教材里,函数图像的通俗定义为:把自变量 x 的一个值和对应的函数值分别作为点的横坐标和纵坐标,可以在直角坐标系内确定一个点,所有这些点的集合叫做这个函数的图像. **图像法**就是用函数图像表示函数的方法. 图像法可以直观地表述函数的形态,有利于分析函数的性质.

在研究现实问题的变化规律时,经常需要对相关量的变化情况深入考查,找出变量之间的内在联系.建立函数关系式,就是将这种内在联系以数学形式准确地表达出来的一种有效方法.在建立函数关系式以分析解决实际问题的过程中,往往要综合运用解析法、列表法和图像法.对于比较复杂的问题,还需要将有关数据输入计算机,借助现代计算方法予以解决.

第二节 初 等 函 数

一、基本初等函数

基本初等函数包括:常值函数、幂函数、指数函数、对数函数、三角函数、反三角函数.对这六类函数,在中学详细讨论了它们的定义和性质,并以表格的形式列出它们的定义、性质和图像.

1. 常值函数

定义 1 形如 $y=c$ 的函数叫做**常值函数**或**常数函数**,其中 c 是常数.

常值函数的定义域为 **R**,值域为 $\{c\}$,它是非单调的有界函数、偶函数、周期函数,且任一实数均为其周期,无最小正周期.

2. 幂函数

定义 2 形如 $y=x^\alpha$ 的函数叫做**幂函数**,其中 $\alpha\in\mathbf{R}$ 是常数.

当 $\alpha=0$ 时,幂函数即为常值函数 $y=1$.

2.1 有理指数的幂函数

(1) 整数指数的幂函数:正整数指数的幂函数和负整数指数的幂函数.

(2) 分数指数的幂函数:

正分数指数的幂函数:$y=x^{\frac{q}{p}}=\sqrt[p]{x^q}$ $\left(p,q\in\mathbf{N}^*,\dfrac{q}{p}\text{为既约分数},p>1\right)$;

负分数指数的幂函数:$y=x^{-\frac{q}{p}}=\dfrac{1}{x^{\frac{q}{p}}}=\dfrac{1}{\sqrt[p]{x^q}}$ $\left(p,q\in\mathbf{N}^*,\dfrac{q}{p}\text{为既约分数},p>1\right)$.

负分数指数的幂函数的研究方法和正分数指数的幂函数的研究方法基本相同,但由于取了倒数,所以它的定义域不包含 0.同样的原因,它的单调区间上的递增、递减情况也与正分数指数的幂函数恰恰相反.因此,两者的图像也完全不同,然而它们的奇偶性却是相同的.

2.2 无理指数的幂函数

我们是通过与无理指数 α 近似的有理指数的幂来刻画无理指数的幂 x^α 的,要使得 x^α 有意义,就必须保证以 α 的任何近似值为指数的有理指数幂有意义.所以,无理指数的幂函数的定义域是 $(0,+\infty)$,值域也是 $(0,+\infty)$.

利用对数恒等式 $x=a^{\log_a x}(x>0,a>0,a\neq 1)$,可将 $y=x^\alpha$ 改写为

$$y = a^{a\log_a x} \quad (x>0, a>0, a\neq 1),$$

于是幂函数 $y=x^\alpha$ 可看做指数函数 $y=a^u$ 和对数函数 $u=\alpha\log_a x$ 的复合函数. 因此, 可以通过指数函数与对数函数来研究无理指数的幂函数的性质.

3. 指数函数

定义 3 形如 $y=a^x$ 的函数叫做**指数函数**, 其中 $a\in\mathbf{R}$ 为常数, 且 $a>0, a\neq 1$.

4. 对数函数

定义 4 形如 $y=\log_a x$ 的函数叫做**对数函数**, 其中 $a\in\mathbf{R}$ 为常数, 且 $a>0, a\neq 1$.

5. 三角函数

三角函数包括以下六种: 正弦函数 $y=\sin x$, 余弦函数 $y=\cos x$, 正切函数 $y=\tan x$, 余切函数 $y=\cot x$, 正割函数 $y=\sec x$ 和余割函数 $y=\csc x$. 其中正弦函数和余弦函数是最基础的, 其他四类函数都可由它们表出.

6. 反三角函数

反三角函数是三角函数的反函数, 也包括以下六种: 反正弦函数 $y=\arcsin x$, 反余弦函数 $y=\arccos x$, 反正切函数 $y=\arctan x$, 反余切函数 $y=\text{arccot}\, x$, 反正割函数 $y=\text{arcsec}\, x$, 反余割函数 $y=\text{arccsc}\, x$.

以上基本初等函数中, 指数函数与对数函数互为反函数; 三角函数与反三角函数互为反函数.

(请读者自己举例画出上述函数的图像, 讨论其定义域、值域、有界性、单调性、奇偶性和周期性)

二、基本初等函数的特征性质

这里要进一步说明的是, 在基本初等函数的一系列性质中, 某些性质可以作为各个基本初等函数的特征性质. 换句话说, 各个基本初等函数是由其特征性质确定的.

定理 1 满足以下性质的函数 $f(x)(x\in D)$ 是一个以 $a(a=f(1)>1)$ 为底的指数函数:

(1) $f(x_1+x_2)=f(x_1)f(x_2), \forall x_1, x_2\in f(D)$;

(2) 单调递增.

证明 设 $f(x)$ 是满足性质(1)与(2)的函数, 并且设 $a=f(1)$. 由性质(1)可得

$$f(1)=f(0+1)=f(0)f(1), \quad \text{所以} \quad f(0)=1.$$

又由性质(2)可知 $f(0)<f(1)$, 所以

$$f(1)>1, \quad \text{即} \quad a>1.$$

设 m,n 为任意自然数, 由性质(1)可得

$$f(m)=f(m-1)f(1)=f(m-2)f(1)f(1)=\cdots=[f(1)]^m=a^m,$$

$$\left[f\left(\frac{m}{n}\right)\right]^n = f\underbrace{\left(\frac{m}{n}+\cdots+\frac{m}{n}\right)}_{n\text{个}} = f(m) = a^m,$$

所以 $f\left(\frac{m}{n}\right) = a^{\frac{m}{n}}$. 又因为

$$f\left(-\frac{m}{n}\right)f\left(\frac{m}{n}\right) = f\left(-\frac{m}{n}+\frac{m}{n}\right) = f(0) = 1,$$

所以 $\quad f\left(-\frac{m}{n}\right) = \left[f\left(\frac{m}{n}\right)\right]^{-1}$, 即 $f\left(-\frac{m}{n}\right) = a^{-\frac{m}{n}}$.

于是,对所有 $r \in \mathbf{Q}$ 都有 $f(r) = a^r$ 成立.

根据定义正实数 a(指数函数对底的要求 $a>0, a \neq 1$)的无理指数幂的过程可知,对于任何 $\alpha \in \mathbf{R}$, $f(\alpha) = a^\alpha$ 都成立. 因此有

$$f(x) = a^x \quad (a>1, x \in \mathbf{R}).$$

如果将定理 1 中性质(2)改为单调递减,那么容易得到相应的结论:

$$f(x) = a^x \quad (0<a<1, x \in \mathbf{R}).$$

由此可见,$f(x_1+x_2) = f(x_1)f(x_2)$ 与单调性是确定一个指数函数的充分条件,也是必要条件. 因此,将这两条性质称为指数函数的特征性质.

定理 2 满足以下性质的函数 $f(x)(x \in D)$ 是一个以某个大于 1 的数 a 为底的对数函数,即存在数 $a>1$,使得 $f(x) = \log_a x$:

(1) $f(x_1 x_2) = f(x_1) + f(x_2), \forall x_1, x_2 \in D$;

(2) 单调递增.

证明 由性质(1)可得

$$f(x) = f(1 \cdot x) = f(1) + f(x),$$

于是 $f(1) = 0$. 设 b 为大于 1 的实数,由性质(2)可知 $f(b) > 0$. 又设

$$g(x) = \frac{1}{f(b)} \cdot f(x),$$

于是 $g(x)$ 也是满足性质(1)与(2)的函数,并且 $g(b) = 1$.

设 m, n 为任意正整数,由性质(1)可得

$$g(b^n) = \frac{1}{f(b)} f(b^n) = n = ng(b).$$

因为 $g(b) = g\left[(b^{\frac{1}{n}})^n\right] = ng(b^{\frac{1}{n}})$,所以

$$g(b^{\frac{1}{n}}) = \frac{1}{n}, \quad g(b^{\frac{m}{n}}) = g((b^{\frac{1}{n}})^m) = mg(b^{\frac{1}{n}}) = \frac{m}{n}.$$

由 $g(b^{-\frac{m}{n}} \cdot b^{\frac{m}{n}}) = g(b^{-\frac{m}{n}}) + g(b^{\frac{m}{n}})$ 及 $g(1) = 0$ 可得

$$g(b^{-\frac{m}{n}}) = -\frac{m}{n},$$

于是对于任何 $r\in\mathbf{Q}$，都有 $g(b^r)=r$ 成立.

根据 $g(x)$ 的单调性及实数指数幂的定义，可知 $g(b^\alpha)=\alpha$ 对任何 $\alpha\in\mathbf{R}$ 都成立.

由对数定义，如果 $x=b^\alpha$，那么

$$\alpha=\log_b x, \quad 即 \quad \frac{1}{f(b)}f(x)=\log_b x.$$

于是 $f(x)=f(b)\log_b x$. 因为 $\log_b x=\dfrac{\log_a x}{\log_a b}$，所以

$$f(x)=f(b)\frac{\log_a x}{\log_a b}, \quad 即 \quad f(x)=\frac{\log_a x}{\log_a b^{\frac{1}{f(b)}}}.$$

如果取 $a=b^{\frac{1}{f(b)}}$，那么

$$f(x)=\log_a x.$$

因为 $b>1, f(b)>0$，所以对数函数 $f(x)=\log_a x$ 的底 a 是大于 1 的.

如果将定理 2 中性质 (2) 改为单调递减，那么容易得到相应的结论：

$$f(x)=\log_a x \quad (0<a<1, x\in\mathbf{R}).$$

定理 3 满足以下性质的函数 $f(x)(x\in D)$ 是实数指数的幂函数：

(1) $f(x_1 x_2)=f(x_1)f(x_2), \forall x_1, x_2\in D$；

(2) 在正实数范围内单调递增（递减）.

证明 设正实数 $a>1, y\in\mathbf{R}, x=a^y$. 令 $f(x)=f(a^y)=g(y)$，则由复合函数的单调性可知 $f(x)$ 与 $g(y)$ 有同样的单调性.

因为对任意 $y_1, y_2\in\mathbf{R}$，有

$$g(y_1+y_2)=f(a^{y_1+y_2})=f(a^{y_1}\cdot a^{y_2})=f(a^{y_1})f(a^{y_2})=g(y_1)g(y_2),$$

所以由定理 1 可知 $g(y)$ 是指数函数.

设 $g(y)=b^y(b>0, 且 b\neq 1)$. 因为 $x=a^y$，所以 $y=\log_a x$. 因此

$$f(x)=g(y)=b^y=b^{\log_a x}.$$

又设 $\log_a b=\alpha$，则 $b=a^\alpha$. 于是可得

$$f(x)=(a^\alpha)^{\log_a x}=x^\alpha \quad (\alpha\in\mathbf{R}).$$

注 含有未知函数的等式称为**函数方程**. 如果 $f(x)$ 在其定义域内处处满足某个函数方程，那么 $f(x)$ 称为这个函数方程的解. 例如，$f(x)=ax^2$ 是 $f(x)=f(-x)$ 的解. 上述各定理中的性质 (1) 都是函数方程.

三、初等函数及其分类

1. 初等函数的概念

定义 5 由基本初等函数经过有限次的代数运算（加、减、乘、除、乘方、开方）及函数复合运算所构成并可用一个式子表示的函数，称为**初等函数**.

例如，$y=ax^2+bx+c$，$y=\dfrac{e^x-e^{-x}}{2}$，$y=\lg\dfrac{x+3}{10}$ 都是初等函数.

又如，$y=[x]$（取整函数，其值等于不大于 x 的最大整数），$y=|x|$ 都不是基本初等函数经过有限次的代数运算及函数复合运算所构成的，而分段函数不是用一个式子表示的，所以它们都不是初等函数. 再如，$f(x)=1+x+x^2+x^3+\cdots+x^n+\cdots$ 没有满足"有限次"这一条件，所以也不是初等函数.

2. 初等函数的分类

定义 6 由基本初等函数 $f_1(x)=x$ 和 $f_2(x)=c$（c 为常数）经过有限次代数运算得到的初等函数，称为**代数函数**（或**代数显函数**）. 不是初等代数函数的初等函数，称为**超越函数**.

定义 7 由 $f_1(x)=x$ 和 $f_2(x)=c$（c 为常数）经过有限次加、减、乘、除四则运算得到的代数函数叫做**有理函数**. 不是有理函数的代数函数叫做**无理函数**.

例如，$y=3x^2+2x-1$ 是有理函数，$y=\sqrt{x\dfrac{x-1}{2x+1}}+x^3$ 是无理函数；而 $y=\sin^3 x$，$y=\ln(x-1)+5$，$y=\arctan 2x$ 都是超越函数，但 $y=x+\sin^2 x+\cos^2 x$ 是一个超越式，它可转化为 $y=x+1$，所以它是有理函数，不是超越函数.

定义 8 在有理函数中，仅用到加、减、乘运算所得到的函数叫做**整函数**或**多项式函数**. 非整函数（用到除法运算）的有理函数叫做**分式函数**.

比如，$y=3x^2+2x-1$ 是整函数，$y=\dfrac{2x-1}{x+1}$ 是分式函数.

综上所述，函数的分类可表示如下：

$$\text{函数}\begin{cases}\text{初等函数}\begin{cases}\text{代数函数}\begin{cases}\text{有理函数}\begin{cases}\text{整函数（多项式函数）}\\ \text{分式函数}\end{cases}\\ \text{无理函数}\end{cases}\\ \text{超越函数}\end{cases}\\ \text{非初等函数（取整函数、分段函数、有无穷多项的函数等）}\end{cases}$$

3. 代数函数的广义定义

定义 9 凡能作为代数方程的解的函数都叫做**代数函数**.

所谓**代数方程**是指只含有代数式的方程，可以通过移项、乘方等把它化为如下形式的方程：

$$P(x,y)=P_n(x)y^n+P_{n-1}(x)y^{n-1}+\cdots+P_1(x)y+P_0(x)=0,$$

其中 $P_i(x)(i=0,1,2,\cdots,n)$ 是变量 x 的多项式，且不全为零（下同，不作重复说明）.

例如，$y=\sqrt[n]{g(x)}$（$g(x)$ 是有理函数）是代数函数，因为它满足 $y^n-g(x)=0$.

但由于五次以上的代数方程一般没有根式解，所以还有许多函数不能表达成显式代数函数. 例如，$y^5+(x^2-1)y^2+\sqrt{5}y-2x=0$ 所确定的函数是一个代数函数，然而它不能由显函数来表示.

反之,不能作为代数方程的解的函数,即非代数函数都叫做**超越函数**.基本初等函数中的无理指数的幂函数、指数函数、对数函数、三角函数和反三角函数,以及由它们构成的初等函数,都是超越函数.

四、函数超越性的证明

函数的超越性,可以通过反证法得到证明.基本思路是:先假设这个初等函数 $y=f(x)$ 是代数函数,根据定义 9,则有 $P(x,f(x))\equiv 0$,再由此导出矛盾即可.

定理 4 函数 $y=a^x(a\neq 1)$ 不满足任何代数方程.

证明 假设存在一个关于 x,y 的非零多项式 $P(x,y)$,使得 $y=a^x$ 满足方程
$$P(x,y)=0.$$
将 $P(x,y)$ 按 y 的降幂排列后可写成
$$P(x,y)=P_n(x)y^n+P_{n-1}(x)y^{n-1}+\cdots+P_1(x)y+P_0(x).$$
以 $y=a^x$ 代入 $P(x,y)$,按假设便有
$$P_n(x)a^{nx}+P_{n-1}(x)a^{(n-1)x}+\cdots+P_1(x)a^x+P_0(x)\equiv 0. \qquad ①$$
设 m 是 $P_n(x)$ 的次数,将 $P_n(x)$ 表示成
$$P_n(x)=b_m x^m+b_{m-1}x^{m-1}+\cdots+b_1 x+b_0,$$
这里 $b_m\neq 0$.如果 $P_n(x)$ 是常数,那么 $m=0$.

对 $a\neq 1$ 分两种情况考虑:

(1) 设 $a>1$.由恒等式①可得
$$a^{nx}x^m\left[b_m+\frac{b_{m-1}}{x}+\cdots+\frac{b_0}{x^m}+\frac{P_{n-1}(x)}{a^x x^m}+\frac{P_{n-2}(x)}{a^{2x}x^m}+\cdots+\frac{P_0(x)}{a^{nx}x^m}\right]\equiv 0. \qquad ②$$
因为
$$\lim_{x\to+\infty}\left[b_m+\frac{b_{m-1}}{x}+\cdots+\frac{b_0}{x^m}+\frac{P_{n-1}(x)}{a^x x^m}+\frac{P_{n-2}(x)}{a^{2x}x^m}+\cdots+\frac{P_0(x)}{a^{nx}x^m}\right]=b_m\neq 0,$$
$$\lim_{x\to+\infty}a^{nx}x^m=+\infty,$$
所以当 $x\to+\infty$ 时,等式②左边的绝对值的极限等于 $+\infty$.因此,对于足够大的 $|x|$,必然不能等于零.这与②式矛盾,故假设不成立,即 $y=a^x$ 不满足代数方程.

(2) 当 $a<1$ 时,令 $a_1=\dfrac{1}{a}$,于是 $a_1>1$.以 $\dfrac{1}{a_1^x}$ 代替 a^x,同样可证得上述结论.

定理 5 函数 $y=\log_a x(a>0,a\neq 1)$ 不满足任何代数方程.

证明 假设存在一个关于 x,y 的非零多项式 $P(x,y)$,使得 $y=\log_a x$ 满足方程
$$P(x,y)=0$$
因为 $y=\log_a x$,所以 $x=a^y$,从而有 $P(a^y,y)\equiv 0$.这与定理 4 的结论矛盾,故假设不成立,即 $y=\log_a x$ 不满足任何代数方程.

推论 函数 $y=a^x$ 与 $y=\log_a x$ 的解析式不可能是关于变量 x 的代数式.

证明 假如 $a^x=F(x)$,这里的 $F(x)$ 是某一含有变量 x 的代数式,那么由 $a^x-F(x)=0$ 可得 $y-F(x)=0$. 将这个方程变形,总可使方程化成一端边为 0,另一端关于变量 x,y 的多项式(如果 $F(x)$ 含有根式,便需要化去根式). 这表明 y 是某个代数方程 $P(x,y)=0$ 的解,与定理 4 的结论矛盾. 故假设不能成立,即 $y=a^x$ 的解析式不可能是关于变量 x 的代数式.

同理可证,$y=\log_a x$ 的解析式不可能是关于变量 x 的代数式.

注 代数式是由运算符号(加、减、乘、除、乘方、开方)把数或表示数的字母连结而成的式子. 特别地,单独的一个数或者一个字母也是代数式. 关于代数式,有如下分类:

$$\text{代数式}\begin{cases}\text{有理式}\begin{cases}\text{整式}\begin{cases}\text{单项式(只含有一项的整式)}\\ \text{多项式(几个单项式的和)}\end{cases}\\ \text{分式(两个整式的商,且分母含有字母)}\end{cases}\\ \text{无理式(根号下含有字母的代数式)}\end{cases}$$

定理 6 函数 $y=x^\alpha$ (α 为无理数) 不满足任何代数方程.

证明 对 α 分两种情况考虑:

(1) 设 $\alpha>0$. 假设存在一个关于 x,y 的非零多项式 $P(x,y)$,使得 $y=x^\alpha$ 满足方程
$$P(x,y)=0.$$
将 $P(x,y)$ 按 y 的降序排列后可写成
$$P(x,y)=P_n(x)y^n+P_{n-1}(x)y^{n-1}+\cdots+P_1(x)y+P_0(x).$$
以 $y=x^\alpha$ 代入 $P(x,y)$,按假设便有
$$P_n(x)x^{n\alpha}+P_{n-1}(x)x^{(n-1)\alpha}+\cdots+P_1(x)x^\alpha+P_0(x)\equiv 0. \qquad ③$$
设 $p,q,\cdots,r,s$ 分别为 $P_n(x),P_{n-1}(x),\cdots,P_1(x),P_0(x)$ 的次数,并将 $P_n(x),P_{n-1}(x),\cdots,P_1(x),P_0(x)$ 按 x 的降幂排列分别表示为
$$\left.\begin{array}{l}P_n(x)=A_p x^p+A_{p-1}x^{p-1}+\cdots+A_0,\\ P_{n-1}(x)=B_q x^q+B_{q-1}x^{q-1}+\cdots+B_0,\\ \cdots\cdots\cdots\cdots\\ P_1(x)=C_r x^r+C_{r-1}x^{r-1}+\cdots+C_0,\\ P_0(x)=D_s x^s+D_{s-1}x^{s-1}+\cdots+D_0,\end{array}\right\} \qquad ④$$
这里常数 $A_p,B_q,\cdots,C_r,D_s$ 都不等于零. 如果 $P_i(x)(i=0,1,2,\cdots,n)$ 是常数,那么它的次数为零. 将④中各式代入③式得
$$A_p x^{p+n\alpha}+A_{p-1}x^{(p-1)+n\alpha}+\cdots+A_0 x^{n\alpha}$$
$$+B_q x^{q+(n-1)\alpha}+B_{q-1}x^{(q-1)+(n-1)\alpha}+\cdots+B_0 x^{(n-1)\alpha}$$
$$+C_r x^{r+\alpha}+C_{r-1}x^{(r-1)+\alpha}+\cdots+C_0 x^\alpha$$
$$+D_s x^s+D_{s-1}x^{s-1}+\cdots+D_0\equiv 0. \qquad ⑤$$

在⑤式中各项 x 的指数互不相等. 事实上,设 x 的任意两个指数分别为 $h+k\alpha, h'+k'\alpha$,这里的 h, h', k, k' 均为非负整数. 如果 $h+k\alpha = h'+k'\alpha$,那么有
$$h - h' = (k' - k)\alpha. \qquad ⑥$$

当 $k \neq k'$ 时,⑥中左端为整数,右端为无理数,于是⑥式不能成立.

当 $k = k'$ 时,因为 h 与 h' 至少相差 1(例如,$k = k' = n-1, h = q, h' = q-1$),所以 $h \neq h'$,此时⑥式也不能成立.

将⑤式左端按 x 的降幂排列,设为
$$W_m x^{\alpha_m} + W_{m-1} x^{\alpha_{m-1}} + \cdots + W_0 x^{\alpha_0} \equiv 0, \qquad ⑦$$
这里 $\alpha_j (j = 0, 1, 2, \cdots, m)$ 为实数,$\alpha_m > \alpha_{m-1} > \cdots > \alpha_0$,且 $W_m \neq 0$.

当 $x > 0$ 时,$x^{\alpha_m} > 0$,于是可将⑦式变形为
$$W_m + W_{m-1} x^{\alpha_{m-1} - \alpha_m} + \cdots + W_0 x^{\alpha_0 - \alpha_m} \equiv 0. \qquad ⑧$$

因为 $\alpha_j - \alpha_m < 0 (j = 0, 1, 2, \cdots, m-1)$,所以 $\lim_{x \to +\infty} x^{\alpha_j - \alpha_m} = 0$,从而
$$\lim_{x \to +\infty}(W_m + W_{m-1} x^{\alpha_{m-1} - \alpha_m} + \cdots + W_0 x^{\alpha_0 - \alpha_m}) = W_m \neq 0.$$

这表明,对于足够大的 $|x|$,⑧式的左端不能等于 0. 这与⑧式矛盾,故假设不成立,即 $y = x^\alpha$ 不满足任何代数方程.

(2) 当 $\alpha < 0$ 时,设 $\beta = -\alpha$,那么 $x^\alpha = x^{-\beta} = \dfrac{1}{x^\beta}$. 同理可得 $\dfrac{1}{x^\beta}$ 不满足任何代数方程.

定理 7 函数 $y = \sin x$ 不满足任何代数方程.

证明 假设存在一个关于 x, y 的非零多项式 $P(x, y)$,使得 $y = \sin x$ 满足方程
$$P(x, y) = 0.$$
将 $P(x, y)$ 按 y 的降幂排列后可写成
$$P(x, y) = P_n(x) y^n + P_{n-1}(x) y^{n-1} + \cdots + P_1(x) y + P_0(x).$$
以 $y = \sin x$ 代入 $P(x, y)$,按假设便有
$$P_n(x) \sin^n x + P_{n-1}(x) \sin^{n-1} x + \cdots + P_1(x) \sin x + P_0(x) \equiv 0. \qquad ⑨$$
因为 $\sin k\pi = 0 (k = 0, \pm 1, \pm 2, \cdots)$,所以由⑨式可得关于 x 的方程 $P_0(x) = 0$ 有无限多个根. 因此 $P_0(x) \equiv 0$. 于是应有 $y = \sin x$ 满足方程
$$P_n(x) y^n + P_{n-1}(x) y^{n-1} + \cdots + P_1(x) y = 0,$$
即
$$y[P_n(x) y^{n-1} + P_{n-1}(x) y^{n-2} + \cdots + P_1(x)] = 0. \qquad ⑩$$
按假设,$y = \sin x$ 满足⑩式,但 $y = \sin x$ 不恒等于 0,所以 $y = \sin x$ 必然满足方程
$$P_n(x) y^{n-1} + P_{n-1}(x) y^{n-2} + \cdots + P_1(x) = 0. \qquad ⑪$$
与⑨式的情形相仿,可证得 $P_1(x) \equiv 0$. 依此类推,可得 $P_2(x) \equiv P_3(x) \equiv \cdots \equiv P_n(x) \equiv 0$,于是 $P(x, y)$ 为零多项式. 这与假设矛盾,故假设不成立,即 $y = \sin x$ 不满足任何代数方程.

推论 函数 $y = \sin x$ 的解析式不可能是关于变量 x 的代数式.

证明 假如 $\sin x = F(x)$,这里的 $F(x)$ 是某一含有变量 x 的代数式,那么由 $\sin x - F(x)$

=0 可得
$$y - F(x) = 0.$$
将这个方程变形,总可使方程化成为关于变量 x,y 的多项式(如果 $F(x)$ 含有根式,便需要化去根式). 这表明 y 是某个代数方程 $P(x,y)=0$ 的解,与定理 7 的结论矛盾. 故假设不能成立,即 $y=\sin x$ 的解析式不可能是关于变量 x 的代数式.

类似地,可证其他三角函数不满足任何代数方程,它们的解析式不可能是关于其自变量的代数式.

定理 8 三角函数 $x=f(y)$ 的反三角函数 $y=f^{-1}(x)$ 不满足任何代数方程.

证明 假设存在一个关于 x,y 的非零多项式 $P(x,y)$,使得 $y=f^{-1}(x)$ 满足方程
$$P(x,y) = 0.$$
因为 $x=f(y)$,于是有 $P[f(y),y]\equiv 0$. 将 $P[f(y),y]$ 按 $f(y)$ 的降幂排列后可得
$$P_n(y)[f(y)]^n + P_{n-1}(y)[f(y)]^{n-1} + \cdots + P_1(y)f(y) + P_0(y) \equiv 0, \quad ⑫$$
式中 $P_n(y),P_{n-1}(y),\cdots,P_1(y),P_0(y)$ 都是关于变量 y 的多项式,$f(y)$ 是关于变量 y 的三角函数. 这表明三角函数 $x=f(y)$ 满足一个代数方程,即三角函数是代数函数. 这与上述已经证明的结论矛盾,故假设不能成立,即反三角函数不满足任何代数方程.

第三节 函数的性质与图像

一、函数的定义域和值域

研究某个函数的特征性质,首先要研究的就是这个函数的定义域及值域,这是研究函数的基础.

1. 函数的定义域

函数的定义域就是使函数有意义(包括函数表达式的数学意义和问题的实际背景所限定的意义)的自变量的取值范围. 它在讨论有关函数的其他问题时起着重要作用.

确定函数定义域的原则:

(1) 当函数用表格给出时,函数的定义域是指表格中表示自变量的实数的集合;

(2) 当函数用图像给出时,函数的定义域是指图像在 x 轴上的投影所覆盖的实数的集合;

(3) 当函数用解析式给出时,函数的定义域是指使解析式有意义的实数 x 的集合;

(4) 当函数由实际问题给出时,函数的定义域由实际问题的意义确定.

确定初等函数定义域的原则:

(1) 若函数 $f(x)$ 是整式,则其定义域为全体实数;

(2) 若函数 $f(x)$ 是分式,则其定义域为使分母不为零的全体实数;

(3) 若函数 $f(x)$ 是偶次根式,则其定义域为使被开方式为非负的全体实数;

(4) 函数 $f(x)=x^0$ 的定义域是 $(-\infty, 0) \cup (0, +\infty)$.

确定某些复合函数定义域的原则:

(1) 若函数形如 $\log_{g(x)} f(x)$, 则 $g(x)>0, g(x) \neq 1, f(x)>0$.

(2) 若函数形式如 $\tan f(x)$, 则 $f(x) \neq k\pi + \dfrac{\pi}{2} (k \in \mathbf{Z})$; 若函数形式如 $\cot f(x)$, 则 $f(x) \neq k\pi (k \in \mathbf{Z})$;

(3) 对于函数 $\arcsin f(x), \arccos f(x)$, 则 $|f(x)| \leqslant 1$.

(4) 对于函数 $y=f[g(x)]$, 若 $y=f(u)$ 的定义域为 D_1, $u=g(x)$ 的定义域为 D_2, 则一方面应有 $x \in D_2$, 另一方面应有 $g(x) \in D_1$, 所以 $y=f[g(x)]$ 的定义域是

$$D = \{x \mid x \in D_2, \text{且} g(x) \in D_1\}.$$

定义域的表示法, 一般有区间表示法、不等式表示法和集合表示法等. 求函数的定义域一般是通过解不等式或不等式组来完成的. 当函数的定义域由一个不等式组确定时, 其结果是不等式组中每一个不等式的解集的交集; 当函数的定义域由两个或两个以上不等式组确定时, 其结果是各个不等式组的解集的并集.

例 1 已知水渠的横断面为等腰梯形, 斜角 $\varphi=40°$, 如图 4.2 所示. 当过水断面 $ABCD$ 的面积为定值 S_0 时, 求湿周 $L(L=AB+BC+CD)$ 与水深 h 之间的函数关系式, 并指明其定义域.

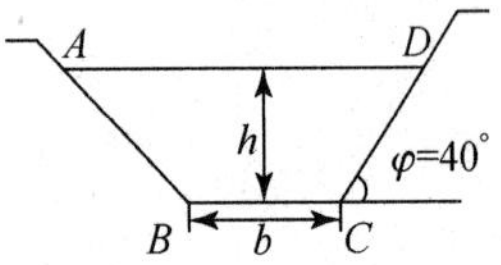

解 因为 $AB=CD=\dfrac{h}{\sin 40°}, AD=b+2\dfrac{h}{\tan 40°}$, 所以

$$S_0 = \dfrac{1}{2}\left(2b+2\dfrac{h}{\tan 40°}\right)h = \left(b+\dfrac{h}{\tan 40°}\right)h.$$

于是,得

$$b = \dfrac{S_0}{h} - \dfrac{h}{\tan 40°} > 0 \Longrightarrow h < \sqrt{S_0 \tan 40°}.$$

图 4.2

故

$$L = AB+BC+CD = \dfrac{2h}{\sin 40°}+b = \dfrac{2h}{\sin 40°}+\dfrac{S_0}{h}-\dfrac{h}{\tan 40°} = \dfrac{S_0}{h}+\dfrac{2-\cos 40°}{\sin 40°}h.$$

根据实际意义及解析式, 其定义域为 $\{h \mid 0 < h < \sqrt{S_0 \tan 40°}\}$.

例 2 求函数 $\dfrac{\sqrt{\tan x \cdot \cos x}}{1-\cot x}$ 的定义域.

解 使函数有意义的自变量 x 必须满足

$$\begin{cases} \tan x, \cot x \text{ 有意义}, \\ \tan x \cdot \cos x \geqslant 0, \\ 1-\cot x \neq 0 \end{cases} \Longleftrightarrow \begin{cases} x \neq \dfrac{k\pi}{2}, \\ 2k\pi \leqslant x \leqslant (2k+1)\pi, (k \in \mathbf{Z}), \\ x \neq k\pi + \dfrac{\pi}{4} \end{cases}$$

所以函数的定义域是 $\left\{x \mid 2k\pi \leqslant x \leqslant (2k+1)\pi,\text{且 } x \neq \dfrac{k\pi}{2}, x \neq k\pi + \dfrac{\pi}{4}, k \in \mathbf{Z}\right\}$.

2. 函数的值域

函数的值域是所有函数值组成的集合. 这个集合是由定义域内的自变量，通过对应法则而得到的函数值全体.

确定函数值域的原则：

(1) 当函数 $y = f(x)$ 用表格给出时，函数的值域是指表格中实数 y 的集合；

(2) 当函数 $y = f(x)$ 用图像给出时，函数的值域是指图像在 y 轴上的投影所覆盖的实数的集合；

(3) 当函数 $y = f(x)$ 用解析式给出时，函数的值域由函数的定义域及其对应法则唯一确定；

(4) 当函数由实际问题给出时，函数的值域由问题的实际意义确定.

由于求函数的值域是相当复杂的数学问题，所以初中阶段不要求讨论值域. 求值域在高中数学中也是难点之一，它没有固定的方法和模式，绝大多数值域问题与函数的最值问题有关，解答这类问题既涉及具体的解题方法又涉及一些抽象的逻辑方法，难以找到比较固定的求解模式. 下面介绍一些常用的求函数值域的方法.

2.1 观察法

观察法是指通过对函数定义域和性质的观察，再结合对函数解析式的分析来求得函数的值域.

例 3 求函数 $y = \sqrt{1-x^2} + 2$ 的值域.

解 不难看出函数的定义域为 $[-1,1]$，再根据解析式，观察得到 $y = \sqrt{1-x^2} + 2$ 的值域为 $[2,3]$.

2.2 图像法

图像法是指通过函数的图像在 y 轴上的投影来确定函数的值域.

例 4 求函数 $y = |x+1| + |x-2|$ 的值域.

分析 解答含有绝对值的问题，可先求出函数对应的绝对值零点（称 $x = a$ 为绝对值 $|x-a|$ 的**零点**），把问题转化为不含有绝对值的问题.

解 函数 $y = |x+1| + |x-2|$ 对应的绝对值零点是 $x_1 = -1, x_2 = 2$.

当 $x < -1$ 时，$y = -2x + 1$；

当 $x \geqslant 2$ 时，$y = 2x - 1$.

于是，$y = \begin{cases} -2x+1, & x < -1, \\ 3, & -1 \leqslant x < 2, \\ 2x-1, & x \geqslant 2. \end{cases}$

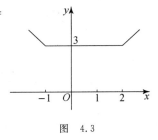

图 4.3

作出函数的图像(见图 4.3). 从函数图像可以看出,函数的值域为$\{y|y\geqslant 3\}$.

2.3 反函数法

因为由函数 $y=f(x)$ 确定的反函数 $x=f^{-1}(y)$ 的定义域就是 $y=f(x)$ 的值域,所以从函数 $y=f(x)$ 解出 $x=f^{-1}(y)$ 后,再求 $x=f^{-1}(y)$ 的定义域便可确定函数 $y=f(x)$ 的值域. 这种求函数值域的方法称为**反函数法**.

例 5 求函数 $y=\dfrac{x}{x+1}$ 的值域.

解 由 $y=\dfrac{x}{x+1}$ 得 $x=\dfrac{y}{1-y}$,因此 $1-y\neq 0$,即 $y\neq 1$. 故原函数的值域是
$$(-\infty,1)\cup(1,+\infty).$$

注 本例的解法对求形如 $y=\dfrac{ax+b}{cx+d}$ 的函数的值域具有一般性,其结果是
$$\left\{y\,\Big|\,y\in\mathbf{R},y\neq\dfrac{a}{c}\right\}.$$

2.4 配方法

配方法是指对函数配方后,利用"$x^2\geqslant 0$"或"$-x^2\leqslant 0$"或"若 $x^2\leqslant 0$,则 $x=0$"来求得函数的值域. 用配方法求函数的值域时,应注意等号成立的条件.

例 6 求函数 $y=\sqrt{-x^2+x+2}$ 的值域.

解 函数的定义域为 $[-1,2]$. 因为
$$-x^2+x+2=-\left(x-\dfrac{1}{2}\right)^2+\dfrac{9}{4},\quad \text{而}\quad -\left(x-\dfrac{1}{2}\right)^2\leqslant 0,$$

所以当 $x=1/2$ 时,函数取得最大值 $3/2$,即 $y\leqslant 3/2$. 另外,在函数的定义域内,显然有 $y\geqslant 0$,故函数的值域为 $[0,3/2]$.

2.5 判别式法

若函数 $y=f(x)$ 可化为关于 x 的二次方程,那么在方程有实数解时,判别式 $\Delta\geqslant 0$,由此可以求得函数的值域. 这样确定函数值域的方法称为**判别式法**.

例 7 求函数 $y=\dfrac{2x^2+2x+5}{x^2+x+2}$ 的值域.

解 把函数式变形为
$$(y-2)x^2+(y-2)x+(2y-5)=0. \qquad ①$$

当 $y=2$ 时,方程①无解,故 $y=2$ 不在函数的值域中.

当 $y\neq 2$ 时,方程①关于 x 有实数解的充要条件是 $\Delta\geqslant 0$,即
$$(y-2)^2-4(y-2)(2y-5)\geqslant 0.$$

解不等式,并注意到 $y\neq 2$,得 $2<y\leqslant\dfrac{18}{7}$,即函数的值域是 $\left(2,2\dfrac{4}{7}\right]$.

注意,在利用判别式法求值域时,要注意由于函数解析式的变形,可能引起值域的扩大或缩小.

2.6 不等式法

不等式法是指通过把函数解析式变形以求得其所满足的不等式来确定函数的值域.

例 8 求函数 $y=\dfrac{x^2-2x+1}{x^2+1}$ 的值域.

解 将函数改写为
$$y=\dfrac{(x^2+1)-2x}{x^2+1}=1-\dfrac{2x}{x^2+1}.$$

由 $(x\pm1)^2\geqslant0$ 得 $-(x^2+1)\leqslant 2x\leqslant x^2+1$. 不等式两边同乘以 $\dfrac{1}{x^2+1}$,得 $-1\leqslant\dfrac{2x}{x^2+1}\leqslant1$,于是
$$0\leqslant 1-\dfrac{2x}{x^2+1}\leqslant 2, \quad 因此 \quad 0\leqslant y\leqslant 2,$$
即函数的值域是 $[0,2]$.

2.7 最值法

如果函数在区间 $[a,b]$ 上连续,它的最大值和最小值分别是 M 和 m,那么函数的值域是 $[m,M]$. 这样确定函数值域的方法称为**最值法**.

例 9 求函数 $y=2\cos(2\arcsin x)+3\sin(\arcsin|x|)$ 的值域.

解 $y=2\cos(2\arcsin x)+3\sin(\arcsin|x|)=2-4\sin^2(\arcsin x)+3\sin(\arcsin|x|)$
$$=2-4x^2+3|x|=-4\left(|x|-\dfrac{3}{8}\right)^2+2\dfrac{9}{16}.$$

当 $|x|=\dfrac{3}{8}$ 时,y 有最大值 $2\dfrac{9}{16}$.

又因为 $\arcsin x$ 的定义域为 $[-1,1]$,当 $|x|=1$ 时,y 有最小值 1,故函数的值域是 $\left[1,2\dfrac{9}{16}\right]$.

此外,还可以利用求导法来求函数的值域.

2.8 三角代换法

三角代换法的基本思想在于将所讨论的函数值域问题转化为三角函数的值域问题. 但在代换时必须使三角函数的值域与被代换变量的取值范围一致.

例 10 求函数 $y=\sqrt{x}+\sqrt{1-x}$ 的值域.

解 函数的定义域为 $[0,1]$,所以可设 $x=\sin^2\theta$ $(0\leqslant\theta\leqslant\pi/2)$,则
$$y=\sqrt{\sin^2\theta}+\sqrt{1-\sin^2\theta}=\sin\theta+\cos\theta=\sqrt{2}\sin\left(\dfrac{\pi}{4}+\theta\right).$$

当 $\theta=\pi/4$ 时,y 有最大值 $\sqrt{2}$;

当 $\theta=0$ 或 $\theta=\pi/2$ 时,y 有最小值 1,

所以，函数的值域是 $[1, \sqrt{2}]$.

二、函数的性质

这里我们主要讨论函数的有界性、单调性、奇偶性与周期性．函数的性质还包括凹凸性、极大值、极小值等．

1. 有界性

定义 1 如果存在常数 M，对于函数 $f(x)$ 的定义域（或其子集）内的一切值，都有

(1) $f(x) \leqslant M$ 成立，那么称函数 $f(x)$ 在定义域（或其子集）上**有上界**，并称 M 是 $f(x)$ 在其定义域（或其子集）上的一个**上界**；

(2) $f(x) \geqslant M$ 成立，那么称函数 $f(x)$ 在定义域（或其子集）上**有下界**，并称 M 是 $f(x)$ 在其定义域（或其子集）上的一个**下界**；

(3) $|f(x)| \leqslant |M|$ 成立，那么称函数 $f(x)$ 在定义域（或其子集）上的**有界**.

如果不存在满足条件 $|f(x)| < M$ 的正数 M，即在函数 $f(x)$ 的定义域（或其子集）内，总能找到一个 x，使得 $|f(x)| > M$，那么称这个函数在定义域（或其子集）上**无界**.

显然，函数 $f(x)$ 有界，其上界和下界都是不唯一的；函数在定义域（或其子集）上有界的充分必要条件是它在定义域（或其子集）上既有上界又有下界．

例如，函数 $f(x) = \sin x$ 和 $f(x) = \cos x$ 在 $(-\infty, +\infty)$ 内都有 $|f(x)| \leqslant 1$ 成立，故 $\sin x$ 和 $\cos x$ 都是实数集上的有界函数，1 是 $f(x)$ 的一个上界，-1 是 $f(x)$ 的一个下界（任何大于 1 的数都是它们的上界，而任何小于 -1 的数都是它们的下界），它们的图像介于两条直线 $y = 1$ 和 $y = -1$ 之间．一般地，若 $|f(x)| \leqslant M$，则有界函数 $y = f(x)$ 的图像介于直线 $y = -M$ 和 $y = M$ 之间．又如，函数 $y = \dfrac{1}{x}$ 在开区间 $(0, 1)$ 内是无界的，因为在 $(0, 1)$ 内不存在这样的正数 M，使 $\left|\dfrac{1}{x}\right| \leqslant M$；但是它有下界，因为在 $(0, 1)$ 内，$\dfrac{1}{x} \geqslant 1$，1 是它的一个下界．

例 11 证明函数 $y = \dfrac{x}{1+x^2}$ 是有界函数．

证明 函数的定义域为 $\mathbf{R}$. 因为 $|1+x^2| \geqslant |2x|$，所以当 $x \in \mathbf{R}$ 时，有

$$\left|\dfrac{x}{1+x^2}\right| \leqslant \left|\dfrac{2x}{1+x^2}\right| \leqslant 1.$$

故 $y = \dfrac{x}{1+x^2}$ 是有界函数．

2. 单调性

定义 2 函数 $f(x)$ 在区间 I 上有定义．如果对于任意的 $x_1, x_2 \in I$，当 $x_1 < x_2$ 时，恒有 $f(x_1) < f(x_2)$，则称函数 $f(x)$ 在区间 I 上是**单调增加**的；当 $x_1 < x_2$ 时，恒有 $f(x_1) > f(x_2)$，

则称函数 $f(x)$ 在区间 I 上是**单调减少**的.

单调增加和单调减少的函数统称为**单调函数**.

函数的单调性与给定区间是密切相关的,同一函数在不同区间上可能有不同的单调性. 例如,函数 $y=x^2$ 在 $(-\infty,0)$ 上单调递减,在 $(0,+\infty)$ 上单调递增,但在定义域 $(-\infty,+\infty)$ 内不是单调的.

例 12 讨论函数 $f(x)=x+\dfrac{1}{x}$ 的单调性.

解 函数的定义域为 $D=(-\infty,0)\bigcup(0,+\infty)$. 对于任意的 $x_1,x_2\in D$,当 $x_1<x_2$ 时,有

$$f(x_2)-f(x_1)=x_2-x_1+\left(\frac{1}{x_2}-\frac{1}{x_1}\right)=(x_2-x_1)\left(1-\frac{1}{x_1x_2}\right).$$

(1) 当 $0<x_1<x_2\leqslant 1$ 时,有 $0<x_1x_2\leqslant 1$,此时,$x_2-x_1>0$,$1-\dfrac{1}{x_1x_2}<0$,因此

$$f(x_2)-f(x_1)<0,\quad 即 \quad f(x_1)>f(x_2).$$

所以函数 $f(x)=x+\dfrac{1}{x}$ 在 $(0,1]$ 上单调减少.

(2) 当 $1<x_1<x_2$ 时,有 $x_1x_2>1$,此时,$x_2-x_1>0$,$1-\dfrac{1}{x_1x_2}>0$,因此

$$f(x_2)-f(x_1)>0,\quad 即 \quad f(x_1)<f(x_2).$$

所以函数 $f(x)=x+\dfrac{1}{x}$ 在 $(1,+\infty)$ 上单调增加.

(3) 当 $-1\leqslant x_1<x_2<0$ 时,有 $0<x_1x_2<1$,此时,$x_2-x_1>0$,$1-\dfrac{1}{x_1x_2}<0$,因此

$$f(x_2)-f(x_1)<0,\quad 即 \quad f(x_1)>f(x_2).$$

所以函数 $f(x)=x+\dfrac{1}{x}$ 在 $[-1,0)$ 上单调减少.

(4) 当 $x_1<x_2<-1$ 时,有 $x_1x_2>1$,此时,$x_2-x_1>0$,$1-\dfrac{1}{x_1x_2}>0$,因此

$$f(x_2)-f(x_1)>0,\quad 即 \quad f(x_1)<f(x_2).$$

所以函数 $f(x)=x+\dfrac{1}{x}$ 在 $(-\infty,-1)$ 上单调增加.

例 12 是直接采用单调性的定义进行求解的,在确定单调性时,通过对 $f(x_2),f(x_1)$ 作差与零比较来判断大小. 函数值同号时,也可以通过作商与 1 比较来判断大小.

函数的单调性还可通过以下定理进行判定. 下面约定:如果两个函数在所讨论的区间里都是单调递增的(或单调递减的),则称这两个函数**依同向变化**;如果其中一个单调递增、另一个单调递减,则称这两个函数**依反向变化**.

定理 1 (1) 单调函数 $f(x)$ 与函数 $f(x)+c$ (c 是常数)依同向变化；

(2) 单调函数 $f(x)$ 与函数 $cf(x)$ (c 是常数)，当 $c>0$ 时依同向变化，当 $c<0$ 时依反向变化；

(3) 若两个单调函数 $f_1(x)$ 与 $f_2(x)$ 依同向变化，则它们的和与它们依同向变化；

(4) 若两个正值(或负值)单调函数 $f_1(x)$ 与 $f_2(x)$ 依同向变化，则它们的乘积与它们依同向(或反向)变化；

(5) 单调函数 $f(x)$ 与函数 $\dfrac{1}{f(x)}$ 在 $f(x)$ 不等于零且同号的区间里依反向变化；

(6) 单调函数 $f(x)$ 和它的反函数 $f^{-1}(x)$ 依同向变化；

(7) 如果单调函数 $y=f(u)$ 和单调函数 $u=g(x)$ 依同向(或反向)变化，那么复合函数 $y=f[g(x)]$ 是单调递增(或递减)的.

证明 只证(6)和(7)，其他的证明请读者给出.

(6) 设 $y=f(x)$ 是单调递增的，函数的定义域为 D，值域为 E.

先证它的反函数存在. 对于任意的 $y_0 \in E$，在 D 中至少有一个值 x_0，使 $y_0=f(x_0)$，否则就有 $y_0 \notin E$. 下面证明 x_0 是唯一的. 假设还有一个 $x_1 \in D$ 也满足 $y_0=f(x_1)$. 如果 $x_1<x_0$，根据 $f(x)$ 的单调递增性，就有 $f(x_1)<f(x_0)$，从而推出 $y_0>y_1$，这是不可能的. 如果 $x_1>x_0$，同理可推出矛盾. 因此必有 $x_1=x_0$. 这样，函数 $y=f(x)$ 就是区间 D 到值域 E 上的一一映射，按反函数定义，它的反函数 $x=f^{-1}(y)$ 存在.

再证 $x=f^{-1}(y)$ 是单调递增的. 在 E 中任取 y_1,y_2，且 $y_1<y_2$，则在 D 中必有 x_1,x_2 满足 $x_1=f^{-1}(y_1),x_2=f^{-1}(y_2)$，即满足 $y_1=f(x_1),y_2=f(x_2)$. 如果 $x_1=x_2$，则有 $y_1=y_2$；如果 $x_1>x_2$，按照 $f(x)$ 的单调递增性，则有 $y_1>y_2$. 这两种情形都与 $y_1<y_2$ 的假设矛盾，因而必有 $x_1<x_2$. 这就证明了反函数 $x=f^{-1}(y)$ 是单调递增的.

对于 $y=f(x)$ 单调递减的情形同理可证.

(7) 设 $y=f(u)$ 与 $u=g(x)$ 都是单调递增函数. 在 $y=f[g(x)]$ 的定义域内任取 x_1,x_2，且 $x_1<x_2$，则有 $g(x_1)<g(x_2)$，即 $u_1<u_2$. 又因 $f(u)$ 也是单调递增函数，故有
$$f(u_1)<f(u_2), \quad 即 \quad f[g(x_1)]<f[g(x_2)].$$
所以 $y=f[g(x)]$ 是单调递增函数.

同理可证：若 $y=f(u)$ 与 $u=g(x)$ 都单调递减，则 $y=f[g(x)]$ 单调递增；若 $y=f(u)$ 与 $u=g(x)$ 中一个单调递增、一个单调递减，则 $y=f[g(x)]$ 单调递减.

例 13 讨论函数 $y=x-\sqrt{x^2-1}$ 在区间 $[1,+\infty)$ 上的单调性.

解 $y=x-\sqrt{x^2-1}=\dfrac{1}{x+\sqrt{x^2-1}}$.

易知 x 在 $[1,+\infty)$ 上单调递增，由定理 1(4) 知 x^2 单调递增，又由定理 1(1) 知 x^2-1 单调递增，再由定理 1(7) 知 $\sqrt{x^2-1}$ 单调递增，再进一步由定理 1(3) 知 $x+\sqrt{x^2-1}$ 单调递增，

而由定理 1(5) 知 $\dfrac{1}{x+\sqrt{x^2-1}}$ 单调递减,所以 $y=x-\sqrt{x^2-1}$ 在 $[1,+\infty)$ 上是单调递减的.

3. 奇偶性

定义 3 设函数 $f(x)$ 的定义域 D 关于原点对称.如果对于任一 $x\in D, f(-x)=f(x)$ 恒成立,则称 $f(x)$ 为**偶函数**;如果对于任一 $x\in D, f(-x)=-f(x)$ 恒成立,则称 $f(x)$ 为**奇函数**.

函数的奇偶性是在整个定义域 D 上讨论的,无论奇函数还是偶函数,x 和 $-x$ 都同时在 D 内,因此 D 一定是关于原点对称的.如果一个函数的定义域不是关于原点对称的,则可判断该函数是非奇非偶函数.奇函数的图像是关于原点成中心对称的,偶函数的图像是关于 y 轴成轴对称的.判定函数的奇偶性,除了定义,还可依据以下定理:

定理 2 (1) 两个奇(或偶)函数的代数和仍是奇(或偶)函数.

(2) 两个奇(或偶)函数的积是偶函数;一个奇函数和一个偶函数的积是奇函数.

(3) 如果奇函数存在反函数,且定义在对称于原点的数集上,那么这个反函数也是奇函数.

(4) 奇(或偶)函数的倒数(分母不为零)仍为奇(或偶)函数.

(5) 设函数 $y=f[g(x)]$ 是函数 $y=f(u)$ 和 $u=g(x)$ 构成的复合函数,定义在对称于原点的数集 S 上.

(i) 若 $g(x)$ 是奇函数,则当 $f(u)$ 是奇(或偶)函数时,复合函数 $y=f[g(x)]$ 是奇(或偶)函数;

(ii) 若 $g(x)$ 是偶函数,则不论 $f(u)$ 是奇函数或偶函数,复合函数 $y=f[g(x)]$ 都是偶函数.

证明 仅证(5)(i),其他证明留作练习.

设 $u=g(x)$ 是定义在对称于原点的数集 X 上的奇函数,对于任意的 $x\in X$,都有 $-x\in X$. 因为 $g(-x)=-g(x)=-u$,所以 u 的值域也是对称于原点的数集,设为 U.

如果 $f(u)$ 是定义在 U 上的奇函数,有 $f(-u)=-f(u)$,所以
$$y=f[g(-x)]=f[-g(x)]=f(-u)=-f(u)=-f[g(x)],$$
即复合函数 $y=f[g(x)]$ 是定义在 $S(S\subseteq X)$ 上的奇函数.

如果 $f(u)$ 是定义在 U 上的偶函数,有 $f(-u)=f(u)$,所以
$$y=f[g(-x)]=f[-g(x)]=f(-u)=f(u)=f[g(x)],$$
即复合函数 $y=f[g(x)]$ 是定义在 $S(S\subseteq X)$ 上的偶函数.

例 14 讨论函数 $y=\cos(x-\arcsin x)^3$ 的奇偶性.

解 复合函数 $y=\cos(x-\arcsin x)^3$ 的定义域是 $[-1,1]$,可把该函数分解为
$$y=\cos u,\quad u=v^3,\quad v=x-\arcsin x.$$
因为 x 和 $\arcsin x$ 都是定义域上的奇函数,所以 $v=x-\arcsin x$ 在定义域 $[-1,1]$ 上是奇函

数.又因为 $u=v^3$ 在定义域 $\left[1-\frac{\pi}{2},\frac{\pi}{2}-1\right]$ 上是奇函数,所以 $u=(x-\arcsin x)^3$ 在定义域 $[-1,1]$ 上的奇函数.再因为 $y=\cos u$ 在定义域 $\left[\left(1-\frac{\pi}{2}\right)^3,\left(\frac{\pi}{2}-1\right)^3\right]$ 上是偶函数,所以复合函数 $y=\cos(x-\arcsin x)^3$ 是定义在 $[-1,1]$ 上的偶函数.

4. 周期性

定义 4 设函数 $f(x)$ 的定义域为 D. 如果存在常数 $T\neq 0$,使得对于任意的 $x\in D$,有 $(x\pm T)\in D$,且 $f(x\pm T)=f(x)$ 恒成立,则称 $f(x)$ 为 D 上的**周期函数**,并 T 称为 $f(x)$ 的一个**周期**.

通常我们说周期函数的周期是指**最小正周期**(也称**基本周期**或**主周期**).

显然,如果 T 是函数 $f(x)$ 的周期,那么 $-T$ 也是函数 $f(x)$ 的周期. 这是因为
$$f[x+(-T)]=f[x+(-T)+T]=f(x).$$
因此,周期函数一定有正周期. 而且 $kT(k\in\mathbf{Z},k\neq 0)$ 也是函数 $f(x)$ 的周期,这是因为
$$f(x+kT)=f[x+(k-1)T+T]=f[x+(k-1)T]$$
$$=\cdots=f[x+T]=f(x).$$
因此,周期函数的一切周期所组成的数集一定是一个无界的无穷数集. 按照周期函数的定义,x 和 $x+kT$ 都在函数 $f(x)$ 的定义域内,所以周期函数的定义域也一定是一个无上、下界的无穷数集. 但是,周期函数的定义域不一定就是 $\mathbf{R}$,例如周期函数 $\tan x$ 的定义域为 $\{x|x\neq k\pi+\pi/2,k\in\mathbf{Z}\}$.

有些周期函数可能找不到最小正周期,例如常量函数 $f(x)=c$ 是周期函数,因为任意一个非零实数都是它的周期,但是却没有最小正周期.

如果函数 $f(x)$ 具有最小正周期 T_0,那么 $f(x)$ 的任一正周期 T 一定是 T_0 的正整数倍. 因为,如果 T 不是 T_0 的正整数倍,不妨设 $T=kT_0+r$ ($k\in\mathbf{N},0<r<T_0$),则有
$$f(x+T)=f(x+kT_0+r)=f(x+r)=f(x),$$
即 r 也是 $f(x)$ 的周期,这与 T_0 是 $f(x)$ 的最小正周期相矛盾.

中学里接触的周期函数主要是三角函数,使用最多的是正弦函数和余弦函数. 一般形式的正弦函数 $y=A\sin(\omega t+\varphi)$ 具有更大的科学价值.

求函数的最小正周期一般采用以下方法:

(1) 设函数的周期是非零常数 T,然后按周期函数的定义解出 T 的最小正值,此即为所求函数的最小正周期;

(2) 在函数定义域中取出一个适当的 x_0,求出使 $f(x_0+T)=f(x_0)$ 成立的最小正值 T,然后验证 T 对于定义域里的一切 x 都有 $f(x+T)=f(x)$ 成立,则 T 即为所求函数的最小正周期.

例 15 判断函数 $y=x\cos x$ 是否为周期函数.

解 假设 $y=x\cos x$ 有周期 T,则对于任意的 $x\in\mathbf{R}$,都有
$$(x+T)\cos(x+T)=x\cos x. \qquad ②$$
取 $x=0$ 代入②式,得 $T\cos T=0$. 因为 $T\neq 0$,所以 $\cos T=0$,即 $T=k\pi+\pi/2$ ($k\in\mathbf{Z}$). 代入②式,得
$$\left(x+k\pi+\frac{\pi}{2}\right)\cos\left(x+k\pi+\frac{\pi}{2}\right)=x\cos x. \qquad ③$$
再取 $x=\frac{\pi}{2}$,代入③式,得 $(k\pi+\pi)\cos(k\pi+\pi)=0$,但 $\cos k\pi\neq 0$,所以 $k\pi+\pi=0$,即 $k=-1$.

在③式中,令 $x=-\frac{\pi}{2}$,得 $k\pi\cos k\pi=0$,但 $\cos k\pi\neq 0$,所以 $k\pi=0$,即 $k=0$. 这与 $k=-1$ 矛盾,因此 $y=x\cos x$ 不是周期函数.

例 16 证明 $y=\sin x$ 的最小正周期是 2π.

证明 **方法 1** 设 $y=\sin x$ 的周期为 T,则对于任意的 $x\in\mathbf{R}$,都有 $\sin(x+T)=\sin x$ 成立,即
$$\sin(x+T)-\sin x\equiv 0, \quad \text{亦即} \quad 2\cos\left(x+\frac{T}{2}\right)\sin\frac{T}{2}\equiv 0.$$
因为 $\cos\left(x+\frac{T}{2}\right)$ 是变量,所以 $\sin\frac{T}{2}=0$,从而 $\frac{T}{2}=k\pi$,即 $T=2k\pi$. 当 k 取最小正整数 1 时,得最小正周期 2π.

方法 2 根据正弦函数定义,角的终边旋转一个周角,终边位置不变,正弦值也不变,即 $\sin(x+2\pi)=\sin x$,因此 2π 是 $\sin x$ 的一个周期.

假设 $\sin x$ 的最小正周期为 T,且 $0<T<2\pi$,则 $\sin(x+T)=\sin x$ 对于一切 $x\in\mathbf{R}$ 都成立. 令 $x=\frac{\pi}{2}$,得 $\sin\left(\frac{\pi}{2}+T\right)=\sin\frac{\pi}{2}$,即 $\cos T=1$. 但因为 $0<T<2\pi$,故 $\cos T<1$,因而矛盾. 故 2π 是 $\sin x$ 的最小正周期.

例 17 求函数 $y=\cos^2 x$ 的最小正周期.

解 **方法 1** 设 T 是 $y=\cos^2 x$ 的周期,则对于任意的 $x\in\mathbf{R}$,都有 $\cos^2(x+T)=\cos^2 x$ 成立. 于是
$$\cos^2(x+T)-\cos^2 x=[\cos(x+T)+\cos x][\cos(x+T)-\cos x]$$
$$=-4\cos\left(x+\frac{T}{2}\right)\cos\frac{T}{2}\sin\left(x+\frac{T}{2}\right)\sin\frac{T}{2}$$
$$=-\sin(2x+T)\sin T\equiv 0.$$
由于 $\sin(2x+T)$ 是变量,必有 $\sin T=0$,从而 $T=k\pi$ ($k\in\mathbf{Z}, k\neq 0$). 所以当 k 取最小正整数 1 时,得最小正周期 $T=\pi$.

方法 2 设 T 是 $y=\cos^2 x$ 的周期,则对于任意的 $x\in\mathbf{R}$,都有 $\cos^2(x+T)=\cos^2 x$ 成立.

令 $x=\frac{\pi}{2}$,有 $\sin^2 T=0$,即 $T=k\pi(k\in \mathbf{Z},k\neq 0)$. 由于对于一切 $x\in \mathbf{R}$,都有 $\cos^2(x+k\pi)=\cos^2 x$ 成立,所以当 k 取最小正整数 1 时,得最小正周期 $T=\pi$.

这里要注意的是,利用方法 2 求解时必须进行验证. 因为有时由特殊值 x_0 求出的 T 值可能不符合周期的要求. 若不符合要求,这时应适当改变 x_0 的值,使求出的 T 值是函数的周期. 例如,求函数 $y=\sin 2x$ 的周期,取 $x=x_0=0$ 时,求出 $T=\frac{k\pi}{2}$,经验证不符合要求,这时改取 $x_0=\frac{\pi}{4}$,即可求出适合条件的 $T=k\pi$.

周期函数具有以下性质:

定理 3 设 $f(x)$ 是定义在数集 D 上的周期函数,它的最小正周期是 T,则

(1) 函数 $kf(x)+c$ (k,c 为常数,且 $k\neq 0$) 是 D 上的周期函数,且最小正周期仍为 T.

(2) 函数 $\frac{k}{f(x)}$ (k 为常数,且 $k\neq 0$) 是在集合 $\{x|f(x)\neq 0, x\in D\}$ 上的周期函数,且最小正周期仍为 T.

(3) 函数 $f(ax+b)$ (a,b 为常数,且 $a\neq 0$, $ax+b\in D$) 是以 $T/|a|$ 为最小正周期的周期函数.

证明 只证明(3).

先证 $T/|a|$ 是 $f(ax+b)$ 的周期. 因为 $f(x)$ 的最小正周期是 T,所以
$$f(ax+b) = f[(ax+b)+T] = f[a(x+T/a)+b]$$
对于任何 $x\in \{x|ax+b\in D, x\in D\}$ 都成立. 这说明 $f(ax+b)$ 是周期函数,$T/|a|$ 是它的周期.

再证 $T/|a|$ 为最小正周期. 假设 T' 也是 $f(ax+b)$ 的周期,且 $0<T'<T/|a|$,则有
$$f(ax+b) = f[a(x+T')+b] = f[(ax+b)+aT'].$$
因为 $ax+b\in D$ ($x\in D$),当 x 取遍 D 中各数时,$ax+b$ 也就取遍 D 中所有的数,所以 aT' 也是 $f(x)$ 的周期,进而 $|aT'|$ 是 $f(x)$ 的周期. 但是,
$$0 < |aT'| = |a||T'| < |a|\frac{T}{|a|} = T,$$
这与 T 是 $f(x)$ 的最小正周期矛盾,故 $T/|a|$ 是 $f(ax+b)$ 的最小正周期.

定理 4 如果 $f(u)$ 是定义在数集 E 上的函数,而 $u=g(x)$ 是定义在数集 D 上的周期函数,且当 $x\in D$ 时,$g(x)\in E$,那么复合函数 $f[g(x)]$ 是数集 D 上的周期函数.

证明 设 T 是 $g(x)$ 的一个周期,则对于 $x\in D$,有 $x\pm T\in D$,且
$$g(x+T) = g(x).$$
所以 $f[g(x+T)]=f[g(x)]$,即复合函数 $f[g(x)]$ 是 D 上的周期函数.

由定理 4 可知,$\sin^3 x$,$\lg(2+\cos 2x)$,$e^{\tan x}$ 等都是其定义域上的周期函数.

注 $f[g(x)]$ 与 $g(x)$ 的最小正周期未必相同. 一般是 $f[g(x)]$ 的最小正周期不大于 $g(x)$ 的最小正周期. 例如, $\cos x$ 的最小正周期是 2π, $\cos^2 x$ 的最小正周期是 π. 如果 $f(u)$ 是周期函数, 而 $u=g(x)$ 不是周期函数, 这时复合函数 $f[g(x)]$ 不一定是周期函数. 例如, 设 $f(u)=\cos u, u=g(x)=ax+b$, 则 $f[g(x)]=\cos(ax+b)$ 仍是周期函数; 设 $f(u)=\cos u$, $u=g(x)=\dfrac{1}{x}$, 则 $f[g(x)]=\cos\dfrac{1}{x}$ 不是周期函数.

定理 5 设 $f_1(x)$ 和 $f_2(x)$ 都是定义在数集 D 上的周期函数, 它们的正周期分别为 T_1 和 T_2, 若 $\dfrac{T_1}{T_2}$ 是有理数, 那么它们的和、差与积也是定义在 D 上的周期函数, 且 T_1 与 T_2 的公倍数是它们的和、差与积的一个周期.

证明 设 $\dfrac{T_1}{T_2}=\dfrac{m}{n}$ (m,n 为互素的正整数). 令 $T=nT_1=mT_2$, 则对任意的 $x\in D$, 有
$$f_1(x+T)\pm f_2(x+T)=f_1(x+nT_1)\pm f_2(x+mT_2)=f_1(x)\pm f_2(x).$$
所以 $f_1(x)\pm f_2(x)$ 是以 T 为周期的周期函数.

同理可证 $f_1(x)f_2(x)$ 也是以 T 为周期的周期函数.

利用定理 3 和定理 5 还可推出, 当 $f_2(x)\ne 0$ 时, $\dfrac{f_1(x)}{f_2(x)}$ 也是定义在 $\{x\,|\,f_2(x)\ne 0, x\in D\}$ 上以 T 为周期的周期函数. 也就是说, 两个周期函数的周期的比是有理数时, 它们的和、差、积、商(分母不为零)仍是周期函数.

例 18 讨论函数 $y=\cos x+\sin 2x\cdot\tan\dfrac{2}{3}x$ 的周期性.

解 由定理 3, $\sin 2x, \tan\dfrac{2}{3}x$ 的最小正周期分别为 π 和 $\dfrac{3\pi}{2}$, 又因为 $\cos x$ 的最小正周期为 2π, 而这三个周期中每两个的比都是有理数, 且它们的最小公倍数是 6π, 因此函数 $y=\cos x+\sin 2x\cdot\tan\dfrac{2}{3}x$ 是周期函数, 6π 是它的一个周期.

注 定理 5 提出的条件仅是充分的, 而不是必要的. 因为两个非周期函数的和或积也可能是周期函数. 例如, $x+\sin x$ 与 $-x$ 都不是周期函数, 但它们的和是周期函数; $\dfrac{\cos x}{1+x}$ 与 $1+x$ 都不是周期函数, 但它们的积是周期函数.

另外, 在定理 5 中, 即使 T_1 和 T_2 分别是 $f_1(x)$ 和 $f_2(x)$ 的最小正周期, 也不能保证它们的最小公倍数一定是 $f_1(x)$ 与 $f_2(x)$ 的和或积的最小正周期. 例如, $\sin^2 x$ 和 $\cos^2 x$ 的最小正周期都是 π, 它们的最小公倍数仍是 π, 但 π 并不是函数 $\sin^2 x+\cos^2 x=1$ 的最小正周期.

若一个函数具有最小正周期, 研究它的性质时就可局限在最小正周期对应的一个区间(一个周期区间)内进行讨论. 例如 $y=\sin x$, 就可局限在 $[0,2\pi]$ 内讨论它的性质, 然后将它在

$[0,2\pi]$ 内的性质经过周期延拓,就可知它在整个定义域$(-\infty,+\infty)$上的性质了. 在作周期函数的图像时,也只要先作出它在一个周期区间内的图像,然后按周期向左、右两个方向平移就行了.

但是,求周期函数的最小正周期的问题很复杂,只有对一些特殊类型的周期函数,才能用简便的方法找出它们的最小正周期.

三、函数的图像及其画法

函数图像能直观、形象地反映出函数的单调性、极值和最值等特征,能使我们更好的理解和记忆函数的性质和特征. 而对于函数的研究主要是对其特征的研究,所以,对函数图像的研究具有重要的意义. 使用微积分的方法研究函数的运算性质及其图像的几何性质具有一定的便捷性. 在此,我们主要结合初等函数的性质用初等手段进行研究.

作函数图像的基本方法是描点法. 但是一般情况下我们不可能把函数的每个点都描绘清楚,这就需要借助函数的特征,先了解图形的大致轮廓,然后再作出函数的图像来.

1. 应用函数的特性作出函数的图像

根据函数的解析式 $y=f(x)$,绘制函数的图像要关注如下几点:

(1) 确定函数的定义域:如果定义域为开区间(a,b),则其图像必介于直线 $x=a$ 和 $x=b$ 之间;如果函数在某点 $x=x_0$ 处无意义,则图像在点 x_0 间断.

(2) 研究函数的有界性:如果函数有界,即 $|f(x)|\leqslant M$ $(M>0)$,则图像在直线 $y=M$ 和 $y=-M$ 之间;如果函数有上界,即 $f(x)\leqslant M$,则函数图像在直线 $y=M$ 下方;如果函数有下界,即 $f(x)\geqslant M$,则函数图像在直线 $y=M$ 上方.

(3) 研究函数的单调性:如果函数在某个区间内单调递增(或递减),则函数在这个区间是上升(或下降)的.

(4) 研究函数的奇偶性:如果函数是奇(或偶)函数,可以先作出自变量为非负值时的函数图像,然后再作关于原点(或 y 轴)的对称图像.

(5) 研究函数的周期性:如果函数具有周期性,则可先作出函数在一个周期区间内的图像,然后平移作出其他各周期内的图像.

(6) 找出函数的特殊点:函数图像与坐标轴的交点、函数的极值点、最值点,等等.

(7) 如果函数图像有渐近线(水平渐近线、垂直渐近线和斜渐近线),需先把渐近线求出来,再讨论函数的变化趋势.

(8) 用描点法作图,曲线上不属于图像的有限的独立点用"。"表示.

例 19 作出函数 $y=x+\dfrac{k}{x}$ $(k>0)$的图像.

解 （1）函数的定义域是 $(-\infty,0)\cup(0,+\infty)$.

（2）函数是奇函数，其图像关于原点对称，所以只需在 $(0,+\infty)$ 内进行讨论.

（3）单调性：设 $0<x_1<x_2$，则
$$y_2-y_1=\left(x_2+\frac{k}{x_2}\right)-\left(x_1+\frac{k}{x_1}\right)=(x_2-x_1)\left(1-\frac{k}{x_1x_2}\right).$$

当 $0<x_1<x_2<\sqrt{k}$ 时，有 $y_2-y_1<0$，所以函数在 $(0,\sqrt{k})$ 上单调递减. 而 $\lim\limits_{x\to 0^+}\left(x+\frac{k}{x}\right)=+\infty$，故它的函数值由 $+\infty$ 递减到 $2\sqrt{k}$.

当 $\sqrt{k}\leqslant x_1<x_2$ 时，有 $y_2-y_1>0$，所以函数在 $(\sqrt{k},+\infty)$ 上单调递增，而 $\lim\limits_{x\to+\infty}\left(x+\frac{k}{x}\right)=+\infty$，函数值由 $2\sqrt{k}$ 递增到 $+\infty$.

（4）当 $x>0$ 时，有不等式 $y>x$，说明图像位于直线 $y=x$ 的上方.

（5）由于 $\lim\limits_{x\to 0^+}\left(x+\frac{k}{x}\right)=+\infty$，所以 y 轴是函数图像的垂直渐近线.

又因为曲线 $y=x+\frac{k}{x}$ 和直线 $y=x$ 的纵坐标之差为 $\frac{k}{x}$，而 $\lim\limits_{x\to+\infty}\frac{k}{x}=0$，所以直线 $y=x$ 是函数图像的斜渐近线.

综上，可得函数在 $x>0$ 时的图像，再根据奇函数的对称性，作出 $x<0$ 的图像. 以 $k=1$ 为例作出函数 $y=x+\frac{1}{x}$ 的图像如图 4.4 所示.

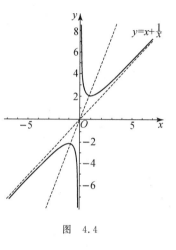

图 4.4

例 20 作出函数 $y=2^{\cos x}$ 的图像.

解 （1）函数的定义域是 $(-\infty,+\infty)$.

（2）奇偶性：函数是偶函数，图像关于 y 轴对称，所以只需在 $[0,+\infty)$ 内讨论.

（3）有界性：因为 $|\cos x|\leqslant 1$，从而有 $1/2\leqslant y\leqslant 2$，所以函数图像在直线 $y=1/2$ 和 $y=2$ 之间.

（4）周期性：因为 $\cos x$ 的最小正周期为 2π，所以 $y=2^{\cos x}$ 也是以 2π 为最小正周期的函数.

（5）单调性：在函数的一个周期区间 $[0,2\pi]$ 内进行考查.

当 $x\in[0,\pi]$ 时，$\cos x$ 由 1 递减到 -1，函数值由 2 递减到 $1/2$；

当 $x\in[\pi,2\pi]$ 时，$\cos x$ 由 -1 递增到 1，函数值由 $1/2$ 递增到 2.

综上，根据函数的周期性，作出函数在 $x\geq 0$ 时的图像，再根据偶函数的对称性，作出 $x<0$ 的图像（见图 4.5）.

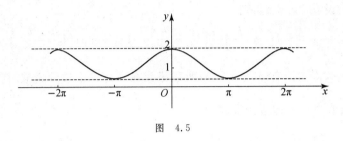

图 4.5

2. 应用初等变换作出函数的图像

利用已知函数的图像，经过平移、对称或放缩等初等变换，可以得到一些初等函数的图像.

2.1 平移变换

定理 6 函数 $y=f(x)$ 的图像沿 x 轴方向平移 $|a|$ 个单位（当 $a>0$ 时，向右平移；当 $a<0$ 时，向左平移），就能得到 $y=f(x-a)$ 的图像.

定理 7 函数 $y=f(x)$ 的图像沿 y 轴方向平移 $|b|$ 个单位（当 $b>0$ 时，向上平移；当 $b<0$ 时，向下平移），就能得到 $y=f(x)+b$ 的图像.

2.2 对称变换

定理 8 (1) 函数 $y=f(x)$ 的图像和函数 $y=-f(x)$ 的图像关于 x 轴对称；

(2) 函数 $y=f(x)$ 的图像和函数 $y=f(-x)$ 的图像关于 y 轴对称；

(3) 函数 $y=f(x)$ 的图像和函数 $y=-f(-x)$ 的图像关于原点对称.

2.3 放缩变换

定理 9 (1) 函数 $y=f(x)$ 的图像沿 x 轴方向放缩到原来的 $\dfrac{1}{k}$ 倍（当 $0<k<1$ 时放大，当 $k>1$ 时缩小），就得到函数 $y=f(kx)$ 的图像；

(2) 函数 $y=f(x)$ 的图像沿 y 轴方向放缩到原来的 k 倍（当 $0<k<1$ 时缩小，当 $k>1$ 时放大），就得到函数 $y=kf(x)$ 的图像.

例 21 利用初等变换作出函数 $y=A\sin(\omega x+\varphi)+k$ 的图像.

解 作图步骤如下：

(1) 作函数 $y=\sin x$ 的图像；

(2) 作函数 $y=\sin(\omega x)$ 的图像（周期变换）：当 $\omega>0$ 时，将 $y=\sin x$ 的图像沿 x 轴方向放缩原来的 $\dfrac{1}{\omega}$ 倍；

(3) 作函数 $y=\sin(\omega x+\varphi)$ 的图像（相位变换）：当 $\varphi>0$（或 $\varphi\leqslant 0$）时，将 $y=\sin(\omega x)$ 的图像沿 x 轴方向向左（或向右）平移 $\left|\dfrac{\varphi}{\omega}\right|$ 个单位；

(4) 作函数 $y=A\sin(\omega x+\varphi)$ 的图像（振幅变换）：当 $A>0$ 时，将 $y=\sin(\omega x+\varphi)$ 的图像沿 y 轴方向放缩原来的 A 倍；

(5) 作函数 $y=A\sin(\omega x+\varphi)+k$ 的图像：当 $k>0$（或 $k\leqslant 0$）时，将 $y=A\sin(\omega x+\varphi)$ 的图像沿 y 轴方向向上（或向下）平移 $|k|$ 个单位．

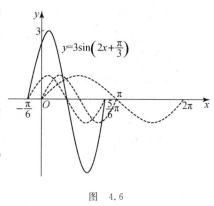

图 4.6

图 4.6 给出了函数 $y=3\sin\left(2x+\dfrac{\pi}{3}\right)$ 的图像．

第四节　函数概念的教学

若把数学看成一串珍珠项链，那么这串项链的链子就是函数．这形象地反映了函数在数学中的重要地位．而函数概念又是函数的根本，所以如何进行函数概念的教学是值得我们探讨的问题．

一、把握不同学段对函数教学的不同要求

根据学生认知水平的发展，不同学段对函数的教学要求各不相同．在小学数学中虽然没有正式引入函数概念与函数关系式，但这不等于没有函数的雏形，没有函数思想的存在．比如在小学阶段对"数与运算"、"空间与图形"、"统计与概率"等内容的学习中都已经渗透着函数思想，尤其在利用数量关系解决实际问题时，以及与其他的数学思想方法的结合、相互联系时都无处不体现着函数的思想．在小学经历一些函数的雏形，有助于中小学数学教学的衔接．初中阶段正式出现函数概念，从学生容易掌握的描述性函数定义，即采用函数定义的"变量说"入手，以探索实际问题中的数量关系和变化规律为背景，经历"找出常量和变量→建立函数模型→讨论函数模型→解决实际问题"的过程，体会函数是刻画现实世界中变化规律的重要数学模型．构建函数的一般概念后，通过对正比例函数、反比例函数、一次函数、二次函数等具体函数的研究，结合图像分析，继续加深学生对函数概念的理解．在这里，要注意函数体现变量之间的各种各样的关系，不要错误地认为函数就是 $y=kx+b$ 一种类型．高中阶段，要求用两个数集之间的对应方式来阐述函数的意义．此时，学生需要抽象地思考，跳出函数的具体表达式的限制，把"对应法则"作为函数概念的核心．

从初中阶段函数的概念过渡到高中阶段的函数概念，就是要求从"变量说"过渡到"对应

说". 函数概念中还提到了"'唯一'的 y 值与 x 对应". 试问: "唯一"是函数的核心成分吗? 不是. 唯一与否不是关键, 取值唯一只是为了研究方便所进行的技术处理. 实际上, 如果不唯一, 无非出现多值函数而已. 多值函数在复变函数论中很重要. 在中学阶段, 也有多值函数. 如平方根函数, 分成两支处理就是了. 至于反三角函数, 则用取主值支的方法进行研究. 因此, 在函数定义教学中, 反复强调"唯一", 其实无助于函数观念的建立, 对日后应用和解题也没有帮助, 因此不必费太多的心思.

在引入函数概念之前, 需要完成从常量到变量的转变. 字母除了表示常量外, 还可表示变化的量. 如何引导学生把静态的表示式看成动态的过程, 是函数教学的关键. 实际教学中, 可以采用数形结合的方法, 利用数轴直观地演绎由静到动的升华. 例如, 在数轴上, 常量表示定点, 变量表示动点. 在横轴上使自变量 x 运动, 在运动过程中标出经过的一些特定点, 并在纵轴上找出相应的另一个变量 $f(x)$, 进一步在坐标平面上描出它们对应的点 $(x, f(x))$. 这样学生容易感受到变量的真实意义.

二、把握函数与代数式、方程的关系

中学代数课程到了函数阶段, 是前面所学知识的一次集成. 函数把多项式、变量、坐标系和方程等内容进行了有机的整合. 主要体现为以下几点:

(1) 任何代数式 $A(x)$ 可以看做带有变量 x 的函数的代数表达式: $y=A(x)$, 求代数式的值就是求这个函数的函数值.

(2) 函数 $y=f(x)$ 是一个二元方程 $y-f(x)=0$. 它有无穷多个解. 运用方程方法, 可以寻求函数的特殊值. 例如, x 取何值能使函数值为 0? 这相当于解方程 $f(x)=0$.

(3) 函数的不动点, 是指满足 $f(x)=x$ 的点 x, 这相当于解方程 $f(x)-x=0$.

(4) 在坐标平面上, 二元方程 $F(x,y)=0$ 的图像是一条曲线. 曲线也可以表示为一个方程. 例如, 圆的方程是 $x^2+y^2=r^2$. 函数 $y=f(x)$ 的图像也是一条曲线, 不过这种曲线和平行于 y 轴的直线只交于一点.

弄清这些数学概念之间的联系, 是中学里一项重要的学习内容.

三、把握函数符号表示的变量之间的依赖关系和建立函数模型

研究函数的依赖关系需使用两个变量: 自变量和因变量. 在学习心理上, 这要求学生同时使用两个表象, 因而有一定难度. 事实上, 让学生接受函数的抽象表示就是一个教学难点. 给出函数概念的抽象表示 $y=f(x)$ 时, 学生往往会有疑问: f 和 x 是不是乘的关系? 因此, 教学实践中, 可以解释为"f 代表自变量和因变量之间的对应关系, 对于定义域内任意的 x (这时在黑板上写下'x'), 通过对应关系 f (在黑板上写出'$f(\ )$'把刚才的 x 括在括号内), 对应出唯一的一个 y (在黑板上刚才的式子前面写下'$y=$')", 这样写出表达式 $y=f(x)$, 可以避免学生产生错觉.

认识变量之间的依赖关系和具体表示这一关系,属于不同层次的认知水平.一般地说,观察变量之间存在着依赖性比较容易,而要具体写出来就难了.例如,圆的周长与半径的关系.学生首先看到随着半径的变化,能引起周长的变化,这反映了二者之间有依赖性,进一步,才会关注二者之间是怎样的关系.具体说来,这是相差 2π 倍的关系:$l=2\pi r$,画出图来是一条直线.有关系表明是函数,但必须把关系记录下来,才得到这个函数.从实例中寻找变量关系,构造事物变化过程中的具体函数关系,就是构造函数模型.建立函数模型,主要是找到解析式表示,这样才能通过论证和计算解决问题.离散的数字表格,可以通过插值形成连续函数,图形则可以用算式逼近或数字近似.因此,要寻求解析式表达,但又不限于解析式表达,是掌握函数概念的一部分.

习 题 四

1. 简述函数概念的三种定义,并加以比较说明.
2. 结合高等数学的学习,论述基本初等函数的性质.
3. 证明满足以下性质的函数 $f(x)(x\in D)$ 是一个以 a $(0<a=f(1)<1)$ 为底的指数函数:

    (1) $f(x_1+x_2)=f(x_1)f(x_2), \forall x_1, x_2, \in D$;　　(2) 单调递减.

4. 求函数 $f(x)=\dfrac{\sqrt{x^2-1}}{\log_{2x}(x+4)}-\arcsin\left(\dfrac{x}{2}\right)+\dfrac{x}{x-3/2}$ 的定义域.

5. 证明函数 $y=\dfrac{x}{1+x}$ 是无界函数.

6. (奇偶性的应用)求参数 a,b 的一切取值,使方程组
$$\begin{cases} x^2+y^2=a, \\ \dfrac{|x^y-1|}{|x^y+1|}=b \end{cases}$$
当 $x>0$ 时在实数范围内有唯一解.

7. 证明 $y=\sin x^2$ 不是周期函数.
8. 证明函数 $y=\cos x$ 不满足任何代数方程.
9. 证明函数 $y=\cos x$ 的解析式不可能是关于变量 x 的代数式.
10. (图像的应用)根据参数 a,求方程 $|x^2-3|=a+1$ 的解的个数.
11. (单调性的应用)求数列 $a_n=2n^2-24n+69-\dfrac{9}{(3n-22)^2+3}(n=1,2,\cdots)$ 的最小项.
12. (有界性的应用)已知 $A>1, B>1$,解方程 $A^{\sqrt{x^2-5x+4}}+B^{\sqrt{x-4}}=2$.
13. 设函数 $f(x)=\sin^n x$ 的最小正周期为 T,试证:当 n 为奇数时,$T=2\pi$;当 n 为偶数

时，$T=\pi$.

14. 作出函数 $y=x^4-2x^2-1$ 的图像.
15. 利用函数 $y=x^2+x+1$ 的图像，作函数 $y=x^2-x+1$ 的图像.

本章参考文献

[1] 义务教育课程标准实验教科书(八年级·上册).北京：人民教育出版社,2008.
[2] 普通高中课程标准实验教科书教材(数学·必修1). 北京：人民教育出版社,2004.
[3] 同济大学数学系.高等数学(上册).第六版.北京：高等教育出版社,2010.
[4] 钱珮玲.数学思想方法与中学数学.北京：北京师范大学出版社,2008.
[5] 李长明,周焕山.初等数学研究.北京：高等教育出版社,2009.
[6] 张奠宙,张广祥.中学代数研究.北京：高等教育出版社,2006.
[7] 余元希,田万海,毛宏德.初等代数研究(下册).北京：高等教育出版社,2008.
[8] 张远南.函数和极限的故事.北京：中国少年儿童出版社,2008.
[9] 全美数学教师理事会.美国学校数学教育的原则和标准.蔡金法,译.北京：人民教育出版社,2004.
[10] 华东师范大学数学系.数学分析(上册).第二版.北京：高等教育出版社,1999.
[11] 俞颂萱.高中数学函数精练800题.上海：上海交通大学出版社,2009.
[13] 程晓亮,刘影.数学教学实践(初中分册).北京：北京大学出版社,2010.
[14] 刘影,程晓亮.数学教学实践(高中分册).北京：北京大学出版社,2010.
[15] 陈蓓.函数概念的发展与比较.数学通讯,2005,7：1-3.

第五章 数　列

> 数列可以看成定义在正整数集或其有限子集上的函数,是刻画离散过程的重要数学模型,在现实生产、生活中有着广泛的应用.此外,数列知识是极限理论的基础,是进一步学习高等数学知识所不可缺少的重要组成部分.本章主要分四个部分,分别讨论等差数列和等比数列的性质与应用,数列的通项公式与数列求和的一般方法,数列的差分与高阶等差数列,线性递归数列.

第一节　等差数列与等比数列

等差数列与等比数列是两类最基本的数列,与数列有关的许多问题都需要转化为等差数列或等比数列来处理.

一、基本概念与简单性质

1. 等差数列的定义和简单性质

1.1　等差数列的定义

如果一个数列从第 2 项起,每一项与它的前一项的差等于同一个常数,则该数列叫做**等差数列**,其中这个常数叫做等差数列的**公差**,通常用 d 表示.若 a, A, b 是等差数列中相邻的三项,则 A 叫做 a 与 b 的**等差中项**.由定义知 $A = \dfrac{a+b}{2}$.

1.2　等差数列的通项公式

设等差数列 $\{a_n\}$ 的首项是 a_1,公差为 d,则**通项公式**为
$$a_n = a_1 + (n-1)d \quad (n \in \mathbf{N}^*).$$
对于任意 $m, n \in \mathbf{N}^*$,有 $a_n = a_m + (n-m)d$.

1.3　等差数列的前 n 项和公式

设等差数列 $\{a_n\}$ 的前 n 项和为 s_n,则有**前 n 项和公式**
$$s_n = \frac{n(a_1 + a_n)}{2} = na_1 + \frac{n(n-1)}{2}d.$$

1.4 等差数列的基本性质

(1) 设$\{a_n\}$为等差数列. 若$m,n,p,q\in \mathbf{N}^*$, 且$m+n=p+q$, 则$a_n+a_m=a_p+a_q$. 特别地, 若$m+n=2p$, 则$a_n+a_m=2a_p$.

(2) 若等差数列$\{a_n\}$的前n项和为s_n, 则$s_n, s_{2n}-s_n, s_{3n}-s_{2n}, \cdots$也构成等差数列.

(3) 若数列$\{a_n\}, \{b_n\}$为等差数列, 则数列$\{ka_n+lb_n\}$也为等差数列, 其中k,l均为常数.

1.5 等差数列的判定方法

(1) 定义法: 若$a_{n+1}-a_n=d$ (d为常数, $n\in \mathbf{N}^*$), 则$\{a_n\}$是等差数列;

(2) 中项公式法: 若$a_n+a_{n+2}=2a_{n+1}$ ($n\in \mathbf{N}^*$), 则$\{a_n\}$是等差数列;

(3) 通项公式法: 若$a_n=pn+q$ (p,q为常数, $n\in \mathbf{N}^*$), 则$\{a_n\}$是等差数列;

(4) 前n项和公式法: 若$s_n=An^2+Bn$ (A,B为常数, $n\in \mathbf{N}^*$), 则$\{a_n\}$是等差数列.

2. 等比数列的定义和简单性质

2.1 等比数列的定义

如果一个数列从第2项起, 每一项与它的前一项的比值等于同一个常数, 则该数列叫做**等比数列**, 其中这个常数叫做等比数列的**公比**, 通常用q表示. 若a, G, b是等比数列中相邻的三项, 则G叫做a与b的**等比中项**. 由定义知$G=\pm\sqrt{ab}$.

2.2 等比数列的通项公式

设等比数列$\{a_n\}$的首项是a_1, 公比为q, 则**通项公式**为
$$a_n=a_1q^{n-1} \quad (n\in \mathbf{N}^*).$$

对于任意$m,n\in \mathbf{N}^*$, 有$a_n=a_mq^{n-m}$.

2.3 等比数列的前n项和公式

设等比数列$\{a_n\}$的前n项和为s_n, 则有**前n项和公式**
$$s_n=\begin{cases}\dfrac{a_1(1-q^n)}{1-q}=\dfrac{a_1-a_nq}{1-q}, & q\neq 1 \\ na_1, & q=1\end{cases}.$$

2.4 等比数列的基本性质

(1) 设$\{a_n\}$为等比数列. 若$m,n,p,q\in \mathbf{N}^*$, 且$m+n=p+q$, 则$a_na_m=a_pa_q$. 特别地, 若$m+n=2p$, 则$a_na_m=a_p^2$.

(2) 若等比数列$\{a_n\}$的前n项和为s_n, 则当$s_n\neq 0$时, $s_n, s_{2n}-s_n, s_{3n}-s_{2n}, \cdots$也构成等比数列.

(3) 若数列$\{a_n\}, \{b_n\}$为等比数列, 则数列$\{ka_nb_n\}$ (k为常数)也为等比数列.

2.5 等比数列的判定方法

(1) 定义法: 若$\dfrac{a_{n+1}}{a_n}=q$ (q为非零常数, $n\in \mathbf{N}^*$), 则$\{a_n\}$是等比数列;

(2) 中项公式法: 若$a_na_{n+2}=a_{n+1}^2$ ($n\in \mathbf{N}^*$), 则$\{a_n\}$是等比数列;

（3）通项公式法：若 $a_n = cq^n$（c,q 为非零常数），则 $\{a_n\}$ 是等比数列；

（4）前 n 项和公式法：若 $s_n = cq^n - c$（c,q 为非零常数），则 $\{a_n\}$ 是等比数列.

例 1（2009 年辽宁高考理科试题） 设等比数列 $\{a_n\}$ 的前 n 项和为 s_n. 若 $\dfrac{s_6}{s_3} = 3$，则 $\dfrac{s_9}{s_6} = $ （　　）.

　A. 2　　　　　B. 7/3　　　　　C. 8/3　　　　　D. 3

解 因为 $\dfrac{s_6}{s_3} = 3$，所以 $\dfrac{s_6 - s_3}{s_3} = 2$. 又 $s_3, s_6 - s_3, s_9 - s_6$ 成等比数列，所以 $\dfrac{s_9 - s_6}{s_3} = 4$，从而 $\dfrac{s_9}{s_3} = 4 + \dfrac{s_6}{s_3} = 7$. 于是 $\dfrac{s_9}{s_6} = \dfrac{7}{3}$. 故选 B.

例 2（2002 年江苏高考试题） 设 $\{a_n\}$ 为等差数列，$\{b_n\}$ 为等比数列，$a_1 = b_1 = 1, a_2 + a_4 = b_3, b_2 b_4 = a_3$，分别求出 $\{a_n\}$ 和 $\{b_n\}$ 的前 10 项和 s_{10} 与 t_{10}.

解 因为 $\{a_n\}$ 为等差数列，$\{b_n\}$ 为等比数列，所以 $a_2 + a_4 = 2a_3, b_2 b_4 = b_3^2$. 已知 $a_2 + a_4 = b_3, b_2 b_4 = a_3$，所以 $b_3 = 2a_3, a_3 = b_3^2$，于是 $b_3 = 2b_3^2$. 因为 $b_3 \neq 0$，所以 $b_3 = 1/2, a_3 = 1/4$. 由已知得 $\{a_n\}$ 的公差

$$d = \frac{a_3 - a_1}{2} = -\frac{3}{8}, \quad \text{所以} \quad s_{10} = 10a_1 + \frac{10 \times 9}{2}d = -\frac{55}{8}.$$

由 $b_1 = 1, b_3 = \dfrac{1}{2}$ 得 $\{b_n\}$ 的公比 $q = \dfrac{\sqrt{2}}{2}$ 或 $q = -\dfrac{\sqrt{2}}{2}$.

当 $q = \dfrac{\sqrt{2}}{2}$ 时，$t_{10} = \dfrac{b_1(1 - q^{10})}{1 - q} = \dfrac{31}{32}(2 + \sqrt{2})$；

当 $q = -\dfrac{\sqrt{2}}{2}$ 时，$t_{10} = \dfrac{b_1(1 - q^{10})}{1 - q} = \dfrac{31}{32}(2 - \sqrt{2})$.

例 3（2009 年山东高考文科试题） 设等比数列 $\{a_n\}$ 的前 n 项和为 s_n，已知对任意的 $n \in \mathbf{N}^*$，点 (n, s_n) 均在函数 $y = b^x + r$（$b > 0$ 且 $b \neq 1, b, r$ 均为常数）的图像上，求 r 的值.

解 由已知得 $s_n = b^n + r$. 当 $n \geq 2$ 时，$s_{n-1} = b^{n-1} + r$，所以
$$a_n = s_n - s_{n-1} = b^{n-1}(b - 1).$$
因为 $b > 0$ 且 $b \neq 1$，所以 $n \geq 2$ 时，$\{a_n\}$ 是以 b 为公比的等比数列. 而 $a_1 = b + r, a_2 = b(b-1)$，所以
$$\frac{a_2}{a_1} = \frac{b(b-1)}{b+r} = b, \quad \text{解得} \quad r = -1.$$

注 本例是等比数列与函数的交汇题，实质是考查 $s_n = Aq^n + B$（$q \neq 1$）成为等比数列时前 n 项和的充分必要条件为 $A = -B \neq 0$.

二、与二项展开式系数相关的两个公式

除了以上列出的基本性质，等差数列还有以下两个性质：

第五章 数列

性质 1 若 $\{a_n\}$ 为等差数列,则 $n \geq 2$ 时,有
$$a_1 + a_2 C_n^1 + a_3 C_n^2 + \cdots + a_{n+1} C_n^n = (a_1 + a_{n+1}) 2^{n-1}.$$

证明 记 $p = a_1 + a_2 C_n^1 + a_3 C_n^2 + \cdots + a_{n+1} C_n^n$. 因为
$$C_n^r = C_n^{n-r} \quad (r \leq n),$$
所以
$$\begin{aligned}
p &= a_1 + a_2 C_n^1 + a_3 C_n^2 + \cdots + a_{n+1} C_n^n \\
&= a_{n+1} C_n^n + a_n C_n^{n-1} + \cdots + a_2 C_n^1 + a_1 \\
&= a_{n+1} + a_n C_n^1 + \cdots + a_2 C_n^{n-1} + a_1 C_n^n,
\end{aligned}$$
从而
$$\begin{aligned}
2p &= (a_1 + a_2 C_n^1 + a_3 C_n^2 + \cdots + a_{n+1} C_n^n) + (a_{n+1} + a_n C_n^1 + \cdots + a_2 C_n^{n-1} + a_1 C_n^n) \\
&= (a_1 + a_{n+1}) + (a_2 + a_n) C_n^1 + (a_3 + a_{n-1}) C_n^2 + \cdots + (a_{n+1} + a_1) C_n^n.
\end{aligned}$$
因为 $\{a_n\}$ 为等差数列,所以 $a_1 + a_{n+1} = a_2 + a_n = a_3 + a_{n-1} = \cdots = a_{n+1} + a_1$. 于是
$$2p = (a_1 + a_{n+1})(1 + C_n^1 + C_n^2 + \cdots + C_n^n) = (a_1 + a_{n+1})(1+1)^n = (a_1 + a_{n+1}) 2^n,$$
即
$$a_1 + a_2 C_n^1 + a_3 C_n^2 + \cdots + a_{n+1} C_n^n = (a_1 + a_{n+1}) 2^{n-1}.$$

性质 2 若 $\{a_n\}$ 为等差数列,则 $n \geq 2$ 时,有
$$a_1 - a_2 C_n^1 + a_3 C_n^2 - \cdots + (-1)^n a_{n+1} C_n^n = 0.$$

证明 设 $\{a_n\}$ 的公差为 d,记 $p = a_1 - a_2 C_n^1 + a_3 C_n^2 - \cdots + (-1)^n a_{n+1} C_n^n$,则有
$$\begin{aligned}
p &= a_1 - a_2 C_n^1 + a_3 C_n^2 - \cdots + (-1)^n a_{n+1} C_n^n \\
&= a_1 - (a_1 + d) C_n^1 + (a_1 + 2d) C_n^2 - \cdots + (-1)^n (a_1 + nd) C_n^n \\
&= a_1 [1 - C_n^1 + C_n^2 - C_n^3 + \cdots + (-1)^n C_n^n] - d [C_n^1 - 2 C_n^2 + 3 C_n^3 - \cdots + (-1)^{n-1} n C_n^n].
\end{aligned}$$
容易证明 $k C_n^k = n C_{n-1}^{k-1} (k, n \in \mathbf{N}^*)$. 由 $n \geq 2$ 得 $n-1 \geq 1$. 所以
$$\begin{aligned}
C_n^1 - 2 C_n^2 + 3 C_n^3 - \cdots + (-1)^{n-1} n C_n^n &= n C_{n-1}^0 - n C_{n-1}^1 + n C_{n-1}^2 - \cdots + (-1)^{n-1} n C_{n-1}^{n-1} \\
&= n(1-1)^{n-1} = 0.
\end{aligned}$$
又因为 $1 - C_n^1 + C_n^2 - C_n^3 + \cdots + (-1)^n C_n^n = (1-1)^n = 0$,从而
$$a_1 - a_2 C_n^1 + a_3 C_n^2 - \cdots + (-1)^n a_{n+1} C_n^n = p = 0.$$

以上性质告诉我们,按照二项展开式系数的顺序,逐一乘以等差数列的项,其和有如下规律:当各项符号均为正时,其和为等差数列的首尾两项之和乘以二项式系数总和的一半;当各项符号正负相间时,其和为零.关于等比数列也有如下类似的结论:

性质 3 若 $\{a_n\}$ 为等比数列,q 为公比,则
$$a_1 + a_2 C_n^1 + a_3 C_n^2 + \cdots + a_{n+1} C_n^n = a_1 (1+q)^n.$$

证明 因为 $a_k = a_1 q^{k-1} (k \in \mathbf{N}^*)$,所以
$$\begin{aligned}
a_1 + a_2 C_n^1 + a_3 C_n^2 + \cdots + a_{n+1} C_n^n &= a_1 + a_1 q C_n^1 + a_1 q^2 C_n^2 + \cdots + a_1 q^n C_n^n \\
&= a_1 (C_n^0 + C_n^1 q + C_n^2 q^2 + \cdots + C_n^n q^n) = a_1 (1+q)^n.
\end{aligned}$$

同理可证下面的性质.

性质 4 若 $\{a_n\}$ 为等比数列,q 为公比,则
$$a_1 - a_2 C_n^1 + a_3 C_n^2 + \cdots + (-1)^n a_{n+1} C_n^n = a_1 (1-q)^n.$$

例 4 已知 $\{a_n\}$ 为等差数列,求证:当 $n \geqslant 3$ 时,有
$$a_1 C_n^1 - 2 a_2 C_n^2 + 3 a_3 C_n^3 - \cdots + (-1)^{n-1} n a_n C_n^n = 0.$$

证明 因为 $k C_n^k = n C_{n-1}^{k-1} (k, n \in \mathbf{N}^*)$,所以
$$a_1 C_n^1 - 2 a_2 C_n^2 + 3 a_3 C_n^3 - \cdots + (-1)^{n-1} n a_n C_n^n$$
$$= n [a_1 - a_2 C_{n-1}^1 + a_3 C_{n-1}^2 - \cdots + (-1)^{n-1} a_n C_{n-1}^{n-1}].$$

又因为 $n \geqslant 3$,所以 $n-1 \geqslant 2$. 故由等差数列的性质 2 得
$$a_1 - a_2 C_{n-1}^1 + a_3 C_{n-1}^2 - \cdots + (-1)^{n-1} a_n C_{n-1}^{n-1} = 0,$$
即
$$a_1 C_n^1 - 2 a_2 C_n^2 + 3 a_3 C_n^3 - \cdots + (-1)^{n-1} n a_n C_n^n = 0.$$

三、综合运用

等差、等比数列的综合应用题涉及的知识面较广,它可融合代数中的函数、方程、不等式等等,又可进一步渗透到递归数列、迭代函数、数论之中;它与平面几何、立体几何中的内容相交叉,也可渗入到数阵、格点和图论之中.

例 5(2004 年山东省数学竞赛试题) 已知在数列 $\{a_n\}$ 中,$a_1 = 1$,其前 n 项和 s_n 满足
$$3 t s_n - (2t+3) s_{n-1} = 3t \quad (t > 0, n = 2, 3, \cdots).$$

(1) 求证:数列 $\{a_n\}$ 是等比数列;

(2) 设数列 $\{a_n\}$ 的公比为 $f(t)$,作数列 $\{b_n\}$,使得 $b_1 = 1$,$b_n = f\left(\dfrac{1}{b_{n-1}}\right)$ $(n = 2, 3, \cdots)$,求 $\{b_n\}$ 的通项公式;

(3) 求 $b_1 b_2 - b_2 b_3 + b_3 b_4 - b_4 b_5 + \cdots + b_{2n-1} b_{2n} - b_{2n} b_{2n+1}$.

解 (1) 由已知得
$$3 t s_2 - (2t+3) s_1 = 3t, \quad 即 \quad 3 t (a_1 + a_2) - (2t+3) a_1 = 3t.$$

把 $a_1 = 1$ 代入上式得 $a_2 = \dfrac{2t+3}{3t}$,从而 $\dfrac{a_2}{a_1} = \dfrac{2t+3}{3t}$.

当 $n \geqslant 3$ 时,有
$$3 t s_n - (2t+3) s_{n-1} = 3t, \quad ①$$
$$3 t s_{n-1} - (2t+3) s_{n-2} = 3t. \quad ②$$

①式减去②式得
$$3 t a_n - (2t+3) a_{n-1} = 0, \quad 即 \quad \dfrac{a_n}{a_{n-1}} = \dfrac{2t+3}{3t}.$$

综上所述,当 $n \geqslant 2$ 时,有 $\dfrac{a_n}{a_{n-1}} = \dfrac{2t+3}{3t}$,即数列 $\{a_n\}$ 是公比为 $\dfrac{2t+3}{3t}$ 的等比数列.

(2) 由(1)知 $f(t)=\dfrac{2t+3}{3t}$, 于是

$$b_n = f\left(\dfrac{1}{b_{n-1}}\right) = \dfrac{\dfrac{2}{b_{n-1}}+3}{\dfrac{3}{b_{n-1}}} = b_{n-1}+\dfrac{2}{3} \quad (n \geqslant 2).$$

所以 $n \geqslant 2$ 时,$b_n - b_{n-1} = 2/3$, 即数列 $\{b_n\}$ 是首项为 1, 公差为 2/3 的等差数列. 因此

$$b_n = b_1 + (n-1)d = \dfrac{2}{3}n + \dfrac{1}{3} \quad (n \geqslant 2).$$

(3) $b_1 b_2 - b_2 b_3 + b_3 b_4 - b_4 b_5 + \cdots + b_{2n-1} b_{2n} - b_{2n} b_{2n+1}$
$= b_2(b_1 - b_3) + b_4(b_3 - b_5) + \cdots + b_{2n}(b_{2n-1} - b_{2n+1})$
$= -\dfrac{4}{3}(b_2 + b_4 + \cdots + b_{2n}) = -\dfrac{4}{3}\left[nb_2 + \dfrac{1}{2}n(n-1) \cdot 2d\right]$
$= -\dfrac{8}{9}n^2 - \dfrac{4}{3}n.$

例 6(2002 年上海市数学竞赛试题) 已知数列 $\{a_n\}, \{b_n\}$ 都是等差数列,

$$s_n = a_1 + a_2 + \cdots + a_n, \quad t_n = b_1 + b_2 + \cdots + b_n,$$

且对一切正整数 $n, \dfrac{s_n}{t_n} = \dfrac{3n+31}{31n+3}.$

(1) 求 $\dfrac{b_{28}}{a_{28}}$ 的值;　　(2) 求使 $\dfrac{b_n}{a_n}$ 为整数的所有正整数 n.

解 (1) 因为

$$\dfrac{b_n}{a_n} = \dfrac{\dfrac{b_1 + b_{2n-1}}{2}}{\dfrac{a_1 + a_{2n-1}}{2}} = \dfrac{t_{2n-1}}{s_{2n-1}} = \dfrac{31(2n-1)+3}{3(2n-1)+31} = \dfrac{31n-14}{3n+14},$$

所以

$$\dfrac{b_{28}}{a_{28}} = \dfrac{31 \cdot 28 - 14}{3 \cdot 28 + 14} = \dfrac{61}{7}.$$

(2) 因为 $(3n+14, 3) = 1$, 所以 $\dfrac{b_n}{a_n} = \dfrac{31n-14}{3n+14}$ 为整数,当且仅当

$$\dfrac{3b_n}{a_n} = \dfrac{3(31n-14)}{3n+14} = 31 - \dfrac{476}{3n+14}$$

为整数. 因此只要 $(3n+14) \mid 476$. 因为 $476 = 2 \cdot 2 \cdot 7 \cdot 17, 3n+14 \geqslant 17$, 所以 $3n+14$ 可取 $17, 28, 34, 68, 119, 238, 476$. 故使 $\dfrac{b_n}{a_n}$ 为整数的所有正整数 n 为 $1, 18, 35, 154$.

注 本例是数列与初等数论的综合题,第(2)问利用了整数整除理论中的定理"若 $(a,b)=1, a \mid bc$, 则 $a \mid c$", 从而简化了解答过程.

例 7(2008 年浙江省数学竞赛试题) 设每项均为正数的等差数列 $\{a_n\}$ 的公差 $d \neq 0, s_n$

为 $\{a_n\}$ 的前 n 项和,证明:

(1) 若 $m,n,p \in \mathbf{N}^*$,且 $m+n=2p$,则 $\dfrac{1}{s_m}+\dfrac{1}{s_n} \geqslant \dfrac{2}{s_p}$;

(2) 若 $a_{503} \leqslant \dfrac{1}{1005}$,则 $\sum\limits_{n=1}^{2007} \dfrac{1}{s_n} > 2008$.

证明 (1) **方法 1** 由已知得 $a_1>0,d>0$. 因为 $m+n=2p$,所以
$$a_m+a_n=2a_p.$$
由基本不等式易得
$$m^2+n^2 \geqslant 2p^2, \quad p^2 \geqslant mn, \quad a_p^2 \geqslant a_m a_n,$$
所以
$$s_m+s_n = ma_1+\frac{m(m-1)}{2}d+na_1+\frac{n(n-1)}{2}d = (m+n)a_1+\frac{m^2+n^2-(m+n)}{2}d$$
$$= 2pa_1+\frac{m^2+n^2-2p}{2}d \geqslant 2pa_1+\frac{2p^2-2p}{2}d = 2s_p,$$
$$s_m s_n = \frac{m(a_1+a_m)}{2} \cdot \frac{n(a_1+a_n)}{2} = \frac{mn}{4}[a_1^2+a_1(a_m+a_n)+a_m a_n]$$
$$\leqslant \frac{p^2}{4}(a_1^2+2a_1 a_p+a_p^2) = \left[\frac{p(a_1+a_p)}{2}\right]^2 = s_p^2.$$

于是
$$\frac{1}{s_m}+\frac{1}{s_n} = \frac{s_m+s_n}{s_m s_n} \geqslant \frac{2s_p}{s_p^2} = \frac{2}{s_p}.$$

方法 2 由已知得 $a_m+a_n=2a_p$,所以 $(a_1+a_m)+(a_1+a_n)=2(a_1+a_p)$. 因此
$$\frac{2s_m}{m}+\frac{2s_n}{n}=\frac{4s_p}{p}, \quad 即 \quad \frac{s_m}{m}+\frac{s_n}{n}=\frac{2s_p}{p}.$$

由柯西不等式得
$$\left(\frac{1}{s_m}+\frac{1}{s_n}\right)\left(\frac{s_m}{m}+\frac{s_n}{n}\right) \geqslant \left(\frac{1}{\sqrt{m}}+\frac{1}{\sqrt{n}}\right)^2, \quad 所以 \quad \left(\frac{1}{s_m}+\frac{1}{s_n}\right)\frac{2s_p}{p} \geqslant \left(\frac{1}{\sqrt{m}}+\frac{1}{\sqrt{n}}\right)^2.$$

因此
$$\frac{1}{s_m}+\frac{1}{s_n} \geqslant \frac{p}{2s_p}\left(\frac{1}{\sqrt{m}}+\frac{1}{\sqrt{n}}\right)^2 = \frac{m+n}{4s_p}\left(\frac{1}{\sqrt{m}}+\frac{1}{\sqrt{n}}\right)^2.$$

而
$$(m+n)\left(\frac{1}{\sqrt{m}}+\frac{1}{\sqrt{n}}\right)^2 = (m+n)\left(\frac{1}{m}+\frac{1}{n}\right)+\frac{2(m+n)}{\sqrt{mn}} \geqslant 2\sqrt{mn} \cdot \frac{2}{\sqrt{mn}}+4=8,$$

所以
$$\frac{1}{s_m}+\frac{1}{s_n} \geqslant \frac{2}{s_p}.$$

(2) 由(1)得 $\sum\limits_{n=1}^{2007} \dfrac{1}{s_n} = \dfrac{1}{2}\sum\limits_{n=1}^{2007}\left(\dfrac{1}{s_n}+\dfrac{1}{s_{2008-n}}\right) \geqslant \dfrac{1}{2}\sum\limits_{n=1}^{2007}\dfrac{2}{s_{1004}} = \dfrac{2007}{s_{1004}}$. 因为
$$s_{1004} = \frac{1004(a_1+a_{1004})}{2} \leqslant \frac{1004(a_2+a_{1004})}{2} = 1004 a_{503} \leqslant \frac{1004}{1005},$$

所以
$$\sum_{n=1}^{2007} \frac{1}{s_n} \geqslant \frac{2007}{s_{1004}} \geqslant \frac{1005 \times 2007}{1004} > 2008.$$

注 本例是数列与不等式的综合题,技巧性较强,有一定的难度.

例 8(1999 年全国高中数学联赛试题) 给定正数 M 和正整数 n,对满足条件
$$a_1^2 + a_{n+1}^2 \leqslant M$$
的所有等差数列 $\{a_n\}$,试求 $s = a_{n+1} + a_{n+2} + \cdots + a_{2n+1}$ 的最大值.

解 **方法 1** 因为 $a_{n+1} = a_1 + nd$,所以
$$a_1^2 + (a_1 + nd)^2 \leqslant M. \qquad ③$$

另外,有 $s = (n+1)a_{n+1} + \frac{n(n+1)}{2}d = (n+1)(a_1 + nd) + \frac{n(n+1)}{2}d$,即
$$d = \frac{2}{3n}\left(\frac{s}{n+1} - a_1\right).$$

把 d 代入③式,整理得
$$\frac{10}{9}a_1^2 + \frac{4s}{9(n+1)}a_1 + \frac{4s^2}{9(n+1)^2} - M \leqslant 0.$$

令 $f(x) = \frac{10}{9}x^2 + \frac{4s}{9(n+1)}x + \frac{4s^2}{9(n+1)^2} - M$,则上式即 $f(a_1) \leqslant 0$. 所以 $f(x) \leqslant 0$ 有解,从而 $\Delta \geqslant 0$,即
$$\left[\frac{4s}{9(n+1)}\right]^2 \geqslant 4 \cdot \frac{10}{9} \cdot \left[\frac{4s^2}{9(n+1)^2} - M\right].$$

解此不等式得 $|s| \leqslant \frac{\sqrt{10M}}{2}(n+1)$.

当 $\Delta = 0$,即 $a_1 = -\sqrt{\frac{M}{10}}, d = \frac{2}{5n}\sqrt{10M}$ 时,s 取得最大值,为 $\frac{\sqrt{10M}}{2}(n+1)$.

方法 2 设公差为 $d, a_{n+1} = a$,则
$$s = a_{n+1} + a_{n+2} + \cdots + a_{2n+1} = (n+1)a + \frac{n(n+1)}{2}d.$$

所以 $a + \frac{n}{2}d = \frac{s}{n+1}$. 于是
$$M \geqslant a_1^2 + a_{n+1}^2 = (a - nd)^2 + a^2 = \frac{4}{10}\left(a + \frac{nd}{2}\right)^2 + \frac{1}{10}(4a - 3nd)^2 \geqslant \frac{4}{10}\left(\frac{s}{n+1}\right)^2,$$

从而 $|s| \leqslant \frac{\sqrt{10M}}{2}(n+1)$,其中当且仅当 $M = a_1^2 + a_{n+1}^2, 4a - 3nd = 0$,即
$$\begin{cases} a = 3\sqrt{\frac{M}{10}}, \\ d = \frac{4}{n}\sqrt{\frac{M}{10}} \end{cases} \quad \text{或} \quad \begin{cases} a = -3\sqrt{\frac{M}{10}}, \\ d = -\frac{4}{n}\sqrt{\frac{M}{10}} \end{cases}$$

时"="成立.

当 $\begin{cases} a = -3\sqrt{\dfrac{M}{10}}, \\ d = -\dfrac{4}{n}\sqrt{\dfrac{M}{10}} \end{cases}$ 时,$s = -\dfrac{\sqrt{10M}}{2}(n+1)$.

综上所述,当 $a = 3\sqrt{\dfrac{M}{10}}, d = \dfrac{4}{n}\sqrt{\dfrac{M}{10}}$ 时,s 取得最大值,为 $\dfrac{\sqrt{10M}}{2}(n+1)$.

注 本例将数列、函数和不等式很好地结合在一起.

例 9(1990 年全国高中数学联赛试题) 设 $n^2(n \geqslant 4)$ 个正数排成 n 行 n 列数表:

$$\begin{matrix} a_{11} & a_{12} & a_{13} & \cdots & a_{1n} \\ a_{21} & a_{22} & a_{23} & \cdots & a_{2n} \\ \cdots & \cdots & \cdots & \cdots & \cdots \\ a_{n1} & a_{n2} & a_{n3} & \cdots & a_{nn} \end{matrix}$$

其中每一行的数构成等差数列,每一列的数构成等比数列,并且所有公比相等.已知 $a_{24}=1$,$a_{42}=1/8$,$a_{43}=3/16$,求 $a_{11}+a_{22}+\cdots+a_{nn}$.

解 由已知得等差数列 $\{a_{4k}\}(k=1,2,\cdots,n)$ 的公差 $d = a_{43} - a_{42} = 1/16$,所以

$$a_{44} = a_{43} + d = \dfrac{3}{16} + \dfrac{1}{16} = \dfrac{1}{4},$$

$$a_{4k} = a_{42} + (k-2)d = \dfrac{1}{8} + \dfrac{1}{16}(k-2) = \dfrac{k}{16} \quad (k=1,2,\cdots,n).$$

因为每一列数组成的等比数列的公比 q 满足 $q^2 = \dfrac{a_{44}}{a_{24}} = \dfrac{1}{4}$,而 n^2 个数均为正数,所以 $q = \dfrac{1}{2}$,从而

$$a_{kk} = a_{4k} q^{k-4} = \dfrac{k}{16}\left(\dfrac{1}{2}\right)^{k-4} = \dfrac{k}{2^k} \quad (k=1,2,\cdots,n).$$

记 $s = a_{11} + a_{22} + \cdots + a_{nn}$,则

$$s = \dfrac{1}{2} + 2 \cdot \dfrac{1}{2^2} + 3 \cdot \dfrac{1}{2^3} + \cdots + (n-1) \cdot \dfrac{1}{2^{n-1}} + n \cdot \dfrac{1}{2^n},$$

从而

$$\dfrac{s}{2} = \dfrac{1}{2^2} + 2 \cdot \dfrac{1}{2^3} + 3 \cdot \dfrac{1}{2^4} + \cdots + (n-1) \cdot \dfrac{1}{2^n} + n \cdot \dfrac{1}{2^{n+1}}.$$

上两式相减得

$$\dfrac{s}{2} = \dfrac{1}{2} + \dfrac{1}{2^2} + \dfrac{1}{2^3} + \cdots + \dfrac{1}{2^n} - n \cdot \dfrac{1}{2^{n+1}} = 1 - \dfrac{1}{2^n} - n \cdot \dfrac{1}{2^{n+1}},$$

所以

$$a_{11} + a_{22} + \cdots + a_{nn} = s = 2 - \dfrac{1}{2^{n-1}} - n \cdot \dfrac{1}{2^n}.$$

注 本例只要找到数表的特征,结合等差数列和等比数列的性质,就不难得出解题的

思路.

例 10 设 $\triangle ABC$ 是边长为 a 的正三角形,在三边 AB, BC, CA 上各取一点 A_1, B_1, C_1 作正三角形 $\triangle A_1 B_1 C_1$,而 $\angle B_1 A_1 B = \alpha$ ($0 < \alpha < \pi/3$),然后再依此方式顺次作出如图 5.1(a),(b) 所示的正三角形序列 $\triangle A_2 B_2 C_2, \triangle A_3 B_3 C_3, \cdots, \triangle A_n B_n C_n, \cdots$. 设 $\triangle A_n B_n C_n$ 的面积为 S_n. 现要使所有新作的三角形面积的和 $\sum\limits_{n=1}^{\infty} S_n$ 等于 $\triangle ABC$ 的面积,试确定 α 的值是多少.

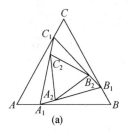
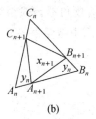

图 5.1

解 设 $AB = x_0, A_1 B_1 = x_1, BB_1 = y_0$,于是 $AA_1 = y_0$,并且

$$x_0 = y_0 + x_1 \cos\alpha + y_0 \cos\frac{\pi}{3} = \frac{3}{2} y_0 + x_1 \cos\alpha, \qquad ④$$

在 $\triangle A_1 B B_1$ 中,由正弦定理得

$$\frac{x_1}{\sin\frac{\pi}{3}} = \frac{y_0}{\sin\alpha}, \quad \text{即} \quad y_0 = \frac{2}{\sqrt{3}} x_1 \sin\alpha.$$

把上式代入④式得

$$x_0 = \frac{3}{2} \cdot \frac{2}{\sqrt{3}} x_1 \sin\alpha + x_1 \cos\alpha = (\sqrt{3}\sin\alpha + \cos\alpha) x_1 = 2\sin\left(\alpha + \frac{\pi}{6}\right) x_1,$$

所以

$$\frac{x_1}{x_0} = \frac{1}{2\sin(\alpha + \pi/6)}.$$

设 $A_n B_n = x_n, A_{n+1} B_{n+1} = x_{n+1}, B_n B_{n+1} = y_n$(见图 5.1(b)),同理可得

$$\frac{x_{n+1}}{x_n} = \frac{1}{2\sin(\alpha + \pi/6)} \quad (n \in \mathbf{N}^*).$$

因此

$$\frac{S_{n+1}}{S_n} = \left(\frac{x_{n+1}}{x_n}\right)^2 = \frac{1}{4\sin^2(\alpha + \pi/6)} \quad (n \in \mathbf{N}^*),$$

所以数列 $\{S_n\}$ 是首项为 S_1,公比为 $\dfrac{1}{4\sin^2(\alpha + \pi/6)}$ 的等比数列. 因为 $0 < \alpha < \dfrac{\pi}{3}$,即 $\dfrac{\pi}{6} < \alpha + \dfrac{\pi}{6} < \dfrac{\pi}{2}$,所以 $\dfrac{1}{4} < \dfrac{1}{4\sin^2(\alpha + \pi/6)} < 1$. 因此

$$\sum_{n=1}^{\infty} S_n = \frac{S_1}{1 - \dfrac{1}{4\sin^2(\alpha + \pi/6)}}.$$

由已知 $\sum_{n=1}^{\infty} S_n = S_{\triangle ABC}$，而 $S_1 = S_{\triangle ABC} \dfrac{1}{4\sin^2(\alpha + \pi/6)}$，所以

$$S_{\triangle ABC} = \sum_{n=1}^{\infty} S_n = \frac{S_{\triangle ABC} \dfrac{1}{4\sin^2(\alpha + \pi/6)}}{1 - \dfrac{1}{4\sin^2(\alpha + \pi/6)}}.$$

因此 $\sin^2\left(\alpha + \dfrac{\pi}{6}\right) = \dfrac{1}{2}$，结合 $0 < \alpha < \dfrac{\pi}{3}$ 得 $\alpha = \dfrac{\pi}{12}$.

注 本例初看比较复杂，但仔细分析后不难察觉到所有三角形面积可能构成无穷等比数列，证实这一想法后，解题思路就非常清晰了.

第二节 数列的通项公式与求和

数列的通项公式与求和是数列中的重要内容，是研究数列的基础.

一、求数列的通项公式

1. 用累加法、累乘法求数列的通项公式

(1) 求形如 $a_1 = c$(常数)，$a_n = a_{n-1} + f(n)$ $(n \geq 2)$ 的数列 $\{a_n\}$ 的通项通常用累加法；

(2) 求形如 $a_1 = c$(常数)，$a_n = a_{n-1} f(n)$ $(n \geq 2)$ 的数列 $\{a_n\}$ 的通项通常用累乘法.

例1 设在数列 $\{a_n\}$ 中，$a_1 = \dfrac{1}{2}$，$a_{n+1} = a_n + \dfrac{1}{4n^2 - 1}$ $(n \in \mathbf{N}^*)$，求数列 $\{a_n\}$ 的通项公式.

解 由 $a_{n+1} = a_n + \dfrac{1}{4n^2 - 1}$ $(n \in \mathbf{N}^*)$ 得

$$a_{n+1} - a_n = \frac{1}{4n^2 - 1} = \frac{1}{(2n)^2 - 1} = \frac{1}{2}\left(\frac{1}{2n-1} - \frac{1}{2n+1}\right) \quad (n \in \mathbf{N}^*),$$

所以有

$$a_2 - a_1 = \frac{1}{2}\left(1 - \frac{1}{3}\right),$$

$$a_3 - a_2 = \frac{1}{2}\left(\frac{1}{3} - \frac{1}{5}\right),$$

$$\cdots\cdots$$

$$a_n - a_{n-1} = \frac{1}{2}\left(\frac{1}{2n-3} - \frac{1}{2n-1}\right).$$

把以上 $n-1$ 个式子相加，得

$$a_n - a_1 = \frac{1}{2}\left[\left(1-\frac{1}{3}\right)+\left(\frac{1}{3}-\frac{1}{5}\right)+\cdots+\left(\frac{1}{2n-3}-\frac{1}{2n-1}\right)\right] = \frac{1}{2}\left(1-\frac{1}{2n-1}\right) \quad (n \geqslant 2).$$

所以当 $n \geqslant 2$ 时,有
$$a_n = \frac{1}{2} + \frac{1}{2}\left(1-\frac{1}{2n-1}\right) = 1 - \frac{1}{2(2n-1)}.$$

又因为 $a_1 = \frac{1}{2}$,所以 $\{a_n\}$ 的通项公式为 $a_n = 1 - \frac{1}{2(2n-1)}$ $(n \in \mathbf{N}^*)$.

例 2 设在数列 $\{a_n\}$ 中,$a_1 = 1$,$na_{n+1} = 2(a_1 + a_2 + \cdots + a_n)$ $(n \in \mathbf{N}^*)$,求数列 $\{a_n\}$ 的通项公式.

解 由 $na_{n+1} = 2(a_1 + a_2 + \cdots + a_n)$ $(n \in \mathbf{N}^*)$ 知,当 $n \geqslant 2$ 时,有
$$(n-1)a_n = 2(a_1 + a_2 + \cdots + a_{n-1}).$$

以上两式相减得 $na_{n+1} - (n-1)a_n = 2a_n$,从而
$$na_{n+1} = (n-1)a_n + 2a_n = (n+1)a_n, \quad 即 \quad \frac{a_{n+1}}{a_n} = \frac{n+1}{n} \quad (n \geqslant 2).$$

因为 $a_2 = 2a_1$,所以
$$\frac{a_2}{a_1} = \frac{2}{1}, \quad \frac{a_3}{a_2} = \frac{3}{2}, \quad \cdots, \quad \frac{a_n}{a_{n-1}} = \frac{n}{n-1}.$$

把以上 $n-1$ 个式子相乘得
$$\frac{a_n}{a_1} = \frac{n}{n-1} \cdot \frac{n-1}{n-2} \cdot \cdots \cdot \frac{3}{2} \cdot \frac{2}{1} = n, \quad 即 \quad a_n = n \quad (n \geqslant 2).$$

又因为 $a_1 = 1$,所以 $\{a_n\}$ 的通项公式为 $a_n = n$ $(n \in \mathbf{N}^*)$.

2. 用构造法求数列的通项公式

2.1 待定系数法

类型 I 数列 $\{a_n\}$ 满足 $a_{n+1} = qa_n + P(n)$ $(n \in \mathbf{N}^*)$,其中 q 为非零常数,$P(n)$ 为关于 n 的多项式.

例 3 设在数列 $\{a_n\}$ 中,$a_1 = 2$,$a_{n+1} = 2a_n + n^2 + 2n + 3$ $(n \in \mathbf{N}^*)$,求该数列的通项公式.

解 令 $a_{n+1} + x(n+1)^2 + y(n+1) + z = 2(a_n + xn^2 + yn + z)$,则
$$a_{n+1} = 2a_n + xn^2 + (y-2x)n + (z-x-y).$$

而已知 $a_{n+1} = 2a_n + n^2 + 2n + 3$,从而 $x = 1, y = 4, z = 8$,故
$$a_{n+1} + (n+1)^2 + 4(n+1) + 8 = 2(a_n + n^2 + 4n + 8).$$

因为 $a_1 + 1 + 4 + 8 = 15$,所以数列 $\{a_n + n^2 + 4n + 8\}$ 是首项为 15,公比为 2 的等比数列.因此
$$a_n = 15 \cdot 2^{n-1} - n^2 - 4n - 8 \quad (n \in \mathbf{N}^*).$$

一般地,对于给定 $a_{n+1} = qa_n + P_m n^m + P_{m-1} n^{m-1} + \cdots + P_1 n + P_0$ $(q \neq 0; n, m \in \mathbf{N}^*)$ 的数列 $\{a_n\}$,可以按以下方法构造新数列,以求得通项 a_n:令
$$a_{n+1} + x_m(n+1)^m + x_{m-1}(n+1)^{m-1} + \cdots + x_1(n+1) + x_0$$

$$=q(a_n+x_m n^m+x_{m-1}n^{m-1}+\cdots+x_1 n+x_0),$$

将上式展开,变形为与给定式子结构相同的形式,比较同次项的系数,解方程组求得 x_0, $x_1,\cdots,x_m$ 的值,$\{a_n+x_m n^m+x_{m-1}n^{m-1}+\cdots+x_1 n+x_0\}$ 即为构造的特殊数列. 通过此特殊数列可求出 a_n.

类型 II 数列 $\{a_n\}$ 满足 $a_{n+1}=qa_n+l_1 b_1^n+l_2 b_2^n+\cdots+l_k b_k^n+P(n)$,其中 $q,b_1,b_2,\cdots,b_k$ 为非零常数,$k\in\mathbf{N}^*$,$P(n)$ 为关于 n 的多项式.

例 4 设在数列 $\{a_n\}$ 中,$a_1=5$,$a_{n+1}=2a_n+3^n+4^n+n+8$ ($n\in\mathbf{N}^*$),求该数列的通项公式.

解 令 $a_{n+1}+x\cdot 3^{n+1}+y\cdot 4^{n+1}+z(n+1)+w=2(a_n+x\cdot 3^n+y\cdot 4^n+zn+w)$,则
$$a_{n+1}=2a_n-x\cdot 3^n-2y\cdot 4^n+zn+w-z.$$

而已知 $a_{n+1}=2a_n+3^n+4^n+n+8$,从而 $x=-1,y=-1/2,z=1,w=9$,故
$$a_{n+1}-3^{n+1}-\frac{1}{2}\cdot 4^{n+1}+(n+1)+9=2\left(a_n-3^n-\frac{1}{2}\cdot 4^n+n+9\right).$$

因为 $a_1-3-\frac{1}{2}\cdot 4+1+9=10$,所以数列 $\left\{a_n-3^n-\frac{1}{2}\cdot 4^n+n+9\right\}$ 是首项为 10,公比为 2 的等比数列. 因此 $a_n=10\cdot 2^{n-1}+3^n+\frac{1}{2}\cdot 4^n-n-9$ ($n\in\mathbf{N}^*$).

一般地,对于给定 $a_{n+1}=qa_n+l_1 b_1^n+l_2 b_2^n+\cdots+l_k b_k^n+P_m n^m+P_{m-1}n^{m-1}+\cdots+P_1 n+P_0$ ($q\neq 0,k,m,n\in\mathbf{N}^*$) 的数列 $\{a_n\}$,可以按以下方法构造新数列,以求得其通项 a_n:令
$$a_{n+1}+x_1 b_1^{n+1}+x_2 b_2^{n+1}+\cdots+x_k b_k^{n+1}+y_m(n+1)^m+y_{m-1}(n+1)^{m-1}+\cdots+y_1(n+1)+y_0$$
$$=q(a_n+x_1 b_1^n+x_2 b_2^n+\cdots+x_k b_k^n+y_m n^m+y_{m-1}n^{m-1}+\cdots+y_1 n+y_0),$$
然后用类型 I 的方法,通过展开比较同次项的系数,求得 $x_1,x_2,\cdots,x_k$ 和 $y_0,y_1,\cdots,y_m$ 的值,构造新数列求出通项公式.

类型 III 数列 $\{a_n\}$ 满足 $a_{n+1}=\dfrac{pa_n+b}{qa_n+c}$ ($pq\neq 0,pc-qb\neq 0,n\in\mathbf{N}^*$).

例 5 设在数列 $\{a_n\}$ 中,$a_1=\dfrac{1}{2}$,$a_{n+1}=\dfrac{a_n}{3a_n+4}$ ($n\in\mathbf{N}^*$),求数列 $\{a_n\}$ 的通项公式.

解 显然 $a_n\neq 0$,从而由已知得
$$\frac{1}{a_{n+1}}=\frac{3a_n+4}{a_n}=\frac{4}{a_n}+3,\quad \text{所以}\quad \frac{1}{a_{n+1}}+1=4\left(\frac{1}{a_n}+1\right).$$

因为 $\dfrac{1}{a_1}+1=3$,所以 $\left\{\dfrac{1}{a_n}+1\right\}$ 是首项为 3,公比为 4 的等比数列,从而
$$\frac{1}{a_n}+1=3\cdot 4^{n-1},\quad \text{即}\quad a_n=\frac{1}{3\cdot 4^{n-1}-1}\quad (n\in\mathbf{N}^*).$$

注 若例 5 中的递推式改为 $a_{n+1}=\dfrac{pa_n}{pa_n+q}$ ($n\in\mathbf{N}^*$),则所构造的新数列将为等比数列.

例 6 已知数列 $\{a_n\}$ 满足:$a_1=1,a_{n+1}=\dfrac{-3a_n+2}{a_n-4}$ $(n\in\mathbf{N}^*)$,求数列 $\{a_n\}$ 的通项公式.

解 令 $a_{n+1}+x=\dfrac{y(a_n+x)}{a_n-4}$,则

$$a_{n+1}=\dfrac{y(a_n+x)}{a_n-4}-x=\dfrac{(y-x)a_n+x(y+4)}{a_n-4}.$$

而已知 $a_{n+1}=\dfrac{-3a_n+2}{a_n-4}$,所以

$$\begin{cases} y-x=-3, \\ x(y+4)=2, \end{cases} \quad 即 \quad \begin{cases} x=1, \\ y=-2 \end{cases} \quad 或 \quad \begin{cases} x=-2, \\ y=-5. \end{cases}$$

取 $x=1,y=-2$,于是有

$$a_{n+1}+1=\dfrac{-2(a_n+1)}{a_n+1-5}, \quad 所以 \quad \dfrac{1}{a_{n+1}+1}=\dfrac{a_n+1-5}{-2(a_n+1)}.$$

令 $b_n=\dfrac{1}{a_n+1}$,则 $b_{n+1}=\dfrac{5}{2}b_n-\dfrac{1}{2}$,即 $b_{n+1}-\dfrac{1}{3}=\dfrac{5}{2}\left(b_n-\dfrac{1}{3}\right)$.所以

$$b_n-\dfrac{1}{3}=\left(b_1-\dfrac{1}{3}\right)\left(\dfrac{5}{2}\right)^{n-1}=\dfrac{1}{6}\left(\dfrac{5}{2}\right)^{n-1}, \quad 即 \quad b_n=\dfrac{1}{6}\left(\dfrac{5}{2}\right)^{n-1}+\dfrac{1}{3}=\dfrac{5^n+5\cdot 2^n}{15\cdot 2^n}.$$

因此

$$a_n=\dfrac{1}{b_n}-1=\dfrac{15\cdot 2^n}{5^n+5\cdot 2^n}-1=\dfrac{2^{n+1}-5^{n-1}}{5^{n-1}+2^n} \quad (n\in\mathbf{N}^*).$$

一般地,对于给定 $a_{n+1}=\dfrac{pa_n+b}{qa_n+c}$ $(pq\neq 0, pc-qb\neq 0, n\in\mathbf{N}^*)$ 的数列 $\{a_n\}$,若 $b=0$,则两边取倒数,求通项 a_n 的问题转化为类型 I 的情形;若 $b\neq 0$,则可用待定系数法,设 $a_{n+1}+x=\dfrac{y(a_n+x)}{qa_n+c}$,求出 x,y,再令 $b_n=a_n+x$,把问题转化为 $b=0$ 的情形.

2.2 不动点法

方程 $f(x)=x$ 的根称为 $f(x)$ 的**不动点**.利用函数的不动点能够解决几类已知数列递推公式求通项公式的问题.

定理 1 设函数 $f(u)=au+b$ $(a\neq 0,a\neq 1)$,p 是 f 的不动点,数列 $\{a_n\}$ 满足递推关系 $a_n=f(a_{n-1})(n\geq 2)$,则 $a_{n+1}-p=a(a_n-p)(n\in\mathbf{N}^*)$,即 $\{a_n-p\}$ 是公比为 a 的等比数列.

定理 2 设函数 $f(u)=\dfrac{au+b}{cu+d}$ $(c\neq 0,ad-bc\neq 0)$,数列 $\{a_n\}$ 满足递推关系 $a_n=f(a_{n-1})$ $(n\geq 2)$,初始条件 $a_1\neq f(a_1)$.

(1) 若 f 仅有唯一不动点 p,则

$$\dfrac{1}{a_{n+1}-p}=\dfrac{1}{a_n-p}+k \quad \left(其中\ k=\dfrac{2c}{a+d}\right);$$

(2) 若 f 有两个相异不动点 p,q,则

$$\frac{a_{n+1}-p}{a_{n+1}-q}=k\frac{a_n-p}{a_n-q} \quad \left(\text{其中 } k=\frac{a-pc}{a-qc}\right).$$

以上两个定理可通过直接计算来证明,其过程可参考以下三例.

例 7 设数列 $\{a_n\}$ 满足 $a_1=1, a_{n+1}=2a_n+1$ $(n\in \mathbf{N}^*)$,求数列 $\{a_n\}$ 的通项公式.

解 令 $p=2p+1$,得不动点 $p=-1$,所以由定理 1 得
$$a_{n+1}+1=2(a_n+1) \quad (n\in \mathbf{N}^*),$$
即 $\{a_n+1\}$ 是首项为 2,公比为 2 的等比数列.因此
$$a_n+1=2\cdot 2^{n-1}=2^n, \quad \text{即} \quad a_n=2^n-1 \quad (n\in \mathbf{N}^*).$$

例 8 设数列 $\{a_n\}$ 满足 $a_1=1, a_{n+1}=\dfrac{a_n-1}{a_n+3}$ $(n\in \mathbf{N}^*)$,求数列 $\{a_n\}$ 的通项公式.

解 令 $p=\dfrac{p-1}{p+3}$,得唯一不动点 $p=-1$.由定理 2(1) 得
$$\frac{1}{a_{n+1}+1}=\frac{1}{a_n+1}+\frac{1}{2} \quad (n\in \mathbf{N}^*),$$
即 $\left\{\dfrac{1}{a_n+1}\right\}$ 是首项为 $\dfrac{1}{2}$,公差为 $\dfrac{1}{2}$ 的等差数列,所以
$$\frac{1}{a_n+1}=\frac{n}{2}, \quad \text{即} \quad a_n=\frac{2}{n}-1=\frac{2-n}{n} \quad (n\in \mathbf{N}^*).$$

例 9 设数列 $\{a_n\}$ 满足 $a_1=3, a_{n+1}=\dfrac{7a_n-2}{a_n+4}$ $(n\in \mathbf{N}^*)$,求数列 $\{a_n\}$ 的通项公式.

解 令 $x=\dfrac{7x-2}{x+4}$,得不动点 $x_1=1, x_2=2$.由定理 2(2) 得
$$\frac{a_{n+1}-1}{a_{n+1}-2}=\frac{6}{5}\cdot \frac{a_n-1}{a_n-2} \quad (n\in \mathbf{N}^*),$$
即 $\left\{\dfrac{a_n-1}{a_n-2}\right\}$ 是首项为 2,公比为 $\dfrac{6}{5}$ 的等比数列,所以 $\dfrac{a_n-1}{a_n-2}=2\left(\dfrac{6}{5}\right)^{n-1}$.因此
$$a_n=\frac{1}{2\left(\frac{6}{5}\right)^{n-1}-1}+2=\frac{4\cdot 6^{n-1}-5^{n-1}}{2\cdot 6^{n-1}-5^{n-1}} \quad (n\in \mathbf{N}^*).$$

注 以上三例均可用待定系数法求解.

2.3 其他方法

在求数列的通项公式时,除了用待定系数法、不动点法构造特殊数列,还可以通过分析已知解析式的结构特征,采用拆分合并、倒数变换、取对数变换、比例变换、换元等手段,将原数列转化为等差数列或等比数列来求解.

例 10 设在正项数列 $\{a_n\}$ 中,$a_1=10, a_{n+1}=10\sqrt{a_n}$ $(n\in \mathbf{N}^*)$,求该数列的通项公式.

解 对 $a_{n+1}=10\sqrt{a_n}$ 两边取对数,得 $\lg a_{n+1}=\dfrac{1}{2}\lg a_n+1$,所以

$$\lg a_{n+1} - 2 = \frac{1}{2}(\lg a_n - 2) \quad (n \in \mathbf{N}^*),$$

即 $\{\lg a_n - 2\}$ 是首项为 -1, 公比为 $1/2$ 的等比数列. 因此

$$\lg a_n - 2 = -(1/2)^{n-1}, \quad 即 \quad a_n = 10^{2-(1/2)^{n-1}} \quad (n \in \mathbf{N}^*).$$

例 11 已知数列 $\{a_n\}$ 满足 $a_1 = a, a > 2$, 且 $a_n = \dfrac{a_{n-1}^2}{2a_{n-1}-1}(n \geq 2)$, 求该数列的通项公式.

解 已知条件可变形为 $\dfrac{a_n}{1} = \dfrac{a_{n-1}^2}{2a_{n-1}-1}(n \geq 2)$, 所以

$$\frac{a_n}{a_n - 1} = \frac{a_{n-1}^2}{a_{n-1}^2 - 2a_{n-1} + 1}, \quad 即 \quad \frac{a_n}{a_n - 1} = \left(\frac{a_{n-1}}{a_{n-1}-1}\right)^2.$$

两边取对数得 $\lg \dfrac{a_n}{a_n-1} = 2\lg \dfrac{a_{n-1}}{a_{n-1}-1}$, 所以 $\left\{\lg \dfrac{a_n}{a_n-1}\right\}$ 是以 $\lg \dfrac{a_1}{a_1-1} = \lg \dfrac{a}{a-1}$ 为首项, 2 为公比的等比数列. 因此

$$\lg \frac{a_n}{a_n-1} = \lg \frac{a}{a-1} \cdot 2^{n-1}, \quad 即 \quad \frac{a_n}{a_n-1} = \left(\frac{a}{a-1}\right)^{2^{n-1}},$$

从而

$$a_n = \left[1 - \left(\frac{a-1}{a}\right)^{2^{n-1}}\right]^{-1} \quad (n \in \mathbf{N}^*).$$

例 12 已知在数列 $\{a_n\}$ 中, $a_1 = 2, a_{n+1} = 2a_n + 2^n (n \in \mathbf{N}^*)$, 求该数列的通项公式.

解 将已知等式 $a_{n+1} = 2a_n + 2^n (n \in \mathbf{N}^*)$ 两边同时除以 2^{n+1} 得

$$\frac{a_{n+1}}{2^{n+1}} = \frac{a_n}{2^n} + \frac{1}{2} \quad (n \in \mathbf{N}^*),$$

所以 $\left\{\dfrac{a_n}{2^n}\right\}$ 是首项为 1, 公差为 $\dfrac{1}{2}$ 的等差数列. 因此

$$\frac{a_n}{2^n} = 1 + \frac{1}{2}(n-1) = \frac{n+1}{2} \quad (n \in \mathbf{N}^*),$$

从而

$$a_n = \frac{n+1}{2} 2^n = (n+1)2^{n-1} \quad (n \in \mathbf{N}^*).$$

注 若本例中的递推式改为 $a_{n+1} = 2a_n + q^n (q \neq 2, n \in \mathbf{N}^*)$, 则所构造的新数列将为等比数列. 本例也可用前面所述的待定系数法求解.

3. 利用 $a_n = s_n - s_{n-1}$ 求数列的通项公式

当直接求数列的通项公式较为困难, 而前 n 项和 s_n 相对容易求得时, 可先求 s_n, 然后利用 $a_n = s_n - s_{n-1}$ 来求数列的通项公式. 此外, 若已知条件为 a_n, s_n 的混合式时, 灵活应用公式 $a_n = s_n - s_{n-1}$ 常常能给问题的解决带来很大的方便.

例 13 设在数列 $\{a_n\}$ 中, $a_1 = 1$, 前 n 项和 s_n 与 a_n 之间满足 $a_n = \dfrac{2s_n^2}{2s_n - 1}(n \geq 2)$, 求该数

列的通项公式.

解 当 $n \geq 2$ 时,$a_n = s_n - s_{n-1}$,所以 $s_n - s_{n-1} = \dfrac{2s_n^2}{2s_n - 1}$,即

$$s_{n-1} - s_n = 2s_n s_{n-1} \quad (n \geq 2).$$

上式两边同时除以 $s_n s_{n-1}$ 得

$$\dfrac{1}{s_n} - \dfrac{1}{s_{n-1}} = 2 \quad (n \geq 2),$$

故 $\left\{\dfrac{1}{s_n}\right\}$ 是以 $\dfrac{1}{s_1} = 1$ 为首项,以 2 为公差的等差数列. 于是 $\dfrac{1}{s_n} = 2n - 1$,即 $s_n = \dfrac{1}{2n-1}$. 因此

$$a_n = s_n - s_{n-1} = \dfrac{-2}{(2n-1)(2n-3)} \quad (n \geq 2).$$

例 14 设数列 $\{a_n\}$ 的各项都是正数,且对任意的 $n \in \mathbf{N}^*$ 满足 $a_1^3 + a_2^3 + a_3^3 + \cdots + a_n^3 = s_n^2$,其中 s_n 为数列 $\{a_n\}$ 的前 n 项和,求该数列的通项公式.

解 由已知,当 $n \geq 2$ 时,有

$$a_1^3 + a_2^3 + a_3^3 + \cdots + a_n^3 = s_n^2,$$
$$a_1^3 + a_2^3 + a_3^3 + \cdots + a_{n-1}^3 = s_{n-1}^2,$$

两式相减得

$$a_n^3 = s_n^2 - s_{n-1}^2 = (s_n - s_{n-1})(s_n + s_{n-1}) = a_n(s_n + s_{n-1}) \quad (n \geq 2).$$

因为 $a_n > 0$,所以 $a_n^2 = s_n + s_{n-1} = 2s_n - a_n (n \geq 2)$. 容易验证 $n = 1$ 时也满足此式. 所以当 $n \geq 2$ 时,$a_{n-1}^2 = 2s_{n-1} - a_{n-1}$,于是

$$a_n^2 - a_{n-1}^2 = (2s_n - a_n) - (2s_{n-1} - a_{n-1}) = a_n + a_{n-1} \quad (n \geq 2).$$

由 $a_n > 0$ 得 $a_n - a_{n-1} = 1$,因此 $\{a_n\}$ 是首项为 1,公差为 1 的等差数列. 所以 $\{a_n\}$ 的通项公式为

$$a_n = n \quad (n \in \mathbf{N}^*).$$

4. 利用数学归纳法求数列的通项公式

通过数列前几项的值归纳、猜想出规律,然后用数学归纳法严格论证,这是求数列通项公式的一种有效方法.

例 15 已知 $a_0 = a_1 = 1, a_0 a_n + a_1 a_{n-1} + \cdots + a_{n-1} a_1 + a_n a_0 = 2^n a_n (n \geq 2)$,求数列 $\{a_n\}$ 的通项公式.

解 当 $n = 2$ 时,$a_2 + a_1^2 + a_2 = 2^2 a_2$,解得 $a_2 = \dfrac{1}{2}$;

当 $n = 3$ 时,$a_3 + \dfrac{1}{2} + \dfrac{1}{2} + a_3 = 2^3 a_3$,解得 $a_3 = \dfrac{1}{6} = \dfrac{1}{2 \cdot 3}$;

当 $n = 4$ 时,$a_4 + \dfrac{1}{6} + \dfrac{1}{4} + \dfrac{1}{6} + a_4 = 2^4 a_3$,解得 $a_4 = \dfrac{1}{24} = \dfrac{1}{2 \cdot 3 \cdot 4}$.

猜测 $a_n = \dfrac{1}{n!}$ ($n \in \mathbf{N}^*$),下面用数学归纳法证明.

(1) 当 $n = 1$ 时,$a_1 = 1$,显然成立.

(2) 假设当 $n \leqslant k$ 时,$a_n = \dfrac{1}{n!}$ 成立. 根据已知可得
$$a_0 a_{k+1} + a_1 a_k + a_2 a_{k-1} + \cdots + a_{n-1} a_2 + a_k a_1 + a_{k+1} a_0 = 2^{k+1} a_{k+1},$$

所以由假设有
$$2 a_{k+1} + \dfrac{1}{1! k!} + \dfrac{1}{2!(k-1)!} + \cdots + \dfrac{1}{(k-1)! 2!} + \dfrac{1}{k! 1!} = 2^{k+1} a_{k+1},$$

从而 $\dfrac{1}{(k+1)!} \left[\dfrac{(k+1)!}{1! k!} + \dfrac{(k+1)!}{2!(k-1)!} + \cdots + \dfrac{(k+1)!}{(k-1)! 2!} + \dfrac{(k+1)!}{k! 1!} \right] = 2^{k+1} a_{k+1} - 2 a_{k+1},$

即
$$\dfrac{1}{(k+1)!} (C_{k+1}^1 + C_{k+1}^2 + \cdots + C_{k+1}^{k-1} + C_{k+1}^k) = 2^{k+1} a_{k+1} - 2 a_{k+1},$$

亦即
$$\dfrac{1}{(k+1)!} (2^{k+1} - 2) = 2^{k+1} a_{k+1} - 2 a_{k+1}.$$

由此解得 $a_{k+1} = \dfrac{1}{(k+1)!}$. 这就说明,当 $n = k+1$ 时,假设也成立.

由(1),(2)可知:对任意的 $n \in \mathbf{N}^*$,有 $a_n = \dfrac{1}{n!}$.

二、数列求和

1. 倒序相加法

利用与首末两项等距的两项相加所呈现的某种规律进行化简求和,这种方法叫做**倒序相加法**. 它源于等差数列前 n 项求和公式的推导,展现了数学的对称美.

例 16 (1986 年全国高中数学联赛试题) 设 $f(x) = \dfrac{4^x}{4^x + 2}$,求和:
$$f\left(\dfrac{1}{1001}\right) + f\left(\dfrac{2}{1001}\right) + \cdots + f\left(\dfrac{1000}{1001}\right).$$

解 记 $s = f\left(\dfrac{1}{1001}\right) + f\left(\dfrac{2}{1001}\right) + \cdots + f\left(\dfrac{1000}{1001}\right)$,把 s 的项倒过来排得
$$s = f\left(\dfrac{1000}{1001}\right) + f\left(\dfrac{999}{1001}\right) + \cdots + f\left(\dfrac{1}{1001}\right).$$

因为
$$f(x) + f(1-x) = \dfrac{4^x}{4^x + 2} + \dfrac{4^{1-x}}{4^{1-x} + 2} = \dfrac{4^x}{4^x + 2} + \dfrac{2}{4^x + 2} = 1,$$

所以

$$2s = \left[f\left(\frac{1}{1001}\right)+f\left(\frac{1000}{1001}\right)\right]+\left[f\left(\frac{2}{1001}\right)+f\left(\frac{999}{1001}\right)\right]+\cdots+\left[f\left(\frac{1000}{1001}\right)+f\left(\frac{1}{1001}\right)\right]=1000,$$

即 $s=500$.

2. 分组求和法

一般地，若某数列的通项能拆为等差数列与等比数列的和，或几个等比数列的和，则可以将通项拆开，然后进行等差、等比的分组，利用等差、等比数列的求和公式求和. 这种数列求和方法叫做**分组求和法**.

例 17 求数列 $1+2,2+4,3+8,4+16,\cdots,n+2^n,\cdots$ 的前 n 项和 s_n.

解
$$\begin{aligned}s_n &= (1+2)+(2+4)+(3+8)+\cdots+(n+2^n) \\ &= (1+2+\cdots+n)+(2+4+\cdots+2^n) \\ &= \frac{n(n+1)}{2}+\frac{2(1-2^n)}{1-2}=2^{n+1}+\frac{n(n+1)}{2}-2.\end{aligned}$$

3. 错位相减法

一般地，若某数列的各项是由一个等差数列与一个等比数列对应项乘积组成，此时可用错位相减求和. 这种数列求和方法叫做**错位相减法**. 它源于等比数列前 n 项求和公式的推导.

例 18 设 $a_n=\dfrac{2n-1}{2^{n-1}}$ ($n\in \mathbf{N}^*$)，求数列 $\{a_n\}$ 的前 n 项和 s_n.

解 由题设有

$$s_n = 1+\frac{3}{2^1}+\frac{5}{2^2}+\cdots+\frac{2n-3}{2^{n-2}}+\frac{2n-1}{2^{n-1}},$$

$$2s_n = 2+3+\frac{5}{2^1}+\cdots+\frac{2n-3}{2^{n-3}}+\frac{2n-1}{2^{n-2}},$$

两式相减得

$$\begin{aligned}s_n &= 2+2+\frac{2}{2^1}+\frac{2}{2^2}+\cdots+\frac{2}{2^{n-2}}-\frac{2n-1}{2^{n-1}} \\ &= 2+2\cdot\left(1+\frac{1}{2^1}+\frac{1}{2^2}+\cdots+\frac{1}{2^{n-2}}\right)-\frac{2n-1}{2^{n-1}} \\ &= 2+2\cdot\frac{1-\dfrac{1}{2^{n-1}}}{1-\dfrac{1}{2}}-\frac{2n-1}{2^{n-1}}=6-\frac{1}{2^{n-3}}-\frac{2n-1}{2^{n-1}}.\end{aligned}$$

4. 裂项相消法

若数列的通项可拆成两项之差，则数列的每一项都可按此法拆成两项之差. 这样在数列求和时一些正负项相互抵消，于是前 n 项的和变成首尾若干项之和. 这一数列求和方法称为

裂项相消法.

例 19 求和 $s_n = \dfrac{1}{1\cdot 3} + \dfrac{1}{2\cdot 4} + \dfrac{1}{3\cdot 5} + \cdots + \dfrac{1}{n(n+2)}$.

解 这实际上是求数列 $\left\{\dfrac{1}{n(n+2)}\right\}$ 的前 n 项和. 因为 $\dfrac{1}{n(n+2)} = \dfrac{1}{2}\left(\dfrac{1}{n} - \dfrac{1}{n+2}\right)(n\in \mathbf{N}^*)$, 所以

$$s_n = \dfrac{1}{1\cdot 3} + \dfrac{1}{2\cdot 4} + \dfrac{1}{3\cdot 5} + \cdots + \dfrac{1}{n(n+2)}$$

$$= \dfrac{1}{2}\left[\left(1 - \dfrac{1}{3}\right) + \left(\dfrac{1}{2} - \dfrac{1}{4}\right) + \cdots + \left(\dfrac{1}{n} - \dfrac{1}{n+2}\right)\right]$$

$$= \dfrac{1}{2}\left(1 + \dfrac{1}{2} - \dfrac{1}{n+1} - \dfrac{1}{n+2}\right) = \dfrac{3}{4} - \dfrac{2n+3}{2(n+1)(n+2)}.$$

用裂项相消法可解决通项形如 $a_n = \dfrac{1}{(pn+q)(pn+r)}(p\neq 0, q\neq r)$ 的数列求和问题. 应注意裂项前后系数的调节, 如本例的 $\dfrac{1}{2}$, 还应注意正负相消后的剩余项规律.

例 20 求和 $s_n = \dfrac{1}{1+\sqrt{2}} + \dfrac{1}{\sqrt{2}+\sqrt{3}} + \dfrac{1}{\sqrt{3}+\sqrt{4}} + \cdots + \dfrac{1}{\sqrt{n}+\sqrt{n+1}}$.

解 因为 $\dfrac{1}{\sqrt{n}+\sqrt{n+1}} = \sqrt{n+1} - \sqrt{n}\ (n\in \mathbf{N}^*)$, 所以

$$s_n = \dfrac{1}{1+\sqrt{2}} + \dfrac{1}{\sqrt{2}+\sqrt{3}} + \dfrac{1}{\sqrt{3}+\sqrt{4}} + \cdots + \dfrac{1}{\sqrt{n}+\sqrt{n+1}}$$

$$= \sqrt{2} - 1 + \sqrt{3} - \sqrt{2} + \sqrt{4} - \sqrt{3} + \cdots + \sqrt{n+1} - \sqrt{n}$$

$$= \sqrt{n+1} - 1.$$

注 运用裂项相消法求和时分母有理化是有力的工具.

例 21 求和 $s_n = \dfrac{1}{1\cdot 2\cdot 3} + \dfrac{1}{2\cdot 3\cdot 4} + \dfrac{1}{3\cdot 4\cdot 5} + \cdots + \dfrac{1}{n(n+1)(n+2)}$.

解 因为 $\dfrac{1}{n(n+1)(n+2)} = \dfrac{1}{2}\left[\dfrac{1}{n(n+1)} - \dfrac{1}{(n+1)(n+2)}\right](n\in \mathbf{N}^*)$, 所以

$$s_n = \dfrac{1}{2}\left[\dfrac{1}{1\cdot 2} - \dfrac{1}{2\cdot 3} + \dfrac{1}{2\cdot 3} - \dfrac{1}{3\cdot 4} + \cdots + \dfrac{1}{n(n+1)} - \dfrac{1}{(n+1)(n+2)}\right]$$

$$= \dfrac{1}{2}\left[\dfrac{1}{2} - \dfrac{1}{(n+1)(n+2)}\right] = \dfrac{(n+1)(n+2) - 2}{4(n+1)(n+2)}.$$

注 一般地, 对于通项形如 $a_n = \dfrac{1}{n(n+1)(n+2)\cdots(n+k)}$ 的数列求和问题, 可将通项化为 $a_n = \dfrac{1}{k}\left[\dfrac{1}{n(n+1)(n+2)\cdots(n+k-1)} - \dfrac{1}{(n+1)(n+2)\cdots(n+k)}\right]$ 进而求和.

5. 并项求和法

将数列中的某些项合并成为一项，从而产生一个容易求和的新数列，这种数列求和方法称为**并项求和法**.

例 22 求和 $s_n = 1^2 - 2^2 + 3^2 - 4^2 + \cdots + (-1)^{n-1} n^2$.

解 当 n 为偶数时，

$$s_n = (1^2 - 2^2) + (3^2 - 4^2) + \cdots + [(n-1)^2 - n^2]$$
$$= -[1 + 2 + 3 + 4 + \cdots + (n-1) + n] = -\frac{n(n+1)}{2}; \qquad ①$$

当 n 为奇数时，$n-1$ 为偶数，所以由①式得 $s_{n-1} = -\frac{n(n-1)}{2}$，从而

$$s_n = s_{n-1} + n^2 = -\frac{n(n-1)}{2} + n^2 = \frac{n(n+1)}{2}.$$

综上所述，$s_n = (-1)^{n-1} \frac{n(n+1)}{2}$.

6. 累加法

我们以具体的例子来说明累加法.

例 23 求和 $s_n = 1^2 + 2^2 + 3^2 + \cdots + n^2$.

解 因为 $(k+1)^3 - k^3 = 3k^2 + 3k + 1$ $(k = 1, 2, \cdots, n)$，所以

$$2^3 - 1^3 = 3 \cdot 1^2 + 3 \cdot 1 + 1,$$
$$3^3 - 2^3 = 3 \cdot 2^2 + 3 \cdot 2 + 1,$$
$$\cdots\cdots\cdots\cdots$$
$$(n+1)^3 - n^3 = 3n^2 + 3n + 1.$$

将以上 n 个式子相加（累加）得

$$(n+1)^3 - 1 = 3s_n + 3(1 + 2 + \cdots + n) + n = 3s_n + \frac{3n(n+1)}{2} + n,$$

所以 $s_n = \frac{1}{3}\left[(n+1)^3 - 1 - \frac{3n(n+1)}{2} - n\right] = \frac{1}{6} n(n+1)(2n+1).$

注 本例中的 n 个式子相加就是一个累加过程，累加法也是由此得名. 通项形如 $a_n = n^k$ ($k \geqslant 2, k \in \mathbf{N}^*$) 的数列求和均可用累加法.

7. 数学归纳法

与求数列的通项公式一样，通过对数列前几项的和进行归纳、猜想，然后用数学归纳法严格论证，也是对数列求和的一种常用方法.

例 24（1993 年全国高考试题） 已知数列 $\{a_n\}$ 的通项公式 $a_n = \frac{8n}{(2n-1)^2 (2n+1)^2}$，求前

n 项和 s_n.

解 直接计算得 $s_1=\dfrac{8}{9}, s_2=\dfrac{24}{25}, s_3=\dfrac{48}{49}, s_4=\dfrac{80}{81}$，于是猜测

$$s_n = \dfrac{(2n+1)^2-1}{(2n+1)^2}. \qquad ②$$

下面用数学归纳法加以证明.

(1) 当 $n=1$ 时，由以上计算知显然成立.

(2) 假设 $n=k$ 时等式②成立，即 $s_k=\dfrac{(2k+1)^2-1}{(2k+1)^2}$，则当 $n=k+1$ 时，有

$$s_{k+1} = s_k + a_{k+1} = \dfrac{(2k+1)^2-1}{(2k+1)^2} + \dfrac{8(k+1)}{(2k+1)^2(2k+3)^2}$$

$$= \dfrac{[(2k+1)^2-1](2k+3)^2 + 8(k+1)}{(2k+1)^2(2k+3)^2} = \dfrac{(2k+1)^2(2k+3)^2 - (2k+1)^2}{(2k+1)^2(2k+3)^2}$$

$$= \dfrac{(2k+3)^2-1}{(2k+3)^2} = \dfrac{[2(k+1)+1]^2-1}{[2(k+1)+1]^2}.$$

这说明，当 $n=k+1$ 时等式②也成立.

根据(1),(2)可知，对任意 $n \in \mathbf{N}^*$，等式②都成立.

注 本例也可用裂项相消法求解.

8. 导数法

导数是解决函数问题的有力工具. 数列是一种特殊的函数，灵活运用导数能有效解决某些数列的求和问题.

例 25 求和：

(1) $s_n = 1 + 2x + 3x^2 + \cdots + nx^{n-1} \ (x \neq 1)$；

(2) $s_n = 1^2 x + 2^2 x^2 + 3^2 x^3 + \cdots + n^2 x^n \ (x \neq 1)$.

解 (1) 设 $f(x) = x + x^2 + x^3 + \cdots + x^n$，则 $f'(x) = 1 + 2x + 3x^2 + \cdots + nx^{n-1}$. 所以

$$s_n = f'(x) = (x + x^2 + x^3 + \cdots + x^n)'$$

$$= \left(\dfrac{x - x^{n+1}}{1-x}\right)' = \dfrac{1 - (n+1)x^n + nx^{n+1}}{(1-x)^2}.$$

(2) 由已知得

$$s_n = x(1^2 + 2^2 x + 3^2 x^2 + \cdots + n^2 x^{n-1}) = x(x + 2x^2 + 3x^3 + \cdots + nx^n)',$$

而根据(1)得

$$x + 2x^2 + 3x^3 + \cdots + nx^n = x\left[\dfrac{1-(n+1)x^n + nx^{n+1}}{(1-x)^2}\right] = \dfrac{x - (n+1)x^{n+1} + nx^{n+2}}{(1-x)^2},$$

所以

$$s_n = x\left[\frac{x-(n+1)x^{n+1}+nx^{n+2}}{(1-x)^2}\right]' = x\left[\frac{2x(1-x^n)}{(1-x)^3} + \frac{1-x^n(1+n+nx)}{(1-x)^2} - \frac{n(n+1)x^n}{1-x}\right].$$

例 26 求和 $s_n = C_n^1 + 2C_n^2 + 3C_n^3 + \cdots + nC_n^n$.

解 由二项式定理得 $(1+x)^n = 1 + C_n^1 x + C_n^2 x^2 + \cdots + C_n^n x^n$. 对上式两边同时求导数得
$$n(1+x)^{n-1} = C_n^1 + 2C_n^2 x + \cdots + nC_n^n x^{n-1}.$$

令 $x=1$，得
$$n \cdot 2^{n-1} = C_n^1 + 2C_n^2 + \cdots + nC_n^n, \quad \text{即} \quad s_n = 2^{n-1} n.$$

注 本例也可用倒序相加法求解.

以上各种求数列通项公式与数列求和的方法并不是一成不变的，我们要在熟悉各种方法适用范围的基础上，具体问题具体分析，灵活运用各种方法解决问题.

第三节　数列的差分与高阶等差数列

一、数列的差分

定义 1 对于数列 $\{a_n\}$，称 $\Delta a_n = a_{n+1} - a_n$ $(n \in \mathbf{N}^*)$ 为 $\{a_n\}$ 的**一阶差分**，称 $\{\Delta a_n\}$ 为数列 $\{a_n\}$ 的**一阶差分数列**.

称数列 $\{\Delta a_n\}$ 的一阶差分 $\Delta^2 a_n = \Delta a_{n+1} - \Delta a_n$ $(n \in \mathbf{N}^*)$ 为 $\{a_n\}$ 的**二阶差分**，称 $\{\Delta^2 a_n\}$ 为数列 $\{a_n\}$ 的**二阶差分数列**.

一般地，对于 $k \in \mathbf{N}^*$，称 $\Delta^k a_n = \Delta^{k-1} a_{n+1} - \Delta^{k-1} a_n$ $(n \in \mathbf{N}^*)$ 为 $\{a_n\}$ 的 k **阶差分**，称 $\{\Delta^k a_n\}$ 为数列 $\{a_n\}$ 的 k **阶差分数列**.

为统一起见，我们约定 $\Delta^0 a_n = a_n$，$\Delta^1 a_n = \Delta a_n$. 差分是研究数列的有力工具. 由以上定义容易验证数列的差分具有以下性质：

定理 1 对于数列 $\{a_n\}$，$\{b_n\}$，有

(1) $\Delta(ka_n + lb_n) = k\Delta a_n + l\Delta b_n$ (k,l 为常数);

(2) $\Delta(a_n b_n) = a_n \Delta b_n + b_{n+1} \Delta a_n = a_{n+1} \Delta b_n + b_n \Delta a_n$;

(3) $\sum_{k=1}^{n} a_k \Delta b_k = a_{n+1} b_{n+1} - a_1 b_1 - \sum_{k=1}^{n} b_{k+1} \Delta a_k$.

下面，我们来探求数列 $\{a_n\}$ 的通项公式与它的首项 a_1，各阶差分数列的首项 Δa_1，$\Delta^2 a_1$，$\cdots$，$\Delta^{n-1} a_1$ 以及序号 n 之间的关系.

由差分的定义得 $a_2 = a_1 + \Delta a_1$，$a_3 = a_2 + \Delta a_2$，$\Delta a_2 = \Delta a_1 + \Delta^2 a_1$，所以
$$a_3 = (a_1 + \Delta a_1) + (\Delta a_1 + \Delta^2 a_1) = a_1 + 2\Delta a_1 + \Delta^2 a_1.$$

类似地，可得
$$\Delta a_3 = \Delta a_1 + 2\Delta^2 a_1 + \Delta^3 a_1,$$

又因为 $a_4 = a_3 + \Delta a_3$,于是
$$a_4 = (a_1 + 2\Delta a_1 + \Delta^2 a_1) + (\Delta a_1 + 2\Delta^2 a_1 + \Delta^3 a_1) = a_1 + 3\Delta a_1 + 3\Delta^2 a_1 + \Delta^3 a_1.$$
根据以上讨论,我们不难猜测:对任意的 $n \geq 2$,有
$$a_n = a_1 + C_{n-1}^1 \Delta a_1 + C_{n-1}^2 \Delta^2 a_1 + \cdots + C_{n-1}^{n-1} \Delta^{n-1} a_1.$$
下面我们证明这个等式成立.

(1) 当 $n=2$ 时,$a_2 = a_1 + \Delta a_1$,显然成立.

(2) 假设 $n=k$ 时等式成立,则
$$\begin{aligned}
a_{k+1} &= a_k + \Delta a_k \\
&= (a_1 + C_{k-1}^1 \Delta a_1 + C_{k-1}^2 \Delta^2 a_1 + \cdots + C_{k-1}^{k-1} \Delta^{k-1} a_1) \\
&\quad + (\Delta a_1 + C_{k-1}^1 \Delta^2 a_1 + C_{k-1}^2 \Delta^3 a_1 + \cdots + C_{k-1}^{k-1} \Delta^k a_1) \\
&= a_1 + (C_{k-1}^1 + 1)\Delta a_1 + (C_{k-1}^2 + C_{k-1}^1)\Delta^2 a_1 + \cdots + (C_{k-1}^{k-1} + C_{k-1}^{k-2})\Delta^{k-1} a_1 + C_{k-1}^{k-1} \Delta^k a_1 \\
&= a_1 + C_k^1 \Delta a_1 + C_k^2 \Delta^2 a_1 + \cdots + C_k^{k-1} \Delta^{k-1} a_1 + C_k^k \Delta^k a_1.
\end{aligned}$$
这就是说,当 $n=k+1$ 时等式也成立.

由(1),(2)知,对任意的 $n \geq 2$ 等式成立.

这样我们得到下面的定理.

定理 2 对于给定数列 $\{a_n\}$,有
$$a_n = a_1 + C_{n-1}^1 \Delta a_1 + C_{n-1}^2 \Delta^2 a_1 + \cdots + C_{n-1}^{n-1} \Delta^{n-1} a_1 \quad (n \geq 2).$$

二、高阶等差数列

定义 2 对于数列 $\{a_n\}$,如果它的 k 阶差分数列 $\{\Delta^k a_n\}$ 是非零常数列,那么称 $\{a_n\}$ 为 k **阶等差数列**. 当 $k \geq 2$ 时,k 阶等差数列称为**高阶等差数列**.

为统一起见,常数列称为**零阶等差数列**. 显然,非常数列的等差数列是一阶等差数列.

下面我们来探求高阶等差数列的通项公式与前 n 项和公式.

定理 3 若数列 $\{a_n\}$ 是 k 阶等差数列,则其通项公式为
$$a_n = a_1 + C_{n-1}^1 \Delta a_1 + C_{n-1}^2 \Delta^2 a_1 + \cdots + C_{n-1}^k \Delta^k a_1 \quad (n \geq 2).$$

证明 因为 $\{a_n\}$ 是 k 阶等差数列,所以 $r > k$ 时,$\{a_n\}$ 的 r 阶差分数列均为零数列. 故 $\Delta^{k+1} a_1 = \Delta^{k+2} a_1 = \cdots = \Delta^{n-1} a_1 = 0$,从而由定理 2 得
$$\begin{aligned}
a_n &= a_1 + C_{n-1}^1 \Delta a_1 + C_{n-1}^2 \Delta^2 a_1 + \cdots + C_{n-1}^{n-1} \Delta^{n-1} a_1 \\
&= a_1 + C_{n-1}^1 \Delta a_1 + C_{n-1}^2 \Delta^2 a_1 + \cdots + C_{n-1}^k \Delta^k a_1 \quad (n \geq 2).
\end{aligned}$$

推论 数列 $\{a_n\}$ 为 k 阶等差数列的充分必要条件是 $\{a_n\}$ 的通项公式为关于 n 的 k 次多项式.

证明 由定理 3 可知必要性是显然的. 下证充分性.

设 a_n 是关于 n 的 k 次多项式,即 $a_n = c_0 n^k + c_1 n^{k-1} + \cdots + c_{k-1} n + c_k (c_0 \neq 0)$.

(1) 当 $k=1$ 时, $a_n=c_0n+c_1$, $a_{n+1}=c_0(n+1)+c_1$, 从而 $a_{n+1}-a_n=c_0\neq 0$, 所以 $\{a_n\}$ 为一阶等差数列, 命题成立.

(2) 假设 $k=r$ 时命题成立. 当 $k=r+1$ 时,
$$a_n = c_0 n^{r+1} + c_1 n^r + \cdots + c_r n + c_{r+1},$$
$$a_{n+1} = c_0(n+1)^{r+1} + c_1(n+1)^r + \cdots + c_r(n+1) + c_{r+1},$$
从而 $\quad a_{n+1}-a_n = c_0[(n+1)^{r+1}-n^{r+1}] + c_1[(n+1)^r-n^r] + \cdots + c_r[(n+1)-n].$

这是关于 n 的 r 次多项式, 由假设得 $\{a_{n+1}-a_n\}$ 是 r 阶等差数列, 从而 $\{a_n\}$ 是 $r+1$ 阶等差数列. 这就是说, 当 $n=k+1$ 时命题也成立.

由(1),(2)知, 对任意的 $k\in \mathbf{N}^*$ 命题成立.

定理 4 若数列 $\{a_n\}$ 为 k 阶等差数列, 则其前 n 项和公式为
$$s_n = C_n^1 a_1 + C_n^2 \Delta a_1 + C_n^3 \Delta^2 a_1 + \cdots + C_n^{k+1}\Delta^k a_1.$$

证明 设数列 $0, s_1, s_2, \cdots, s_n, \cdots$, 则由差分的定义可知此数列的一阶差分数列为 $\{a_n\}$: $a_1, a_2, \cdots, a_n, \cdots$. 因为 $\{a_n\}$ 为 k 阶等差数列, 所以所设数列为 $k+1$ 阶等差数列. 因此由定理 3 得
$$s_n = 0 + C_n^1 a_1 + C_n^2 \Delta a_1 + C_n^3 \Delta^2 a_1 + \cdots + C_n^{k+1}\Delta^k a_1$$
$$= C_n^1 a_1 + C_n^2 \Delta a_1 + C_n^3 \Delta^2 a_1 + \cdots + C_n^{k+1}\Delta^k a_1.$$

根据以上讨论, 我们不难得到下面的结论.

推论 数列 $\{a_n\}$ 为 k 阶等差数列的充分必要条件是 $\{a_n\}$ 的前 n 项和公式为关于 n 的 $k+1$ 次多项式.

例 1 设数列 $\{a_n\}$ 的二阶差分数列的各项均为 16, 且满足 $a_5=a_{10}=20$, 求该数列的通项公式.

解 方法 1 由题设知 $\{a_n\}$ 的一阶差分数列 $\{b_n\}$ 是公差为 16 的等差数列, 于是 $b_n = b_1 + 16(n-1)$, 所以
$$a_n = a_1 + \sum_{k=1}^{n-1}(a_{k+1}-a_k) = a_1 + \sum_{k=1}^{n-1} b_k$$
$$= a_1 + (n-1)\frac{b_1+[b_1+16(n-2)]}{2}$$
$$= 8(n-1)(n-2) + b_1(n-1) + a_1.$$

这是关于 n 的二次多项式, 且二次项系数为 8. 因为已知 $a_5=a_{10}=20$, 所以
$$a_n = 8(n-5)(n-10) + 20 = 8n^2 - 120n + 420 \quad (n\in \mathbf{N}^*).$$

方法 2 根据已知条件, 数列 $\{a_n\}$ 是二阶等差数列, 所以由定理 3 的推论知 $\{a_n\}$ 的通项 a_n 是关于 n 的二次多项式. 又因为 $a_5=a_{10}=20$, 所以设
$$a_n = a(n-5)(n-10) + 20 \quad (n\in \mathbf{N}^*).$$

因为 $\{a_n\}$ 的二阶差分数列的各项均为 16, 所以

$$\Delta^2 a_1 = (a_3 - a_2) - (a_2 - a_1) = a_3 - 2a_2 + a_1 = 16,$$

即

$$a(3-5)(3-10) + 20 - 2[a(2-5)(2-10) + 20] + a(1-5)(1-10) + 20 = 16,$$

解得 $a = 8$. 故 $a_n = 8(n-5)(n-10) + 20 = 8n^2 - 120n + 420 \ (n \in \mathbf{N}^*)$.

注 本例中方法 1 叫**逐差法**,用此法求二阶等差数列的通项较为简便;方法 2 是我们熟悉的待定系数法,它是求高阶等差数列的通项公式与求和公式的重要方法.

例 2 已知 $a_n = n^3 + 3n^2 + 2n \ (n \in \mathbf{N}^*)$,求数列 $\{a_n\}$ 的前 n 项和公式.

解 **方法 1** 因为 $\{a_n\}$ 的通项公式是关于 n 的 3 次多项式,所以 $\{a_n\}$ 是三阶等差数列. 通过计算容易得到

$$a_1 = 6, \quad \Delta a_1 = a_2 - a_1 = 18,$$
$$\Delta^2 a_1 = \Delta a_2 - \Delta a_1 = a_3 - 2a_2 + a_1 = 18,$$
$$\Delta^3 a_1 = \Delta^2 a_2 - \Delta^2 a_1 = a_4 - 3a_3 + 3a_2 - a_1 = 6,$$

所以由定理 4 得 $\{a_n\}$ 的前 n 项和

$$\begin{aligned} s_n &= C_n^1 a_1 + C_n^2 \Delta a_1 + C_n^3 \Delta^2 a_1 + C_n^4 \Delta^3 a_1 \\ &= 6C_n^1 + 18C_n^2 + 18C_n^3 + 6C_n^4 \\ &= \frac{1}{4}n^4 + \frac{3}{2}n^3 + \frac{11}{4}n^2 + \frac{3}{2}n. \end{aligned}$$

方法 2 因为 $\{a_n\}$ 的通项公式是关于 n 的 3 次多项式,所以 $\{a_n\}$ 是三阶等差数列,所以前 n 项和公式是关于 n 的 4 次多项式. 设 $\{a_n\}$ 的前 n 项和为

$$s_n = c_1 n^4 + c_2 n^3 + c_3 n^2 + c_4 n + c_5,$$

其中 $c_1, c_2, \cdots, c_5$ 为待定常数. 通过计算容易得到

$$s_1 = 6, \quad s_2 = 30, \quad s_3 = 90, \quad s_4 = 210, \quad s_5 = 210,$$

从而得到关于 c_1, c_2, c_3, c_4, c_5 的线性方程组

$$\begin{cases} c_1 + c_2 + c_3 + c_4 + c_5 = 6, \\ 16c_1 + 8c_2 + 4c_3 + 2c_4 + c_5 = 30, \\ 81c_1 + 27c_2 + 9c_3 + 3c_4 + c_5 = 90, \\ 256c_1 + 64c_2 + 16c_3 + 4c_4 + c_5 = 210, \\ 625c_1 + 125c_2 + 25c_3 + 5c_4 + c_5 = 420. \end{cases}$$

用高斯消元法解得 $c_1 = \frac{1}{4}, c_2 = \frac{3}{2}, c_3 = \frac{11}{4}, c_4 = \frac{3}{2}, c_5 = 0$,所以

$$s_n = \frac{1}{4}n^4 + \frac{3}{2}n^3 + \frac{11}{4}n^2 + \frac{3}{2}n.$$

注 本例还可用第二节中介绍的数列求和的累加法来求.

三、高阶等差数列的应用

高阶等差数列在现实生活中有着广泛的应用,其中最为常见的是"堆垛"问题.如工厂的仓库在存放物品时,为了避免物品的损坏,同时又要考虑到尽可能地利用空间多存放一些物品,往往是把物品层层堆积,底层排成一个长方形(或三角形、正方形、六边形等),以上逐层长宽各减少一个,堆成长方台的形状.这样,准确而迅速地求出这堆物品的总数常常是十分必要的.下面我们通过具体的例子来说明物品总数的求法.

例 3 设物品堆放成正四棱锥的形式,即每层堆放成正方形,从顶往下数各层的个数,得数列 $\{a_n\}$:$1^2, 2^2, 3^2, \cdots, n^2, \cdots$. 于是这个数列是一个二阶等差数列,且 $a_1=1$,$\Delta a_1=3$,$\Delta^2 a_1=2$,所以物体堆放层数为 n 时物体总数为

$$s_n = C_n^1 a_1 + C_n^2 \Delta a_1 + C_n^3 \Delta^2 a_1 = C_n^1 + 3C_n^2 + 2C_n^3 = \frac{n(n+1)(2n+1)}{6}.$$

例 4 设球形物体堆放的底是矩形,顶上一排有物体 k 个,从顶往下数各层的个数(向上逐层长和宽各少一个)得数列 $\{a_n\}$:$k, 2(k+1), 3(k+2), \cdots, n(k+n-1), \cdots$. 于是这个数列是一个二阶等差数列,且 $a_1=k$,$\Delta a_1=k+2$,$\Delta^2 a_1=2$,所以物体堆放层数为 n 时物体总数为

$$s_n = C_n^1 a_1 + C_n^2 \Delta a_1 + C_n^3 \Delta^2 a_1 = kn + (k+2)\frac{n(n-1)}{2} + 2 \cdot \frac{n(n-1)(n-2)}{6}$$

$$= \frac{n(n+1)(3k+2n-2)}{6}.$$

注 例 3 即为例 4 中 "$k=1$" 的情形.

第四节 线性递归数列

一、基础知识

定义 1 若数列 $\{a_n\}$ 中第 k 项以后的任一项 $a_{n+k}(n \geqslant 1)$ 与其前 k 项 $a_{n+k-1}, a_{n+k-2}, \cdots, a_n$ 满足递推关系

$$a_{n+k} = f(a_{n+k-1}, a_{n+k-2}, \cdots, a_n), \quad \text{①}$$

则称 $\{a_n\}$ 为**递归数列**,①式称为 $\{a_n\}$ 的**递归方程**.

特别地,若 $a_{n+k} = c_1 a_{n+k-1} + c_2 a_{n+k-2} + \cdots + c_k a_n + g(n)$,其中 $c_1, c_2, \cdots, c_k$ 为常数,$c_k \neq 0$,则称 $\{a_n\}$ 为 k **阶线性递归数列**.当 $g(n) \equiv 0$ 时,称 $\{a_n\}$ 为 k **阶齐次线性递归数列**;当 $g(n) \not\equiv 0$ 时,称 $\{a_n\}$ 是 k **阶非齐次线性递归数列**.

递归数列是常见的一种数列.例如,公比为 q 的等比数列是一阶齐次线性递归数列,递归方程为 $a_{n+1} = qa_n$,其中 $q \neq 0$;公差为 $d(d \neq 0)$ 的等差数列为一阶非齐次线性递归数列,递归方程为 $a_{n+1} = a_n + d$;著名的斐波那契数列是二阶齐次线性递归数列,递归方程为

$$a_{n+2}=a_{n+1}+a_n.$$

本节我们只研究线性递归数列,重点讨论齐次的情形.

二、齐次线性递归数列

定义 2 若 k 阶齐次线性递归数列 $\{a_n\}$ 的递归方程为
$$a_{n+k}=c_1a_{n+k-1}+c_2a_{n+k-2}+\cdots+c_ka_n \quad (c_k\neq 0), \qquad ②$$
则称方程 $x^k=c_1x^{k-1}+c_2x^{k-2}+\cdots+c_{k-1}x+c_k$ 为数列 $\{a_n\}$ 的**特征方程**.

下面我们来探讨 k 阶齐次线性递归数列的通项与前 n 项和问题.

记所有满足递归方程②的数列所构成的集合为 V,在 V 上定义**加法**"$+$"和**数乘**"$\cdot$":
$$\{a_n\}+\{b_n\}=\{a_n+b_n\}, \quad k\cdot\{a_n\}=\{ka_n\}.$$
不难验证,在这样定义的加法和数乘下,V 是复数域上的 k 维线性空间.

引理 若 λ 为方程 $x^k=c_1x^{k-1}+c_2x^{k-2}+\cdots+c_{k-1}x+c_k(c_k\neq 0)$ 的 $r(1\leqslant r\leqslant k)$ 重根,则数列 $\{\lambda^n\},\{n\lambda^n\},\{n^2\lambda^n\},\cdots,\{n^{r-1}\lambda^n\}$ 均满足②式,即它们都属于 V.

证明 当 $r=1$ 时显然是成立的. 当 $r\geqslant 2$ 时,因为 $c_k\neq 0$,所以特征方程的根不为零. 对特征方程两边关于 x 求导数,然后两边同时乘以 x 得
$$kx^k=c_1(k-1)x^{k-1}+c_2(k-2)x^{k-2}+\cdots+c_{k-1}x=\sum_{i=1}^{k}c_i(k-i)x^{k-i}.$$
λ 应为以上方程的 $r-1$ 重根. 重复这个过程,我们可以得到 $r-2$ 个方程
$$k^lx^k=\sum_{i=1}^{k}c_i(k-i)^lx^{k-i} \quad (l=2,\cdots,r-1),$$
并且 λ 为以上方程的 $r-l$ 重根,所以
$$k^l\lambda^k=\sum_{i=1}^{k}c_i(k-i)^l\lambda^{k-i} \quad (l=0,1,\cdots,r-1).$$
把 $a_n=n^j\lambda^n(j=0,1,\cdots,r-1)$ 代入②式得
$$\text{左边}=a_{n+k}=(n+k)^j\lambda^{n+k}=\sum_{l=0}^{j}C_j^l n^{j-l}k^l\lambda^{n+k}=\lambda^n\sum_{l=0}^{j}C_j^l n^{j-l}k^l\lambda^k,$$
$$\text{右边}=c_1a_{n+k-1}+c_2a_{n+k-2}+\cdots+c_ka_n=\sum_{i=1}^{k}c_i(n+k-i)^j\lambda^{n+k-i}$$
$$=\sum_{i=1}^{k}c_i\sum_{l=0}^{j}C_j^l n^{j-l}(k-i)^l\lambda^{n+k-i}=\lambda^n\sum_{l=0}^{j}C_j^l n^{j-l}\sum_{i=1}^{k}c_i(k-i)^l\lambda^{k-i}$$
$$=\lambda^n\sum_{l=0}^{j}C_j^l n^{j-l}k^l\lambda^k=\text{左边},$$
即当 $r\geqslant 2$ 时命题成立.

定理 1 若 $\lambda_1,\lambda_2,\cdots,\lambda_m$ 分别是方程 $x^k=c_1x^{k-1}+c_2x^{k-2}+\cdots+c_{k-1}x+c_k(c_k\neq 0)$ 的 r_1,

$r_2,\cdots,r_m$ 重根,其中 $1\leqslant r_i\leqslant k(i=1,2,\cdots,m)$,且 $r_1+r_2+\cdots+r_m=k$,则满足方程②的数列 $\{a_n\}$ 的通项公式为

$$a_n = P_1(n)\lambda_1^n + P_2(n)\lambda_2^n + \cdots + P_m(n)\lambda_m^n \quad (n\in \mathbf{N}^*),\qquad ③$$

其中 $P_1(n),P_2(n),\cdots,P_m(n)$ 分别为关于 n 的 $r_1-1,r_2-1,\cdots,r_m-1$ 次多项式.

证明 由引理知数列 $\{\lambda_1^n\},\{n\lambda_1^n\},\cdots,\{n^{r_1-1}\lambda_1^n\},\{\lambda_2^n\},\{n\lambda_2^n\},\cdots,\{n^{r_2-1}\lambda_2^n\},\cdots,\{\lambda_m^n\},\{n\lambda_m^n\},\cdots,\{n^{r_m-1}\lambda_m^n\}$ 均满足②式,即它们都属于 V,而 V 为 k 维线性空间,从而所有通项公式形如③式的数列均属于 V. 反过来,由线性代数知识可以证明,$\{\lambda_1^n\},\{n\lambda_1^n\},\cdots,\{n^{r_1-1}\lambda_1^n\},\{\lambda_2^n\},\{n\lambda_2^n\},\cdots,\{n^{r_2-1}\lambda_2^n\},\cdots,\{\lambda_m^n\},\{n\lambda_m^n\},\cdots,\{n^{r_m-1}\lambda_m^n\}$ 线性无关(详细过程可参见文献[5]). 因为 V 是 k 维线性空间,从而 $\{\lambda_1^n\},\{n\lambda_1^n\},\cdots,\{n^{r_1-1}\lambda_1^n\},\{\lambda_2^n\},\{n\lambda_2^n\},\cdots,\{n^{r_2-1}\lambda_2^n\},\cdots,\{\lambda_m^n\},\{n\lambda_m^n\},\cdots,\{n^{r_m-1}\lambda_m^n\}$ 为线性空间的 V 的一组基,所以 V 的任一元素均可表示为它们的线性组合,即

$$\begin{aligned}a_n &= a_{11}\lambda_1^n + a_{12}n\lambda_1^n + \cdots + a_{1r_1}n^{r_1-1}\lambda_1^n + a_{21}\lambda_2^n + a_{22}n\lambda_2^n + \cdots + a_{2r_2}n^{r_2-1}\lambda_2^n \\ &\quad + \cdots + a_{m1}\lambda_m^n + a_{m2}n\lambda_m^n + \cdots + a_{mr_m}n^{r_m-1}\lambda_m^n \\ &= P_1(n)\lambda_1^n + P_2(n)\lambda_2^n + \cdots + P_m(n)\lambda_m^n,\end{aligned}$$

其中 $P_1(n),P_2(n),\cdots,P_m(n)$ 分别为关于 n 的 $r_1-1,r_2-1,\cdots,r_m-1$ 次多项式.

根据定理1,我们容易得到以下两个常用的推论:

推论1 若方程 $x^k=c_1x^{k-1}+c_2x^{k-2}+\cdots+c_{k-1}x+c_k(c_k\neq 0)$ 有 k 个不同的根 $\lambda_1,\lambda_2,\cdots,\lambda_k$,则满足方程②的数列 $\{a_n\}$ 的通项公式为

$$a_n = b_1\lambda_1^n + b_2\lambda_2^n + \cdots + b_k\lambda_k^n \quad (n\in \mathbf{N}^*),$$

其中 $b_1,b_2,\cdots,b_k$ 是以下线性方程组的唯一解:

$$\begin{cases} b_1\lambda_1 + b_2\lambda_2 + \cdots + b_k\lambda_k = a_1, \\ b_1\lambda_1^2 + b_2\lambda_2^2 + \cdots + b_k\lambda_k^2 = a_2, \\ \cdots\cdots\cdots\cdots \\ b_1\lambda_1^k + b_2\lambda_2^k + \cdots + b_k\lambda_k^k = a_k. \end{cases}$$

推论2 若方程 $x^k=c_1x^{k-1}+c_2x^{k-2}+\cdots+c_{k-1}x+c_k(c_k\neq 0)$ 有 k 重根 λ,则满足方程②的数列 $\{a_n\}$ 的通项公式为

$$a_n = (b_1 + b_2 n + \cdots + b_k n^{k-1})\lambda^n \quad (n\in \mathbf{N}^*),$$

其中 $b_1,b_2,\cdots,b_k$ 是以下线性方程组的唯一解:

$$\begin{cases} (b_1 + b_2 + \cdots + b_k)\lambda = a_1, \\ (b_1 + 2b_2 + \cdots + 2^{k-1}b_k)\lambda^2 = a_2, \\ \cdots\cdots\cdots\cdots \\ (b_1 + kb_2 + \cdots + k^{k-1}b_k)\lambda^k = a_k. \end{cases}$$

设数列 $\{a_n\}$ 是满足②式的齐次线性递归数列,s_n 为其前 n 项和. 为方便起见,我们约定

$s_0 = 0$,于是对任意的 $n \in \mathbf{N}^*$,有 $a_n = s_n - s_{n-1}$. 由②式可得
$$a_{n+k+1} = c_1 a_{n+k} + c_2 a_{n+k-1} + \cdots + c_k a_{n+1},$$
即
$$s_{n+k+1} - s_{n+k} = c_1(s_{n+k} - s_{n+k-1}) + c_2(s_{n+k-1} - s_{n+k-2}) + \cdots + c_k(s_{n+1} - s_n),$$
化简可得
$$s_{n+k+1} = (c_1 + 1)s_{n+k} + (c_2 - c_1)s_{n+k-1} + \cdots + (c_k - c_{k-1})s_{n+1} - c_k s_n.$$
这就是说,数列 $\{s_n\}$ 为 $k+1$ 阶齐次线性递归数列,且它的特征方程为
$$x^{k+1} = (c_1+1)x^k + (c_2 - c_1)x^{k-1} + \cdots + (c_k - c_{k-1})x - c_k,$$
即
$$(x-1)(x^k - c_1 x^{k-1} - \cdots - c_{k-1}x - c_k) = 0.$$
因此我们得到下面的定理.

定理 2 若 k 阶齐次线性递归数列 $\{a_n\}$ 的递归方程为
$$a_{n+k} = c_1 a_{n+k-1} + c_2 a_{n+k-2} + \cdots + c_k a_n \quad (c_k \neq 0),$$
则其前 n 项和数列 $\{s_n\}$ 为 $k+1$ 阶齐次线性递归数列,且递归方程为
$$s_{n+k+1} = (c_1+1)s_{n+k} + (c_2 - c_1)s_{n+k-1} + \cdots + (c_k - c_{k-1})s_{n+1} - c_k s_n,$$
特征方程为
$$(x-1)(x^k - c_1 x^{k-1} - \cdots - c_{k-1}x - c_k) = 0.$$

这样,我们就把求 k 阶齐次线性递归数列 $\{a_n\}$ 的前 n 项和的问题转化为求 $k+1$ 阶齐次线性递归数列通项的问题.

例 1 已知数列 $\{a_n\}$ 中,$a_1 = a_3 = 1, a_2 = -1$,且对任意 $n \in \mathbf{N}^*$,有
$$a_{n+3} = 4a_{n+2} - 5a_{n+1} + 2a_n,$$
求该数列的通项公式.

解 由已知条件知 $\{a_n\}$ 是三阶齐次线性递归数列,其特征方程为
$$x^3 = 4x^2 - 5x + 2, \quad 即 \quad (x-1)^2(x-2) = 0,$$
因此 $\lambda_1 = 1$ 是二重根,$\lambda_2 = 2$ 是单根. 由定理 1 可设
$$a_n = (c_{11} + c_{12}n) + c_{21} \cdot 2^n,$$
其中 c_{11}, c_{12}, c_{21} 为待定常数. 由已知条件 $a_1 = a_3 = 1, a_2 = -1$ 得
$$\begin{cases} (c_{11} + c_{12}) + c_{21} \cdot 2 = 1, \\ (c_{11} + 2c_{12}) + c_{21} \cdot 4 = -1, \\ (c_{11} + 3c_{12}) + c_{21} \cdot 8 = 1, \end{cases}$$
解得 $c_{11} = 3, c_{12} = -6, c_{21} = 2$,所以 $\{a_n\}$ 的通项公式为 $a_n = 3 - 6n + 2^{n+1} (n \in \mathbf{N}^*)$.

例 2 斐波那契数列 $1, 1, 2, 3, 5, 8, 13, 21, \cdots$ 从第三项起,每一项等于它的前两项的和,试求这个数列的通项公式与前 n 项和 s_n.

解 设 $\{a_n\}$ 为斐波那契数列,则 $a_1 = 1, a_2 = 1$,且对任意的 $n \in \mathbf{N}^*$,有 $a_{n+2} = a_{n+1} + a_n$. 故

它是二阶齐次线性递归数列,其特征方程 $x^2 = x+1$ 有两个不同的根 $\lambda_1 = \dfrac{1+\sqrt{5}}{2}, \lambda_2 = \dfrac{1-\sqrt{5}}{2}$. 根据定理 1,可设通项公式为

$$a_n = c_1 \left(\dfrac{1+\sqrt{5}}{2}\right)^n + c_2 \left(\dfrac{1-\sqrt{5}}{2}\right)^n \quad (n \in \mathbf{N}^*),$$

其中 c_1, c_2 为待定常数. 由已知条件 $a_1 = 1, a_2 = 1$ 有

$$\begin{cases} \dfrac{1+\sqrt{5}}{2} c_1 + \dfrac{1-\sqrt{5}}{2} c_2 = 1, \\ \left(\dfrac{1+\sqrt{5}}{2}\right)^2 c_1 + \left(\dfrac{1-\sqrt{5}}{2}\right)^2 c_2 = 1, \end{cases}$$

解得 $c_1 = \dfrac{1}{\sqrt{5}}, c_2 = -\dfrac{1}{\sqrt{5}}$,所以斐波那契数列的通项公式为

$$a_n = \dfrac{1}{\sqrt{5}} \left[\left(\dfrac{1+\sqrt{5}}{2}\right)^n - \left(\dfrac{1-\sqrt{5}}{2}\right)^n \right] \quad (n \in \mathbf{N}^*).$$

根据定理 2,数列 $\{s_n\}$ 为三阶齐次线性递归数列,且其特征方程为

$$(x-1)(x^2-x-1) = 0.$$

求得特征方程的根为 $\lambda_1 = 1, \lambda_2 = \dfrac{1+\sqrt{5}}{2}, \lambda_3 = \dfrac{1-\sqrt{5}}{2}$,因而

$$s_n = b_1 + b_2 \left(\dfrac{1+\sqrt{5}}{2}\right)^n + b_3 \left(\dfrac{1-\sqrt{5}}{2}\right)^n,$$

其中 b_1, b_2, b_3 为待定常数. 由 $s_1 = 1, s_2 = 2, s_3 = 4$ 知

$$\begin{cases} b_1 + \dfrac{1+\sqrt{5}}{2} b_2 + \dfrac{1-\sqrt{5}}{2} b_3 = 1, \\ b_1 + \left(\dfrac{1+\sqrt{5}}{2}\right)^2 b_2 + \left(\dfrac{1-\sqrt{5}}{2}\right)^2 b_3 = 2, \\ b_1 + \left(\dfrac{1+\sqrt{5}}{2}\right)^3 b_2 + \left(\dfrac{1-\sqrt{5}}{2}\right)^3 b_3 = 4, \end{cases}$$

解得 $b_1 = -1, b_2 = \dfrac{1}{\sqrt{5}} \left(\dfrac{1+\sqrt{5}}{2}\right)^2, b_3 = -\dfrac{1}{\sqrt{5}} \left(\dfrac{1-\sqrt{5}}{2}\right)^2$,所以斐波那契数列的前 n 项和为

$$s_n = -1 + \dfrac{1}{\sqrt{5}} \left[\left(\dfrac{1+\sqrt{5}}{2}\right)^{n+2} - \left(\dfrac{1-\sqrt{5}}{2}\right)^{n+2} \right].$$

例 3 已知在数列 $\{a_n\}$ 中,$a_1 = 1, a_2 = 2, a_3 = 8$,且对任意 $n \in \mathbf{N}^*$,有 $a_{n+3} = 8a_n$,求该数列的通项公式.

解 由已知得 $\{a_n\}$ 是三阶齐次线性递归数列,其特征方程 $x^3 - 8 = 0$ 有三个不同的根 $\lambda_1 = 2, \lambda_2 = -1+\sqrt{3}\mathrm{i}, \lambda_3 = -1-\sqrt{3}\mathrm{i}$. 根据定理 1,数列 $\{a_n\}$ 的通项公式为

$$a_n = c_1 2^n + c_2(-1+\sqrt{3}\mathrm{i})^n + c_3(-1-\sqrt{3}\mathrm{i})^n \quad (n \in \mathbf{N}^*),$$

其中 c_1, c_2, c_3 为待定常数. 由已知条件 $a_1=1, a_2=2, a_3=8$ 得

$$\begin{cases} 2c_1 + (-1+\sqrt{3}\mathrm{i})c_2 + (-1-\sqrt{3}\mathrm{i})c_3 = 1, \\ 4c_1 + (-1+\sqrt{3}\mathrm{i})^2 c_2 + (-1-\sqrt{3}\mathrm{i})^2 c_3 = 2, \\ 8c_1 + (-1+\sqrt{3}\mathrm{i})^3 c_2 + (-1-\sqrt{3}\mathrm{i})^3 c_3 = 8, \end{cases}$$

解得 $c_1 = \dfrac{2}{3}, c_2 = c_3 = \dfrac{1}{6}$,所以

$$\begin{aligned} a_n &= \frac{2}{3} \cdot 2^n + \frac{1}{6}(-1+\sqrt{3}\mathrm{i})^n + \frac{1}{6}(-1-\sqrt{3}\mathrm{i})^n \\ &= \frac{2}{3} \cdot 2^n + \frac{1}{3} \cdot 2^n \cdot \cos\frac{2n\pi}{3} = \frac{2^n}{3}\left(2 + \cos\frac{2n\pi}{3}\right) \quad (n \in \mathbf{N}^*). \end{aligned}$$

注 一般地,②式为实系数时,若特征方程存在虚根,我们也可以只在实数域内讨论对应递归数列的通项公式. 若 $\lambda = a+b\mathrm{i}(a,b \in \mathbf{R})$ 为特征方程的 t 重根,则其共轭复数 $\bar{\lambda} = a-b\mathrm{i}$ 也为特征方程的 t 重根. 将 $a+b\mathrm{i}$ 化成三角形式 $r(\cos\theta + \mathrm{i}\sin\theta)$,则下列 $2t$ 个数列都是实数数列:$\{r^n\cos n\theta\}, \{r^n\sin n\theta\}, \{nr^n\cos n\theta\}, \{nr^n\sin n\theta\}, \cdots, \{n^{t-1}r^n\cos n\theta\}, \{n^{t-1}r^n\sin n\theta\}$,它们的通项均满足②式且线性无关. 对所有的复根都可以这样找出对应的数列. 特征方程的所有的根对应的数列构成 V 的一个基,再根据定理1的证明即可写出递归数列的通项公式. 如例3中得出特征方程的根后,可设通项公式为

$$a_n = c_1 \cdot 2^n + c_2 \cdot 2^n \cdot \cos\frac{2n\pi}{3} + c_3 \cdot 2^n \cdot \sin\frac{2n\pi}{3} \quad (n \in \mathbf{N}^*),$$

然后根据已知条件 $a_1=1, a_2=2, a_3=8$ 求得 $c_1 = \dfrac{2}{3}, c_2 = \dfrac{1}{3}, c_3 = 0$,从而得到

$$a_n = \frac{2}{3} \cdot 2^n + \frac{1}{3} \cdot 2^n \cdot \cos\frac{2n\pi}{3} = \frac{2^n}{3}\left(2 + \cos\frac{2n\pi}{3}\right) \quad (n \in \mathbf{N}^*).$$

三、非齐次线性递归数列

求非齐次线性递归数列的通项公式较为复杂,这里对其理论不作深入讨论. 下面我们举几个中学数学中关于非齐次线性递归数列的例子.

例 4 设在数列 $\{a_n\}$ 中,$a_1 = 1$,且对任意 $n \in \mathbf{N}^*$,有 $a_{n+1} = 3a_n - 2n^2 + 4n + 4$,求数列 $\{a_n\}$ 的通项公式.

解 令 $a_{n+1} + x(n+1)^2 + y(n+1) + z = 3(a_n + xn^2 + yn + z)$,则

$$a_{n+1} = 3a_n + 2xn^2 + (2y-2x)n + 2z - x - y.$$

而已知 $a_{n+1} = 3a_n - 2n^2 + 4n + 4$,从而 $x = -1, y = 1, z = 2$,故

$$a_{n+1} - (n+1)^2 + (n+1) + 2 = 3(a_n - n^2 + n + 2).$$

因为 $a_1 - 1 + 1 + 2 = 3$,所以数列 $\{a_n - n^2 + n + 2\}$ 是首项为3,公比为3的等比数列. 因此

$$a_n = 3^n + n^2 - n - 2 \quad (n \in \mathbf{N}^*).$$

例 5 已知数列 $\{a_n\}$ 满足 $a_1 = 3, a_2 = 1$,且对任意 $n \in \mathbf{N}^*$,有 $a_{n+2} = a_{n+1} - a_n + 2$,求数列 $\{a_n\}$ 的通项公式.

解 由已知,对任意 $n \in \mathbf{N}^*$,有 $a_{n+3} = a_{n+2} - a_{n+1} + 2$,因此
$$a_{n+3} - a_{n+2} = a_{n+2} - 2a_{n+1} + a_n, \quad 即 \quad a_{n+3} = 2a_{n+2} - 2a_{n+1} + a_n \quad (n \in \mathbf{N}^*).$$
所以 $\{a_n\}$ 是三阶齐次线性递归数列. 其特征方程 $x^3 = 2x^2 - 2x + 1$ 有三个不同的根 $\lambda_1 = 1$, $\lambda_2 = \dfrac{1+\sqrt{3}\mathrm{i}}{2}, \lambda_3 = \dfrac{1-\sqrt{3}\mathrm{i}}{2}$,所以可设数列 $\{a_n\}$ 的通项公式为
$$a_n = c_1 + c_2 \cos \frac{n\pi}{3} + c_3 \sin \frac{n\pi}{3},$$
其中 c_1, c_2, c_3 为待定常数. 由已知条件 $a_1 = 3, a_2 = 1, a_3 = a_2 - a_1 + 2 = 0$ 得
$$\begin{cases} c_1 + \dfrac{1}{2}c_2 + \dfrac{\sqrt{3}}{2}c_3 = 3, \\ c_1 - \dfrac{1}{2}c_2 + \dfrac{\sqrt{3}}{2}c_3 = 1, \\ c_1 - c_2 = 0, \end{cases}$$
解得 $c_1 = c_2 = 2, c_3 = 0$,所以 $a_n = 2 + 2\cos \dfrac{n\pi}{3} \ (n \in \mathbf{N}^*)$.

例 6 已知数列 $\{a_n\}$ 满足 $a_1 = -3, a_2 = 6$,且对任意 $n \in \mathbf{N}^*$,有 $a_{n+2} = 3a_{n+1} - 2a_n + 3^n$,求数列 $\{a_n\}$ 的通项公式.

解 令 $a_{n+2} - xa_{n+1} = y(a_{n+1} - xa_n) + 3^n$,则 $a_{n+2} = (x+y)a_{n+1} - xya_n + 3^n$,而已知 $a_{n+2} = 3a_{n+1} - 2a_n + 3^n$,所以 $x = 1, y = 2$ 或 $x = 2, y = 1$. 取 $x = 1, y = 2$,得
$$a_{n+2} - a_{n+1} = 2(a_{n+1} - a_n) + 3^n.$$
记 $b_n = a_{n+1} - a_n \ (n \in \mathbf{N}^*)$,于是
$$b_{n+1} = 2b_n + 3^n, \quad 即 \quad b_{n+1} - 3^{n+1} = 2(b_n - 3^n) \quad (n \in \mathbf{N}^*).$$
因为 $b_1 - 3 = a_2 - a_1 - 3 = 6$,所以
$$b_n - 3^n = 6 \cdot 2^{n-1} = 3 \cdot 2^n, \quad 即 \quad a_{n+1} - a_n = 3 \cdot 2^n + 3^n \quad (n \in \mathbf{N}^*).$$
故,当 $n \geqslant 2$ 时,
$$\begin{aligned} a_n &= a_1 + (a_2 - a_1) + (a_3 - a_2) + \cdots + (a_n - a_{n-1}) \\ &= -3 + 3(2 + 2^2 + \cdots + 2^{n-1}) + (3 + 3^2 + \cdots + 3^{n-1}) \\ &= 3 \cdot 2^n + \frac{3^n}{2} - \frac{21}{2}. \end{aligned}$$

显然 $n = 1$ 时上式也满足,所以 $\{a_n\}$ 的通项公式为 $a_n = 3 \cdot 2^n + \dfrac{3^n}{2} - \dfrac{21}{2} \ (n \in \mathbf{N}^*)$.

注 一般地,若数列 $\{a_n\}$ 的前两项 a_1, a_2 已知,且 $a_{n+2} = c_1 a_{n+1} + c_2 a_n + g(n) \ (n \in \mathbf{N}^*)$,可

用以下方法构造一阶递归数列,进而求得其通项公式:令
$$a_{n+2}-xa_{n+1}=y(a_{n+1}-xa_n)+g(n),$$
则
$$a_{n+2}=(x+y)a_{n+1}-xya_n+g(n),$$
其中 x,y 可由已知条件列方程组求得. 记 $b_n=a_{n+1}-xa_n$,则 $b_{n+1}=yb_n+g(n)$. 于是数列 $\{b_n\}$ 和 $\{a_n\}$ 的通项公式可依次通过第二节中介绍的方法求得. 显然,例 5 也能用此法求解.

例 7 (2000 年全国高中数学联赛) 设数列 $\{a_n\}$ 和 $\{b_n\}$ 满足 $a_0=1, b_0=0$,且
$$\begin{cases} a_{n+1}=7a_n+6b_n-3, \\ b_{n+1}=8a_n+7b_n-4 \end{cases} (n\in\mathbf{N}), \quad\quad\begin{matrix}④\\⑤\end{matrix}$$

求证:$a_n(n\in\mathbf{N})$ 是完全平方数.

证明 ④$\times 7-$⑤$\times 6$ 得
$$7a_{n+1}-6b_{n+1}=a_n+3, \quad 即 \quad 6b_{n+1}=7a_{n+1}-a_n-3 \quad (n\in\mathbf{N}).$$
由已知得
$$a_{n+2}=7a_{n+1}+6b_{n+1}-3=7a_{n+1}+(7a_{n+1}-a_n-3)-3=14a_{n+1}-a_n-6 \quad (n\in\mathbf{N}),$$
从而
$$a_{n+3}=14a_{n+2}-a_{n+1}-6, \quad 即 \quad a_{n+3}-15a_{n+2}+15a_{n+1}-a_n=0 \quad (n\in\mathbf{N}).$$
所以 $\{a_n\}$ 是三阶齐次线性递归数列,其特征方程为
$$x^3-15x^2+15x-1=0, \quad 即 \quad (x-1)(x^2-15x+1)=0.$$
此方程有三个不同的根 $\lambda_1=1, \lambda_2=7+4\sqrt{3}, \lambda_3=7-4\sqrt{3}$,所以可设数列 $\{a_n\}$ 的通项公式为
$$a_n=c_1+c_2(7+4\sqrt{3})^n+c_3(7-4\sqrt{3})^n,$$
其中 c_1, c_2, c_3 为待定常数. 由已知条件 $a_0=1, a_1=4, a_2=49$ 得
$$\begin{cases} c_1+c_2+c_3=1, \\ c_1+(7+4\sqrt{3})c_2+(7-4\sqrt{3})c_3=4, \\ c_1+(7+4\sqrt{3})^2c_2+(7-4\sqrt{3})^2c_3=49, \end{cases}$$
解得 $c_1=\dfrac{1}{2}, c_2=c_3=\dfrac{1}{4}$,所以
$$a_n=\frac{1}{2}+\frac{1}{4}[(7+4\sqrt{3})^n+(7-4\sqrt{3})^n]=\frac{1}{4}[(2+\sqrt{3})^n+(2-\sqrt{3})^n]^2 \quad (n\in\mathbf{N}).$$
故只需证明 $d_n=\dfrac{1}{2}[(2+\sqrt{3})^n+(2-\sqrt{3})^n](n\in\mathbf{N})$ 是正整数即可.

易知 $2+\sqrt{3}, 2-\sqrt{3}$ 是方程 $x^2=4x-1$ 的两根,从而数列 $\{d_n\}$ 满足 $d_{n+2}=4d_{n+1}-d_n (n\in\mathbf{N})$. 容易计算 $d_1=2, d_2=7$,于是由数学归纳法可证:对任意 $n\in\mathbf{N}, d_n\in\mathbf{N}$. 因此 $a_n(n\in\mathbf{N})$ 是完全平方数.

注 本例的关键在于求得数列 $\{a_n\}$ 的通项公式.

习 题 五

1. （2010 年全国高考试题上海卷（理））已知数列 $\{a_n\}$ 前 n 项和为
$$s_n = n - 5a_n - 85.$$
(1) 证明 $\{a_n - 1\}$ 是等比数列.

(2) 求数列 $\{s_n\}$ 的通项公式. 请指出 n 为何值时, s_n 取得最小值, 并说明理由.

2. 设首项为正数的等差数列 $\{a_n\}$ 中, 前 n 项和为 s_n. 若 $s_4 = s_9$, 那么该数列的前多少项之和最大?

3. （1995 年全国高考试题）设 $\{a_n\}$ 是由正数组成的等比数列, s_n 是前 n 项和.

(1) 证明: $\dfrac{\lg s_n + \lg s_{n+2}}{2} < \lg s_{n+1}$;

(2) 是否存在常数 $C > 0$, 使得 $\dfrac{\lg(s_n - C) + \lg(s_{n+2} - C)}{2} = \lg(s_{n+1} - C)$ 成立? 并证明你的结论.

4. （2010 年全国高考试题天津卷（理））设在数列 $\{a_n\}$ 中, $a_1 = 0$, 且对任意 $k \in \mathbf{N}^*$, a_{2k-1}, a_{2k}, a_{2k+1} 构成等差数列, 其公差为 d_k.

(1) 若 $d_k = 2k$, 证明 $a_{2k}, a_{2k+1}, a_{2k+2}$ $(k \in \mathbf{N}^*)$ 构成等比数列.

(2) 设对任意 $k \in \mathbf{N}^*$, $a_{2k}, a_{2k+1}, a_{2k+2}$ 构成等比数列, 其公比为 q_k.

(i) 若 $q_1 \neq 1$, 证明 $\left\{\dfrac{1}{q_k - 1}\right\}$ 是等差数列；

(ii) 若 $a_1 = 2$, 证明: $\dfrac{3}{2} < 2n - \sum\limits_{k=2}^{n} \dfrac{k^2}{a_k} \leqslant 2$ $(n \geqslant 2)$.

5. 已知 $f(x) = a_1 x + a_2 x^2 + \cdots + a_n x^n$, 且 $a_1, a_2, \cdots, a_n$ (n 为偶数) 构成等差数列, 又 $f(1) = n^2, f(-1) = n$, 试比较 $f\left(\dfrac{1}{2}\right)$ 与 3 的大小.

6. （2001 年全国高中数学联赛试题）设 $\{a_n\}$ 为等差数列, $\{b_n\}$ 为等比数列, 且 $b_1 = a_1^2$, $b_2 = a_2^2, b_3 = a_3^2 (a_1 < a_2)$, 又 $\lim\limits_{n \to \infty}(b_1 + b_2 + \cdots + b_n) = \sqrt{2} + 1$, 试求 $\{a_n\}$ 的首项和公差.

7. （1991 年全国高中数学联赛）设 $S = \{1, 2, \cdots, n\}$, A 为至少含有两项、公差为正的等差数列, 其项都在 S 中, 且添加 S 的其他元素于 A 中, 均不能构成与 A 有相同公差的等差数列, 求这种数列 A 的个数. 这里, 只有两项的数列, 也可看成等差数列.

8. （2009 年高考全国卷二）设数列 $\{a_n\}$ 的前 n 项和为 s_n, 已知 $a_1 = 1, s_{n+1} = 4a_n + 2$.

(1) 设 $b_n = a_{n+1} - 2a_n$ $(n \in \mathbf{N}^*)$, 证明数列 $\{b_n\}$ 是等比数列；

(2) 求数列 $\{a_n\}$ 的通项公式.

9. (2009年高考全国卷一)设在数列$\{a_n\}$中,$a_1=1$,$a_{n+1}=\left(1+\dfrac{1}{n}\right)a_n+\dfrac{n+1}{2^n}$ $(n\in \mathbf{N}^*)$.

(1) 设 $b_n=\dfrac{a_n}{n}$ $(n\in \mathbf{N}^*)$,求数列$\{b_n\}$的通项公式;

(2) 求数列$\{a_n\}$的前n项和s_n.

10. (2010年全国高考试题山东卷(理))已知等差数列$\{a_n\}$满足$a_3=7$,$a_5+a_7=26$.记$\{a_n\}$的前n项和为s_n.

(1) 求a_n及s_n;

(2) 令 $b_n=\dfrac{1}{a_n^2-1}$ $(n\in \mathbf{N}^*)$,求数列$\{b_n\}$的前n项和t_n.

11. 设由正数组成的数列$\{a_n\}$满足$a_1=1$,$a_2=10$,$a_n^2 a_{n-2}=10 a_{n-1}^3$ $(n\geqslant 3)$,求a_n.

12. 已知数列$\{a_n\}$满足$a_1=1$,且$a_n a_{n+1}=4^n$ $(n\in \mathbf{N}^*)$,试求其前n项和.

13. (1996年全国高中数学联赛)设数列$\{a_n\}$的前n项和$s_n=2a_n-1$,数列$\{b_n\}$满足$b_1=3$,$b_{k+1}=a_k+b_k$ $(k\in \mathbf{N}^*)$,求数列$\{b_n\}$的前n项和t_n.

14. 求三阶等差数列$-1,-3,3,23,63,\cdots$的通项a_n与前n项和s_n.

15. 设数列$\{a_n\}$的首项$a_1=1$,其一阶差分数列的首项为7,二阶差分数列为$\{6n+6\}$,求通项a_n.

16. (2004年高考试题重庆卷)设$a_1=1$,$a_2=\dfrac{5}{3}$,$a_{n+2}=\dfrac{5}{3}a_{n+1}-\dfrac{2}{3}a_n$ $(n\in \mathbf{N}^*)$,求数列$\{a_n\}$的通项公式.

17. 设数列$\{a_n\}$和$\{b_n\}$满足$a_1=1$,$b_1=2$,且
$$\begin{cases}a_{n+1}=3a_n-2b_n,\\ b_{n+1}=2a_n-b_n\end{cases} (n\in \mathbf{N}^*),$$
求$\{a_n\}$和$\{b_n\}$的通项公式以及它们的前n项和公式.

18. 设在数列$\{a_n\}$中,$a_1=a_2=0$,且$a_{n+2}=6a_{n+1}-9a_n+8$ $(n\in \mathbf{N}^*)$,求a_n及前n项和s_n.

本章参考文献

[1] 陈传理,张同君.竞赛数学教程.第二版.北京:高等教育出版社,2005.

[2] 陈传理,张同君.竞赛数学解题研究.第二版.北京:高等教育出版社,2006.

[3] 查鼎盛,余鑫晖,黄培铣,等.初等数学研究.桂林:广西师范大学出版社,1991.

[4] 曹才翰,沈伯英.初等代数教程.北京:北京师范大学出版社.1986.

[5] 赵慈庚.初等数学研究.北京:北京师范大学出版社,1990.

[6] 北京师范学院数学系教材教法教研室.中等数学解题研究.郑州:河南教育出版社,1990.

[7] 熊斌,冯志刚.奥数教程(高一年级).第四版.上海:华东师范大学出版社,2007.

[8] 韦吉珠.数列与数学归纳法.杭州:浙江大学出版社,2007.
[9] 浙江省教育学会中学数学教学分会.高中数学奥林匹克竞赛教程.杭州:浙江教育出版社,2004.
[10] 蔡玉书.系列讲座之三——等差数列和等比数列.中学数学月刊,2010,3:46-50.
[11] 丁志勇.高中竞赛初级讲座——等差数列和等比数列中.学数学教学参考 1999,1~2:110-112.
[12] 方平.递推公式求数列的通项公式.中学数学,2001,6:20-22.
[13] 王正杰.巧用"比差法"求数列的通项公式.中学理科,2008,6:55-56.
[14] 刘旭光.数列求和的十种方法.数理化解题研究,2003,72:29-30.
[15] 商俊宇,贾庆海.裂项相消法求和的应用.数理化解题研究,2005,12:5-6.
[16] 田宝运,刘瑞杰.高考数列求和题型归类解析.数学教学通讯,2004,12(下半月):91-93.
[17] 程中玲,查鼎盛.高阶等差数列.数学通报,1983,1:13-16.
[18] 李铅林.高阶等差数列.数学教学研究,1982,1:49-61.
[19] 虞金龙.简单线性递归数列通项求法.数理化解题研究:高中版,2003,2:18-19.
[20] 李得虎.关于斐波那契数列通项公式的一种求法.陕西教育学院学报,2002,1:64-65.

第六章 概率与统计初步

> 概率论主要研究的是具有不确定结果的自然现象,如掷一颗骰子出现的点数,投一枚硬币出现的正反面.概率论是统计学的理论基础.
>
> 统计学是在人们解决问题中形成的一门学科,它主要是从大量数据中挖掘信息,以指导人们实践.然而,在实践中我们常常只能得到有限的甚至少量的数据,这部分数据必然有随机性.如何尽可能地排除随机性的干扰,以做出合理的判断,这便是统计学所要研究的内容.

第一节 随机事件与样本空间

一、必然现象与随机现象

在大千世界中,人们看到的自然现象按照相互之间的关系分为必然现象与随机现象两种.**必然现象**指的是现象之间有确定的必然联系.例如,苹果成熟后必然会掉到地上,树叶黄了最终会掉下来,人们必定先看到闪电再听到雷声,每个人必定会渐渐老去,等等,这些都是必然现象.但有另外一种现象叫做**随机现象**,它指的是人们不能准确地预知未来的发生.例如,树叶黄了掉到地面上的准确位置是不可预知的;再如,掷一颗骰子所出现的点数可能是 1,2,3,4,5 和 6 中的任何一个点数.

必然现象有其必然规律,只要把握其内在的规律就知道其未来的运动趋势或结果.例如,根据牛顿第二定律 $F=ma$ 可知质量 $m=2\,\mathrm{kg}$ 的物体,在受到 $F=4\,\mathrm{N}$ 的外力作用下,必然以加速度 $a=2\,\mathrm{m/s^2}$ 运动.因此,人类的探索活动大多以寻找必然现象的规律为主线.对于随机现象,在人类认识活动的初期,人们将其划为不可捉摸、毫无规律的.

对随机现象的研究,历史上最有名的是掷硬币.蒲丰(Buffon)掷过 4040 次,得到 2048 次正面;皮尔逊(Pearson)掷过 24000 次,得到 10012

次正面.由此可以看出,一枚质地均匀的硬币投掷多次出现正面和反面的次数大致相同;同时可见,当大量重复地观察某一随机现象,它也可能呈现某种规律,而不是毫无规律.

二、随机试验与随机事件

我们把对某种自然现象进行一次测试或实验,统称为一个**试验**.如果这个试验在相同条件下可以重复进行且每次试验的结果都是不可预知的,则我们称这个试验为**随机试验**.

进行一次随机试验可能出现的所有结果组成的集合称为**样本空间**,记为 Ω,其中的每一个元素称为**样本点**.样本空间的子集称为**随机事件**(简称**事件**),用大写的英文字母 $A,B,C,\cdots$ 来表示.只含有一个样本点的随机事件称为**基本随机事件**(简称**基本事件**).

例 1 试验 1:掷一枚硬币,观察是正面还是反面朝上.

试验 2:掷一颗骰子,观察出现的点数.

这两个试验都是随机试验,在试验 1 中朝上的可能是正面也可能是反面,这是不可预知的,且在相同条件下可重复试验. 若用"正面"表示"正面朝上",用"反面"表示"反面朝上",则该试验的样本空间是 $\Omega=\{正面,反面\}$. 在试验 2 中,掷出的点数可能是 $1,2,3,4,5$ 或 6,且相同条件下可重复试验. 若用 $1,2,\cdots,6$ 分别表示掷出的点数为 $1,2,\cdots,6$,则此试验的样本空间为 $\Omega=\{1,2,\cdots,6\}$.

显然,事件 $A=\{正面\}$ 和事件 $B=\{反面\}$ 就是试验 1 中的两个基本事件,这个随机试验也只有这两个基本事件.

$\{1\},\{3\},\{5\}$ 都是试验 2 中的基本事件,但事件 $C=\{掷出点数为奇数\}=\{1,3,5\}$ 不是基本事件.

例 2 在掷两颗骰子的试验中,可用一对有序实数对来表示试验的可能结果. 如有序实数对 $(1,2)$ 表示第一次掷出的点数为 1,第二次掷出的点数为 2;事件 $\{两次掷出的点数之和为 3\}$ 则可用集合 $\{(1,2),(2,1)\}$ 来表示. 这个试验的样本空间为
$$\Omega=\{(x,y)|x \text{ 和 } y \text{ 分别为 } 1\sim 6 \text{ 中的任意一个整数}\}.$$
$(1,2)$ 就是样本空间 Ω 中的一个样本点,$(2,3)$ 也是一个样本点. 在这个试验中,样本空间共有 36 个样本点.

在随机试验中,如果事件 A 中的某个样本点出现,则称**事件 A 发生**.

三、事件间的关系与运算

随机试验虽然具有随机性,但有些事件彼此之间还是有一定的联系的. 例如,在投掷一颗骰子的随机试验中,设事件 $A=\{5\},B=\{1,3,5\}$,则事件 A 与事件 B 的关系是:若事件 A 发生,则事件 B 一定发生. 因此,我们有必要研究事件之间的相互关系. 为了讨论问题的方便,我们引入如下必然事件和不可能事件的概念,并把它们也算做随机事件:

必然事件:在一定条件下必然发生的事件. 由于任一试验结果必定出现在样本空间中,

所以样本空间 Ω 是一个必然事件.

不可能事件：在一定条件下必然不发生的事件. 常用符号 $\varnothing$ 来表示不可能事件.

1. 事件间的关系

1.1 事件的包含关系

设 A,B 是同一试验中的两个事件. 若事件 A 的任一样本点都在 B 中, 则称事件 A **包含于** B（或者称 B **包含** A）, 记做 $A \subseteq B$（或 $B \supseteq A$）.

从事件发生的角度, $A \subseteq B$ 是指：若事件 A 发生, 则事件 B 必发生.

在概率论中, 常用一个长方形表示样本空间 Ω, 用其中的一个圆或椭圆表示事件 A, 这类图称为**韦恩(Venn)图**.

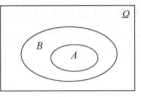

图 6.1

用韦恩图表示事件的包含关系 $A \subseteq B$, 如图 6.1.

类似于集合中的包含关系, 在概率论中有一个规定, 对于任意事件 A, 都有 $\varnothing \subseteq A$. 显然, 对任意事件 A, 都有 $\varnothing \subseteq A \subseteq \Omega$.

1.2 事件的相等

设在同一试验中有两个事件 A,B. 若事件 A 的任一样本点都在 B 中, 并且事件 B 的任一个样本点都在事件 A 中, 则称事件 A 和事件 B **相等**, 记做 $A = B$.

从事件发生的角度, $A = B$ 是指：事件 A 发生则事件 B 必发生, 同时, 事件 B 发生则事件 A 必发生. 显然, $A = B$ 意味着事件 A 与 B 包含着相同的样本点.

例如, 在掷一颗骰子的试验中, 设事件 $A = \{$点数大于 $4\}$, $B = \{$点数为 5 或 6$\}$, 显然 $A = B$.

1.3 事件的互不相容

在同一试验中, 若事件 A 与事件 B 没有相同的样本点, 则称事件 A 与 B **互不相容**.

例如, 在掷两颗骰子的试验中, 设事件

$A = \{$两颗骰子的点数之和为 $5\} = \{(1,4),(2,3),(3,2),(4,1)\}$,

$B = \{$两颗骰子的点数之和为 $4\} = \{(1,3),(2,2),(3,1)\}$,

则事件 A 与 B 互不相容.

事件 A 与 B 互不相容用韦恩图表示如图 6.2.

事件 A 与 B 互不相容就是事件 A 与事件 B 不同时发生.

两个事件互不相容的概念可推广到有限个事件：设在同一试验中有 n 个事件 $A_1, A_2, \cdots, A_n$. 若任意两个事件都互不相容, 则称这 n 个事件互不相容.

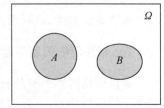

图 6.2

2. 事件的基本运算

类似于集合论中的补集、交集、并集, 对于概率论中的事件有对立事件、交事件、并事件.

2.1 对立事件

设事件 A 是某一试验中的一个事件,由不是 A 中的所有样本点组成的事件叫做事件 A 的**对立事件**,记做 $\overline{A}$.

例如,在掷一枚硬币的试验中,若事件 $A=\{\text{正面}\}$,则事件 A 的对立事件 $\overline{A}=\{\text{反面}\}$.

再如,在测试电视机的寿命的试验中,若事件 $A=\{\text{使用寿命 }10000\text{ 小时以上}\}$,则

$$\overline{A}=\{\text{使用寿命小于或等于 }10000\text{ 小时}\}.$$

对立事件用韦恩图表示如图 6.3.

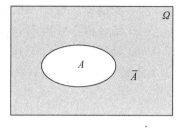

图 6.3

显然,A 与 $\overline{A}$ 互为对立事件.

如果事件 A 与事件 B 是对立事件,则表示事件 A 与事件 B 有且仅有一个发生.

2.2 交事件

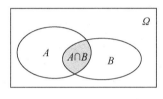

图 6.4

设事件 A 与事件 B 是某一试验中的两个事件,则由事件 A 与事件 B 中所有相同的样本点组成的一个新的事件叫做事件 A 与事件 B 的**交事件**,记做 $A\cap B$(或 AB).

例如,在掷一颗骰子的试验中,设事件 $A=\{\text{掷出的点数为奇数}\}=\{1,3,5\}$,$B=\{\text{掷出的点数大于 }3\}=\{4,5,6\}$,则

$$A\cap B=\{5\}.$$

事件 A 与事件 B 的交事件用韦恩图表示如图 6.4.

若 $C=A\cap B$,则事件 C 发生当且仅当事件 A 与事件 B 同时发生.

2.3 并事件

由事件 A 与事件 B 中所有样本点组成的一个新的事件,称为事件 A 与事件 B 的**并事件**,记做 $A\cup B$.

例如,在掷一颗骰子的试验中,设事件 $A=\{\text{掷出的点数为偶数}\}=\{2,4,6\}$,事件 $B=\{\text{掷出的点数小于 }3\}=\{1,2\}$,则事件 $A\cup B=\{1,2,4,6\}$.

事件 A 与事件 B 的并事件用韦恩图表示如图 6.5.

若 $C=A\cup B$,则事件 C 发生当且仅当事件 A 与事件 B 至少有一个发生.

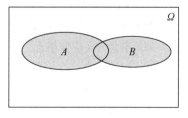

图 6.5

对于两个事件的交事件和并事件可以推广到有限个事件上:

事件 $A_1,A_2,\cdots,A_n$ 的交事件用 $A_1\cap A_2\cap\cdots\cap A_n$ 来表示,记做 $\bigcap\limits_{i=1}^{n}A_i$(或者 $A_1A_2\cdots A_n$),它发生表示 $A_1,A_2,\cdots,A_n$ 同时发生. 事件 $A_1,A_2,\cdots,A_n$ 的并事件用 $A_1\cup A_2\cup\cdots\cup A_n$

来表示,记做 $\bigcup_{i=1}^{n} A_i$,它发生表示 $A_1, A_2, \cdots, A_n$ 中至少有一个发生.

可以验证事件的交、并运算满足如下规律:

(1) **交换律**: $A \cap B = B \cap A$, $A \cup B = B \cup A$;

(2) **结合律**: $A \cap (B \cap C) = (A \cap B) \cap C$, $A \cup (B \cup C) = (A \cup B) \cup C$;

(3) **分配律**: $A \cap (B \cup C) = (A \cap B) \cup (A \cap C)$, $A \cup (B \cap C) = (A \cup B) \cap (A \cup C)$.

分配律可以推广到有限或可列个事件的情形:

$$A \cup \left(\bigcap_{i=1}^{n} A_i\right) = \bigcap_{i=1}^{n} (A \cup A_i), \quad A \cap \left(\bigcup_{i=1}^{n} A_i\right) = \bigcup_{i=1}^{n} (A \cap A_i).$$

(4) $\overline{\bigcup_{i=1}^{n} A_i} = \bigcap_{i=1}^{n} \overline{A_i}$, $\overline{\bigcap_{i=1}^{n} A_i} = \bigcup_{i=1}^{n} \overline{A_i}$.

在事件间的关系与运算中,我们还会经常用到如下对立事件的等价定义:

事件 A 与事件 B 为对立事件 $\Longleftrightarrow A \cup B = \Omega$ 且 $A \cap B = \varnothing$.

例 3 在分别标有 $1, 2, \cdots, 8$ 的八张卡片中任取一张,设事件 $A = \{$抽得一张标号大于 4 的卡片$\}$, $B = \{$抽得一张标号为奇数的卡片$\}$, $C = \{$抽得一张标号为偶数的卡片$\}$,请表示如下事件: $A \cup B, A \cap B, \overline{A}, \overline{B \cup C}$.

解 由题意可知 $A = \{5, 6, 7, 8\}$, $B = \{1, 3, 5, 7\}$, $C = \{2, 4, 6, 8\}$,所以

$$A \cup B = \{1, 3, 5, 6, 7, 8\}, \quad A \cap B = \{5, 7\}, \quad \overline{A} = \{1, 2, 3, 4\},$$

$$B \cup C = \{1, 2, 3, 4, 5, 6, 7, 8\} = \Omega, \quad \overline{B \cup C} = \varnothing.$$

例 4 一位工人生产四个零件,用 A_i 表示他生产的第 i 个零件是次品, $i = 1, 2, 3, 4$.

(1) 请用 A_1, A_2, A_3, A_4 表示如下事件:

(i) $\{$全是合格品$\}$; (ii) $\{$全是次品$\}$;

(iii) $\{$至少有一个零件为次品$\}$; (iv) $\{$仅有一个零件为次品$\}$.

(2) 用语言叙述上述四个事件的对立事件.

解 (1) 因为 A_i 表示第 i 个零件为次品,所以 $\overline{A_i}$ 表示第 i 个零件为合格品.

(i) 事件$\{$全是合格品$\}$用 A_1, A_2, A_3, A_4 表示为 $\overline{A_1}\,\overline{A_2}\,\overline{A_3}\,\overline{A_4}$;

(ii) 事件$\{$全是次品$\}$用 A_1, A_2, A_3, A_4 表示为 $A_1 A_2 A_3 A_4$;

(iii) 因为$\{$至少有一个零件为次品$\}$ = $\{$第一个为次品,或者第二个为次品,或者第三个为次品,或者第四个为次品$\}$,所以事件$\{$至少有一个零件为次品$\}$用 A_1, A_2, A_3, A_4 表示为

$$A_1 \cup A_2 \cup A_3 \cup A_4;$$

(iv) 因为$\{$仅有一个零件为次品$\}$ = $\{$第一个为次品而其余三个为正品,或者第二个为次品而其余三个为正品,或者第三个为次品而其余三个为正品,或者第四个为次品而其余三个为正品$\}$,所以事件$\{$仅有一个零件为次品$\}$用 A_1, A_2, A_3, A_4 表示为

$$A_1 \overline{A_2}\,\overline{A_3}\,\overline{A_4} \cup \overline{A_1} A_2 \overline{A_3}\,\overline{A_4} \cup \overline{A_1}\,\overline{A_2} A_3 \overline{A_4} \cup \overline{A_1}\,\overline{A_2}\,\overline{A_3} A_4;$$

(2) 事件{全是合格品}的对立事件用语言叙述是：{至少有一个零件是次品}；

事件{全是次品}的对立事件用语言叙述是：{至少有一个零件是合格品}；

事件{至少有一个零件为次品}的对立事件用语言叙述是：{全是合格品}；

事件{仅有一个零件为次品}的对立事件用语言叙述是：{全是合格品,或者仅有两个零件是次品,或者仅有三个零件是次品,或者全是次品}.

在概率论中,特别是在概率的计算中,对立事件特别重要,因此,我们要好好体会一些常用事件的对立事件是如何描述和表示的,例如对像上面例题中的含有"全是…"、"至少…"、"至多…"、"仅有…"这些字眼的对立事件要非常清楚.

第二节　概率的概念与计算

在随机试验中,有多种可能的结果出现,这时人们自然会想到：出现某一结果的可能性的大小如何度量？在随机试验中,我们用概率来刻画某事件发生可能性的大小.

事件 A 发生的**概率**用 $P(A)$ 来表示,并规定它满足以下三个条件：

(1) **非负性**：对于任意事件 A,都有 $0 \leqslant P(A) \leqslant 1$；

(2) **正则性**：对于必然事件 Ω,有 $P(\Omega)=1$；

(3) **可加性**：若 $A_1, A_2, \cdots, A_n$ 是 n 个互不相容事件,即 $A_i \cap A_j = \varnothing (i, j = 1, 2, \cdots, n; i \neq j)$,则有 $P\left(\bigcup_{i=1}^{n} A_i\right) = \sum_{i=1}^{n} P(A_i)$

由概率的非负性、正则性和可加性我们可以得到概率的一些常用性质：

(1) 若 A 与 B 为对立事件,即 $A \cup B = \Omega, A \cap B = \varnothing$,则有 $P(B) = 1 - P(A)$；

(2) 对于任意两个事件 A, B,有

$$P(A \cup B) = P(A) + P(B) - P(AB).$$

性质(2)可推广到 n 个事件的情形：

$$P\left(\bigcup_{i=1}^{n} A_i\right) = \sum_{i=1}^{n} P(A_i) - \sum_{1 \leqslant i < j \leqslant n} P(A_i A_j) + \sum_{1 \leqslant i < j < k \leqslant n} P(A_i A_j A_k) - \sum_{1 \leqslant i < j < k < l \leqslant n} P(A_i A_j A_k A_l) + \cdots + (-1)^{(n+1)} P(A_1 A_2 \cdots A_n).$$

概率是事件发生可能性大小的度量,那么概率的大小又如何计算呢？在不同的概率模型下,概率的计算方法也是不同的.下面我们介绍两种概率模型：古典概型和几何概型.

一、两种概率模型

1. 古典概型

概率论起源于古典概型.很早之前人们在玩掷骰子的活动中,就考虑某些事件,如事件

$A=\{$掷出的点数为 6 点$\}$,$B=\{$掷出的点数为偶数$\}$发生的可能性的大小,而这其实就是古典概型下的概率问题.

我们把具有如下特征的随机试验称为**古典概型**:

(1) 所有的基本事件个数为有限个;

(2) 每次试验中基本事件发生的可能性相同.

例如,在掷一颗质地均匀的骰子的试验中,基本事件为$\{1\},\{2\},\{3\},\{4\},\{5\},\{6\}$,且每个基本事件发生的概率一样,都是$\frac{1}{6}$,所以该随机试验是古典概型.

再如,在掷两颗完全相同且质地均匀的骰子的试验中,由所有基本事件构成的样本空间为

$$\left\{\begin{array}{llllll}(1,1),&(1,2),&(1,3),&(1,4),&(1,5),&(1,6)\\(2,1),&(2,2),&(2,3),&(2,4),&(2,5),&(2,6)\\\vdots&\vdots&\vdots&\vdots&\vdots&\vdots\\(6,1),&(6,2),&(6,3),&(6,4),&(6,5),&(6,6)\end{array}\right\}.$$

在这个随机试验中,每一基本事件发生的概率相等,都是$\frac{1}{36}$.所以这个随机试验为古典概型.

为了得到古典概型下计算概率的公式,我们仍考虑上述掷两颗质地均匀骰子的试验.设A_{ij}表示事件$\{$第一次掷出的点数为i,且第二次掷出的点数为$j\}$,考查事件$B=\{$两次掷出的点数之和为 5$\}$的概率.分析事件B:

$$B=A_{14}\cup A_{23}\cup A_{32}\cup A_{41}.$$

又因为$A_{14},A_{23},A_{32},A_{41}$是互不相容事件,根据概率的可加性有

$$P(B)=P(A_{14}\cup A_{23}\cup A_{32}\cup A_{41})=P(A_{14})+P(A_{23})+P(A_{32})+P(A_{41}),$$

而$A_{14},A_{23},A_{32},A_{41}$是基本事件且每一个发生的概率都是$\frac{1}{36}$,所以

$$P(B)=4\cdot\frac{1}{36}=\frac{4}{36}.$$

我们分析一下上述事件B发生的概率得到:

$$P(B)=\frac{4}{36}=\frac{\text{事件}B\text{包含的基本事件数}}{\text{样本空间总的基本事件数}}.$$

这一结果可推广到一般的古典概型中的事件,即若事件A是某古典概型中的一事件,则

$$P(A)=\frac{\text{事件}A\text{包含的基本事件数}}{\text{样本空间总的基本事件数}}.$$

可以验证古典概型中的概率公式满足概率的非负性、正则性和可加性.

下面我们举一些在古典概型中计算概率的例子.

例 1 在投掷两颗完全相同且质地均匀的骰子的试验中,求下列事件的概率:

$A=\{$第一次掷出的点数为偶数$\}$, $B=\{$两次掷出的点数之和为奇数$\}$.

解 每一颗骰子只能掷出 $1,2,3,4,5,6$ 这 6 个点数,故投掷两颗骰子的随机试验总的事件个数为 $6 \cdot 6 = 36$ 个.

事件 A 发生分两步:第一步是从 1 到 6 中选取一个偶数,第二步是从 1 到 6 中任选一个数,故根据乘法原理事件 A 包含的基本事件个数为 $C_3^1 \cdot C_6^1 = 18$. 因此事件 A 发生的概率为
$$P(A) = 18/36 = 1/2.$$
事件 B 发生表示两次掷出的点数奇偶性相反,分两种情形:

(1) 第一次掷出的是奇数点,第二次掷出的是偶数点,这一情形包含的基本事件有 $C_3^1 C_3^1$ 个;

(2) 第一次掷出的是偶数点,第二次掷出的是奇数点,这一情形包含的基本事件有 $C_3^1 C_3^1$ 个.

根据加法原理事件 B 包含的基本事件个数为 $2C_3^1 C_3^1 = 18$,故事件 B 发生的概率
$$P(B) = 18/36 = 1/2.$$
求 $P(B)$ 还有另外一种方法:令事件 $C = \{$两次掷出的点数之和为偶数$\}$,因为事件 B 与事件 C 是对立事件,所以 $P(B) + P(C) = 1$. 又因为 $P(B) = P(C)$,所以 $P(B) = 1/2$.

例 2 设 n 个产品中有 N 个次品($N < n$),按如下两种抽取方式从中随机抽取 m 个产品($m < n$),求事件 $A = \{m$ 个产品中恰有 M 个次品$\}$ 的概率.

(1) 有放回地抽取,即每次抽取一个产品检测后放回,再抽取下一个;

(2) 无放回地抽取,即每次抽取一个产品检测后不再放回,接着抽取下一个.

解 (1) 有放回地抽取 m 个产品,共有 n^m 种抽法(抽出来的 m 个产品有先后顺序),而事件 A 发生分两步:第一步,从 m 个位置选 M 个位置放次品,其余 $m - M$ 个位置放正品,共有 C_m^M 种选法;第二步,这 M 个位置放次品,$m - M$ 个位置放正品的选法共有 $N^M (n-N)^{m-M}$ 种. 所以 m 个产品中恰有 M 个次品的抽法共有 $C_m^M N^M (n-N)^{m-M}$ 种. 根据古典概型的概率公式得事件 A 发生的概率为
$$P(A) = \frac{C_m^M N^M (n-N)^{m-M}}{n^m}.$$

(2) 无放回地抽取 m 个产品共有 C_n^m 种选法(抽出来的 m 个产品没有先后顺序);m 个产品中恰有 M 个次品的选法有 $C_N^M C_{n-N}^{m-M}$ 种. 根据古典概型的概率公式得事件 A 发生的概率
$$P(A) = \frac{C_N^M C_{n-N}^{m-M}}{C_n^m}.$$

注 有放回地抽取和无放回地抽取在数学思想上有很大不同,有放回地抽取涉及概率中的乘法原理和排列组合中的排列知识,而无放回地抽取涉及排列组合中的组合知识,读者要认真体会. 当 m 和 n 很小时,两种抽取方式得到的结果差别很大. 例如,当 $n = 5, N = 2, m = 2, M = 1$ 时,在有放回地抽取下 $P(A) = \dfrac{12}{25}$,而在无放回地抽取下 $P(A) = \dfrac{3}{5}$. 在现实生活中,当 n 很大,m 很小时,有放回地抽取和无放回地抽取差别不大,为了计算的方便,人们常把有放回地抽取当做无放回地抽取来处理.

例 3 把 r 个不同的球放入 n 个箱子中,假如每个箱子可以放很多球,每个球放到每个箱子中的可能性都相同,求下列事件的概率:

(1) $A=\{$恰有 r 个箱子各有一球$\}$;

(2) $B=\{$至少有一个箱子有不少于两个球$\}$.

解 (1) 把 r 个不同的球放入 n 个箱子中,共有 n^r 种放法,恰有 r 个箱子有一个球的放法有 A_n^r 种,所以事件 A 的概率 $P(A)=\dfrac{A_n^r}{n^r}$.

(2) 因为事件 A 与事件 B 为对立事件,根据对立事件的性质有
$$P(B)=1-P(A)=1-\dfrac{A_n^r}{n^r}.$$

例 4 某人有两盒火柴,每盒都有 n 根火柴,每次使用时,他随机从某一盒中任取一根,问:当他发现一盒已经用完,而另一盒还有 $r(0 \leqslant r \leqslant n)$ 根的概率是多少?

解 不妨设火柴有甲、乙两盒,令事件 $A=\{$一盒已经用完,而另一盒还有 r 根$\}$,事件 A 发生分两种情形:甲盒用完而乙盒还有 r 根火柴;乙盒用完而甲盒还有 r 根火柴. 这两种情况完全一样,不妨研究第一种情形. 此人总共要选择 $2n-r+1$ 次,故总的基本事件数为 2^{2n-r+1}. 事件 A 发生时,在这 $2n-r+1$ 次选择中,前 $2n-r$ 次中有 n 次选择了甲盒,$n-r$ 次选择乙盒,在最后一次选择甲时发现甲盒没有火柴,即甲盒用完,故这种情况下事件 A 包含的基本事件数为 C_{2n-r}^n. 因此事件 A 包含的基本事件数为 $2C_{2n-r}^n$,从而
$$P(A)=\dfrac{2C_{2n-r}^n}{2^{2n-r+1}}=\dfrac{C_{2n-r}^n}{2^{2n-r}}.$$

2. 几何概型

在概率的起始阶段,人们大多关注的是基本事件只有有限个的情形. 随着认识的深入,人们慢慢注意到这样的问题:当基本事件为无穷多个的时候怎么来计算某个事件的概率? 我们先来看一个例子.

设图 6.6 是半径为 1 m 的圆心靶,阴影部分是半径为 0.5 m 的圆盘. 已知某射手一定能射中此靶,且射中这个圆心靶的任何一点的概率都相等,请问:此射手射中图中阴影部分的概率为多少?

在此例中,射手射中这个圆心靶的任何一点的概率都相等,说明随机试验的样本点在样本空间中都是均匀分布的. 另外,显然该随机试验的基本事件个数是无限的. 像这类随机试验我们称之为**几何概型**.

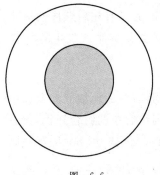

图 6.6

在几何概型中,某个事件 A 发生的概率为
$$P(A)=\dfrac{\text{事件 } A \text{ 包含区域的度量}}{\text{总区域的度量}},$$

其中度量包括长度、面积、体积等.

在上例中,我们令事件 $A=\{$射手射中阴影部分$\}$,根据几何概型的概率公式得
$$P(A) = \frac{\pi \cdot (0.5)^2}{\pi \cdot 1^2} = \frac{1}{4}.$$

例 5 已知某城市地铁每隔 6 分钟一趟(其中包括乘客上下车需要的 1 分钟),求某乘客来到该地铁站不需要等车的概率.

解 令事件 $A=\{$乘客来到该地铁站不需要等车$\}$,每 6 分钟为一个时间段,在每一个时间段一定有地铁到达,所以总区域的长度为 6 分钟,而事件 A 发生包括的区域的长度为 1 分钟,根据几何概型的概率公式得 $P(A)=1/6$.

例 6 小明和小军相约第二天上午 8:00—10:00 在某公园门口见面,两人无论谁先到达,都要求在门口至多等另一个人半小时,若半小时后(或若等待不到半小时但时间已到10:00)另一个人还没来,先到者就离开.问:小明和小军第二天在公园门口见面的概率是多少?

解 设 x 和 y 分别为小明和小军到达公园门口的时刻,根据题意:$8 \leqslant x, y \leqslant 10$,总区域构成的图形是边长为 2 的正方形,所以总区域面积为 4 (见图 6.7).

令事件 $A=\{$小明和小军第二天在公园门口见面$\}$,则事件 A 发生的充要条件是:$|x-y| \leqslant 0.5$ 且 $8 \leqslant x, y \leqslant 10$,构成的图形为图 6.7 中阴影部分,其面积为 $\frac{7}{4}$. 故事件 A 发生的概率

$$P(A) = \frac{7}{4} \div 4 = \frac{7}{16}.$$

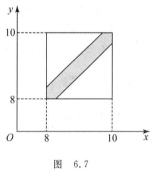

图 6.7

注 在此例中,最长等待时间越短,则阴影部分面积越小,所以见面的概率就越小;相反,最长等待时间越长,阴影部分面积越大,所以见面的概率就越大.这与我们现实直观的结果是相符的.

例 7(蒲丰投针问题) 在平面上画有等距离为 $a(a>0)$ 的一些平行线,向平面随机投掷一根长为 $l(l<a)$ 的针,求此针与一平行线相交的概率.

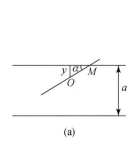

(a)

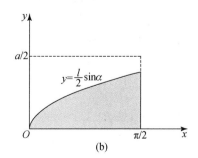

(b)

图 6.8

解 如图 6.8(a)所示,设点 O 是针的中点,点 M 是针与一平行线的交点,y 是点 O 到最近一平行线的距离,α 是针与最近一平行线的夹角. 令事件 $A=\{$针与一平行线相交$\}$,根据题意,事件 A 发生的充分必要条件为

$$\begin{cases} y \leqslant (l/2)\sin\alpha, \\ 0 \leqslant y \leqslant a/2, \\ 0 \leqslant \alpha \leqslant \pi/2. \end{cases}$$

此针随机地投入平面与平行线相交,意味着 y 和 α 均匀地落在图 6.8(b)中的长方形区域. 事件 A 发生意味着 y 和 α 落在由上述条件构成的图形中,即图 6.8(b)中的阴影部分,所以

$$P(A) = \frac{\int_0^{\pi/2} \frac{l}{2}\sin\alpha \, d\alpha}{\frac{a}{2} \cdot \frac{\pi}{2}} = \frac{2l}{\pi a}.$$

无论是古典概型还是几何概型都有其局限性,确切地说,这两种概率模型只是求某类特殊概率问题的两种方法,古典概型仅适用于样本空间有有限个基本事件,且每个基本事件发生的概率都相等的情形;而几何概型对古典概型中的样本点推广到了无穷多个,但每个样本点在样本空间中还是要求均匀分布的. 显然,还有很多概率问题都不属于这两种概率模型.

二、条件概率

在解决许多概率问题时,往往需要在某些附加条件下求事件的概率. 例如,在事件 A 发生的条件下求事件 B 发生的概率. 通常将此概率记做 $P(B|A)$. 下面来看这样一个问题:将一枚硬币抛掷两次,观察其出现正反两面的情况,设事件 A 为"至少有一次掷出正面",事件 B 为"两次掷出同一面". 现在来求已知事件 A 已经发生的条件下事件 B 发生的概率 $P(B|A)$.

设 H 表示正面,T 表示反面,则样本空间为

$$S = \{HH, HT, TH, TT\}.$$

由于 $A=\{HH, HT, TH\}$, $B=\{HH, TT\}$,因此

$$P(A) = 3/4, \quad P(B) = 1/2.$$

在已知 A 发生的条件下考虑 B,样本空间减缩为

$$S' = \{HH, HT, TH\} = A,$$

而 S' 只有一个样本点 $HH \in B$,故

$$P(B|A) = 1/3 \neq P(B).$$

容易发现 $P(B|A) = \frac{P(AB)}{P(A)}$. 由此我们引入如下条件概率的概念:

设 A,B 是两个事件,且 $P(A)>0$,称

$$P(B|A) = \frac{P(AB)}{P(A)}$$

为在事件 A 发生的条件下事件 B 发生的条件概率.

例 8 设某人有一笔资金,他投入基金的概率为 0.58,购买股票的概率为 0.28,两项投资都做的概率为 0.19. 已知他投入基金的条件下,购买股票的概率为多少?

解 令事件 $A=\{投入基金\}$,事件 $B=\{购买股票\}$,依题意得
$$P(A)=0.58,\quad P(B)=0.28,\quad P(AB)=0.19.$$
由条件概率的定义得所求概率为
$$P(B|A)=\frac{P(AB)}{P(A)}=\frac{0.19}{0.58}=\frac{19}{58}.$$

由条件概率的定义得
$$P(AB)=P(A)P(B|A)\quad (其中要求\ P(A)>0);$$
类似可得
$$P(AB)=P(B)P(A|B)\quad (其中要求\ P(B)>0).$$
这两个公式叫做**条件概率的乘法公式**.

我们可以把条件概率的乘法公式推广到有限多个事件的情形:
$$P(A_1A_2A_3)=P(A_1)P(A_2|A_1)P(A_3|A_1A_2);$$
$$P(A_1A_2\cdots A_n)=P(A_1)P(A_2|A_1)P(A_3|A_1A_2)\cdots P(A_n|A_1A_2\cdots A_{n-1}).$$

例 9 设罐中有三块白色巧克力糖和两块黑色巧克力糖,从中依次取出三块,试求取出的三块巧克力糖是白色的概率.

解 记 $A_i=\{第\ i\ 次取出的是白色的巧克力糖\}(i=1,2,3)$,易得
$$P(A_1)=3/5,\quad P(A_2|A_1)=2/4,\quad P(A_3|A_1A_2)=1/3.$$
故
$$P(A_1A_2A_3)=P(A_1)P(A_2|A_1)P(A_3|A_1A_2)=1/10.$$

三、全概率公式与贝叶斯公式

我们通过对一个实例的分析来介绍全概率公式.

例 10 已知有甲、乙两袋球,甲袋中有 10 个球,其中 3 个红球,7 个黑球;乙袋中有 20 个球,其中 10 个红球,10 个黑球. 现随机从两个袋中取一个球,求取出来的球为红球的概率.

分析 取出来的球为红球分两种情形:一种是从甲袋中取出来的红球,一种是从乙袋中取出来的红球. 也就是对事件$\{取出来的球为红球\}$分成两类(即对样本空间进行剖分):选择甲袋中的红球或者选择乙袋中的红球.

解 设事件 $A=\{取出来的球为红球\}$,$B=\{选择的是甲袋\}$,则 $\overline{A}=\{取出来的球为黑球\}$,$\overline{B}=\{选择的是乙袋\}$. 因为
$$A=A\cap\Omega=A\cap(B\cup\overline{B})=(A\cap B)\cup(A\cap\overline{B}),$$
且 $A\cap B$ 与 $A\cap\overline{B}$ 是互不相容事件,又由题意得
$$P(B)=P(\overline{B})=\frac{1}{2},\quad P(A|B)=\frac{3}{10},\quad P(A|\overline{B})=\frac{1}{2},$$

所以所求的概率为

$$P(A)=P(A\cap B)+P(A\cap \overline{B})=P(AB)+P(A\overline{B})$$
$$=P(B)P(A|B)+P(\overline{B})P(A|\overline{B})=\frac{1}{2}\cdot\frac{3}{4}+\frac{1}{2}\cdot\frac{1}{2}=\frac{2}{5}.$$

从上面例题的解题过程中可以看出,我们可以按照某个方式把样本空间剖分成若干块,这样事件 A 也就被剖分成若干个互不相容的事件.

设样本空间 Ω 按照某种方式剖分成互不相容的事件 $B_1,B_2,\cdots,B_n$,即 $\Omega = B_1\cup B_2\cup\cdots\cup B_n$ 且 $B_iB_j=\emptyset(i\neq j)$,则事件 A 被剖分成互不相容的事件 $AB_1,AB_2,\cdots,AB_n$,所以

$$P(A)=P(AB_1\cup AB_2\cup\cdots\cup AB_n)=P(AB_1)+P(AB_2)+\cdots+P(AB_n)$$
$$=\sum_{i=1}^n P(AB_i)=\sum_{i=1}^n P(B_i)P(A|B_i),$$

其中 $P(B_i)>0\ (i=1,2,\cdots,n)$.我们把这个公式称为**全概率公式**.

例 11 设某产品的合格率为 0.96,有一检查系统,对合格品进行检查能以 0.98 的概率判为合格品,对不合格品进行检查也能以 0.05 的概率判为合格品.求该检验系统发生错检的概率.

解 设事件 $A=\{$产品是合格品$\}$,事件 $B=\{$检查为合格品$\}$,则 $\overline{A}=\{$产品是不合格品$\}$,$\overline{B}=\{$检查为不合格品$\}$.根据题意有 $P(A)=0.96,P(B|A)=0.98,P(B|\overline{A})=0.05$,则 $P(\overline{A})=0.04,P(\overline{B}|A)=0.02$.由全概率公式得

$$P(\text{系统发生错检})=P(A\overline{B}\cup \overline{A}B)=P(\overline{A}B)+P(A\overline{B})$$
$$=P(\overline{A})P(B|\overline{A})+P(A)P(\overline{B}|A)$$
$$=0.96\times 0.02+0.04\times 0.05=0.0212.$$

在随机试验中,某一结果的发生可能有多种原因,每种原因对这一结果的发生都有一定的"贡献",全概率公式解决的是已知各种原因对某一结果发生的"贡献",求这一结果发生的概率.

反过来,若已知各原因对某一结果的"贡献",求在这一结果发生的条件下,某一原因所占的比例,这就要用到贝叶斯(Bayes)公式.

设事件 $A_1,A_2,\cdots,A_n$ 为样本空间 Ω 的一个剖分,且 $P(A_i)>0(i=1,2,\cdots,n)$,则对任意的事件 $B\subseteq\Omega$,若 $P(B)>0$,有**贝叶斯公式**

$$P(A_i|B)=\frac{P(A_i)P(B|A_i)}{\sum_{j=1}^n P(A_j)P(B|A_j)}.$$

例 12 在数字通讯中,信号是由 0 或 1 组成的长序列.由于有随机干扰,发送的信号为 0 或 1 时,有可能错误地接收为 1 或 0.现假设发送信号 1 和 0 的概率各为 0.5,又已知发送 0 时,接收信号为 0 和 1 的概率分别为 0.8 和 0.2;发送 1 时,接收信号为 0 和 1 的概率分别为 0.1 和 0.9.已知某信号的接收信号为 0,求发出信号也为 0 的概率.

解 设事件 $A=\{$发出信号为 $0\}$, $B=\{$接收信号为 $0\}$, 则 $\overline{A}=\{$发出信号为 $1\}$, $\overline{B}=\{$接收信号为 $1\}$. 由题意知

$$P(A)=P(\overline{A})=0.5, \quad P(B|A)=0.8, \quad P(B|\overline{A})=0.1,$$

所以由贝叶斯公式得

$$P(A|B)=\frac{P(AB)}{P(B)}=\frac{P(A)P(B|A)}{P(B)}=\frac{P(A)P(B|A)}{P(A)P(B|A)+P(\overline{A})P(B|\overline{A})}$$

$$=\frac{0.5 \cdot 0.8}{0.5 \cdot 0.8+0.5 \cdot 0.1}=\frac{8}{9},$$

即接收信号为 0 时, 发出信号也为 0 的概率为 8/9.

例 13 设甲、乙两工厂都生产同一产品, 所占市场份额及生产产品情况如下表:

	合格品(件)	次品(件)	产品总数(件)
甲厂	2000	100	2100
乙厂	1800	100	1900

现从市场上检查到一件次品, 问: 这件次品来自乙厂的概率为多少?

解 设事件 $A=\{$产品是甲厂生产的$\}$, $B=\{$产品为次品$\}$, 则 $\overline{A}=\{$产品是乙厂生产的$\}$, $\overline{B}=\{$产品为合格品$\}$. 由题意知

$$P(A)=\frac{2100}{4000}=\frac{21}{40}, \quad P(\overline{A})=\frac{1900}{4000}=\frac{19}{40},$$

$$P(B|A)=\frac{100}{2100}=\frac{1}{21}, \quad P(B|\overline{A})=\frac{100}{1900}=\frac{1}{19},$$

所以由贝叶斯公式得

$$P(\overline{A}|B)=\frac{P(\overline{A}B)}{P(B)}=\frac{P(\overline{A})P(B|\overline{A})}{P(A)P(B|A)+P(\overline{A})P(B|\overline{A})}=\frac{\frac{19}{40} \cdot \frac{1}{19}}{\frac{21}{40} \cdot \frac{1}{21}+\frac{19}{40} \cdot \frac{1}{19}}=\frac{1}{2},$$

故这件次品来自乙厂的概率为 1/2.

四、事件的独立性

两个事件的独立性指的是一个事件的发生不影响另一个事件的发生. 例如, 在掷完全相同且质地均匀的两颗骰子的试验中, 我们考查两个事件

$$A=\{\text{第一颗骰子掷出的点数为 2}\}, \quad B=\{\text{第二颗骰子掷出的点数为 5}\}.$$

根据古典概型的计算公式有

$$P(B|A)=1/6, \quad P(B)=1/6.$$

由上面结果得出 $P(B|A)=P(B)$, 即有条件与没有条件所得的概率一样, 也就是事件 B 的

发生与事件 A 的发生没有影响.

设事件 A,B 是某一随机试验中的事件,若事件 A 与 B 满足
$$P(AB) = P(A)P(B),$$
则称事件 A 与事件 B **相互独立**.

由两事件相互独立的定义可以证明下面的结论:

(1) 若 $P(A)>0$,则事件 A 与事件 B 相互独立的充分必要条件是 $P(B|A)=P(B)$.

(2) 若 $P(B)>0$,则事件 A 与事件 B 相互独立的充分必要条件是 $P(A|B)=P(A)$.

n 个事件 $A_1,A_2,\cdots,A_n$ 相互独立是指任意 $r(2 \leqslant r \leqslant n)$ 个事件相互独立,即下列等式同时成立:

$$P(A_iA_j)=P(A_i)P(A_j) \quad (1 \leqslant i<j \leqslant n),$$
$$P(A_iA_jA_k)=P(A_i)P(A_j)P(A_k) \quad (1 \leqslant i<j<k \leqslant n),$$
$$\cdots\cdots$$
$$P(A_1A_2\cdots A_n)=P(A_1)P(A_2)\cdots P(A_n).$$

注 n 个事件中任意两个事件相互独立不一定 n 个事件相互独立.

例 14 设有两个正四面体,每个正四面体的每一面都标有数字,分别为 $1,2,3,4$. 现同时抛掷这两个正四面体,令事件 $A=$ {第一个正四面体向下的一面是偶数}, $B=$ {第二个正四面体向下的一面是奇数}, $C=$ {两个正四面体向下的一面或同时为奇数或同时为偶数},求:

(1) $P(A), P(B), P(C), P(ABC)$; (2) $P(AB), P(AC), P(BC)$.

解 此随机试验的样本空间为
$$\Omega = \left\{\begin{array}{l}(1,1),(1,2),(1,3),(1,4)\\(2,1),(2,2),(2,3),(2,4)\\(3,1),(3,2),(3,3),(3,4)\\(4,1),(4,2),(4,3),(4,4)\end{array}\right\}.$$

(1) 利用古典概型,得
$$P(A) = P(B) = P(C) = 1/2, \quad P(ABC) = P(\varnothing) = 0.$$

(2) $P(AB)=4/16=1/4, P(AC)=P(BC)=4/16=1/4$.

注 从例 14 我们可以看出
$$P(AB) = P(A)P(B), \quad P(AC) = P(A)P(C), \quad P(BC) = P(B)P(C),$$
但是 $P(ABC) \neq P(A)P(B)P(C)$. 也就是说,在事件 A,B,C 中,任意两个事件都相互独立,但这三个事件不是相互独立的.

五、独立试验概型

满足下列条件的 n 次重复试验称为 n **次独立试验概型**:

(1) 共进行 n 次试验,每次试验条件都一样,且可能结果为有限个;

(2) 各次试验结果相互独立.

特别地,如果每次试验的可能结果只有两个,即 A_1 和 A_2,且 $P(A_1)=p$,$P(A_2)=1-p$,此时的 n 次独立试验概型称为 n **重伯努利模型**. 例如,重复 n 次掷同一枚硬币,这就是一个典型的 n 重伯努利概型. 假定硬币出现一次正面试验算做成功一次,且 P(试验成功) $=p$,考虑此 n 重伯努利概型的一个事件 $A=\{n$ 次重复试验中成功 k 次$\}$. 我们可以得到:

$$P(A)=C_n^k p^k q^{n-k} \ (0 \leqslant k \leqslant n), \quad 且 \quad \sum_{k=0}^{n} P(A)=1 \quad (其中 \ p+q=1).$$

例 15 设有 8 门大炮独立地同时向一目标各发射一发炮弹,若有不少于 2 发炮弹命中目标时,目标就会被击毁. 如果每门大炮击中目标的概率为 0.6,求击毁目标的概率 p.

解 设 p_0,p_1 分别表示没有一发炮弹击中的概率和只有一发炮弹击中的概率,则

$$p=1-p_0-p_1=1-0.4^8-C_8^1 \cdot 0.6^1 \cdot 0.4^7=0.991.$$

第三节 随机变量及其分布

一、随机变量的概念

随机现象中有很大一部分问题与数值相联系,即随机试验的结果直接表现为或可转化为数量的形式. 例如,一次试验中,试验成功记为 1,试验失败记为 0;掷骰子出现的点数;射击时弹着点与目标的距离;等等. 我们称依赖于特定随机试验、并且由试验结果完全确定的变量为**随机变量**. 通常用 X,Y,Z 等(或 ξ,η,ζ 等)表示随机变量.

二、随机变量的概率分布

随机变量按其取值情况分为离散型和非离散型两大类.

1. 离散型随机变量及其分布

离散型随机变量是指所有可能取值为有限个或可列个的随机变量.

设离散型随机变量 X 所有可能取值为 $x_k(k=1,2,\cdots)$,X 取各个可能值的概率为

$$P\{X=x_k\}=p_k \quad (k=1,2,\cdots). \qquad ①$$

通常称①式为离散型随机变量 X 的**概率分布**或**分布律**. 容易检验①式中的 p_k 满足:

(1) $p_k \geqslant 0$; \quad (2) $\sum_{k=1}^{\infty} p_k=1.$

例如,掷一颗质地均匀的骰子,令 X 表示掷出的点数,则 X 是离散型随机变量. 它的概率分布用表格形式表示如下:

X	1	2	3	4	5	6
P	1/6	1/6	1/6	1/6	1/6	1/6

常见的离散型随机变量的分布有以下几种：

两点分布(0-1 分布)：$P\{X=0\}=p, P\{X=1\}=1-p \ (0<p<1)$.

二项分布：$P\{X=k\}=C_n^k p^k q^{n-k} \ (k=0,1,2,\cdots,n; q=1-p, 0<p<1)$.

这里的 $C_n^k p^k q^{n-k}$ 就是 n 重伯努利试验中事件 A 恰好发生 k 次的概率，故二项分布是以 n 重伯努利试验为背景的，具有广泛的应用.

泊松分布：$P\{X=k\}=\dfrac{\lambda^k}{k!}e^{-\lambda} \ (k=0,1,2,\cdots; \lambda>0)$.

泊松分布的应用也很广泛，在一段时间内交换机收到的呼唤次数、某车站的等车人数、容器内的细菌个数、牧草种子中的杂草数、书上的印刷错误次数等均可用泊松分布来刻画.

2. 连续型随机变量及其分布

非离散型随机变量的取值不能一一列举出来. 在非离散型随机变量中，连续型随机变量占重要地位. 对于连续型随机变量，我们主要用分布函数和概率密度来描述它的概率分布.

设 X 是一个随机变量，称函数 $F(x)=P\{X\leqslant x\}(-\infty<x<+\infty)$ 为 X 的**分布函数**. 若存在非负可积函数 $f(x)$，使对任意的实数 x，有 $F(x)=P\{X\leqslant x\}=\int_{-\infty}^{x} f(x)\mathrm{d}x$，则称 X 为**连续型随机变量**，其中 $f(x)$ 称为随机变量 X 的**概率密度**. 容易检验概率密度 $f(x)$ 满足：

(1) $f(x)\geqslant 0$； (2) $\int_{-\infty}^{+\infty} f(x)\mathrm{d}x = 1$.

常见的连续型随机变量的分布有如下三种：

均匀分布：如果随机变量 X 的概率密度为

$$f(x)=\begin{cases} \dfrac{1}{b-a}, & a<x<b, \\ 0, & \text{其他}, \end{cases}$$

则称 X 服从区间 (a,b) 上的均匀分布，记为 $X\sim U(a,b)$. 均匀分布的直观概率意义是：X 取值于 (a,b) 中任意小区间的概率与该小区间的长度成正比，而与小区间的具体位置无关. 因此，该分布常用来刻画在某区间上具有等可能结果的随机试验的统计规律性.

指数分布：如果随机变量 X 的概率密度为

$$f(x)=\begin{cases} \lambda e^{-\lambda x}, & x>0, \\ 0, & x\leqslant 0, \end{cases}$$

其中 $\lambda>0$ 为常数，则称 X 服从参数为 λ 的指数分布，记为 $X\sim E(\lambda)$. 指数分布常见于各种寿命分布问题，如各种电子元件的寿命、随机系统的服务时间、灯泡的寿命等都可认为是服从指数分布的.

正态分布：若随机变量 X 的概率密度为

$$f(x) = \frac{1}{\sqrt{2\pi}\sigma} e^{-\frac{(x-\mu)^2}{2\sigma^2}} \quad (-\infty < x < +\infty),$$

其中 μ,σ 为常数，$\sigma>0$，则称 X 服从正态分布，记为 $X \sim N(\mu,\sigma^2)$.

特别地，当 $\mu=0,\sigma^2=1$ 时，得到的正态分布 $N(0,1)$ 称为**标准正态分布**，它的概率密度为

$$\varphi(x) = \frac{1}{\sqrt{2\pi}} e^{-x^2/2} \quad (-\infty < x < +\infty),$$

分布函数为

$$\Phi(x) = \int_{-\infty}^{x} \frac{1}{\sqrt{2\pi}} e^{-t^2/2} dt \quad (-\infty < x < +\infty).$$

若随机变量 $X \sim N(0,1)$，则由其概率密度曲线的对称性知

$$\Phi(-x) = 1 - \Phi(x) \quad (-\infty < x < +\infty).$$

因此，对于标准正态分布的概率计算，只要解决 $x \geq 0$ 的计算就可以了.

自然界和社会现象中大量的随机变量都服从或近似服从正态分布. 例如，人体的身高或体重、测量误差、农作物的收获量等都近似服从正态分布. 这些随机变量的分布都具有"中间大两头小"的特点. 一般来说，若影响某一数量指标的随机因素很多，而每个因素所起的作用不太大，则这个指标服从正态分布. 另外，正态分布是许多分布的近似，通过正态分布还可导出其他一些分布. 因此，正态分布在理论与应用中占有非常重要的地位.

例 设随机变量 $X \sim N(0,1)$，求

$P\{X \leq 1\}$，$P\{X \leq -1\}$，$P\{|X| \leq 1\}$，$P\{-1 < X < 2\}$，$P\{X \leq 5\}$.

解 由标准正态分布的概率分布表知 $\Phi(1)=0.8413$，于是

$$P\{X \leq 1\} = \Phi(1) = 0.8413,$$
$$P\{X \leq -1\} = \Phi(-1) = 1 - \Phi(1) = 1 - 0.8413 = 0.1587,$$
$$P\{|X| \leq 1\} = P(-1 \leq X \leq 1) = \Phi(1) - \Phi(-1)$$
$$= 2\Phi(1) - 1 = 2 \times 0.8413 - 1 = 0.6826,$$
$$P\{-1 < X < 2\} = \Phi(2) - \Phi(-1) = \Phi(2) - [1 - \Phi(1)]$$
$$= 0.97725 - 1 + 0.8413 = 0.81855,$$
$$P\{X \leq 5\} = 1.$$

归纳、推广上例可得到：设 $X \sim N(0,1)$，则有

$$P\{X \leq x\} = \begin{cases} \Phi(x), & x > 0, \\ 0.5, & x = 0, \\ 1 - \Phi(-x), & x < 0, \end{cases}$$

$$P\{|X| < x\} = 2\Phi(x) - 1, \quad P\{a < X < b\} = \Phi(b) - \Phi(a).$$

第四节 统 计 初 步

统计学是处理数据的一门科学,是对随机现象进行多次观察或试验,研究如何合理地获得数据资料,再根据所获得的数据资料,对所关心的问题做出估计与判断.

统计方法是适用于所有学科领域的通用数据分析方法,只要有数据的地方就会用到统计方法.随着人们对定量研究的日益重视,统计方法已经被应用到自然科学和社会科学的众多领域,统计学也已经发展成为由若干分支学科组成的学科体系.可以说,几乎所有的研究领域都要用到统计方法,比如政府部门、学术研究领域、日常生活、公司或企业的生产、经营、管理中都要用到统计方法.

一、总体、个体与样本

总体、个体、样本是统计学中三个最基本的术语. **总体**是所研究对象的全体;而把组成总体的每个单元,即每一个研究对象称为**个体**;从总体中随机抽取的 n 个个体组成的集合称为容量为 n 的**样本**(或**子样**),其中样本中个体的个数称为**样本容量**(也称**样本量**).从总体中抽取的容量为 n 的样本记为 $(X_1, X_2, \cdots, X_n)$,这里每个 X_i 都可看成随机变量,在观察前是不能确定其值的.样本的一组取值称为**样本观察值**.

例1 样本的两个例子:

(1) 某食品厂用自动装罐机生产净重为 345 g 的午餐肉罐头,由于随机性,每个罐头的净重都有差别.现在从生产线上随机抽取 10 个罐头,称其净重(单位:g),得如下结果:

$$344, 336, 345, 342, 340, 338, 344, 343, 344, 343.$$

这是一个容量为 10 的样本的观察值,它是来自该生产线罐头净重这一总体的一个样本的观察值.

(2) 对某型号的 20 辆汽车记录每加仑汽油各自行驶的里程(单位:km)如下:

$$29.8, 27.6, 28.3, 28.7, 27.9, 30.1, 29.9, 28.0, 28.7, 27.9,$$
$$28.5, 29.5, 27.2, 26.9, 28.4, 27.8, 28.0, 30.0, 29.6, 29.1.$$

这是一个容量为 20 的样本的观察值,对应的总体是该型号汽车每加仑汽油行驶的里程.

我们抽取样本的目的是为了对总体进行推断.为了能从样本正确推断总体,要求所抽取的样本能很好地反映总体的信息,所以要有一个正确的抽取样本的方法.最常用的抽取样本的方法是"简单随机抽样",它要求抽取的样本满足如下要求:

第一,具有代表性,即要求每一个体都有同等机会被选入样本,这便意味着每一样品 X_i 与总体 X 有相同的分布.

第二,具有独立性,即要求样本中每一样品取什么值不受其他样品取值的影响,这便意味着 $X_1, X_2, \cdots, X_n$ 相互独立.

用简单随机抽样方法获得的样本称为**简单随机样本**(简称**样本**). 这时 $X_1, X_2, \cdots, X_n$ 可以看成是相互独立的具有同一分布的随机变量,也称它们为独立同分布(简记为 iid)样本.

二、统计量

样本来自总体,样本的观察值含有总体各方面的信息,但这些信息较为分散,为使这些分散在样本中的有关总体的信息集中起来反映总体的各种特征,需要对样本进行加工. 一种有效的方法是构造样本函数——统计量. 通常不同的样本函数反映总体的不同特征.

定义 设 $(X_1, X_2, \cdots, X_n)$ 是取自某总体 X 的一个容量为 n 的样本. 假如样本函数
$$T = T(X_1, X_2, \cdots, X_n)$$
中不带任何未知参数,则称 T 为**统计量**.

例 2 设 (X_1, X_2, X_3) 为来自总体 $X \sim N(\mu, \sigma^2)$(其中 μ 已知,σ^2 未知)的样本,显然 $T_1 = (X_1 + X_2 + X_3)/3$,$T_2 = X_1 + X_2 - \mu$ 均是统计量,而 $T_3 = (X_1^2 + X_2^2 + X_3^2)/\sigma^2$ 不是统计量.

设 $(X_1, X_2, \cdots, X_n)$ 是来自总体 X 的样本. 常用的重要统计量有:

样本均值:$\overline{X} = \dfrac{1}{n} \sum_{i=1}^{n} X_i$;

样本方差:$S^2 = \dfrac{1}{n-1} \sum_{i=1}^{n} (X_i - \overline{X})^2$;

样本标准差:$S = \sqrt{S^2} = \sqrt{\dfrac{1}{n-1} \sum_{i=1}^{n} (X_i - \overline{X})^2}$;

样本 k 阶(原点)矩:$A_k = \dfrac{1}{n} \sum_{i=1}^{n} X_i^k \ (k = 1, 2, \cdots)$;

样本 k 阶中心矩:$B_k = \dfrac{1}{n} \sum_{i=1}^{n} (X_i - \overline{X})^k \ (k = 1, 2, \cdots)$.

上述统计量的重要作用之一是估计总体的未知参数,如正态总体 $X \sim N(\mu, \sigma^2)$ 中的参数 μ, σ^2. 事实上,样本均值 $\overline{X}$ 是 μ 的一个很好的估计,而样本方差 S^2 是 σ^2 的一个很好的估计.

习 题 六

1. 设样本空间 $\Omega = \{1, 2, \cdots, 10\}$,事件 $A = \{2, 3, 4\}$,$B = \{3, 4, 5\}$,$C = \{5, 6, 7\}$,写出下列算式表示的集合:$\overline{A}B, \overline{A} \cup B, \overline{\overline{A}\ \overline{B}}, \overline{A\ \overline{BC}}, \overline{A(B \cup C)}$.

2. 设一位工人生产四个零件,事件 $A_i = \{$第 i 个零件是不合格品$\}$($i = 1, 2, 3, 4$),试用 A_i ($i = 1, 2, 3, 4$) 来表示下列事件:

(1) 不少于三个是合格品;   (2) 至多一个不合格品;

(3) 至少有一个是不合格品;   (4) 仅有一个是不合格品.

3. 设 10 把钥匙中有 3 把能开门,今任取两把,求能打开门的概率.

4. 设有 r 个球,随机地放在 n ($r \leqslant n$) 个盒子中,试求下列事件的概率:
$A_1 = \{$某指定的 r 个盒子中各有一球$\}$, $A_2 = \{$恰有 r 个盒,其中各有一球$\}$,
$A_3 = \{$某指定的一个盒子,恰有 k 个球$\}$.

5. 把长度为 a 的线段在任意两点折为三线段,求它们可以构成三角形的概率.

6. 设袋中放有 a 个白球和 b 个黑球,随机取出一个,然后放回,并同时再放进与取出的球同色的球 c 个,再取出第二个,这样连续取三次. 问:取出的三个球中头两个是黑球,第三个是白球的概率是多少?

7. 设甲、乙两人同时向一敌机开炮,甲击中的概率为 0.6,乙击中的概率为 0.5,求敌机被击中的概率.

8. 请叙述下列事件的对立事件:
(1) {掷两枚硬币皆为正面}; (2) {射击三次至多两次命中目标};
(3) {加工四个产品不少于两个是正品}.

9. 设 100 件产品中有 40 件属于甲类,60 件属于乙类. 以无放回的方式抽取产品,求下列事件的概率:
$A = \{$从 100 件中任意抽取 3 件均属于乙类$\}$,
$B = \{$从 100 件中任意抽取 3 件产品,其中 2 件属于甲类,1 件属于乙类$\}$.
若将上题中的"无放回抽取"改成"有放回抽取",求 $P(A)$ 和 $P(B)$.

10. 设 n 个人排成一行,甲和乙是其中两个人. 在这 n 个人的任意排列中,求下列事件的概率:$A = \{$甲、乙在两端$\}$,$B = \{$甲、乙挨着$\}$,$C = \{$甲、乙中间有两个人$\}$.

11. 设 n 个人排成一行,甲和乙是其中两个人. 在这 n 个人的任意排列中,求甲、乙中间有 r 个人的概率.

12. 设一个袋里有 2 枚伍分、3 枚贰分、5 枚壹分的硬币.任取 5 枚,求这 5 枚硬币的总值超过一角钱的概率.

13. 设一架电梯开始上升时有 6 位乘客并且等可能的停于 10 层楼的每一层,求下列事件的概率:
$A = \{$某一层有两位乘客离开$\}$, $B = \{$没有两位及两位以上乘客在同一层离开$\}$,
$C = \{$恰有两位乘客在同一层离开$\}$, $D = \{$至少有两位乘客在同一层离开$\}$.

14. 设甲、乙两船驶向一个不能同时停泊两艘船的码头,它们在一昼夜内到达码头的时刻是等可能的. 如果甲船停泊时间为 1h,乙船停泊时间为 2h,求它们中的任意一艘都不需要等待码头空出的概率.

15. 平面上画了一些彼此相距 $2a$ 的平行线,把一枚半径 $r < a$ 的硬币任意掷在这个平面上,求硬币不与任何一条平行线相碰的概率.

16. 设有甲、乙两批种子,发芽率分别是 0.7 和 0.8. 现在从两批种子中随机地各取一

粒,求下列事件的概率:
$$A=\{两粒种子都发芽\}; \quad B=\{至少有一粒种子发芽\}.$$

17. 证明:

(1) 若三个事件 A,B,C 相互独立,则 $A\cup B, AB$ 及 $A\overline{B}$ 分别与 C 独立;

(2) 若事件 A 与 B 都有不为零的概率,且它们相互独立,则 A 与 B 不是互不相容的;

(3) 若事件 A 与 B 都有不为零的概率,且它们互不相容,则 A 与 B 不是相互独立的;

(4) A 与 B 相互独立,且它们互不相容,则不是 $P(A)=0$,就是 $P(B)=0$.

18. 设有 12 个新乒乓球,每次比赛时取 3 个,用完后放回去,求第三次比赛时取出的 3 个球都是新球的概率.

19. 设 A,B 为两随机事件,且 $P(A|B)=0.7, P(A|\overline{B})=0.3, P(B|A)=0.6$,求 $P(A)$.

20. 设 A,B 为两随机事件,且 $P(A)=0.50, P(B)=0.30, P(AB)=0.15$,验证下列四个等式:
$$P(A|B)=P(A), P(A|\overline{B})=P(A), P(B|A)=P(B), P(B|\overline{A})=P(B).$$
这些等式说明了什么?

21. 问:至少掷骰子多少次,才能使不出现 1 点的概率小于 1/3?

22. 设某工厂向三家出租车公司 D,E 和 F 租用汽车的概率分别为 0.2,0.2 和 0.6,而这三家出租公司在运输中发生故障的概率依次为 0.10,0.12 和 0.04.

(1) 该工厂租用汽车中发生故障的概率是多少?

(2) 若该工厂租用汽车发生故障,此汽车是来自 F 公司的概率是多少?

23. 已知 5% 的男性和 0.25% 的女性是色盲者.随机选一个色盲者,求此人是男性的概率.(假设男女比例为 51:49)

24. 设进行四次独立的试验,在每一次试验中,A 出现的概率为 0.3.已知如果 A 不出现,则 B 也不出现;如果 A 出现一次,则 B 出现的概率为 0.6;如果 A 出现不少于两次,则 B 出现的概率为 1.求 B 出现的概率.

25. 设有一部件结构示意图如图 6.9 所示,其中独立工作的④、⑤、⑥三个零件中,有两个是备用的(当正在工作的那一个失效时,其中另一个立即补充上去).已知 $P(①正常工作)=p_i$ ($i=1,2,3$),$P(④正常工作)=P(⑤正常工作)=P(⑥正常工作)=p$.求部件正常工作的概率.

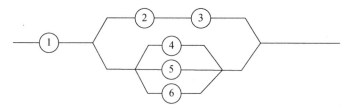

图 6.9

26. 设进行一次试验事件 A 出现的概率为 p，求在 n 重伯努利试验中，事件 A 出现偶数次（包括出现 0 次）的概率.

27. 设随机事件 $X\sim N(0,1)$，求 $P\{X\leqslant 1\},P\{X\leqslant -1\},P\{|X|\leqslant 1\},P\{-1<X<2\}$.

本章参考文献

[1] 梁之舜,邓集贤. 概率论及数理统计. 第二版. 北京:高等教育出版社,2003.

[2] 茆诗松,周纪芗. 概率论及数理统计. 第二版. 北京:中国统计出版社,2000.

[3] 陈希孺. 概率论及数理统计. 北京:人民教育出版社,1992.

[4] 严士健,刘秀芳. 测度与概率. 北京:北京师范大学出版社,2006.

[5] 魏宗舒. 概率论与数理统计教程. 北京:高等教育出版社,1983.

[6] 贾俊平,何晓群,金勇进. 统计学. 第三版. 北京:中国人民大学出版社,2007.

[7] 隋亚群,李鸿儒. 概率统计. 第三版. 北京:中国清华大学出版社,2007.

第七章 平面几何

平面几何是最早的几何内容,主要研究平面上的点和线,内容浩繁,思想丰富.探讨平面几何问题的证明思想以及证明过程,是培养逻辑思维能力和创造力的有效途径.本章我们先选择平面几何中的几个著名定理加以证明,以领略平面几何的证明思想及过程;然后给出平面上等周问题的主要结果以及关于三角形的基本不等式;最后阐述平面几何问题的基本证明方法以及添加辅助线问题.

第一节 平面几何的几个重要定理

定理 1(梅涅劳斯(Menelaus)定理) 设 A',B',C' 分别是 $\triangle ABC$ 的边 BC,CA,AB 所在直线上的点,且三点中的一点或三点在边的延长线上,则 A',B',C' 共线的充分必要条件是 $\dfrac{BA'}{A'C} \cdot \dfrac{CB'}{B'A} \cdot \dfrac{AC'}{C'B}=1$.

证明 我们只证明 A',B',C' 中的一点在边的延长线上的情形.不妨设 A' 在 BC 的延长线上.

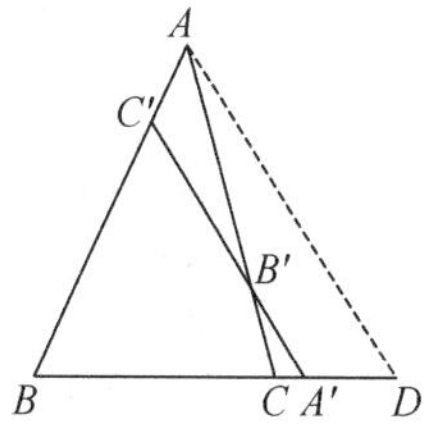

必要性 如图 7.1 所示,过 A 作直线 $AD \parallel C'A'$,交 BC 延长线于 D,则 $\dfrac{CB'}{B'A}=\dfrac{CA'}{A'D}, \dfrac{AC'}{C'B}=\dfrac{DA'}{A'B}$. 故

$$\frac{BA'}{A'C} \cdot \frac{CB'}{B'A} \cdot \frac{AC'}{C'B}=\frac{BA'}{A'C} \cdot \frac{CA'}{A'D} \cdot \frac{DA'}{A'B}=1.$$

充分性 设直线 $A'B'$ 交 AB 于 C_1,则由必要性,得到 $\dfrac{BA'}{A'C} \cdot \dfrac{CB'}{B'A} \cdot \dfrac{AC_1}{C_1B}=1.$ 又由题设有

$$\frac{BA'}{A'C} \cdot \frac{CB'}{B'A} \cdot \frac{AC'}{C'B}=1,$$

于是 $\dfrac{AC_1}{C_1B}=\dfrac{AC'}{C'B}.$ 由合比定理得

$$\frac{AC_1}{AB}=\frac{AC'}{AB}, \quad 即 \quad AC_1=AC',$$

图 7.1

从而 C_1 与 C' 重合,故 A',B',C' 三点共线.

当 A',B',C' 三点在边的延长线上时同理可证定理的结论成立. 梅涅劳斯定理可以推广到平面凸四边形、四面体乃至 n 维欧氏空间中去.

定理 2(赛瓦(Ceva)定理) 设 A',B',C' 分别是 $\triangle ABC$ 的边 BC,CA,AB 所在直线上的点, 且三点中的三点(或一点)在边上, 则三直线 AA',BB',CC' 共点(或平行)的充分必要条件是 $\dfrac{BA'}{A'C} \cdot \dfrac{CB'}{B'A} \cdot \dfrac{AC'}{C'B} = 1$.

证明 必要性 设 AA',BB',CC' 交于一点 P. 过 A 作 BC 的平行线, 分别交 BB',CC' 的延长线于 D,E(见图 7.2(a)), 得
$$\frac{BA'}{A'C} = \frac{AD}{EA}, \quad \frac{CB'}{B'A} = \frac{BC}{AD}, \quad \frac{AC'}{C'B} = \frac{EA}{BC}.$$
从而
$$\frac{BA'}{A'C} \cdot \frac{CB'}{B'A} \cdot \frac{AC'}{C'B} = \frac{AD}{EA} \cdot \frac{BC}{AD} \cdot \frac{EA}{BC} = 1.$$

若 AA',BB',CC' 三线平行(见图 7.2(b)), 可类似证明.

充分性 若 AA' 与 BB' 交于点 P, 设 CP 与 AB 的交点为 C_1, 则由必要性知
$$\frac{BA'}{A'C} \cdot \frac{CB'}{B'A} \cdot \frac{AC_1}{C_1B} = 1.$$
而由题设有 $\dfrac{BA'}{A'C} \cdot \dfrac{CB'}{B'A} \cdot \dfrac{AC'}{C'B} = 1$, 从而有
$$\frac{AC_1}{C_1B} = \frac{AC'}{C'B}, \quad \text{即} \quad \frac{AC_1}{AB} = \frac{AC'}{AB}.$$
由此知 C_1 与 C' 重合, 从而 AA',BB',CC' 三点共线.

若 $AA' \parallel BB'$, 则 $\dfrac{CB'}{B'A} = \dfrac{CB}{BA}$. 代入已知条件有 $\dfrac{AC'}{C'B} = \dfrac{A'C}{CB}$. 由此知 $CC' \parallel AA'$, 故
$$AA' \parallel BB' \parallel CC'.$$

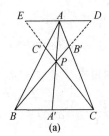 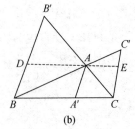

图 7.2

定理 3(托勒密(Ptolemy)定理) 凸四边形 $ABCD$ 内接于圆的充分必要条件是:

$$AB \cdot CD + BC \cdot AD = AC \cdot BD.$$

证明 **必要性** 如图 7.3 所示,设凸四边形 $ABCD$ 内接于 $\odot O$. 在 BD 上取点 P,使得 $\angle PAB = \angle CAD$,则 $\triangle ABP \backsim \triangle ACD$,于是 $AB \cdot CD = AC \cdot BP$. 又 $\triangle ABC \backsim \triangle APD$,从而有 $BC \cdot AD = AC \cdot PD$,故
$$AB \cdot CD + BC \cdot AD = AC(BP + PD) = AC \cdot BD.$$

充分性 如图 7.3 所示,在凸四边形 $ABCD$ 内取点 E,使得
$$\angle BAE = \angle CAD, \quad \angle ABE = \angle ACD,$$
则 $\triangle ABE \backsim \triangle ACD$,从而

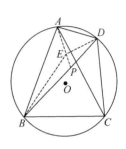

图 7.3

$$\frac{AD}{AE} = \frac{AC}{AB} = \frac{CD}{BE}, \quad \text{即} \quad AB \cdot CD = AC \cdot BE.$$

又注意到 $\angle DAE = \angle CAB$,由上述比例式,有
$$\triangle ADE \backsim \triangle ACB,$$
从而
$$AD \cdot BC = AC \cdot DE,$$
于是
$$AB \cdot CD + BC \cdot AD = AC(BE + ED)$$
$$\geqslant AC \cdot BD,$$

其中等号当且仅当 E 在 BD 上,即 $\angle ABD = \angle ACD$ 时成立,亦即 A, B, C, D 四点共圆时成立.

注 从充分性证明可知,对于任意凸四边形 $ABCD$,均成立不等式 $AB \cdot CD + BC \cdot AD \geqslant AC \cdot BD$(称为**托勒密不等式**);由托勒密定理,应用正弦定理将 BD, DC, BC 替换掉即得如下**三弦定理**:AB, AC, AD 是一圆上顺次的三条弦,则 $AB\sin\angle CAD + AD\sin\angle CAB = AC\sin\angle BAD$;由托勒密定理可以导出三角中的加法定理:$\sin(\alpha+\beta) = \sin\alpha\cos\beta + \cos\alpha\sin\beta$;托勒密定理可以推到直线上去,也可以推到空间四边形中去.

定理 4(斯特瓦尔特(Stewart)定理) 设 B, P, C 分别为从点 A 引出的三条射线 AB, AP, AC 上的三点,则 B, P, C 共线的充分必要条件是:
$$AP^2 = AB^2 \frac{PC}{BC} + AC^2 \frac{BP}{BC} - BP \cdot PC.$$

图 7.4

证明 如图 7.4 所示,设 $\angle APB = \theta_1, \angle APC = \theta_2$. 不失一般性,设 $\theta_2 < 90°$.

对于 $\triangle ABP$ 和 $\triangle APC$ 分别应用余弦定理得
$$AB^2 = AP^2 + BP^2 - 2AP \cdot BP \cdot \cos\theta_1,$$
$$AC^2 = AP^2 + CP^2 - 2AP \cdot CP\cos\theta_2.$$

将上述两式分别乘以 PC, PB 后相加,得
$$AB^2 \cdot CP + AC^2 \cdot BP = AP^2(BP + CP) + BP \cdot CP(BP + CP)$$
$$- 2AP \cdot BP \cdot CP(\cos\theta_1 + \cos\theta_2), \quad ①$$

于是
$$B, P, C \text{ 共线} \Leftrightarrow \text{①式右边} = AP^2 \cdot BC + BP \cdot CP \cdot BC$$
$$\Leftrightarrow AP^2 = AB^2 \frac{PC}{BC} + AC^2 \frac{BP}{BC} - BP \cdot PC.$$

注 斯特瓦尔特定理还有如下一系列有趣推论：

(1) 若 $AB = AC$，则 $AP^2 = AB^2 - BP \cdot PC$；

(2) 若 P 为 BC 的中点，则 $AP^2 = \frac{1}{2}AB^2 + \frac{1}{2}AC^2 - \frac{1}{4}BC^2$；

(3) 若 AP 平分 $\angle BAC$，则 $AP^2 = AB \cdot AC - BP \cdot PC$；

(4) 若 AP 平分 $\angle BAC$ 的外角，则 $AP^2 = BP \cdot PC - AB \cdot AC$.

斯特瓦尔特定理可以推广到四面体中去.

定理 5（西姆松（Simson）定理） 三角形外一点在三角形外接圆上的充分必要条件是该点在三角形三边上的射影共线.

证明 如图 7.5 所示，设 $\triangle ABC$ 外一点 P 在其三边 BC, CA, AB 上的射影分别为 L, M, N.

分别由 P, B, L, N 共圆和 P, N, A, M 共圆有
$$\angle BNL = \angle BPL, \quad \angle ANM = \angle APM.$$

于是
$$P, B, C, A \text{ 共圆} \Leftrightarrow \angle PBL = \angle PAM \Leftrightarrow \angle BPL = \angle APM$$
$$\Leftrightarrow \angle BNL = \angle ANM \Leftrightarrow L, M, N \text{ 共线}.$$

注 西姆松定理将三点共线与四点共圆紧密联系起来.

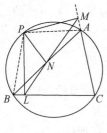

图 7.5

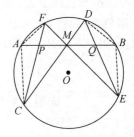

图 7.6

定理 6（蝴蝶定理） 设 AB, CD, EF 是交于 $\odot O$ 内一点 M 的三条不同的弦，CF, DE 分别交 AB 于 P, Q 两点，则 M 平分 AB 的充分必要条件是 M 平分 PQ.

证明 如图 7.6 所示，连结 AC, AF, BD, BE. 由 $\triangle ACM \backsim \triangle DBM$，$\triangle AFM \backsim \triangle EBM$，$\triangle CFM \backsim \triangle MDE$，有

$$\frac{BD}{AC}=\frac{MD}{MA},\quad \frac{BE}{AF}=\frac{MB}{MF},\quad \frac{ED}{CF}=\frac{ME}{MC}.$$

由于

$$\begin{aligned}\frac{MP}{AP}\cdot\frac{BQ}{MQ}&=\frac{S_{\triangle MCF}}{S_{\triangle ACF}}\cdot\frac{S_{\triangle BDE}}{S_{\triangle MDE}}=\frac{S_{\triangle MCF}}{S_{\triangle MDE}}\cdot\frac{S_{\triangle BDE}}{S_{\triangle BEA}}\cdot\frac{S_{\triangle BEA}}{S_{\triangle BCA}}\cdot\frac{S_{\triangle BCA}}{S_{\triangle ACF}}\\ &=\frac{MF\cdot MC}{ME\cdot MD}\cdot\frac{BD\cdot ED}{AB\cdot AE}\cdot\frac{BE\cdot AE}{BC\cdot AC}\cdot\frac{AB\cdot BC}{AF\cdot CF}\quad\text{(利用正弦定理)}\\ &=\frac{MF}{ME}\cdot\frac{MC}{MD}\cdot\frac{BD\cdot BE\cdot ED}{AC\cdot AF\cdot CF}\\ &=\frac{MF}{ME}\cdot\frac{MC}{MD}\cdot\frac{MD}{MA}\cdot\frac{MB}{MF}\cdot\frac{ME}{MC}=\frac{MB}{MA},\end{aligned}$$

从而

$$MA=MB\Longleftrightarrow \frac{MP}{AP}=\frac{MQ}{BQ}\Longleftrightarrow \frac{MP}{AM}=\frac{MQ}{BM}\Longleftrightarrow MP=MQ.$$

注 蝴蝶定理的证法很多,上述证法是张景中院士给出的.1985 年单墫教授给出了易于推广的如下证法:

以 M 为原点,AB 所在的直线为 x 轴建立直角坐标系.设圆的方程为 $x^2+(y+m)^2=R^2$,直线 CD,EF 的方程分别为 $y=k_1x,y=k_2x$,于是圆和两相交直线组成的二次曲线系为

$$\lambda_1[x^2+(y+m)^2-R^2]+\lambda_2(y-k_1x)(y-k_2x)=0.$$

令 $y=0$,则点 P 和 Q 的横坐标满足方程

$$(\lambda_1+\lambda_2k_1k_2)x^2+\lambda_1(m^2-R^2)=0.$$

由于一次项系数为零,则两根 x_1,x_2 满足 $x_1+x_2=0$,即 $x_1=-x_2$.故 $PM=QM$.

若直线 FD,EC 分别交直线 AB 于 T,S,则由 $x_1+x_2=0$ 表明 $TM=MS$.

在上述证明中,圆的方程也可换成椭圆、双曲线、抛物线等一般二次曲线方程,从而可将圆中的蝴蝶定理推到了二次曲线中.

定理 7(九点圆定理) 任意三角形三条高的垂足、三边的中点以及垂心与顶点的三条连线的中点,这九点共圆.

证明 如图 7.7 所示,设 AD,BE,CF 为 $\triangle ABC$ 的高,垂心为 H,又设 L,M,N 分别是 BC,CA,AB 的中点,P,Q,R 分别为 AH,BH,CH 的中点.

由于 $NM \underline{\underline{\parallel}} QR \underline{\underline{\parallel}} \frac{1}{2}BC$,$NQ \underline{\underline{\parallel}} MR \underline{\underline{\parallel}} \frac{1}{2}AH$,而 $AH\perp BC$,从而 $NQRM$ 为矩形.同理,$QLMP$ 为矩形.于是 QM,LP,NR 是同一个圆的三条直径,故有六点共圆.又 $\angle PDL=90°$,故点 D 在此圆上.同理 E,F 在此圆上.故

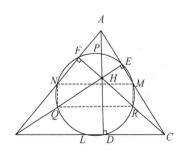

图 7.7

九点共圆.

注 上述定理中的圆也称为**九点圆**,它还有其他许多有趣的性质,如三角形的九点圆圆心为垂心 H 与外心 O 连线的中点,其半径为 $\triangle ABC$ 外接圆半径的一半;三角形的九点圆与内切圆内切且与三个旁切圆外切;等等. 由九点圆定理,我们得到三角形的外心、垂心、重心以及九点圆圆心共线的重要结论.

定理 8(四心共线定理) 三角形的外心、垂心、重心、九点圆圆心共线,且九点圆圆心在外心与垂心连线的中点,重心在外心与垂心的三分点处.

证明 如图 7.8 所示,分别过边 BC 的中点 M 和 AC 的中点 N,作垂线交于 O,则 O 为外心. 设 H 为垂心,作 $AH \perp BC$ 于 D,作 DM 的中垂线 PF 交 OH 于 P. 由于 $MO /\!/ FP /\!/ DH$,所以 P 是 OH 的中点.

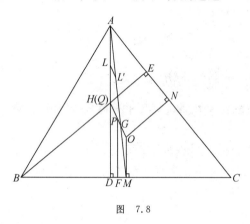

图 7.8

同理 AC 边上的中点 N 与 H 在 AC 上的射影 E 之间的中垂线也交 OH 于中点 P,故 P 为九点圆圆心.

设 G 是 $\triangle ABC$ 的重心,则 G 在 AM 和 BN 的 $\dfrac{2}{3}$ 点处. 连结 OG 并延长交 AD 于 Q,取 AG 的中点 L',AQ 的中点 L,则 $\triangle AL'L \cong \triangle MGO$,故
$$LL' = OG = \frac{1}{2}GQ.$$

同理 OG 的延长线与 BE 的交点 K 也具有此性质:$LL' = \dfrac{1}{2}GK$,故 K 与 Q 重合. 这重合点自然是 AD 与 BE 的交点 H,故 O,G,C,H 四心共线. 由于 $PH = \dfrac{1}{2}OH$,$OG = \dfrac{1}{2}GH$,于是结论获证.

第二节 平面几何中的若干重要不等式

本节我们首先给出平面图形周长相等和面积相等时的几个结论,然后分类给出三角形中的各种基本不等式. 这些结论都比较容易证明,限于篇幅,这里只给出几个不等式的证明过程.

一、关于周长与面积的若干结论

(1) 在具有给定周长的所有平面闭曲线中,圆所围成的平面图形的面积最大;

(2) 在具有给定面积的所有平面图形中,圆的周长最小;

(3) 在具有公共底边和面积的所有三角形中,等腰三角形的周长最小;

(4) 在具有公共底边和周长的所有三角形中,等腰三角形的面积最大;

(5) 如果两个三角形有相同的底边和周长,则另外两边长度之差较小的三角形有较大的面积;

(6) 在具有给定周长的所有三角形中,等边三角形的面积最大;

(7) 在具有给定面积的所有三角形中,等边三角形的周长最小;

(8) 在具有给定面积的所有四边形中,正方形的周长最小;

(9) 在内接于给定圆周的所有 n 边形中,正 n 边形的面积最大;

(10) 当边长给定的四边形能够内接于一个圆时,它的面积最大;

(11) 在锐角三角形 ABC 内作内接三角形 DEF(即三个顶点 D,E,F 分别在三条边 BC,CA,AB 边上),使 $\triangle DEF$ 具有最小周长的 D,E,F 分别是 BC,CA,AB 边上的垂足.

二、三角形中的基本不等式

以下我们设三角形的三个顶点为 A,B,C,相应的边长为 a,b,c,三个角为 α,β,γ,半周长为 s,面积为 S,内切圆半径为 r,外接圆半径为 R,外心为 O,内心为 I.

1. 只含三条边的不等式

(1) $3(bc+ca+ab) \leqslant (a+b+c)^2 < 4(bc+ca+ab)$,当且仅当三角形为正三角形时等号成立;

(2) $8(s-a)(s-b)(s-c) \leqslant abc$,当且仅当三角形为正三角形时等号成立;

(3) $48(s-a)(s-b)(s-c) \leqslant bc(b+c)+ca(c+a)+ab(a+b)$;

(4) $2s/(abc) \leqslant 1/a^2+1/b^2+1/c^2$,当且仅当三角形为正三角形时等号成立;

(5) $(a+b+c)^3 \leqslant 5[bc(b+c)+ca(c+a)+ab(a+b)]-3abc$;

(6) 设 P 为 $\triangle ABC$ 内一点,则 $PA+PB+PC \leqslant \max\{a+b,b+c,c+a\}$.

下面我们只给出(6)的证明:

作一个以 B,C 为焦点的过点 P 的椭圆,与 AB,AC 分别交于 E,F. 由于椭圆是凸的,P 既不在四边形 $BCEF$ 内,也不在 EF 上,因此 P 在 $\triangle AEF$ 内. 再以 A 为圆心作一个过点 P 的圆. E,F 不会全在 $\odot A$ 内部,否则由于圆是凸的($PA < \max\{EA,FA\}$),P 点也在 $\odot A$ 内部. 不妨设 E 不在 $\odot A$ 内部,那么

$$EA \geqslant PA, \quad EB+EC = PB+PC, \quad \text{所以} \quad EA+EB+EC \geqslant PA+PB+PC.$$

但

$$EA+EB+EC = EB+AC \leqslant \max\{AB,BC\}+AC$$
$$= \max\{AC+AB, BC+AC\},$$

所以 $\qquad PA+PB+PC \leqslant \max\{a+b, b+c, c+a\}.$

2. 只含三个角的不等式

(1) $0 < \sin\alpha + \sin\beta + \sin\gamma \leqslant 3^{3/2}/2$，当且仅当三角形为正三角形时等号成立；

(2) $2 < \sin\alpha + \sin\beta + \sin\gamma \leqslant 3^{3/2}/2$；

(3) $0 < \sin\alpha + \sin\beta + \sin\gamma \leqslant 1 + 2^{1/2}$；

(4) $0 < \sin^2\alpha + \sin^2\beta + \sin^2\gamma \leqslant 9/4$；

(5) $2 < \sin^2\alpha + \sin^2\beta + \sin^2\gamma \leqslant 9/4$；

(6) $0 < \sin^2\alpha + \sin^2\beta + \sin^2\gamma < 2$；

(7) $\sin 2\alpha + \sin 2\beta + \sin 2\gamma \leqslant \sin\alpha + \sin\beta + \sin\gamma$，当且仅当三角形为正三角形时等号成立；

(8) $3/4 \leqslant \cos^2\alpha \cos^2\beta \cos^2\gamma < 3$，当且仅当三角形为正三角形时等号成立；

(9) 对于锐角三角形，有 $3/4 \leqslant \cos^2\alpha \cos^2\beta \cos^2\gamma < 1$，当且仅当三角形为正三角形时等号成立；

(10) 对于钝角三角形，有 $1 < \cos^2\alpha \cos^2\beta \cos^2\gamma < 3$.

3. 关于角与边的不等式

(1) 若 $a < (b+c)/2$，则 $\alpha < (\beta+\gamma)/2$；

(2) $(c\alpha + a\beta + b\gamma + b\alpha + c\beta + a\gamma)/2 \leqslant a\alpha + b\beta + c\gamma$；

(3) $\pi/3 \leqslant (a\alpha + b\beta + c\gamma)/(a+b+c) < \pi/2$，当且仅当三角形为正三角形时等号成立；

(4) 若 $\alpha \leqslant \beta \leqslant \gamma$，则 $\pi/3 \leqslant (a\alpha + b\beta + c\gamma)/(a+b+c) \leqslant (\pi-\alpha)/2$.

4. 关于边与面积的不等式

(1) $4S \leqslant \min\{b^2+c^2, c^2+a^2, a^2+b^2\}$；

(2) $3^{3/2} S \leqslant s^2$，当且仅当三角形为正三角形时等号成立；

(3) (**外森比克**(Weitzenböck)**不等式**) $a^2+b^2+c^2 \geqslant 4\sqrt{3}S$，当且仅当三角形为正三角形时等号成立.

证明 由海伦公式 $S = \sqrt{s(s-a)(s-b)(s-c)}$ 及平均值不等式，有
$$(s-a)(s-b)(s-c) \leqslant \left[\frac{(s-a)+(s-b)+(s-c)}{3}\right]^3 = \left(\frac{s}{3}\right)^3,$$

所以
$$S \leqslant \sqrt{s\left(\frac{s}{3}\right)^3} = \frac{s^2}{3\sqrt{3}}.$$

因为 $(a+b+c)^2 = a^2+b^2+c^2 + 2(ab+bc+ca) \leqslant 3(a^2+b^2+c^2)$，故
$$S \leqslant \frac{s^2}{3\sqrt{3}} = \frac{(a+b+c)^2}{12\sqrt{3}} \leqslant \frac{a^2+b^2+c^2}{4\sqrt{3}}, \quad \text{即} \quad a^2+b^2+c^2 \geqslant 4\sqrt{3}S.$$

显然，当且仅当三角形为正三角形，即 $a=b=c$ 时等号成立.

注 此不等式也可利用正、余弦定理来证明.

(4) $16S^2 \leqslant a^2b^2 + b^2c^2 + c^2a^2$，当且仅当三角形为正三角形时等号成立.

(5) (**芬斯勒-哈德维格**(Finsler-Hadwiger)**不等式**) $a^2+b^2+c^2 \geqslant 4\sqrt{3}S+(a-b)^2+(b-c)^2+(c-a)^2$,当且仅当三角形为正三角形时等号成立.

证明 设 $x=s-a, y=s-b, z=s-c$,则

$$[a^2-(b-c)^2]+[b^2-(a-c)^2]+[c^2-(a-b)^2]$$
$$=4(s-b)(s-c)+4(s-a)(s-c)+4(s-a)(s-b)$$
$$=4(xy+xz+yz),$$
$$4\sqrt{3}S=4\sqrt{3s(s-a)(s-b)(s-c)}=4\sqrt{3(x+y+z)xyz}.$$

于是,需要证明 $xy+yz+xz \geqslant \sqrt{3(x+y+z)xyz}$.两边平方,化简,得到只需证

$$x^2y^2+y^2z^2+z^2x^2 \geqslant x^2yz+y^2xz+z^2xy. \quad ①$$

而 $\dfrac{1}{2}x^2(y^2+z^2) \geqslant x^2yz$,$\dfrac{1}{2}y^2(x^2+z^2) \geqslant y^2xz$,$\dfrac{1}{2}z^2(x^2+y^2) \geqslant z^2xy$,故①式成立,其中等号当 $x=y=z$,即 $a=b=c$ 时成立.所以原不等式成立,且当且仅当 $a=b=c$,即三角形为正三角形时等号成立.

5. 关于边与半径的不等式

(1) $2r \leqslant R$,当且仅当三角形为正三角形时等号成立;

(这个不等式可由 $OI^2=R(R-2r) \geqslant 0$ 推出)

(2) $6r(4R+r) \leqslant 2s^2 \leqslant 2(2R+r)^2+R^2$,当且仅当三角形为正三角形时等号成立;

(3) $r(16R-5r) \leqslant s^2 \leqslant 4Rr+3r^2+4R^2$,当且仅当三角形为正三角形时等号成立;

(4) $4r^2 \leqslant abc/(a+b+c)$,当且仅当三角形为正三角形时等号成立.

第三节 平面几何问题的证明

平面几何问题的证明方法多种多样,同时需要一定的证明技巧.证明的依据就是问题中的假设、已知的定义、定理和公理.一般来说证明前要做如下准备:

(1) 把整个问题仔细阅读一遍,弄清楚问题中所有名词的定义,从而完全了解题意;

(2) 找出问题中哪一部分是假设,哪一部分是结论,再根据假设条件作出草图,用字母标明各点的位置;

(3) 依照问题和标注的点写出假设和求证,把问题中的条件与结论尽可能地用等式和其他关系式表达,使问题更加清晰明确,易于使用数学符号语言推演.

一、平面几何问题的基本证明方法

1. 分析法

从结论出发,推测它成立的条件,再分别研究这些条件,探讨它们成立又需要什么条件,

这样逐步逆推,直到所需的条件与已知的事实符合为止的证明方法,即为**分析法**.

例 1 已知在 $\triangle ABC$ 中,$AB=AC$. 延长 AB 到 D,使 $BD=AB$,取 AB 的中点 E,连结 CD,CE(见图 7.9).求证:$CD=2CE$.

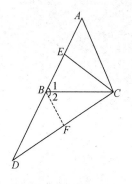

图 7.9

解析 (1) 要使 $CD=2CE$ 成立,需满足下列的两个条件之一:

(i) CD 的一半等于 CE;

(ii) CE 的 2 倍等于 CD.

(2) 若用(1)中的(i),要使 $\frac{1}{2}CD=CE$ 成立,需平分 CD 于 F,研究是否适合于下列两条件之一:

(i) $CF=CE$;

(ii) $DF=CE$.

(3) 若用(2)中的(i),要使 $CF=CE$ 成立,又需满足下列条件之一:

(i) CF 和 CE 是一对全等三角形的对应边;

(ii) CF 和 CE 各等于另一线段;

……

(4) 若用(3)中的(i),需连结 BF,使 $\triangle BCF \cong \triangle BCE$ 成立.这又需满足下列条件之一:

(i) $BF=BE,\angle 2=\angle 1,BC=BC$;

(ii) $\angle 2=\angle 1,BC=BC,\angle BCF=\angle BCE$;

……

(5) 观察(4)的(i),(ii)知道,只有(i)是同已知的条件符合的.由于 BF 是 $\triangle ADC$ 两边中点的连线,必等于 $\frac{1}{2}AC$. 由假设 $AC=AB,BE=\frac{1}{2}AB$,代入得 $BF=BE$. 又因 BF 必平行于 AC,故其间的内错角 $\angle 2$ 与 $\angle ACB$ 相等.$\triangle ABC$ 是等腰三角形,其中的底角 $\angle 1$ 与 $\angle ACB$ 相等,于是 $\angle 2=\angle 1$. 由于 $BC=BC$ 是恒成立的,故 $\triangle BCF \cong \triangle BCE$,因而 $CD=2CE$.

2. 综合法

从问题的假设和已知的定义、定理和公理出发,逐步推导到结论的证明方法,即为**综合法**.

例 2 应用综合法证明例 1.

证明 如图 7.9 所示,平分 CD 于 F,连结 BF. 因为 $AB=BD,CF=FD$,所以 $BF \underline{\underline{/\!/}} \frac{1}{2}AC$. 又因为 $\angle 1=\angle ACB=\angle 2,BF=\frac{1}{2}AC=\frac{1}{2}AB=BE,BC=BC$,所以

$$\triangle CBF \cong \triangle CBE, \quad 从而 \quad CF=CE.$$

因此 $CD=2CE$.

一般地,分析法和综合法统称为**直接证法**.

3. 归谬法

每一命题有四种变化,原命题同它的逆否命题必同时为真.根据这一个关系,在原命题无法证明或不易证明时,可以证明它的逆否命题.若逆否命题为真,那么原命题为真就无疑了.因为逆否命题的假设是原命题的结论的反面,逆否命题的结论是原命题的假设的反面,所以这一种证明方法实际上就是假定原命题结论的反面为真,去证明它同原命题的假设相背.这种证明方法叫做**归谬法**.

例 3 证明:一直线的垂线与非垂线一定相交.

已知:$CD \perp AB$,EF 不垂直 AB(见图 7.10).

求证:CD 和 EF 相交.

证明 假设 CD 和 EF 不相交,那么 $CD // EF$,于是 $\angle CDB = \angle EFB$.而 $\angle CDB = 90°$,所以 $\angle EFB = 90°$,即 $EF \perp AB$.这与假设矛盾,故 CD 和 EF 相交.

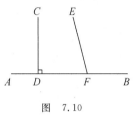

图 7.10

4. 穷举法

有的原定理的结论的反面不止一种情形,我们需要证各种相反情形都不成立,那么原定理的结论才不得不成立.这种归谬法特别地称为**穷举法**.

例 4 直角三角形斜边上的中线等于斜边的一半.

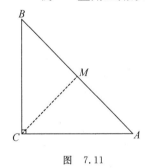

图 7.11

已知:在 $\triangle ABC$,$\angle ACB = 90°$,M 是 AB 的中点(见图 7.11).

求证:$CM = AM = \frac{1}{2}AB$.

证明 CM 与 AM 的大小关系有以下三种:
$$CM > AM, \quad CM < AM, \quad CM = AM$$

(1) 若 $CM > AM$,则 $CM > BM$.于是,在 $\triangle ACM$ 和 $\triangle BCM$ 中,有 $\angle MAC > \angle ACM$,$\angle MBC > \angle BCM$,相加得
$$\angle MAC + \angle MBC > \angle ACB,$$
即这与假设 $\angle ACB = 90°$ 矛盾.

(2) 若 $CM < AM$,则 $CM < BM$.仿(1)可推得 $\angle ACB > 90°$,也与假设矛盾.

可见结论反面的两种情形都不成立,所以结论成立,即
$$CM = AM = \frac{1}{2}AB.$$

5. 同一法

若原命题的假设和结论都是独一无二的,那么原命题和它的逆命题也能同时为真.在这情形之下,不证原命题而间接证它的逆命题,结果也是一样.因为逆命题是把原命题的假设与结论逆转而成的,所以利用这一种方法来证明"某形有某特性"时,可先另外作一有这特性

的图形,去证明所作的与题设的是同一图形.换句话说,如果原命题是"某形有某特性",而某形和某特性都是独一无二的,我们只需证它的逆命题"有某特性的是某形".这种证明方法叫做同一法.

例 5 已知在梯形 $ABCD$ 中,$AD \parallel BC$,$AD+BC=AB$,CD 的中点是 F(见图 7.12),求证 $\angle A$,$\angle B$ 的平分线都过 F.

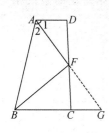

图 7.12

证明 若不作 $\angle A$,$\angle B$ 的平分线,另作两点间的连线 AF 和 BF,又延长 AF 和 BC 相交于 G(见图 7.11).

因为 $AD \parallel BG$,所以 $\angle 1 = \angle G$,$\angle D = \angle FCG$. 又 $DF = FC$,所以 $\triangle ADF \cong \triangle GCF$,从而
$$AD = CG, \quad BG = AB, \quad \angle 2 = \angle G.$$
而 $\angle 1 = \angle G$,所以 $\angle 1 = \angle 2$,即 AF 是 $\angle A$ 的平分线.

同理,BF 是 $\angle B$ 的平分线.所以 $\angle A$,$\angle B$ 的平分线都过 F.

上述的归谬法、穷举法和同一法,都不直接证原命题,而间接证它的逆否命题或逆命题,所以统称为**间接证法**或**反证法**.

二、添加辅助线

1. 辅助线的作用

辅助线的作用通常有以下六种:

(1) 把已知关系的图形与要证明关系的图形联系在一起,使它们之间产生联系;

(2) 作第三线或者第三角,使它们和要证明的两线或者两角产生联系;

(3) 造出问题中所有的和、差及倍关系,达到证明问题;

(4) 造出新的等量关系,辅助题设中的等量关系,达到要证明的等量关系;

(5) 造出新的图形,使得能应用特殊的定理;

(6) 改造图形,使得原来的问题变为较容易证明的问题.

2. 辅助线的种类

一般地,辅助线有以下十种:

(1) 延长已知直线到任意长,或者等于定长,或者与其他线相交;

(2) 连结两个已知点或者定点;

(3) 从已知点作已知线或者要证线的平行线;

(4) 从已知点作已知线或者要证线的垂线;

(5) 作角的平分线;

(6) 过一点作直线,使其与已知线所成的角为已知角;

(7) 从已知点作已知圆的切线;

(8) 问题中有两个圆相交时,可以作公共弦;

(9) 问题中有两个圆相切时,可以作公切线或者圆心连线;

(10) 问题中有四点可以共圆时,可以作出辅助圆.

三、问题证明实施的具体办法

1. 线段相等的证明

(1) 利用三角形全等证明线段相等;

(2) 利用引进中间变量证明线段相等;

(3) 利用等腰三角形的两腰证明线段相等;

(4) 利用平行四边形证明线段相等;

(5) 利用三角形中位线定理证明线段相等;

(6) 利用圆中的等量关系证明线段相等.

2. 两角相等的证明

(1) 利用相交线或者平行线证明两角相等;

(2) 利用三角形全等证明两角相等;

(3) 利用等腰三角形证明两角相等;

(4) 利用平行四边形证明两角相等;

(5) 利用相似三角形证明两角相等;

(6) 利用已知的等角转化证明两角相等.

3. 两线平行的证明

(1) 利用角的关系证明两线平行;

(2) 利用三角形的中位线关系证明两线平行;

(3) 利用平行四边形证明两线平行.

4. 两线垂直的证明

(1) 利用邻补角的关系证明两线垂直;

(2) 利用已知的直角或者余角证明两线垂直;

(3) 利用等腰三角形证明两线垂直.

鉴于能够使用上述方法的几何问题非常容易找到,也较易理解,我们这里没有具体举例说明.另外,在平面几何中常见的证明问题还有证明线段、角的和差倍分关系,证明点共线、线共点、点共圆以及圆共点,等等.

习 题 七

1. 证明:周长相同的矩形中以正方形的面积为最大,面积相同的矩形中以正方形的周长为最小.

2. 证明：由直线外一点向直线引斜线，斜线较长的射影也较长；反过来，射影较长的斜线也较长.

3. 证明：在 $\triangle ABC$ 中，如果 $AB \geqslant AC$，那么 $\angle ACB \geqslant \angle ABC$；反过来，如果 $\angle ACB \geqslant \angle ABC$，那么 $AB \geqslant AC$.

4. 证明：圆 I 的外切三角形中以等边三角形的周长与面积为最小.

5. 在 $\triangle ABC$ 和 $\triangle A'B'C'$ 中，已知 $AB=A'B'$，$AC=A'C'$，证明：如果 $\angle A \geqslant \angle A'$，那么 $BC \geqslant B'C'$；反过来，如果 $BC \geqslant B'C'$，那么 $\angle A \geqslant \angle A'$.

6. 证明：$8abc \leqslant (a+b)(b+c)(c+a)$，当且仅当三角形为正三角形时等号成立.

7. 证明：$\sin\alpha \sin\beta \sin\gamma \leqslant 3^{3/2}/8$，当且仅当三角形为正三角形时等号成立.

8. 证明：$\cos\alpha \cos\beta \cos\gamma \leqslant 1/8$，当且仅当三角形为正三角形时等号成立.

9. 证明：若 $\alpha \leqslant \beta \leqslant \gamma$，则
$$\pi/3 \leqslant (a\alpha + b\beta + c\gamma)/(a+b+c) \leqslant \pi(1 - \tan\alpha/2 \tan\beta/2)/2.$$

10. 证明：$S \leqslant \dfrac{\sqrt{3}}{4} \cdot \left(\dfrac{2s}{3}\right)^2$，当且仅当三角形为正三角形时等号成立.

11. 证明：$4S3^{1/2} \leqslant bc + ca + ab$.

12. 证明：$16S^2 \leqslant a^4 + b^4 + c^4$，当且仅当三角形为正三角形时等号成立.

13. (厄多斯-莫德尔(Erdös-Mordell)不等式) 设 P 为 $\triangle ABC$ 内部或边上一点，P 到三边距离分别为 PD，PE，PF，证明：$PA + PB + PC \geqslant 2(PD + PE + PF)$.

14. 证明：等腰三角形底边上任一点到两腰的距离之和为常量.

15. 已知 $\triangle ABC$ 中，$AB = AC$，$FD \perp BC$ 于 D，分别交 AB 和 CA 于 E，F（见图 7.13），求证：$AE = AF$.

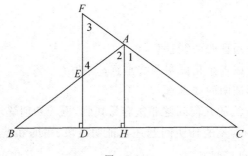

图 7.13

16. 在 $\triangle ABC$ 外分别以 AB，AC 为边作正方形 $ABDE$ 和正方形 $ACFG$，经过 A 的直线垂直 BC 于 H，交 EG 于 M，求证：$EM = MG$.

17. 证明：如果四边形中连结一组对边中点的线段等于另一组对边的和的一半，那么另

一组对边必平行.

18. 证明：平行于同一条直线的两条直线必平行.

19. 证明：如果三角形的两个角的平分线相等，那么这两个角所对的两条边相等.

20. 证明：如果三角形一边的平方等于另两边的平方和，那么这边所对的角是直角（勾股定理的逆定理）.

21. 已知 $\odot O$ 内 M 是弦 AB 的中点，直线 MO 交 $\odot O$ 于 E，交 AC 于 D，交 BC 延长线于 P（见图 7.14），求证：$PD \cdot PO = PC \cdot PB$.

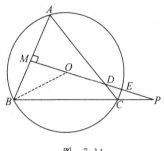

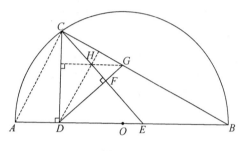

图 7.14　　　　　　　　　　　　图 7.15

22. 已知 AB 是半圆的直径，C 是半圆上任一点，$CD \perp AB$ 于 D，E 是 DB 上任一点，$DF \perp CE$ 于 F，交 CB 于 G（见图 7.15），求证：$CG \cdot DE = AD \cdot GB$.

23. 用归谬法证明：圆内不是直径的两弦，不能互相平分.

24. 用同一法证明：以正方形 $ABCD$ 的一边 CD 为底向正方形内作等腰 $\triangle ECD$，使其两底角为 $15°$，则 $\triangle ABE$ 是等边三角形.

本章参考文献

[1] Bottema O. 几何不等式. 单墫，译. 胡大同，校. 北京：北京大学出版社，1991.

[2] 卡扎里诺夫 N D. 几何不等式. 刘西垣，译. 北京：北京大学出版社，1986.

[3] 许莼舫. 初等几何四种. 北京：中国青年出版社，1978.

[4] 张奠宙，沈文选. 中学几何研究. 北京：高等教育出版社，2006.

[5] 邱祝三. 初等几何研究. 哈尔滨：黑龙江教育出版社，1987.

第八章 立体几何

> 立体几何亦称立体几何学，又称空间几何学，即初等几何的空间部分．立体几何是建立在欧几里得公理体系基础上的三维空间几何学，故又称为三维欧几里得几何，简称三维欧氏几何．立体几何是研究空间图形大小、形状和相互位置关系等几何性质的科学．研究立体几何的一条最基本经验就是充分利用平面几何的成果．平面几何的概念、定理、解题方法、常见题型、对图形的直觉等，都可以移入立体几何，经过丰富、发展和变化，发挥出更大的威力，解决更多、更复杂的问题．本章我们将系统地讨论直线、平面的平行、垂直关系的对偶性，空间向量的数量积和向量积在立体几何中的应用，以及求解几何问题的常用思想方法．希望读者通过本章学习后能够站在一定高度去讨论立体几何．

第一节 直线与平面的平行、垂直关系的对偶性

在平面几何中，点和线称为**对偶元素**．过一点画一条直线和在一条直线上标出一个点叫做**对偶运算**．两个图形称为**对偶的**，如果一个可以从另一个把其中的元素和运算替换为对偶的元素和运算而得到．两个命题称为对偶的，如果一个命题中的所有元素和运算替换为对偶的元素和运算就成为另一个命题．如果两个对偶的命题中一个命题真，则另一个必然真．关于上述这一事实，是彭赛列在建立射影几何学理论时首先发现的．事实上，射影几何中所有的命题都是成对出现的．于是我们在射影几何内有如下对偶原理：射影几何中的任一个真的命题的对偶，同样是射影几何中的一个真的命题．是什么保证了这个对偶原理的正确性呢？这要追溯到几何基础的公理系统．在希尔伯特几何公理系统中的点、线、面、位于、通过等名词都是一些抽象的元素和关系，可以允许给予不同的具体解释，其演绎系统的性质，完全由公理系统中成立的关系给出．我们可以把射影几何也建立在这样的抽象元素和关系的公理系统上．我们给出的点、

线和关联,以及对偶公理:"每两个不同的点关联着唯一的一条直线"和"每两条不同的直线关联着唯一的一点",等等. 这样一来,任何一个命题,如果在它的叙述和证明中,只包含与对偶公理有关的元素,那么其中一定准许对偶化. 原命题的证明在于某些公理的连续应用,而按同样顺序应用其对偶公理,就得到了关于对偶命题的证明. 正由于公理的对偶性,才保证了对偶原理的正确性.

对偶是一种广义对称. 对称是数学美的重要特征之一. 因此,从方法论的角度来讲,对偶原理便是数学的美学方法的一个具体体现,而且这一美学方法又与真理紧密联系在一起,它的作用也就显得更加重要了.

一、对偶原则

如果我们把两条重合直线看成平行直线的特殊情况,把两个重合平面看成平行平面的特殊情况,把直线在平面内看成直线与平面平行的特殊情况,那么,在立体几何中,有关直线、平面的平行与垂直的命题存在下列规律:

对偶原则 把命题中某一直线(平面)换以平面(直线),同时把与这一直线(平面)有关的平行(垂直)关系换以垂直(平行)关系,所得命题与原命题同真伪.

需要注意的是,立体几何中的对偶原则似乎类似于射影几何中的对偶原理,但是两者在本质上是不同的.

例 1 用对偶原则改写以下命题 1,并判断真假:

命题 1 通过空间一点能作且仅能作一条直线 b 与已知直线 a 平行.

利用对偶原则,把直线 b 改成平面 β,平行改成垂直,得到:

命题 2 通过空间一点能作且仅能作一个平面 β 与已知直线 a 垂直.

易知命题 1 与命题 2 同真,我们称命题 1,2 互为**对偶命题**.

如果同时调换一个命题中的两个元素及相应的关系,称所得的命题与原命题关于这两个元素的互为**双对偶命题**. 例如,命题 1 与下面的命题 3 组成双对偶命题. 类似地,可以定义三对偶、四对偶命题等.

命题 3 通过空间一点能作且只能作一个平面 β 与已知平面 α 平行.

命题 3 由命题 2 中的直线 a 换成平面 α,垂直换成平行得到,故命题 3 与命题 2 同真. 命题 2 称为命题 3 关于平面 α 的对偶命题;命题 3 称为命题 2 关于直线 a 的对偶命题.

类似地,我们可以考虑命题 3 关于平面 β 的如下对偶命题:

命题 4 通过空间一点能作且只能作一条直线 b 与已知平面 α 垂直.

由于命题 3 与命题 4 互为对偶命题,可以判断,命题 4 与命题 3 同真.

例 2 下列六个命题是同真的:

命题 5 直线 a 和直线 b 不平行 $\Rightarrow$ 不存在直线 c,使得 $c // a$,$c // b$.

命题 6 平面 α 和直线 b 不垂直 $\Rightarrow$ 不存在直线 c,使得 $c \perp \alpha$,$c // b$.

命题 7　平面 α 和平面 β 不平行 $\Longrightarrow$ 不存在直线 c，使得 $c\perp\alpha, c\perp\beta$.

命题 8　平面 α 和平面 β 不平行 $\Longrightarrow$ 不存在平面 γ，使得 $\gamma/\!/\alpha, \gamma/\!/\beta$.

命题 9　直线 a 和平面 β 不垂直 $\Longrightarrow$ 不存在平面 γ，使得 $\gamma\perp a, \gamma/\!/\beta$.

命题 10　直线 a 和直线 b 不平行 $\Longrightarrow$ 不存在平面 γ，使得 $\gamma\perp a, \gamma\perp b$.

从命题 6 到命题 10，每后一个命题都与前一个命题关于某一元素（直线或平面）互为对偶命题，这些命题同真.

下面的例题涉及直线在平面上的一种结合关系，我们约定"直线在平面上"也可以说成"平面在直线上"．一个命题换成其对偶命题时，若是平面换成直线，则"在平面上的直线"必须相应地换成"在直线上的平面"；反之亦然.

例 3　下列四个命题同真：

命题 11　若直线 a 平行于平面 β 上的一条直线 b，则 $a/\!/\beta$.

命题 12　若直线 a 垂直于直线 b 上的一个平面 β，则 $a\perp b$.

命题 13　若平面 α 平行于直线 b 上的一个平面 β，则 $\alpha/\!/b$.

命题 14　若平面 α 垂直于平面 β 上的一条直线 b，则 $\alpha\perp\beta$.

从命题 11 到命题 14，每后一个命题都与前一个命题关于某一元素（直线或平面）互为对偶命题．所不同的是，在这组对偶命题中，在把某一直线换成平面时，若存在结合关系，必须把与这一直线结合在一起的平面同时换成与平面结合在一起的直线．把平面换成直线时同理.

例 4　下列四个命题同真：

命题 15　若一个平面 M 平行于两条相交直线 p, q，则平行于这两条直线上的平面 L.

命题 16　若一个平面 M 垂直于两个相交平面 P, Q，则垂直于这两个平面上的直线（即交线）l.

命题 17　若一条直线平行于两个相交平面 P, Q，则平行于这两个平面上的直线（即交线）l.

命题 18　若一条直线 m 垂直于两条相交直线 p, q，则垂直于在这两条直线上的平面 L.

命题 16 与命题 15 关于直线 p, q 互为双对偶命题，命题 17 与命题 16 关于平面 M 互为对偶命题，命题 18 与命题 17 关于平面 P, Q 互为双对偶命题，命题 15 与命题 18 关于直线 m 互为对偶命题.

命题 19　若两条直线都和第三条直线平行，则互相平行.

命题 20　若两个平面都和第三个平面平行，则互相平行.

命题 19 与命题 20 互为三对偶命题.

一命题依次轮换各元素，在穷尽所有可能性后，必然会回到原命题．我们说这样一组对偶命题组成一个**对偶链**．前面的 4 道例题都各自组成对偶链，对偶链中的一个命题成立，则其余命题成立，对偶链中的一个命题不成立，则其余命题都不成立.

二、对偶原则的理论解释及其启示

我们用非零向量 $\boldsymbol{a}=(a_1,a_2,a_3)$,$\boldsymbol{b}=(b_1,b_2,b_3)$ 来表示三维空间中不同的直线的方向向量或平面的法向量. 对于等式

$$(a_1,a_2,a_3)=k(b_1,b_2,b_3) \quad (k\neq 0), \qquad ①$$

当 (a_1,a_2,a_3),(b_1,b_2,b_3) 都是直线的方向向量或都是平面的法向量时,它是两直线或两平面平行(包括重合意义下的平行)的充分必要条件;当 (a_1,a_2,a_3),(b_1,b_2,b_3) 之一为直线的方向向量,另一为平面的法向量时,它是直线与平面垂直的充分必要条件.

对于等式

$$(a_1,a_2,a_3)\cdot(b_1,b_2,b_3)=0, \qquad ②$$

当 (a_1,a_2,a_3),(b_1,b_2,b_3) 都是直线的方向向量或都是平面的法向量时,它是两直线或两平面垂直的充分必要条件;当 (a_1,a_2,a_3),(b_1,b_2,b_3) 之一为直线的方向向量,另一为平面的法向量时,它是直线与平面平行的充分必要条件.

这样,在等式①或②中,对于其中任意的向量给出不同的几何解释,相应的便得出不同的几何命题. 当等式①或②为真(伪)时,由不同的几何解释所得不同几何命题也就同真(伪). 另外,由一个有关平行或垂直的几何命题为真也可以相应地列出等式①或②,从而由不同的几何解释所引出的其他几何命题也就为真.

在涉及结合关系的情况下,我们注意到直线(平面)的方向向量(法向量)(a_1,a_2,a_3),(b_1,b_2,b_3) 所相应的几何形式分别为 A 与 B 时,两直线(平面)A,B 重合的条件是 $(a_1,a_2,a_3)=k(b_1,b_2,b_3)$,$A\cap B\neq\varnothing$;两直线(平面)相交的条件是 $(a_1,a_2,a_3)\neq k(b_1,b_2,b_3)$,$A\cap B\neq\varnothing$;直线和平面平行的条件是 $(a_1,a_2,a_3)\cdot(b_1,b_2,b_3)=0$,$A\cap B=\varnothing$. 因此,对于涉及等式①,②的任一模型,对其中的向量,同时变换其几何解释,得出一些依次对偶的几何命题,它们有相同的真伪性.

上述理论解释,使我们真正理解到了立体几何中的这个对偶原则与射影几何中的对偶原理本质不同. 理论解释启示我们,在立体几何中,应该适当加强利用向量解决立体几何问题的训练. 这也是高中教材为什么把立体几何与空间解析几何融为一体的缘故.

第二节 空间向量的数量积与向量积及其在几何中的应用

向量知识在处理立体几何问题中的重要作用主要是通过向量的各种运算来实现的. 这一节,我们重点来看一看向量的数量积与向量积在处理立体几何问题中的一些应用.

一、空间向量的数量积(内积)及其应用

设向量 $\boldsymbol{a}=a_1\boldsymbol{i}+a_2\boldsymbol{j}+a_3\boldsymbol{k}$,$\boldsymbol{b}=b_1\boldsymbol{i}+b_2\boldsymbol{j}+b_3\boldsymbol{k}$,其**数量积**(或**内积**)为一实数:

$$a \cdot b = a_1b_1 + a_2b_2 + a_3b_3.$$

容易证明 $a \cdot b = |a||b|\cos\langle a,b\rangle$. 空间向量的数量积与两向量所成的角紧密联系在一起,因此,在讨论空间直线与直线、直线与平面、平面与平面的位置关系时,常常可以运用向量的数量积运算来处理. 在讨论空间两直线共面或异面时,因均可以归结为共面的情形处理,故也可以运用向量的数量积运算来处理. 经过这样的处理,可以把几何论证代数化. 立体几何中的一些垂直问题,运用向量的空间结构特点及数量积来处理也非常方便.

例1 线面垂直的判定定理的向量证法.

直线和平面垂直的判定定理 如果一条直线和一个平面内的两条相交直线都垂直,那么这条直线和这个平面垂直.

已知:$m \subset \alpha, n \subset \alpha, m \cap n = B, l \perp m, l \perp n$(见图 8.1).

求证:$l \perp \alpha$.

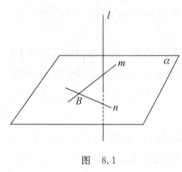

图 8.1

证明 设 g 是平面 α 内任意一条直线,又设直线 l,m,n,g 上分别有非零向量 l,m,n,g,由于 m,n 是两条不共线向量,则由平面向量基本定理知
$$g = \lambda_1 m + \lambda_2 n.$$
由 $l \perp m, l \perp n$ 得到 $l \cdot m = 0, l \cdot n = 0$,所以
$$l \cdot g = l \cdot (\lambda_1 m + \lambda_2 n) = l \cdot (\lambda_1 m) + l \cdot (\lambda_2 n)$$
$$= \lambda_1(l \cdot m) + \lambda_2(l \cdot n) = 0,$$
从而 $l \perp g$,即直线 l 垂直直线 g. 而 g 是平面 α 内任意一条直线,由直线与平面垂直的定义知 $l \perp \alpha$.

例2 已知四棱锥 $P\text{-}ABCD$ 的底面为等腰梯形,$AB /\!/ CD, AC \perp BD$,垂足为 H,PH 是四棱锥的高,E 为 AD 的中点,证明:$PE \perp BC$.

证明 如图 8.2 所示,以 H 为原点,HA,HB,HP 所在直线分别为 x,y,z 轴,线段 HA 的长为单位长,建立空间直角坐标系,则有 $A(1,0,0)$,$B(0,1,0)$. 设 $C(m,0,0), P(0,0,n)$ $(m<0, n>0)$,则有 $E\left(\frac{1}{2}, \frac{m}{2}, 0\right)$,从而可得 $\overrightarrow{PE} = \left(\frac{1}{2}, \frac{m}{2}, -n\right), \overrightarrow{BC} = (m,-1,0)$.

因为
$$\overrightarrow{PE} \cdot \overrightarrow{BC} = \frac{m}{2} - \frac{m}{2} + 0 = 0, \quad 所以 \quad PE \perp BC.$$

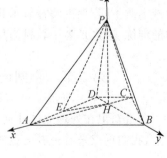

图 8.2

例3 已知正四棱柱 $ABCD\text{-}A_1B_1C_1D_1$ 中,$AA_1 = 2AB = 4$,点 E 在 CC_1 上,且 $C_1E = 3EC$,证明:$A_1C \perp$ 平面 BED.

证明 以 D 为坐标原点,建立空间直角坐标系如图 8.3

所示,可得 $B(2,2,0), C(0,2,0), E(0,2,1), A_1(2,0,4)$,于是
$$\overrightarrow{DE}=(0,2,1), \quad \overrightarrow{DB}=(2,2,0),$$
$$\overrightarrow{A_1C}=(-2,2,-4), \quad \overrightarrow{DA_1}=(2,0,4).$$
因为 $\overrightarrow{A_1C}\cdot\overrightarrow{DB}=0, \overrightarrow{A_1C}\cdot\overrightarrow{DE}=0$,故 $A_1C\perp BD, A_1C\perp DE$. 又 $DB\cap DE=D$, 且 $DB\subset$ 面 DBE, 所以 $A_1C\perp$ 平面 DBE.

例 4 已知在正三棱柱 ABC-$A_1B_1C_1$ 中,$AB=\sqrt{2}AA_1$, D 是 A_1B_1 的中点,求直线 AD 和平面 ABC_1 所成角的正弦值.

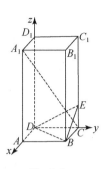

图 8.3

解 设 O 是 AC 的中点,以 O 为原点,以 OB, OC 所在直线分别为 x, y 轴建立空间直角坐标系如图 8.4 所示. 不妨设 $AA_1=\sqrt{2}$, 则 $AB=2$, 相关各点的坐标分别是 $A(0,-1,0), B(\sqrt{3},0,0), C_1(0,1,\sqrt{2}), D\left(\dfrac{\sqrt{3}}{2},-\dfrac{1}{2},\sqrt{2}\right)$.
于是易知
$$\overrightarrow{AB}=(\sqrt{3},1,0), \quad \overrightarrow{AC_1}=(0,2,\sqrt{2}), \quad \overrightarrow{AD}=\left(\dfrac{\sqrt{3}}{2},\dfrac{1}{2},\sqrt{2}\right).$$
设平面 ABC_1 的法向量为 $\boldsymbol{n}=(x,y,z)$, 则有
$$\begin{cases} \boldsymbol{n}\cdot\overrightarrow{AB}=\sqrt{3}x+y=0, \\ \boldsymbol{n}\cdot\overrightarrow{AC_1}=2y+\sqrt{2}z=0, \end{cases}$$

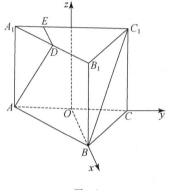

图 8.4

解得 $x=-\dfrac{\sqrt{3}}{3}y, z=-\sqrt{2}y$. 故可取 $\boldsymbol{n}=(1,-\sqrt{3},\sqrt{6})$. 所以
$$\cos\langle\boldsymbol{n},\overrightarrow{AD}\rangle=\dfrac{\boldsymbol{n}\cdot\overrightarrow{AD}}{|\boldsymbol{n}||\overrightarrow{AD}|}=\dfrac{2\sqrt{3}}{\sqrt{10}\cdot\sqrt{3}}=\dfrac{\sqrt{10}}{5}.$$

由此即知,直线 AD 和平面 ABC_1 所成角的正弦值为 $\dfrac{\sqrt{10}}{5}$.

例 5 已知在四棱锥 O-$ABCD$ 中,底面 $ABCD$ 是边长为 1 的菱形,$\angle ABC=\pi/4$, $OA\perp$ 底面 $ABCD$, $OA=2$, M 为 OA 的中点,N 为 BC 的中点,证明:直线 MN // 平面 OCD.

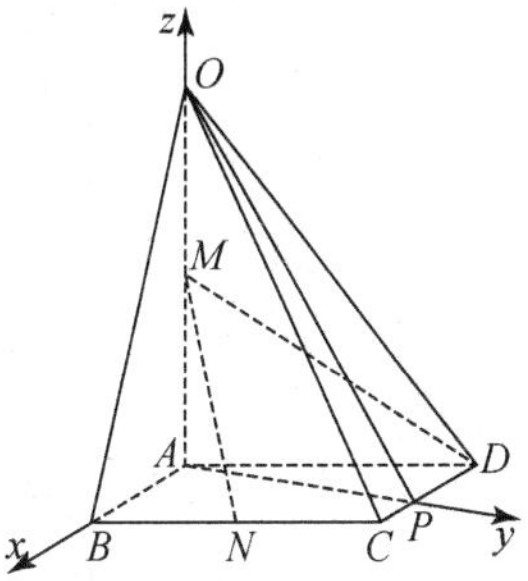

证明 如图 8.5 所示,作 $AP\perp CD$ 于点 P, 以 A 为原点,分别以 AB, AP, AO 所在直线为 x, y, z 轴建立空间直角坐标系,则有 $A(0,0,0), B(1,0,0), P\left(0,\dfrac{\sqrt{2}}{2},0\right), D\left(-\dfrac{\sqrt{2}}{2},\dfrac{\sqrt{2}}{2},0\right), O(0,0,2),$ $M(0,0,1), N\left(1-\dfrac{\sqrt{2}}{4},\dfrac{\sqrt{2}}{4},0\right)$. 于是

图 8.5

$$\overrightarrow{MN} = \left(1-\frac{\sqrt{2}}{4}, \frac{\sqrt{2}}{4}, -1\right), \quad \overrightarrow{OP} = \left(0, \frac{\sqrt{2}}{2}, -2\right), \quad \overrightarrow{OD} = \left(-\frac{\sqrt{2}}{2}, \frac{\sqrt{2}}{2}, -2\right).$$

设平面 OCD 的法向量为 $\boldsymbol{n}=(x,y,z)$,则 $\boldsymbol{n} \cdot \overrightarrow{OP}=0, \boldsymbol{n} \cdot \overrightarrow{OD}=0$,即

$$\begin{cases} \dfrac{\sqrt{2}}{2}y - 2z = 0, \\ -\dfrac{\sqrt{2}}{2}x + \dfrac{\sqrt{2}}{2}y - 2z = 0. \end{cases}$$

取 $z=\sqrt{2}$,得 $\boldsymbol{n}=(0,4,\sqrt{2})$. 因为

$$\overrightarrow{MN} \cdot \boldsymbol{n} = \left(1-\frac{\sqrt{2}}{4}, \frac{\sqrt{2}}{4}, -1\right) \cdot (0,4,\sqrt{2}) = 0,$$

所以 $MN \parallel$ 平面 OCD.

例 6 设三棱锥被平行于底面 ABC 的平面所截得的几何体如图 8.6 所示,截面为 $A_1B_1C_1$. 已知 D 为 BC 上的点,$\angle BAC=90°$,$A_1A \perp$ 平面 ABC,$A_1A=\sqrt{3}$,$AB=\sqrt{2}$,$AC=2$,$A_1C_1=1$,$\dfrac{BD}{DC}=\dfrac{1}{2}$,证明:

平面 $A_1AD \perp$ 平面 BCC_1B_1.

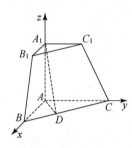

图 8.6

证明 以 A 为原点建立空间直角坐标系如图 8.6 所示,则有 $A(0,0,0),B(\sqrt{2},0,0),C(0,2,0),A_1(0,0,\sqrt{3}),C_1(0,1,\sqrt{3})$.

因为 $\dfrac{BD}{DC}=\dfrac{1}{2}$,所以 $\overrightarrow{BD}=\dfrac{1}{3}\overrightarrow{BC}$,因此 D 点坐标为 $\left(\dfrac{2\sqrt{2}}{3}, \dfrac{2}{3}, 0\right)$. 于是有

$$\overrightarrow{AD} = \left(\frac{2\sqrt{2}}{3}, \frac{2}{3}, 0\right), \quad \overrightarrow{BC} = (-\sqrt{2}, 2, 0), \quad \overrightarrow{AA_1} = (0,0,\sqrt{3}).$$

因为 $\overrightarrow{BC} \cdot \overrightarrow{AA_1}=0, \overrightarrow{BC} \cdot \overrightarrow{AD}=0$,所以 $BC \perp AA_1, BC \perp AD$. 又 $A_1A \cap AD=A$,所以 $BC \perp$ 平面 A_1AD. 又 $BC \subset$ 平面 BCC_1B_1,从而平面 $A_1AD \perp$ 平面 BCC_1B_1.

在处理有关问题时,我们还常常会用到空间向量的下列有趣结论及数量积性质:

设 $\overrightarrow{OA}, \overrightarrow{OB}, \overrightarrow{OC}$ 是空间中的三个共点不共面的向量,如图 8.7 所示,则

(1) $\overrightarrow{OA}+\overrightarrow{BC}=\overrightarrow{OC}+\overrightarrow{BA}$, $\overrightarrow{OB}+\overrightarrow{CA}=\overrightarrow{OA}+\overrightarrow{CB}$, $\overrightarrow{OC}+\overrightarrow{AB}=\overrightarrow{OB}+\overrightarrow{AC}$;

(2) $\overrightarrow{OA} \cdot \overrightarrow{BC}+\overrightarrow{OB} \cdot \overrightarrow{CA}+\overrightarrow{OC} \cdot \overrightarrow{AB}=0$.

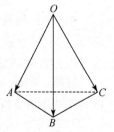

图 8.7

例 7(四面体对棱夹角公式) 证明:在四面体 $A\text{-}BCD$ 中,设棱 AD 和 BC 所成的角为 α,则

$$\cos\alpha = \left|\frac{(AB^2+CD^2)-(AC^2+BD^2)}{2AD \cdot BC}\right|.$$

①

证明 如图 8.8 所示,由空间向量性质知
$$\overrightarrow{AD} \cdot \overrightarrow{BC} + \overrightarrow{AB} \cdot \overrightarrow{CD} + \overrightarrow{AC} \cdot \overrightarrow{DB} = 0, \quad \text{所以} \quad \overrightarrow{AD} \cdot \overrightarrow{BC} = \overrightarrow{AB} \cdot \overrightarrow{DC} - \overrightarrow{AC} \cdot \overrightarrow{DB}.$$
因为
$$\cos\langle \overrightarrow{AD}, \overrightarrow{BC} \rangle = \frac{\overrightarrow{AB} \cdot \overrightarrow{DC} - \overrightarrow{AC} \cdot \overrightarrow{DB}}{|\overrightarrow{AD}||\overrightarrow{BC}|}$$
$$= \frac{\left[\dfrac{(\overrightarrow{AB} + \overrightarrow{DC})^2 - \overrightarrow{AB}^2 - \overrightarrow{DC}^2}{2} - \dfrac{(\overrightarrow{AC} + \overrightarrow{DB})^2 - \overrightarrow{AC}^2 - \overrightarrow{DB}^2}{2}\right]}{|\overrightarrow{AD}||\overrightarrow{BC}|},$$
又注意到空间向量性质 $\overrightarrow{AB} + \overrightarrow{DC} = \overrightarrow{AC} + \overrightarrow{DB}$,所以
$$\cos\langle \overrightarrow{AD}, \overrightarrow{BC} \rangle = \frac{\overrightarrow{AC}^2 + \overrightarrow{DB}^2 - \overrightarrow{AB}^2 - \overrightarrow{DC}^2}{2|\overrightarrow{AD}||\overrightarrow{BC}|},$$

于是①式得证.

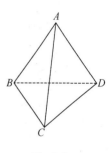

图 8.8

我们看到,以向量作为工具,可以给立体几何中的证明问题带来很大方便;同样,以向量数量积为工具,解决立体几何中求空间角、距离的问题,可以减少辅助线的添加,还可以避开一些较复杂的空间图形,降低了解题难度,且思路明确,易于下手,过程程序化,易于接受.

二、空间向量的向量积(外积)及其应用

空间两个非零向量 $\boldsymbol{a}, \boldsymbol{b}$ 的**向量积**(或**外积**)是一个向量 $\boldsymbol{c}$,其方向与向量 $\boldsymbol{a}, \boldsymbol{b}$ 都垂直,且与两向量 $\boldsymbol{a}, \boldsymbol{b}$ 构成右手系,其模 $|\boldsymbol{a} \times \boldsymbol{b}| = |\boldsymbol{a}||\boldsymbol{b}|\sin\langle \boldsymbol{a}, \boldsymbol{b} \rangle$.由于两向量的向量积与两向量的模构成的平行四边形面积紧密联系在一起,从而运用向量积可以处理立体几何的有关面积问题.同时,还可以得到以下结论:

(1) 若 $\boldsymbol{a}$ 与 $\boldsymbol{b}$ 共线(平行),则 $\boldsymbol{a} \times \boldsymbol{b} = \boldsymbol{0}$;

(2) 两向量的向量积与数量积有关系式:$(\boldsymbol{a} \times \boldsymbol{b})^2 + (\boldsymbol{a} \cdot \boldsymbol{b})^2 = |\boldsymbol{a}|^2|\boldsymbol{b}|^2$;

(3) 在 $\triangle ABC$ 中,必有向量等式 $\overrightarrow{AB} \times \overrightarrow{BC} = \overrightarrow{BC} \times \overrightarrow{CA} = \overrightarrow{CA} \times \overrightarrow{AB}$ 成立.

如果将空间三个向量 $\boldsymbol{a}, \boldsymbol{b}, \boldsymbol{c}$ 中的向量 $\boldsymbol{a}$ 与向量积 $\boldsymbol{b} \times \boldsymbol{c}$ 作数量积,可以得到向量的**混合积** $\boldsymbol{a} \cdot (\boldsymbol{b} \times \boldsymbol{c})$.若设 $\boldsymbol{a} = (x_1, y_1, z_1), \boldsymbol{b} = (x_2, y_2, z_2), \boldsymbol{c} = (x_3, y_3, z_3)$,则有

$$\boldsymbol{a} \cdot (\boldsymbol{b} \times \boldsymbol{c}) = \begin{vmatrix} x_1 & y_1 & z_1 \\ x_2 & y_2 & z_2 \\ x_3 & y_3 & z_3 \end{vmatrix}.$$

混合积的绝对值等于以 $\boldsymbol{a}, \boldsymbol{b}, \boldsymbol{c}$ 为公共顶点的棱的平行六面体的体积.从混合积的几何意义出发,可以得到求两条异面直线距离的公式.设 d 为两条异面直线 BC, B_1D_1 的距离,则

$$d = \frac{|\overrightarrow{BB_1} \cdot (\overrightarrow{BC} \times \overrightarrow{B_1D_1})|}{|\overrightarrow{BC} \times \overrightarrow{B_1D_1}|}.$$

利用空间向量的向量积,建立空间直线的方程也是方便的.

设直线 l 的方向向量为 $\boldsymbol{b}$，又已知 l 上一个定点 M_0，再设直线 l 上任意一点为 M，由 $\overrightarrow{MM_0} \parallel \boldsymbol{b}$，则
$$\overrightarrow{MM_0} \times \boldsymbol{b} = \boldsymbol{0}.$$
或利用 $\overrightarrow{M_0M} = t\boldsymbol{b}(-\infty < t < +\infty)$，而 $\overrightarrow{M_0M} = \overrightarrow{OM} - \overrightarrow{OM_0} \xlongequal{\text{记为}} \boldsymbol{r} - \boldsymbol{a}$，则 $\boldsymbol{r} = \boldsymbol{a} + t\boldsymbol{b}$（称为直线的点向式方程）.

若给定不同的两点 $C, D \in l$，且 $\overrightarrow{OC} = \boldsymbol{c}, \overrightarrow{OD} = \boldsymbol{d}$，则 $\boldsymbol{b} = \boldsymbol{c} - \boldsymbol{d}$，且 $\boldsymbol{r} = \boldsymbol{c} + t(\boldsymbol{c} - \boldsymbol{d})$（称为直线的两点式方程）.

例 8 已知四棱锥 P-$ABCD$ 的底面 $ABCD$ 是一个菱形，又 $\angle PAB = \angle PAD$，求证：平面 $PAC \perp$ 底面 $ABCD$（见图 8.9）.

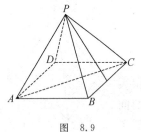

图 8.9

证明 显然 $\overrightarrow{AC} \times \overrightarrow{AP}$ 是平面 PAC 的法向量，$\overrightarrow{AB} \times \overrightarrow{AD}$ 是底面 $ABCD$ 的法向量. 下面计算数量积 $(\overrightarrow{AB} \times \overrightarrow{AD}) \cdot (\overrightarrow{AC} \times \overrightarrow{AP})$，并把此积看成三个向量 $\overrightarrow{AB} \times \overrightarrow{AD}, \overrightarrow{AC}, \overrightarrow{AP}$ 的混合积，即
$$(\overrightarrow{AB} \times \overrightarrow{AD}) \cdot (\overrightarrow{AC} \times \overrightarrow{AP}) = [(\overrightarrow{AB} \times \overrightarrow{AD}) \times \overrightarrow{AC}] \cdot \overrightarrow{AP}$$
$$= [(\overrightarrow{AB} \cdot \overrightarrow{AC})\overrightarrow{AD} - (\overrightarrow{AD} \cdot \overrightarrow{AC})\overrightarrow{AB}] \cdot \overrightarrow{AP}$$
$$= (\overrightarrow{AB} \cdot \overrightarrow{AC})(\overrightarrow{AD} \cdot \overrightarrow{AP}) - (\overrightarrow{AD} \cdot \overrightarrow{AC})(\overrightarrow{AB} \cdot \overrightarrow{AP}).$$

因为
$$\overrightarrow{AB} \cdot \overrightarrow{AC} = |\overrightarrow{AB}||\overrightarrow{AC}|\cos\langle\overrightarrow{AB}, \overrightarrow{AC}\rangle, \quad \overrightarrow{AD} \cdot \overrightarrow{AP} = |\overrightarrow{AD}||\overrightarrow{AP}|\cos\langle\overrightarrow{AD}, \overrightarrow{AP}\rangle,$$
$$\overrightarrow{AB} \cdot \overrightarrow{AP} = |\overrightarrow{AB}||\overrightarrow{AP}|\cos\langle\overrightarrow{AB}, \overrightarrow{AP}\rangle, \quad \overrightarrow{AD} \cdot \overrightarrow{AC} = |\overrightarrow{AD}||\overrightarrow{AC}|\cos\langle\overrightarrow{AD}, \overrightarrow{AC}\rangle,$$
又根据已知条件 $\angle PAB = \angle PAD, \angle CAB = \angle CAD$ 有
$$\cos\langle\overrightarrow{AB}, \overrightarrow{AC}\rangle = \cos\langle\overrightarrow{AD}, \overrightarrow{AC}\rangle, \quad \cos\langle\overrightarrow{AD}, \overrightarrow{AP}\rangle = \cos\langle\overrightarrow{AB}, \overrightarrow{AP}\rangle,$$
所以
$$(\overrightarrow{AB} \times \overrightarrow{AD}) \cdot (\overrightarrow{AC} \times \overrightarrow{AP})$$
$$= |\overrightarrow{AB}||\overrightarrow{AC}||\overrightarrow{AD}||\overrightarrow{AP}|(\cos\langle\overrightarrow{AB}, \overrightarrow{AC}\rangle \cdot \cos\langle\overrightarrow{AD}, \overrightarrow{AP}\rangle$$
$$- \cos\langle\overrightarrow{AD}, \overrightarrow{AC}\rangle \cdot \cos\langle\overrightarrow{AB}, \overrightarrow{AP}\rangle)$$
$$= 0.$$

故 $\overrightarrow{AB} \times \overrightarrow{AD} \perp \overrightarrow{AC} \times \overrightarrow{AP}$，从而得知平面 $PAC \perp$ 底面 $ABCD$.

例 9 已知在立方体 $ABCD$-$A_1B_1C_1D_1$ 中，E, F 分别是 DB, DC_1 上的任一点，M 是 AD_1 上的任一点（见图 8.10），求证：$\triangle AMB_1 \parallel \triangle DEF$.

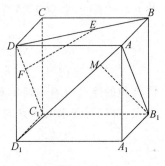

图 8.10

证明 设 $\overrightarrow{AB} = \boldsymbol{a}, \overrightarrow{AD} = \boldsymbol{b}, \overrightarrow{AA_1} = \boldsymbol{c}$. 由于
$$\overrightarrow{AB_1} = \overrightarrow{AB} + \overrightarrow{AA_1} = \boldsymbol{a} + \boldsymbol{c}, \quad \overrightarrow{AD_1} = \overrightarrow{AA_1} + \overrightarrow{AD} = \boldsymbol{c} + \boldsymbol{b},$$
$$\overrightarrow{AM} = \lambda\overrightarrow{AD_1} = \lambda(\boldsymbol{c} + \boldsymbol{b}),$$
而
$$\overrightarrow{DB} = \overrightarrow{DA} + \overrightarrow{AB} = \boldsymbol{a} - \boldsymbol{b}, \quad \overrightarrow{DE} = \mu(\boldsymbol{a} - \boldsymbol{b}),$$

$$\overrightarrow{DC_1} = \overrightarrow{DD_1} + \overrightarrow{D_1C_1} = c + a, \quad \overrightarrow{DF} = \eta(c+a),$$

其中 $0 < \lambda, \mu, \eta < 1$,所以

$\triangle AMB_1$ 的法向量 $n_1 = \lambda(c+b) \times (a+c)$,

$\triangle DEF$ 的法向量 $n_2 = \mu(a-b) \times \eta(c+a)$.

而 $n_1 \times n_2 = 0$,故 $\triangle AMB_1 /\!/ \triangle DEF$.

三、利用空间向量求解立体几何问题综合举例

下面举例具体介绍从空间向量角度如何解决立体几何问题.

例 10 已知在四棱锥 $P-ABCD$ 中,底面 $ABCD$ 是矩形, $PA \perp$ 平面 $ABCD$, $AP=AB=2$, $BC=2\sqrt{2}$, E, F 分别是 AD, PC 的中点.

(1) 证明:$PC \perp$ 平面 BEF;

(2) 求平面 BEF 与平面 BAP 夹角的大小.

解 (1) 如图 8.11 所示,以 A 为坐标原点, AB, AD, AP 所在直线分别为 x, y, z 轴建立空间直角坐标系.因为 $AP=AB=2$, $BC=AD=2\sqrt{2}$,四边形 $ABCD$ 是矩形,所以 A, B, C, D 的坐标分别为 $A(0,0,0)$, $B(2,0,0)$, $C(2, 2\sqrt{2}, 0)$, $D(0, 2\sqrt{2}, 0)$, $P(0,0,2)$.又 E, F 分别是 AD, PC 的中点,所以有 $E(0, \sqrt{2}, 0)$, $F(1, \sqrt{2}, 1)$.于是

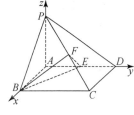

图 8.11

$\overrightarrow{PC} = (2, 2\sqrt{2}, -2)$, $\overrightarrow{BF} = (-1, \sqrt{2}, 1)$, $\overrightarrow{EF} = (1, 0, 1)$,

从而 $\overrightarrow{PC} \cdot \overrightarrow{BF} = -2+4-2=0$, $\overrightarrow{PC} \cdot \overrightarrow{EF} = 2+0-2=0$,

所以 $\overrightarrow{PC} \perp \overrightarrow{BF}$, $\overrightarrow{PC} \perp \overrightarrow{EF}$,即 $PC \perp BF$, $PC \perp EF$.又 $BF \cap EF = F$,所以 $PC \perp$ 平面 BEF.

(2) 由(1)知平面 BEF 的法向量 $n_1 = \overrightarrow{PC} = (2, 2\sqrt{2}, -2)$,平面 BAP 的法向量 $n_2 = \overrightarrow{AD} = (0, 2\sqrt{2}, 0)$,所以 $n_1 \cdot n_2 = 8$.

设平面 BEF 与平面 BAP 的夹角为 θ,则

$$\cos\theta = |\cos\langle n_1, n_2 \rangle| = \left|\frac{n_1 \cdot n_2}{|n_1||n_2|}\right| = \frac{8}{4 \cdot 2\sqrt{2}} = \frac{\sqrt{2}}{2}.$$

所以 $\theta = 45°$,即平面 BEF 与平面 BAP 的夹角为 $45°$.

例 11 已知三棱柱 $ABC-A_1B_1C_1$ 中,侧面 $AA_1C_1C \perp$ 底面 ABC, $AA_1 = A_1C = AC = 2$, $AB = BC$,且 $AB \perp BC$, O 为 AC 中点(见图 8.12).

(1) 求直线 A_1C 与平面 A_1AB 所成角的正弦值.

(2) 在 BC_1 上是否存在一点 E,使得 $OE /\!/$ 平面 A_1AB?若不存在,说明理由;若存在,确定点 E 的位置.

解 (1) 如图 8.12 所示,以 O 为原点, OB, OC, OA_1 所在直线分别为 x, y, z 轴建立空

间直角坐标系. 由已知有 $A_1A=A_1C=AC=2$, 又 $AB=BC, AB \perp BC$, 从而 $OB=1, OC=1$, 所以得 $O(0,0,0), A(0,-1,0), A_1(0,0,\sqrt{3}), C(0,1,0), C_1(0,2,\sqrt{3}), B(1,0,0)$. 于是有 $\overrightarrow{A_1C}=(0,1,-\sqrt{3}), \quad \overrightarrow{AA_1}=(0,1,\sqrt{3}), \quad \overrightarrow{AB}=(1,1,0)$.

设平面 AA_1B 的一个法向量为 $\boldsymbol{n}=(x,y,z)$, 则有

$$\begin{cases} \boldsymbol{n} \cdot \overrightarrow{AA_1}=0, \\ \boldsymbol{n} \cdot \overrightarrow{AB}=0 \end{cases} \Leftrightarrow \begin{cases} y+\sqrt{3}z=0, \\ x+y=0. \end{cases}$$

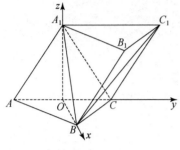

图 8.12

令 $y=1$, 得 $x=-1, z=-\dfrac{\sqrt{3}}{3}$, 所以 $\boldsymbol{n}=\left(-1,1,-\dfrac{\sqrt{3}}{3}\right)$. 因此

$$\cos \langle \boldsymbol{n}, \overrightarrow{A_1C} \rangle = \dfrac{\boldsymbol{n} \cdot \overrightarrow{A_1C}}{|\boldsymbol{n}||\overrightarrow{A_1C}|} = \dfrac{\sqrt{21}}{7}.$$

因为直线 A_1C 与平面 A_1AB 所成角 θ 和向量 $\boldsymbol{n}$ 与 $\overrightarrow{A_1C}$ 所成锐角互余, 所以 $\sin \theta = \dfrac{\sqrt{21}}{7}$.

(2) 设 $E(x_0, y_0, z_0), \overrightarrow{BE}=\lambda \overrightarrow{BC_1}$, 即

$$(x_0-1, y_0, z_0) = \lambda(-1,2,\sqrt{3}), \quad 得 \quad \begin{cases} x_0=1-\lambda, \\ y_0=2\lambda, \\ z_0=\sqrt{3}\lambda. \end{cases}$$

所以有 $E(1-\lambda, 2\lambda, \sqrt{3}\lambda)$, 得 $\overrightarrow{OE}=(1-\lambda, 2\lambda, \sqrt{3}\lambda)$.

令 $OE // $ 平面 A_1AB, 则 $\overrightarrow{OE} \cdot \boldsymbol{n}=0$, 即 $-1+\lambda+2\lambda-\lambda=0$, 得 $\lambda=\dfrac{1}{2}$. 所以存在这样的点 E, 并且 E 为 BC_1 的中点.

例 12 已知在底面是正方形的四棱锥 $P-ABCD$ 中, $PA \perp$ 平面 $ABCD, BD$ 交 AC 于点 E, F 是 PC 的中点, G 为 AC 上一点.

(1) 求证: $BD \perp FG$;
(2) 确定点 G 在线段 AC 上的位置, 使得 $FG //$ 平面 PBD, 并说明理由;
(3) 当二面角 $B-PC-D$ 的大小为 $\dfrac{2\pi}{3}$ 时, 求 PC 与底面 $ABCD$ 所成角的正切值.

解 如图 8.13 所示, 以 A 为原点, AB, AD, PA 所在的直线分别为 x, y, z 轴建立空间直角坐标系. 设正方形 $ABCD$ 的边长为 1, 则有 $A(0,0,0), B(1,0,0), C(1,1,0), D(0,1,0), P(0,0,a)(a>0), E\left(\dfrac{1}{2},\dfrac{1}{2},0\right), F\left(\dfrac{1}{2},\dfrac{1}{2},\dfrac{a}{2}\right), G(m,m,0)(0<m<\sqrt{2})$.

(1) 由于 $\overrightarrow{BD}=(-1,1,0), \overrightarrow{FG}=\left(m-\dfrac{1}{2}, m-\dfrac{1}{2}, -\dfrac{a}{2}\right)$, 从而 $\overrightarrow{BD} \cdot \overrightarrow{FG}=-m+\dfrac{1}{2}+m-\dfrac{1}{2}=0$, 所以 $BD \perp FG$.

(2) 要使 $FG /\!/$ 平面 PBD, 只需 $FG /\!/ EP$. 而 $\overrightarrow{PE} = \left(\dfrac{1}{2}, \dfrac{1}{2}, -a\right)$, 由 $\overrightarrow{FG} = \lambda \overrightarrow{EP}$ 可得

$$\begin{cases} m - \dfrac{1}{2} = \dfrac{1}{2}\lambda, \\ -\dfrac{a}{2} = -a\lambda, \end{cases} \quad 解得 \quad \lambda = \dfrac{1}{2}, m = \dfrac{3}{4}.$$

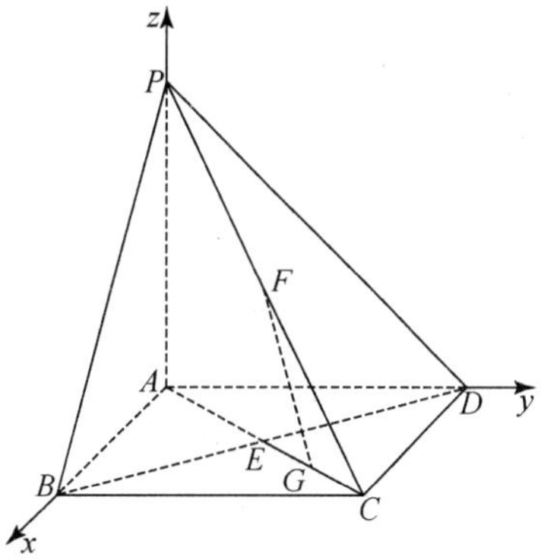

所以 $G\left(\dfrac{3}{4}, \dfrac{3}{4}, 0\right)$, 从而 $\overrightarrow{AG} = \dfrac{3}{4} \overrightarrow{AC}$. 故当 $AG = \dfrac{3}{4} AC$ 时, $FG /\!/$ 平面 PBD.

(3) 设平面 PBC 的一个法向量为 $\boldsymbol{n}_1 = (x, y, z)$, 则

$$\begin{cases} \boldsymbol{n}_1 \cdot \overrightarrow{PC} = 0, \\ \boldsymbol{n}_1 \cdot \overrightarrow{BC} = 0. \end{cases}$$

而 $\overrightarrow{PC} = (1, 1, -a), \overrightarrow{BC} = (0, -1, 0)$, 所以

$$\begin{cases} x + y - az = 0, \\ y = 0. \end{cases}$$

取 $z = 1$, 得 $\boldsymbol{u} = (a, 0, 1)$.

同理可得平面 PCD 的一个法向量 $\boldsymbol{n}_2 = (0, a, 1)$.

设 $\boldsymbol{n}_1, \boldsymbol{n}_2$ 所成的角为 θ, 则 $|\cos\theta| = \left|\cos\dfrac{2\pi}{3}\right| = \dfrac{1}{2}$, 即 $\dfrac{|\boldsymbol{n}_1 \cdot \boldsymbol{n}_2|}{|\boldsymbol{n}_1| |\boldsymbol{n}_2|} = \dfrac{1}{2}$, 所以

$$\dfrac{1}{\sqrt{a^2+1} \cdot \sqrt{a^2+1}} = \dfrac{1}{2}.$$

再由 $a > 0$, 得 $a = 1$. 因为 $PA \perp$ 面 $ABCD$, 所以 $\angle PCA$ 就是 PC 与底面 $ABCD$ 所成的角, 且有

$$\tan\angle PCA = \dfrac{PA}{AC} = \dfrac{1}{\sqrt{2}} = \dfrac{\sqrt{2}}{2}.$$

图 8.13

例 13 已知在三棱柱 ABC-$A_1B_1C_1$ 中, 每个侧面均为正方形, D 为底边 AB 的中点, E 为侧棱 CC_1 的中点.

(1) 求证: $CD /\!/$ 平面 A_1BE; (2) 求证: $AB_1 \perp$ 平面 A_1EB;

(3) 求直线 B_1E 与平面 AA_1C_1C 所成角的正弦值.

解 如图 8.14 所示建立空间直角坐标系. 设三棱柱侧面正方形的边长为 2, 可求得 $A(0,0,0), C(0,2,0), C_1(0,2,2), A_1(0,0,2), B(\sqrt{3},1,0), B_1(\sqrt{3},1,2), E(0,2,1), D\left(\dfrac{\sqrt{3}}{2}, \dfrac{1}{2}, 0\right), O\left(\dfrac{\sqrt{3}}{2}, \dfrac{1}{2}, 1\right)$.

(1) 易知 $\overrightarrow{CD}=\left(\dfrac{\sqrt{3}}{2},-\dfrac{3}{2},0\right)$, $\overrightarrow{EO}=\left(\dfrac{\sqrt{3}}{2},-\dfrac{3}{2},0\right)$, 所以 $\overrightarrow{CD}=\overrightarrow{EO}$, 从而 $EO//CD$. 又 $CD \not\subset$ 平面 A_1BE, $EO \subset$ 平面 A_1BE, 所以 $CD //$ 平面 A_1BE.

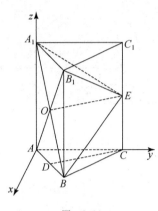

图 8.14

(2) 易得 $\overrightarrow{AB_1}=(\sqrt{3},1,2)$, $\overrightarrow{A_1B}=(\sqrt{3},1,-2)$, $\overrightarrow{A_1E}=(0,2,-1)$, 所以 $\overrightarrow{AB_1} \cdot \overrightarrow{A_1B}=0$, $\overrightarrow{AB_1} \cdot \overrightarrow{A_1E}=0$. 因此 $AB_1 \perp A_1B$, $AB_1 \perp A_1E$. 又因为 $A_1B \cap A_1E = A_1$, A_1B, $A_1E \subset$ 平面 A_1BE, 所以 $AB_1 \perp$ 平面 A_1BE.

(3) 设侧面 AA_1C_1C 的法向量为 $\boldsymbol{n}=(x,y,z)$. 易得 $\overrightarrow{AC}=(0,2,0)$, $\overrightarrow{AC_1}=(0,2,2)$, $\overrightarrow{B_1E}=(-\sqrt{3},1,-1)$.

由 $\begin{cases} \boldsymbol{n} \cdot \overrightarrow{AC}=0, \\ \boldsymbol{n} \cdot \overrightarrow{AC_1}=0, \end{cases}$ 得 $\begin{cases} y=0, \\ y+z=0, \end{cases}$ 解得 $\begin{cases} y=0, \\ z=0. \end{cases}$ 不妨令 $\boldsymbol{n}=(1,0,0)$.

设直线 B_1E 与平面 AA_1C_1C 所成角为 α, 则有

$$\sin\alpha = |\cos\langle \boldsymbol{n}, \overrightarrow{B_1E}\rangle| = \dfrac{|\boldsymbol{n} \cdot \overrightarrow{B_1E}|}{|\boldsymbol{n}||\overrightarrow{B_1E}|} = \dfrac{\sqrt{3}}{\sqrt{5}} = \dfrac{\sqrt{15}}{5},$$

即直线 B_1E 与平面 AA_1C_1C 所成角的正弦值为 $\dfrac{\sqrt{15}}{5}$.

例 14 已知在四棱锥 $P\text{-}ABCD$ 中, 底面为直角梯形, $AD // BC$, $\angle BAD=90°$, PA 垂直于底面 $ABCD$, $PA=AD=AB=2BC=2$, M, N 分别为 PC, PB 的中点.

(1) 求证: $PB \perp DM$; (2) 求 BD 与平面 $ADMN$ 所成的角;
(3) 求截面 $ADMN$ 的面积.

解 (1) 如图 8.15 所示, 以 A 点为坐标原点, AB, AD, AP 所在直线分别为 x, y, z 轴建立空间直角坐标系. 由 $PA=AD=AB=2BC=2$ 得 $A(0,0,0)$, $P(0,0,2)$, $B(2,0,0)$, $M\left(1,\dfrac{1}{2},1\right)$, $D(0,2,0)$, 于是 $\overrightarrow{PB}=(2,0,-2)$, $\overrightarrow{DM}=\left(1,-\dfrac{3}{2},1\right)$. 因为

$$\overrightarrow{PB} \cdot \overrightarrow{DM} = (2,0,-2)\left(1,-\dfrac{3}{2},1\right)=0,$$

所以 $PB \perp DM$.

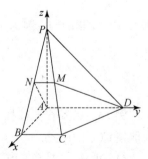

图 8.15

(2) 因为 $\overrightarrow{PB} \cdot \overrightarrow{AD}=(2,0,-2) \cdot (0,2,0)=0$, 所以 $PB \perp AD$. 又 $PB \perp DM$, 故 $PB \perp$ 平面 $ADMN$, 即 $\overrightarrow{PB}=(2,0,-2)$ 是平面 $ADMN$ 的法向量.

设 BD 与平面 $ADMN$ 所成的角为 θ, 又 $\overrightarrow{BD}=(-2,2,0)$, 则

$$\sin\theta = |\cos\langle \overrightarrow{BD},\overrightarrow{PB}\rangle| = \dfrac{|\overrightarrow{BD} \cdot \overrightarrow{PB}|}{|\overrightarrow{BD}||\overrightarrow{PB}|} = \dfrac{|-4|}{\sqrt{4+4} \cdot \sqrt{4+4}} = \dfrac{1}{2}.$$

因 $\theta \in [0, \pi/2]$,故 $\theta = \pi/6$,即 BD 与平面 $ADMN$ 所成的角是 $\pi/6$.

(3) 截面 $ADMN$ 为直角梯形. 由已知可得 $AD = 2, MN = 1/2, AN = \sqrt{2}$,所以截面 $ADMN$ 的面积等于 $\frac{5}{4}\sqrt{2}$.

例 15 已知 $ABCD\text{-}A_1B_1C_1D_1$ 是底面为正方形的长方体,$\angle AD_1A_1 = 60°, AD_1 = 4$,点 P 是 AD_1 上的动点.

(1) 当 P 为 AD_1 的中点时,求异面直线 AA_1 与 B_1P 所成角的余弦值;

(2) 求 PB_1 与平面 AA_1D_1 所成角的正切值的最大值.

解 (1) 如图 8.16 所示,以 A_1 为原点,A_1B_1, A_1D_1, A_1A 所在的直线分别为 x, y, z 轴建立空间直角坐标系,则有点的坐标 $A_1(0,0,0), A(0,0,2\sqrt{3}), B_1(2,0,0), P(0,1,\sqrt{3})$,从而 $\overrightarrow{A_1A} = (0,0,2\sqrt{3}), \overrightarrow{B_1P} = (-2,1,\sqrt{3})$. 所以

$$\cos\langle\overrightarrow{A_1A}, \overrightarrow{B_1P}\rangle = \frac{\overrightarrow{A_1A} \cdot \overrightarrow{B_1P}}{|\overrightarrow{A_1A}||\overrightarrow{B_1P}|} = \frac{6}{2\sqrt{3} \cdot 2\sqrt{2}} = \frac{\sqrt{6}}{4},$$

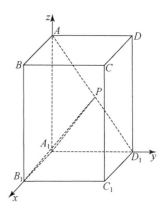

图 8.16

即异面直线 AA_1 与 B_1P 所成角的余弦值为 $\frac{\sqrt{6}}{4}$.

(2) 由已知,$B_1A_1 \perp$ 平面 AA_1D_1,所以 $\angle B_1PA_1$ 是 PB_1 与平面 AA_1D_1 所成的角,且

$$\tan \angle B_1PA_1 = \frac{B_1A_1}{A_1P} = \frac{2}{A_1P}.$$

当 A_1P 最小时,$\tan\angle B_1PA_1$ 最大,这时 $A_1P \perp AD_1$. 由于 $A_1P = \frac{A_1D_1 \cdot A_1A}{AD_1} = \sqrt{3}$,所以得 $\tan\angle B_1PA_1 = \frac{2\sqrt{3}}{3}$,即 PB_1 与平面 AA_1D_1 所成角的正切值的最大值 $\frac{2\sqrt{3}}{3}$.

例 16 已知 l_1, l_2 是互相垂直的异面直线,MN 是它们的公垂线段,点 A, B 在 l_1 上,C 在 l_2 上,$AM = MB = MN$.

(1) 证明:$AC \perp NB$;

(2) 若 $\angle ACB = 60°$,求 NB 与平面 ABC 所成角的余弦值.

解 如图 8.17 所示建立空间直角坐标系. 令 $MN = 1$,则有

$$A(-1,0,0), \quad B(1,0,0), \quad N(0,1,0).$$

(1) 因为 MN 是 l_1, l_2 的公垂线,$l_1 \perp l_2$,所以 $l_2 \perp$ 平面 ABN,从而 l_2 平行于 z 轴. 故可设 $C(0,1,m)$. 于是 $\overrightarrow{AC} = (1,1,m), \overrightarrow{NB} = (1,-1,0)$. 因此

$$\overrightarrow{AC} \cdot \overrightarrow{NB} = 1 + (-1) + 0 = 0, \quad 即 \quad AC \perp NB.$$

(2) 因为 $\overrightarrow{AC} = (1,1,m), \overrightarrow{BC} = (-1,1,m)$,所以 $|\overrightarrow{AC}| = |\overrightarrow{BC}|$. 又已知 $\angle ACB = 60°$,所

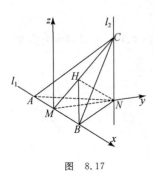

图 8.17

以 $\triangle ABC$ 为正三角形,于是 $AC=BC=AB=2$. 在 $\text{Rt}\triangle CNB$ 中, $NB=\sqrt{2}$,可得 $NC=\sqrt{2}$,故 $C(0,1,\sqrt{2})$.

连结 MC,作 $NH\perp MC$ 于 H. 设 $H(0,\lambda,\sqrt{2}\lambda)(\lambda>0)$,则
$$\overrightarrow{HN}=(0,1-\lambda,-\sqrt{2}\lambda).$$
而 $\overrightarrow{MC}=(0,1,\sqrt{2})$,所以 $\overrightarrow{HN}\cdot\overrightarrow{MC}=1-\lambda-2\lambda=0$,即 $\lambda=\dfrac{1}{3}$. 因此 $H\left(0,\dfrac{1}{3},\dfrac{\sqrt{2}}{3}\right)$,可得 $\overrightarrow{HN}=\left(0,\dfrac{2}{3},-\dfrac{\sqrt{2}}{3}\right)$. 连结 BH,则 $\overrightarrow{BH}=\left(-1,\dfrac{1}{3},\dfrac{\sqrt{2}}{3}\right)$. 因为 $\overrightarrow{HN}\cdot\overrightarrow{BH}=0+\dfrac{2}{9}-\dfrac{2}{9}=0$,所以 $\overrightarrow{HN}\perp\overrightarrow{BH}$. 又 $MC\cap BH=H$,所以 $HN\perp$ 平面 ABC,从而 $\angle NBH$ 为 NB 与平面 ABC 所成的角. 又 $\overrightarrow{BN}=(-1,1,0)$,于是有

$$\cos\angle NBH=\dfrac{\overrightarrow{BH}\cdot\overrightarrow{BN}}{|\overrightarrow{BH}||\overrightarrow{BN}|}=\dfrac{\dfrac{4}{3}}{\dfrac{2}{\sqrt{3}}\cdot\sqrt{2}}=\dfrac{\sqrt{6}}{3}.$$

例 17 已知四面体 $ABCD$ 中,O,E 分别是 BD,BC 的中点,且
$$CA=CB=CD=BD=2,\quad AB=AD=\sqrt{2}.$$
(1) 求证:$AO\perp$ 平面 BCD;
(2) 求异面直线 AB 与 CD 所成角的大小;
(3) 求点 E 到平面 ACD 的距离.

解 (1) 如图 8.18 所示,连结 OC. 因为 $BO=DO,AB=AD$,所以 $AO\perp BD$. 又因为 $BO=DO,BC=CD$,所以 $CO\perp BD$.

在 $\triangle AOC$ 中,由已知可得 $AO=1,CO=\sqrt{3}$,而 $AC=2$,从而 $AO^2+CO^2=AC^2$,所以
$$\angle AOC=90°,\quad\text{即}\quad AO\perp OC.$$
综上所述,又因为 $BD\cap OC=O$,所以
$$AO\perp\text{平面 }BCD.$$

(2) 如图 8.18 所示,以 O 为原点,OB,OC,OA 所在直线分别为 x,y,z 轴建立空间直角坐标系,则有 $B(1,0,0),D(-1,0,0),C(0,\sqrt{3},0)$,$A(0,0,1),E\left(\dfrac{1}{2},\dfrac{\sqrt{3}}{2},0\right)$. 于是 $\overrightarrow{BA}=(-1,0,1)$,$\overrightarrow{CD}=(-1,-\sqrt{3},0)$,从而

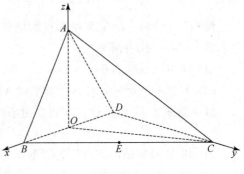

图 8.18

$$\cos\langle\overrightarrow{BA},\overrightarrow{CD}\rangle = \frac{\overrightarrow{BA}\cdot\overrightarrow{CD}}{|\overrightarrow{BA}||\overrightarrow{CD}|} = \frac{\sqrt{2}}{4}.$$

所以异面直线 AB 与 CD 所成角的大小为 $\arccos\frac{\sqrt{2}}{4}$.

(3) 设平面 ACD 的法向量为 $\boldsymbol{n}=(x,y,z)$,则

$$\begin{cases}\boldsymbol{n}\cdot\overrightarrow{AD}=(x,y,z)\cdot(-1,0,-1)=0,\\ \boldsymbol{n}\cdot\overrightarrow{AC}=(x,y,z)\cdot(0,\sqrt{3},-1)=0,\end{cases}即\begin{cases}x+z=0,\\ \sqrt{3}y-z=0.\end{cases}$$

令 $y=1$,得 $\boldsymbol{n}=(-\sqrt{3},1,\sqrt{3})$ 是平面 ACD 的一个法向量. 又 $\overrightarrow{EC}=\left(-\frac{1}{2},\frac{\sqrt{3}}{2},0\right)$,所以点 E 到平面 ACD 的距离为

$$d=\frac{|\overrightarrow{EC}\cdot\boldsymbol{n}|}{|\boldsymbol{n}|}=\frac{\sqrt{3}}{\sqrt{7}}=\frac{\sqrt{21}}{7}.$$

第三节 求解立体几何问题的方法

一、立体几何问题转化为向量问题

1. 平行与垂直问题的转化

立体几何中的平行与垂直问题主要是证明关于空间线线、线面、面面的平行和垂直关系的判断. 利用向量解决这类问题要将其转化为直线的方向向量和平面的法向量的关系.

1.1 平行与垂直关系的向量表示

设直线 l,m 的方向向量分别为 $\boldsymbol{a},\boldsymbol{b}$,平面 α,β 的法向量分别为 $\boldsymbol{n}_1,\boldsymbol{n}_2$.

线线平行:$l//m\Longleftrightarrow \boldsymbol{a}//\boldsymbol{b}\Longleftrightarrow \boldsymbol{a}=\lambda\boldsymbol{b}$;

线面平行:$l//\alpha\Longleftrightarrow \boldsymbol{a}\perp\boldsymbol{n}_1\Longleftrightarrow \boldsymbol{a}\cdot\boldsymbol{n}_1=0$;

面面平行:$\alpha//\beta\Longleftrightarrow \boldsymbol{n}_1//\boldsymbol{n}_2\Longleftrightarrow \boldsymbol{n}_1=\lambda\boldsymbol{n}_2$;

线线垂直:$l\perp m\Longleftrightarrow \boldsymbol{a}\perp\boldsymbol{b}\Longleftrightarrow \boldsymbol{a}\cdot\boldsymbol{b}=0$;

线面垂直:$l\perp\alpha\Longleftrightarrow \boldsymbol{a}//\boldsymbol{n}_1\Longleftrightarrow \boldsymbol{a}=\lambda\boldsymbol{n}_1$;

面面垂直:$\alpha\perp\beta\Longleftrightarrow \boldsymbol{n}_1\perp\boldsymbol{n}_2\Longleftrightarrow \boldsymbol{n}_1\cdot\boldsymbol{n}_2=0$.

1.2 用向量处理平行与垂直问题

下面举例来分析平行与垂直关系的向量表示在求解平行与垂直问题中的应用.

例 1 已知四棱锥 $P\text{-}ABCD$ 的底面 $ABCD$ 是边长为 1 的菱形,$\angle BCD=60°$,E 是 CD 的中点,$PA\perp$ 底面 $ABCD$,$PA=2$,证明:平面 $PBE\perp$ 平面 PAB.

解 如图 8.19 所示,以 A 为原点,AB,AP 所在直线分别为 x,z 轴建立空间直角坐标系,

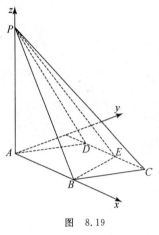

图 8.19

则有点的坐标 $A(0,0,0), B(1,0,0), C\left(\dfrac{3}{2}, \dfrac{\sqrt{3}}{2}, 0\right), D\left(\dfrac{1}{2}, \dfrac{\sqrt{3}}{2}, 0\right)$, $P(0,0,2), E\left(1, \dfrac{\sqrt{3}}{2}, 0\right)$. 于是 $\overrightarrow{BE} = \left(0, \dfrac{\sqrt{3}}{2}, 0\right)$. 而平面 PAB 的一个法向量是 $\boldsymbol{n}_0 = (0,1,0)$, 所以 $\overrightarrow{BE}$ 和 $\boldsymbol{n}_0$ 共线, 从而 $BE \perp$ 平面 PAB. 又因为 $BE \subset$ 平面 PBE, 故

$$\text{平面 } PBE \perp \text{平面 } PAB.$$

2. 空间角问题的转化

空间中各种角的计算一直以来是立体几何教学中的重点, 也是难点. 借助向量的夹角公式可以避开寻求角的过程, 而通过对向量夹角的计算来实现.

2.1 空间角的向量表示

设平面 α, β 的法向量分别为 $\boldsymbol{n}_1, \boldsymbol{n}_2$, 平面 α 与 β 所成的角可由 $\boldsymbol{n}_1$ 与 $\boldsymbol{n}_2$ 的夹角来求得 (见图 8.20). 设 θ 为 $\boldsymbol{a}, \boldsymbol{b}$ 的夹角, 由 $\boldsymbol{a} \cdot \boldsymbol{b} = |\boldsymbol{a}||\boldsymbol{b}|\cos\theta$ 得夹角公式 $\cos\theta = \dfrac{\boldsymbol{a} \cdot \boldsymbol{b}}{|\boldsymbol{a}||\boldsymbol{b}|}$. 不过, 由于平面 α 与 β 所成的角跟法向量 $\boldsymbol{n}_1$ 与 $\boldsymbol{n}_2$ 所成的角相等或互补, 所以首先必须判断二面角是锐角还是钝角.

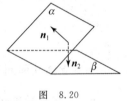

图 8.20

要求直线 l 与平面 α 所成的角 θ_0, 可先求这个平面 α 的法向量 $\boldsymbol{n}$ 与直线 l 的方向向量 $\boldsymbol{a}$ 的夹角的余弦 $\cos\langle \boldsymbol{n}, \boldsymbol{a} \rangle$. 易知 $\theta_0 = \langle \boldsymbol{n}, \boldsymbol{a} \rangle$ 或者 $\theta_0 = \dfrac{\pi}{2} - \langle \boldsymbol{n}, \boldsymbol{a} \rangle$.

求异面直线所成的角一般可以通过在异面直线上选取两个非零向量, 通过求这两个向量的夹角得出异面直线所成的角.

2.2 直线与平面所成角的计算问题

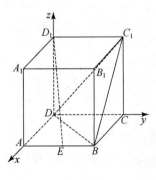

图 8.21

例 2 已知正方体 $ABCD\text{-}A_1B_1C_1D_1$ 的棱长为 2, 点 E 为棱 AB 的中点, 求 D_1E 与平面 BC_1D 所成角的大小 (用余弦值表示).

解 如图 8.21 所示, 以 D 为原点, DA, DC, DD_1 所在直线分别为 x, y, z 轴建立空间直角坐标系, 则有 $A(2,0,0), B(2,2,0)$, $C(0,2,0), A_1(2,0,2), C_1(0,2,2), D_1(0,0,2), E(2,1,0)$. 于是 $\overrightarrow{A_1C} = (-2,2,-2), \overrightarrow{D_1E} = (2,1,-2), \overrightarrow{DC_1} = (0,2,2). \overrightarrow{DB} = (2,2,0)$. 显然, $\overrightarrow{DC_1} \cdot \overrightarrow{A_1C} = 0, \overrightarrow{DB} \cdot \overrightarrow{A_1C} = 0$, 所以 $\overrightarrow{A_1C}$ 为平面 BC_1D 的法向量. 因为

$$\cos\langle\overrightarrow{A_1C},\overrightarrow{D_1E}\rangle = \frac{\overrightarrow{A_1C}\cdot\overrightarrow{D_1E}}{|\overrightarrow{A_1C}||\overrightarrow{D_1E}|} = \frac{\sqrt{3}}{9},$$

故 D_1E 与平面 BC_1D 所成的角的余弦值为 $\sqrt{1-\left(\frac{\sqrt{3}}{9}\right)^2}=\frac{\sqrt{78}}{9}$.

在利用空间向量解决异面直线所成角的计算时,通常要先建立空间直角坐标系,求出两个向量的坐标,再代入夹角公式中计算. 由于向量夹角的范围是 $(0,\pi]$,而异面直线所成角的范围却是 $(0,\pi/2]$,所以一定要注意最后计算结果的取值.

2.3 二面角的计算问题

二面角的计算可以利用平面法向量之间的夹角来实现,进而转化为对平面法向量之间夹角的求解. 借助平面的法向量求解二面角的平面角时,一定要注意判断法向量之间的方向,法向量如果同向,其夹角就是二面角的平面角的补角,如果异向其夹角就是二面角的平面角.

例 3 已知四棱锥 $P\text{-}ABCD$ 的底面 $ABCD$ 是边长为 1 的菱形,$\angle BCD=60°$,E 是 CD 的中点,$PA\perp$ 底面 $ABCD$,$PA=2$,求平面 PAD 和平面 PBE 所成二面角(锐角)的大小.

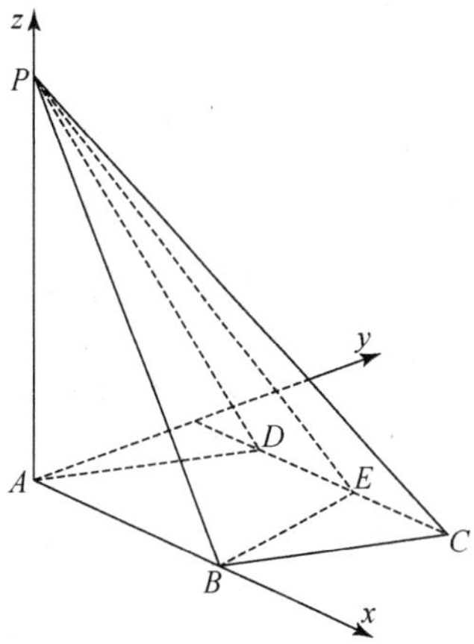

解 如图 8.22 所示,以 A 为原点,AB,AP 所在直线分别为 x,z 轴建立空间直角坐标系,则相关的各点坐标分别是

$$A(0,0,0), \quad B(1,0,0), \quad C\left(\frac{3}{2},\frac{\sqrt{3}}{2},0\right),$$

$$D\left(\frac{1}{2},\frac{\sqrt{3}}{2},0\right), \quad P(0,0,2), \quad E\left(1,\frac{\sqrt{3}}{2},0\right).$$

图 8.22

(1) 易知

$$\overrightarrow{PB}=(1,0,-2), \quad \overrightarrow{BE}=\left(0,\frac{\sqrt{3}}{2},0\right),$$

$$\overrightarrow{PA}=(0,0,-2), \quad \overrightarrow{AD}=\left(\frac{1}{2},\frac{\sqrt{3}}{2},0\right).$$

设 $\boldsymbol{n}_1=(x_1,y_1,z_1)$ 是平面 PBE 的一个法向量,则有

$$\begin{cases}\boldsymbol{n}_1\cdot\overrightarrow{PB}=0,\\ \boldsymbol{n}_1\cdot\overrightarrow{BE}=0,\end{cases} \text{得} \begin{cases}x_1+0\cdot y_1-2z_1=0,\\ 0\cdot x_1+\frac{\sqrt{3}}{2}y_2+0\cdot z_2=0.\end{cases}$$

所以 $y_1=0,x_1=2z_1$,故可取 $\boldsymbol{n}_1=(2,0,1)$.

设 $\boldsymbol{n}_2=(x_2,y_2,z_2)$ 是平面 PAD 的一个法向量,则有

$$\begin{cases} \boldsymbol{n}_2 \cdot \overrightarrow{PA} = 0, \\ \boldsymbol{n}_2 \cdot \overrightarrow{AD} = 0, \end{cases} \text{得} \begin{cases} 0 \cdot x_2 + 0 \cdot y_2 - 2z_2 = 0, \\ \dfrac{1}{2}x_2 + \dfrac{\sqrt{3}}{2}y_2 + 0 \cdot z_2 = 0. \end{cases}$$

所以 $z_2 = 0, x_2 = -\sqrt{3}y_2$,故可取 $\boldsymbol{n}_2 = (\sqrt{3}, -1, 0)$. 于是

$$\cos\langle \boldsymbol{n}_1, \boldsymbol{n}_2 \rangle = \frac{\boldsymbol{n}_1 \cdot \boldsymbol{n}_2}{|\boldsymbol{n}_1||\boldsymbol{n}_2|} = \frac{2\sqrt{3}}{\sqrt{5} \cdot 2} = \frac{\sqrt{15}}{5}.$$

故平面 PAD 和平面 PBE 所成二面角(锐角)的大小是 $\arccos \dfrac{\sqrt{15}}{5}$.

3. 空间距离问题的转化

3.1 空间距离的向量表示

利用向量求异面直线间的距离:如图 8.23 所示,设 a, b 是两异面直线,向量 $\boldsymbol{n}$ 在 a 和 b 的公垂线上,点 $E \in a, F \in b$,则异面直线 a 与 b 之间的距离是 $d = \dfrac{|\overrightarrow{EF} \cdot \boldsymbol{n}|}{|\boldsymbol{n}|}$;

利用向量求点到平面的距离:如图 8.24 所示,已知 AB 是平面 α 的一条斜线,$\boldsymbol{n}$ 为平面 α 的法向量,则点 A 到平面 α 的距离为 $d = \dfrac{|\overrightarrow{AB} \cdot \boldsymbol{n}|}{|\boldsymbol{n}|}$.

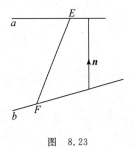

图 8.23

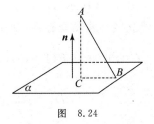

图 8.24

3.2 空间距离的计算问题

利用向量求直线到平面的距离,首先必须确定直线与平面平行,然后将直线到平面的距离问题转化成直线上一点到平面的距离问题.

利用向量求两平行平面间的距离,首先也必须确定两个平面是平行的,这时可以在一个平面上任取一点,将两平面间的距离问题转化成点到平面的距离问题.

例 4 已知正四棱锥 S-$ABCD$ 的高 $SO = 2$,底边长 $AB = \sqrt{2}$,求异面直线 BD 和 SC 之间的距离.

解 建立如图 8.25 所示的空间直角坐标系,其中原点是正四棱锥底面的中心,x, y 轴分别平行于 AD, AB,则有

$$A\left(\frac{\sqrt{2}}{2},-\frac{\sqrt{2}}{2},0\right),\quad B\left(\frac{\sqrt{2}}{2},\frac{\sqrt{2}}{2},0\right),$$
$$C\left(-\frac{\sqrt{2}}{2},\frac{\sqrt{2}}{2},0\right),\quad D\left(-\frac{\sqrt{2}}{2},-\frac{\sqrt{2}}{2},0\right),\quad S(0,0,2).$$

所以 $\overrightarrow{DB}=(\sqrt{2},\sqrt{2},0),\quad \overrightarrow{CS}=\left(\frac{\sqrt{2}}{2},-\frac{\sqrt{2}}{2},2\right).$

令向量 $\boldsymbol{n}=(x,y,1)$，且 $\boldsymbol{n}\perp\overrightarrow{DB},\boldsymbol{n}\perp\overrightarrow{CS}$，则

$$\begin{cases}\boldsymbol{n}\cdot\overrightarrow{DB}=0,\\ \boldsymbol{n}\cdot\overrightarrow{CS}=0,\end{cases}\quad\text{即}\quad\begin{cases}x+y=0,\\ x-y+2\sqrt{2}=0,\end{cases}\quad\text{亦即}\quad\begin{cases}x=-\sqrt{2},\\ y=\sqrt{2}.\end{cases}$$

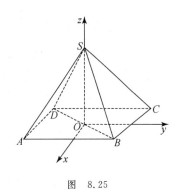

图 8.25

所以 $\boldsymbol{n}=(-\sqrt{2},\sqrt{2},1)$. 因此异面直线 BD 和 SC 之间的距离为

$$d=\frac{|\overrightarrow{OC}\cdot\boldsymbol{n}|}{|\boldsymbol{n}|}=\frac{\left|\left(-\frac{\sqrt{2}}{2},\frac{\sqrt{2}}{2},0\right)\cdot(-\sqrt{2},\sqrt{2},1)\right|}{|(-\sqrt{2},\sqrt{2},1)|}=\frac{|1+1+0|}{\sqrt{(-\sqrt{2})^2+(\sqrt{2})^2+1^2}}=\frac{2\sqrt{5}}{5}.$$

例 5 已知边长为 $4\sqrt{2}$ 的正三角形 ABC 中，E,F 分别为 BC 和 AC 的中点，$PA\perp$ 面 ABC，且 $PA=2$，平面 α 过 PF 且与 AE 平行（见图 8.26），求 AE 与平面 α 之间的距离.

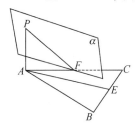

图 8.26

解 设 $\overrightarrow{AP},\overrightarrow{AE},\overrightarrow{EC}$ 的单位向量分别为 $\boldsymbol{e}_1,\boldsymbol{e}_2,\boldsymbol{e}_3$，并取 $\{\boldsymbol{e}_1,\boldsymbol{e}_2,\boldsymbol{e}_3\}$ 作为空间向量的一组基底. 易知

$$\boldsymbol{e}_1\cdot\boldsymbol{e}_2=\boldsymbol{e}_1\cdot\boldsymbol{e}_3=\boldsymbol{e}_2\cdot\boldsymbol{e}_3=0,$$
$$\overrightarrow{AP}=2\boldsymbol{e}_1,\quad \overrightarrow{AE}=2\sqrt{6}\boldsymbol{e}_2,\quad \overrightarrow{EC}=2\sqrt{2}\boldsymbol{e}_3,$$
$$\overrightarrow{PF}=\overrightarrow{PA}+\overrightarrow{AF}=\overrightarrow{PA}+\frac{1}{2}\overrightarrow{AC}=\overrightarrow{PA}+\frac{1}{2}(\overrightarrow{AE}+\overrightarrow{EC})$$
$$=-2\boldsymbol{e}_1+\sqrt{6}\boldsymbol{e}_2+\sqrt{2}\boldsymbol{e}_3.$$

设 $\boldsymbol{n}=x\boldsymbol{e}_1+y\boldsymbol{e}_2+\boldsymbol{e}_3$ 是平面 α 的一个法向量，则 $\boldsymbol{n}\perp\overrightarrow{AE},\boldsymbol{n}\perp\overrightarrow{PF}$. 于是

$$\begin{cases}\boldsymbol{n}\cdot\overrightarrow{AE}=0,\\ \boldsymbol{n}\cdot\overrightarrow{PF}=0,\end{cases}\quad\text{即}\quad\begin{cases}2\sqrt{6}y|\boldsymbol{e}_2|^2=0,\\ -2x|\boldsymbol{e}_1|^2+\sqrt{6}y|\boldsymbol{e}_2|^2+\sqrt{2}|\boldsymbol{e}_3|^2=0\end{cases}\Rightarrow\begin{cases}y=0,\\ x=\frac{\sqrt{2}}{2},\end{cases}$$

所以 $\boldsymbol{n}=\frac{\sqrt{2}}{2}\boldsymbol{e}_1+\boldsymbol{e}_3$. 故直线 AE 与平面 α 间的距离为

$$d=\frac{|\overrightarrow{AP}\cdot\boldsymbol{n}|}{|\boldsymbol{n}|}=\frac{\left|2\boldsymbol{e}_1\cdot\left(\frac{\sqrt{2}}{2}\boldsymbol{e}_1+\boldsymbol{e}_3\right)\right|}{\sqrt{\left|\frac{\sqrt{2}}{2}\boldsymbol{e}_1\right|^2+|\boldsymbol{e}_3|^2}}=\frac{2\sqrt{3}}{3}.$$

二、空间问题与平面问题的转化

1. 平行与垂直问题的转化

面面平行或面面垂直的判断,关键是能否将其转化为线线平行或线线垂直的判断,这是立体几何中的"降维等价转换",即"面面平行(垂直)→线面平行(垂直)→线线平行(垂直)"的转化.

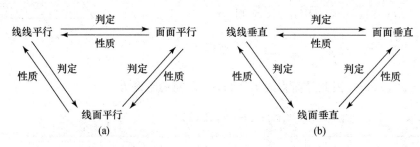

图 8.27

通过图 8.27(a),(b) 的总结,就可以从整体上把握空间与平面几何问题之间的相互转化,从而在证明题中根据需要迅速选择出证题需要的结论,找到思考的方向,有的放矢地去寻找结论成立的条件,快速解决问题.

例 6 设 α, β 为两平面,a, l 为两直线,且 $\alpha \cap \beta = l, a \mathbin{/\mkern-2mu/} \alpha, a \mathbin{/\mkern-2mu/} \beta$,求证:$a \mathbin{/\mkern-2mu/} l$.

证明 方法 1 如图 8.28 所示,过 a 作平面 M 交平面 α 于 b. 因为 $a \mathbin{/\mkern-2mu/} \alpha$,所以 $a \mathbin{/\mkern-2mu/} b$. 同理,过 a 作平面 N 交平面 β 于 c,因为 $a \mathbin{/\mkern-2mu/} \beta$,所以 $a \mathbin{/\mkern-2mu/} c, b \mathbin{/\mkern-2mu/} c$.

又因为 $b \not\subset \beta, c \subset \beta$,所以 $b \mathbin{/\mkern-2mu/} \beta$. 而平面 α 经过 b 交 β 于 l,所以 $b \mathbin{/\mkern-2mu/} l$. 又因 $a \mathbin{/\mkern-2mu/} b$,故 $a \mathbin{/\mkern-2mu/} l$.

方法 2 如图 8.29 所示,在 l 上取一点 P. 因为 $P \notin a$,所以点 P 和 a 确定一个平面 γ. 又因为 $P \in l, l \subset \alpha$,所以 $P \in \alpha$. 记 $\gamma \cap \alpha = l'$. 而 $a \mathbin{/\mkern-2mu/} \alpha$,所以 $a \mathbin{/\mkern-2mu/} l'$,且 $l' \subset \alpha$. 又 $P \in l, l \subset \beta$,从而 $P \in \beta$. 记 $\gamma \cap \beta = l''$,同理 $l'' \mathbin{/\mkern-2mu/} a, l'' \subset \beta$. 而 l', l'' 与 l 均过 P 点,所以 l', l'' 重合,即 l' 为两平面 α, β 的交线 l,故 $a \mathbin{/\mkern-2mu/} l$.

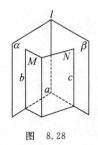

图 8.28

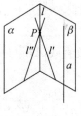

图 8.29

注 辅助线(面)是解有关线面问题的关键,要充分发挥辅助线与辅助面在转化空间几何问题为平面几何问题中的化归作用.

2. 空间角问题的转化

求两条异面直线所成的角一般是通过平行移动直线,把异面问题转化为共面问题来解决.具体步骤如下:

(1) 利用定义构造角:固定一条直线,平移另一条直线,或两条同时平移到某个特殊的位置,顶点选择在特殊的位置上;

(2) 证明作出的角即为所求的角;

(3) 利用三角形来求角.

直线与平面所成的角的范围是 $[0,\pi/2]$.求直线(是平面的斜线)和平面所成的角用的是射影转化法.具体步骤如下:

(1) 找过斜线上一点且与平面垂直的直线;

(2) 连结垂足和斜足,得出斜线在平面的射影,确定出所求的角;

(3) 把该角置于三角形中计算.

注 斜线与平面所成的角,是它与平面内任何一条直线所成的一切角中的最小角,即若 θ 为斜线与平面所成的角,α 为斜线与平面内任何一条直线所成的角,则有 $\theta \leqslant \alpha$.

对于前面利用向量来解答的例 3,我们也可以通过转化来求解.

例 7 已知四棱锥 $P\text{-}ABCD$ 的底面 $ABCD$ 是边长为 1 的菱形,$\angle BCD=60°$,E 是 CD 的中点,$PA\perp$底面 $ABCD$,$PA=2$.

(1) 证明:平面 $PBE \perp$ 平面 PAB;

(2) 求平面 PAD 和平面 PBE 所成二面角(锐角)的大小.

证明 (1) 如图 8.30 所示,连结 BD.由 $ABCD$ 是菱形且 $\angle BCD=60°$ 知,$\triangle BCD$ 是等边三角形.因为 E 是 CD 的中点,所以 $BE\perp CD$.又 $AB\parallel CD$,所以 $BE\perp AB$.又由于 $PA\perp$ 平面 $ABCD$,$BE\subset$ 平面 $ABCD$,因此 $PA\perp BE$.而 $PA\cap AB=A$,所以 $BE\perp$ 平面 PAB.又 $BE\subset$ 平面 PBE,所以
$$平面 PBE \perp 平面 PAB.$$

(2) 延长 AD,BE 相交于点 F,连结 PF.过点 A 作 $AH\perp PB$ 于 H,由(1)知平面 $PBE\perp$ 平面 PAB,所以
$$AH\perp 平面 PBE.$$

在 Rt$\triangle ABF$ 中,因为 $\angle BAF=60°$,所以
$$AF=2AB=2=AP.$$

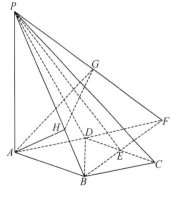

图 8.30

在等腰 Rt$\triangle PAF$ 中,取 PF 的中点 G,连结 AG,则 $AG\perp PF$.连结 HG,由三垂线定理的逆定理得 $PF\perp HG$.所以 $\angle AGH$ 是平面 PAD 和平面 PBE 所成二面角的平面角(锐角).

在等腰 Rt△PAF 中，$AG=\frac{\sqrt{2}}{2}PA=\sqrt{2}$.

在 Rt△PAB 中，$AH=\frac{AP\cdot AB}{PB}=\frac{AP\cdot AB}{\sqrt{AP^2+AB^2}}=\frac{2}{\sqrt{5}}=\frac{2\sqrt{5}}{5}$.

所以，在 Rt△AHG 中，$\sin\angle AGH=\frac{AH}{AG}=\frac{\frac{2\sqrt{5}}{5}}{\sqrt{2}}=\frac{\sqrt{10}}{5}$.

故平面 PAD 和平面 PBE 所成二面角（锐角）的大小是 $\arcsin\frac{\sqrt{10}}{5}$.

3. 空间距离问题的转化

点 P 到平面 α 的距离为点 P 到平面 α 的垂线段的长.点到平面的距离常用求法：

(1) 如果平面 α 的斜线上两点 A,B 到斜足 C 的距离 BC,AC 的比为 $m:n$，则点 A,B 到平面 α 的距离之比也为 $m:n$. 特别地，当 $BC=AC$ 时，点 A,B 到平面 α 的距离相等.

(2) 等体积法.

异面直线 a,b 间的距离为 a,b 间的公垂线段的长.异面直线间的距离常用求法：

(1) 找或作出过 b 且与 a 平行的平面，则直线 a 到平面的距离就是异面直线 a,b 间的距离；

(2) 找或作出分别过 a,b 且分别与 b,a 平行的平面，则这两平面间的距离就是异面直线 a,b 间的距离；

(3) 根据异面直线间的距离公式求距离.

另外，点面距离、线线距离、点线距离、线面距离、面面距离都是对应图形上两点间的最短距离，因此可以考虑用求函数的最小值法求求它们.

例 8 已知正方体 $ABCD\text{-}A_1B_1C_1D_1$ 棱长为 a，求异面直线 BD 与 B_1C 的距离.

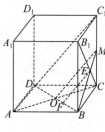

图 8.31

解 **方法 1** 如图 8.31 所示，连结 AC 交 BD 于点 O，取 CC_1 的中点 M，连结 BM 交 B_1C 于 E，连结 AC_1，则 $OM\parallel AC_1$. 过 E 作 $EF\parallel OM$ 交 OB 于 F，则 $EF\parallel AC_1$. 又斜线 AC_1 的射影为 $AC,BD\perp AC$，所以 $BD\perp AC_1$，从而 $FE\perp BD$.

同理 $AC_1\perp B_1C,EF\perp B_1C$. 所以 EF 为 BD 与 B_1C 的公垂线.由于 M 为 CC_1 的中点，△MEC∽△BEB_1，所以

$$\frac{MC}{BB_1}=\frac{ME}{BE}=\frac{1}{2}.$$

又由于 $BM=\frac{\sqrt{5}}{2}a$，从而 $BE=\frac{2}{3}MB=\frac{\sqrt{5}}{3}a$，而 $EF\parallel OM$，有 $\frac{BF}{BO}=\frac{BE}{BM}=\frac{2}{3}$，故

$$BF = \frac{2}{3}OB = \frac{\sqrt{2}}{3}a, \quad 从而 \quad EF = \sqrt{BE^2 - BF^2} = \frac{\sqrt{3}}{3}a.$$

方法 2（转化为线面距离） 因为 $BD // 平面\ B_1D_1C, B_1C \subset 平面\ B_1D_1C$，故 BD 与 B_1C 的距离就是 BD 到平面 B_1D_1C 的距离 h。由 $V_{B-B_1D_1C} = V_{D_1-B_1BC}$，得

$$\frac{1}{3} \cdot \frac{\sqrt{3}}{4} \cdot (\sqrt{2}a)^2 h = \frac{1}{3} \cdot \frac{1}{2}a^2 \cdot a, \quad 从而 \quad h = \frac{\sqrt{3}}{3}a.$$

方法 3（转化为面面距离） 易证平面 $B_1D_1C //$ 平面 A_1BD。用等体积法易得 A 到平面 A_1BD 的距离为 $\frac{\sqrt{3}}{3}a$。同理可知：C_1 到平面 B_1D_1C 的距离为 $\frac{\sqrt{3}}{3}a$。故两平面间距离为 $\frac{\sqrt{3}}{3}a$，即 BD 与 B_1C 的距离为 $\frac{\sqrt{3}}{3}a$。

方法 4（垂面法） 如图 8.32 所示，设 O 为 AC 与 BD 的交点，O_1 为 A_1C_1 与 B_1D_1 的交点。因为 $BD // 平面\ B_1D_1C, B_1D_1 \perp A_1C_1, B_1D_1 \perp OO_1, B_1D_1 \perp 平面\ OO_1C_1C$，平面 $OO_1C_1C \cap 平面\ B_1D_1C = O_1C, O_1 \in B_1D_1$，故 O 到平面 B_1D_1C 的距离为 $Rt\triangle O_1OC$ 斜边上的高

$$h = \frac{OC \cdot OO_1}{O_1C} = \frac{a \cdot \frac{\sqrt{2}}{2}a}{\sqrt{\frac{3}{2}}a} = \frac{\sqrt{3}}{3}a,$$

且它就是 BC 与 B_1C 的距离。

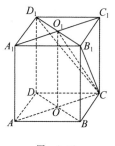

图 8.32

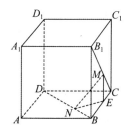

图 8.33

方法 5（函数最小值法） 如图 8.33 所示，在 B_1C 上取一点 M，作 $ME \perp BC$ 于 E，过 E 作 $EN \perp BD$ 交 BD 于 N，易知 MN 为 BD 与 B_1C 的公垂线时，MN 最小。因为

$$BE = x, \quad CE = ME = a - x, \quad EN = \frac{\sqrt{2}}{2}x,$$

$$MN = \sqrt{\frac{1}{2}x^2 + (a-x)^2} = \sqrt{\frac{3}{2}x^2 - 2ax + a^2} = \sqrt{\frac{3}{2}\left(x - \frac{2}{3}a\right)^2 + \frac{a^2}{3}},$$

所以当 $x = \frac{2}{3}a$ 时，$MN_{\min} = \frac{\sqrt{3}}{3}a$，此即为 BD 与 B_1C 的距离。

三、化归方法在立体几何问题中的应用

前面所述的各种转化思想,总结起来就是化归方法的应用.所谓**化归方法**是指把待解决的问题,通过某种转化过程,归结到一类已经能解决或者比较容易解决的问题中去,最终求得原问题的解答的一种手段和方法.其一般模式如下:

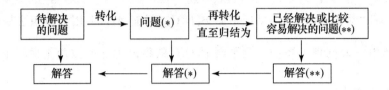

按上述化归方法的一般模式,立体几何中有关距离和角度的计算问题,化归为如下模式:

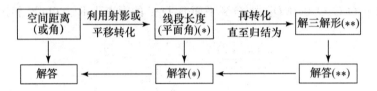

例 9 已知在 $120°$ 的二面角 $\alpha\text{-}a\text{-}\beta$ 中,$A\in\alpha,B\in\beta$,点 A 和 B 到棱 a 的距离分别为 2 和 4,且 $AB=10$,求 AB 和棱 a 所成的角及直线 AB 与平面 β 所成的角.

解 如图 8.34 所示,作 $AC\perp a, BD\perp a$,垂足分别为点 C 和点 D,则 $AC=2, BD=4$.

(1) 求 AB 与棱 a 所成的角(空间角问题) $\xrightarrow[\text{转化}]{\text{作 }BE\parallel a}$ 求 $\angle ABE$(平面角) $\xrightarrow[\text{再转化}]{\text{作 }CE\parallel DB}$ 解直角三角形 ABE(解三角形问题).

根据已知条件有 $AB=10, AE=\sqrt{2^2+4^2-2\cdot 2\cdot 4\cos 120°}=2\sqrt{7}$,再由 $\sin\angle ABE=\dfrac{AE}{AB}=\dfrac{2\sqrt{7}}{10}=\dfrac{\sqrt{7}}{5}$,得 $\angle ABE=\arcsin\dfrac{\sqrt{7}}{5}$.

(2) 求直线 AB 与平面 β 所成的角(空间角问题) $\xrightarrow[\text{转化}]{\text{作 }AB\text{ 在 }\beta\text{ 的射影 }BH}$ 求 $\angle ABH$(平面角问题) $\xrightarrow[\text{再转化}]{\text{把 }\angle ABH\text{ 归入 Rt}\triangle ABH}$ 解 $\text{Rt}\triangle ABH$(解三角形问题).

根据已知条件可知 $AB=10, AH=AC\cdot\sin 60°=\sqrt{3}, \sin\angle ABH=\dfrac{AH}{AB}=\dfrac{\sqrt{3}}{10}$,所以

$$\angle ABH=\arcsin\dfrac{\sqrt{3}}{10}.$$

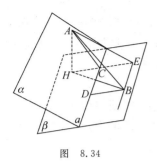
图 8.34

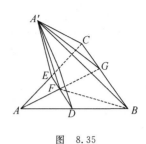
图 8.35

例 10 已知等边 $\triangle ABC$ 的边长为 a,以与 BC 平行的中位线 DE 为折痕,将 $\triangle ADE$ 折至 $\triangle A'DE$ 的位置. 若平面 $A'DE \perp$ 平面 ABC,求点 A' 到直线 BC 的距离,$A'B$ 与平面 ABC 所成角的正切.

解 如图 8.35 所示,作 $A'G$ 垂直 BC 于 G,连结 AG 交 DE 于 F.

求点 A' 到直线 BC 的距离(空间距离问题)$\xrightarrow[\text{转化}]{A'G \perp BC(\text{射影})}$ 求线段 $A'G$ 的长 $\xrightarrow[\text{再转化}]{\text{归结到 Rt}\triangle A'FG}$ 解 $\text{Rt}\triangle A'FG$(解三角形问题). 根据已知条件可知

$$A'F = AF = FG = \frac{1}{2}AG = \frac{1}{2} \cdot \frac{\sqrt{3}}{2}a = \frac{\sqrt{3}}{4}a, \quad \text{所以} \quad A'G = \frac{\sqrt{6}}{4}a.$$

求 $A'B$ 与平面 ABC 所成角的正切(空间角问题)$\xrightarrow[\text{转化}]{BF \text{ 为 } A'B \text{ 在平面 } ABC \text{ 内的射影}}$ 求 $\tan\angle A'BF$(平面问题)$\xrightarrow[\text{再转化}]{\text{归结到 Rt}\triangle A'FB}$ 解 $\text{Rt}\triangle A'FB$(解三角形问题). 根据已知条件可知

$$A'F = \frac{\sqrt{3}}{4}a, \ BF = \frac{\sqrt{7}}{4}a, \quad \text{所以} \quad \tan\angle A'BF = \frac{\frac{\sqrt{3}}{4}a}{\frac{\sqrt{7}}{4}a} = \frac{\sqrt{21}}{7}.$$

通过上例可以看出,化归方法是一种间接解决问题的方法. 它在数学问题解决中的作用在于转化(例如把空间问题转化为平面几何问题,再转化为解三角形的问题),就是把待解决的问题进行变形、分割、射影,使之或简单化、或熟悉化、或具体化,直至归结到一类已经能解决的或容易解决的问题当中去. 可见化归方法在数学问题解决中具有十分重要的意义.

习 题 八

1. 写出下列命题的对偶命题:
(1) 通过空间一点能作且只能作一条直线与已知平面垂直;
(2) 平行于同一直线的两条直线互相平行;

(3) 若平面外的两条平行线中的一条平行于这个平面,则另一条也平行于这个平面;

(4) 若一个平面内的两条相交直线与另一个平面平行,则这两个平面平行.

2. 写出下列命题的对偶链命题:
$$m/\!/l, n/\!/l \Longrightarrow m/\!/n.$$

3. 已知在四棱锥 $P\text{-}ABCD$ 中,底面 $ABCD$ 为矩形,$PB\perp$底面 $ABCD$,$AB=PB$,E,F 分别为 CB,PD 的中点(见图 8.36).

(1) 求证:$EF\perp$平面 PDA;

(2) 设 $AD=\sqrt{2}DC$,求 AC 与平面 AEF 所成的角的大小.

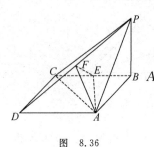

图 8.36

4. 已知四棱锥 $P\text{-}ABCD$ 的底面为直角梯形,$AB/\!/DC$,$\angle DAB=90°$,$PA\perp$底面 $ABCD$,且 $PA=AD=DC=\dfrac{1}{2}AB=1$,$M$ 是 PB 的中点(见图 8.37).

(1) 证明:平面 $PAD\perp$平面 PCD;

(2) 求 AC 与 PB 所成的角;

(3) 求平面 AMC 与平面 BMC 所成二面角的大小.

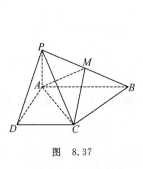

图 8.37

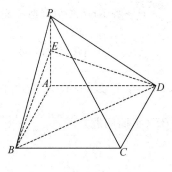

图 8.38

5. 已知四棱锥 $P\text{-}ABCD$ 的底面 $ABCD$ 是菱形,$AB=4$,$\angle ABC=60°$,$PA\perp$平面 $ABCD$,且 $PA=4$,E 是 PA 的中点,求 PC 与平面 BED 间的距离(见图 8.38).

6. 已知正四面体 $A\text{-}BCD$ 边长均为 1,求异面直线 AB 与 CD 的距离.

7. 已知正方体 $ABCD\text{-}A'B'C'D'$ 的棱长为 1,求直线 AB' 与 $A'C'$ 的距离.(用两种以上方法求解)

8. 已知正方形 $ABCD$ 的边长为 13,平面 $ABCD$ 外的一点 P 到正方形各顶点的距离都为 13,M,N 分别是 PA,BD 上的点,且 $PM:MA=BN:ND=5:8$,求线段 MN 的长.

9. 已知平行六面体 $ABCD\text{-}A'B'C'D'$,$AB=4$,$AD=3$,$AA'=5$,$\angle BAD=90°$,$\angle BAA'=\angle DAA'=60°$,求对角线 AC' 的长(见图 8.39).

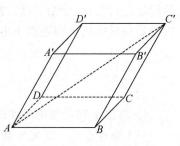

图 8.39

10. 设有正方体 $ABCD$-$A'B'C'D'$,E 是 CC' 中点,求平面 $AB'E$ 和底面 $ABCD$ 所成角的余弦值.

11. 已知正三棱锥的侧面与底面所成角为 α,任两侧面夹角为 β,求证:
$$3\cos^2\alpha + 2\cos\beta = 1.$$

12. 已知在直三棱柱 ABC-$A_1B_1C_1$ 中,$AC=3$,$BC=4$,$AA_1=4$,$AB=5$,点 D 是 AB 的中点(见图 8.40).

(1) 求证:$AC \perp BC_1$;

(2) 求证:$AC_1 /\!/$ 平面 CDB_1.

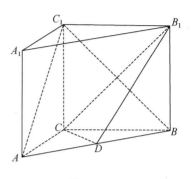

图 8.40

13. 已知在底面为平行四边形的四棱锥 P-$ABCD$ 中,$AB \perp AC$,$PA \perp$ 平面 $ABCD$,且 $PA=AB$,点 E 是 PD 的中点(见图 8.41).

(1) 求证:$AC \perp PB$;   (2) 求证:$PB /\!/$ 平面 AEC.

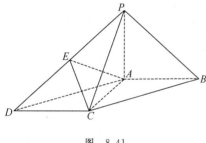

图 8.41

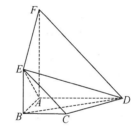

图 8.42

14. 已知平面 $ABEF \perp$ 平面 $ABCD$,四边形 $ABEF$ 与 $ABCD$ 都是直角梯形,$\angle BAD = \angle FAB = 90°$,$BC \underline{\underline{/\!/}} \dfrac{1}{2}AD$,$BE \underline{\underline{/\!/}} \dfrac{1}{2}AF$(见图 8.42),证明:$C$,$D$,$F$,$E$ 四点共面.

15. 已知在四棱锥 O-$ABCD$ 中,底面 $ABCD$ 是边长为 1 的菱形,$\angle ABC = \dfrac{\pi}{4}$,$OA \perp$ 底面 $ABCD$,$OA=2$,M 为 OA 的中点,N 为 BC 的中点(见图 8.43),证明:
$$MN /\!/ \text{平面 } OCD.$$

16. 已知在四棱锥 P-$ABCD$ 中,底面 $ABCD$ 是矩形,$PA \perp$ 平面 $ABCD$,$PA=AD=4$,$AB=2$. 以 AC 的中点 O 为球心、AC 为直径的球面交 PD 于点 M,交 PC 于点 N(见图 8.44).

(1) 求直线 CD 与平面 ACM 所成的角的大小;

(2) 求点 N 到平面 ACM 的距离.

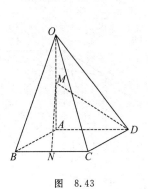

图 8.43

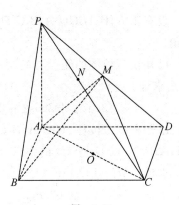

图 8.44

17. 已知在正三棱锥 $P\text{-}ABC$ 中,底面正三角形 ABC 的中心为 O,D 是 PA 的中点,$PO=AB=2$(见图 8.45),求 PB 与平面 BDC 所成角的正弦值.

18. 已知四棱锥 $P\text{-}ABCD$ 的底面是直角梯形,
$$\angle ABC = \angle BCD = 90°, \quad AB = BC = PB = PC = 2CD,$$
侧面 $PBC \perp$ 底面 $ABCD$(见图 8.46).

(1) PA 与 BD 是否相互垂直,请证明你的结论;

(2) 求二面角 $P\text{-}BD\text{-}C$ 的大小;

(3) 求证:平面 $PAD \perp$ 平面 PAB.

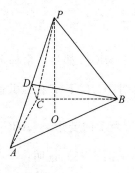

图 8.45

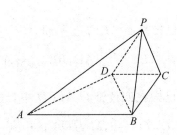

图 8.46

19. 已知直四棱柱 $ABCD\text{-}A'B'C'D'$ 的底面是菱形,$\angle ABC=60°$,E,F 分别是棱 CC' 与 BB' 上的点,且 $EC=BC=2FB=2$(见图 8.47).

(1) 求证:平面 $AEF \perp$ 平面 $AA'C'C$;

(2) 求截面 AEF 与底面 $ABCD$ 所成二面角的大小.

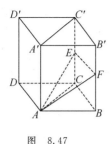

图 8.47

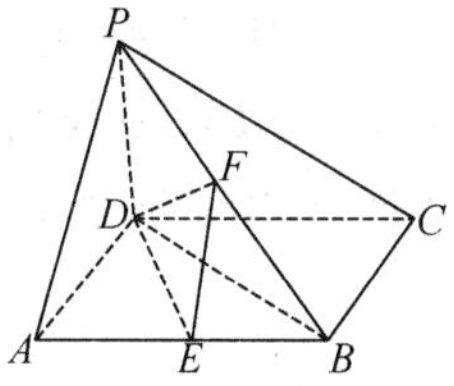

图 8.48

20. 已知在四棱锥 P-$ABCD$ 中,$PD\perp$底面 $ABCD$,底面 $ABCD$ 为正方形,$PD=DC$,E,F 分别是 AB,PB 的中点(见图 8.48).

(1) 求证:$EF\perp CD$;

(2) 在平面 PAD 内求一点 G,使得 $GF\perp$平面 PCB,并证明你的结论;

(3) 求 DB 与平面 DEF 所成角的大小.

21. 已知在三棱锥 P-ABC 中,$AB\perp BC$,$AB=BC=kPA$,点 O,D 分别是 AC,PC 的中点,$OP\perp$底面 ABC(见图 5.49).

(1) 求证:OD∥平面 PAB;

(2) 当 $k=\dfrac{1}{2}$ 时,求直线 PA 与平面 PBC 所成角的大小;

(3) 当 k 取何值时,O 在平面 PBC 内的射影恰好为△PBC 的重心?

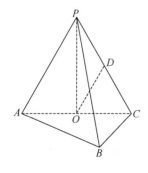

图 8.49

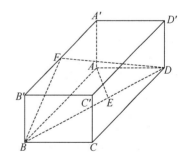

图 8.50

22. 已知在长方体 $ABCD$-$A'B'C'D'$中,$AB=2$,$AA'=1$,直线 BD 与平面 $AA'B'B$ 所成的角为 $30°$,AE 垂直 BD 于 E,F 为 $A'B'$中点(见图 8.50).

(1) 求异面直线 AE 与 BF 所成的角;

(2) 求证平面 BDF 与平面 $AA'B$ 所成二面角(锐角)的大小;

(3) 求点 A 到平面 BDF 的距离.

23. 已知在四棱锥 $P\text{-}ABCD$ 中,底面 $ABCD$ 为矩形,侧棱 $PA \perp$ 底面 $ABCD$,$AB=\sqrt{3}$,$BC=1$,$PA=2$,E 为 PD 中点(见图 8.51).

(1) 求直线 AC 与 PB 所成角的余弦值;

(2) 在侧面 PAB 内找一点 N,使得 $NE \perp$ 面 PAC,并求出点 N 到 AB 和 AP 的距离.

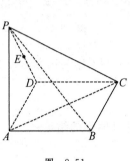

图 8.51

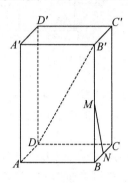

图 8.52

24. 已知在长方体 $ABCD\text{-}A'B'C'D'$ 中,M,N 分别是 BB' 和 BC 的中点,$AB=4$,$AD=2$,$B'D$ 与平面 $ABCD$ 所成的角为 $60°$,求异面直线 $B'D$ 与 MN 所成角的大小(见图 8.52).

25. 已知在直三棱柱 $ABC\text{-}A'B'C'$ 中,$AC=3$,$BC=4$,$AB=5$,$AA'=4$,点 D 是 AB 的中点(见图 8.53).

(1) 求证:$AC \perp BC'$; (2) 求证:$AC' // $ 平面 CDB';

(3) 求异面直线 AC' 与 $B'C$ 所成角的余弦值.

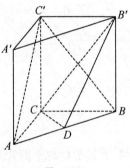

图 8.53

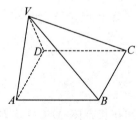

图 8.54

26. 已知在四棱锥 $V\text{-}ABCD$ 中,底面 $ABCD$ 是正方形,侧面 VAD 是正三角形,平面 $VAD \perp$ 底面 $ABCD$(见图 8.54).

(1) 证明:$AB \perp$ 平面 VAD; (2) 求面 VAD 与面 VDB 所成二面角的大小.

本章参考文献

[1] 张奠宙,沉文选.中学几何研究.北京:高等教育出版社,2006.
[2] 蒋生.从平面到空间.上海:上海教育出版社,1985.
[3] 马忠林.数学辞海(第一卷).北京:中国科学技术出版社,1995.
[4] 朱维.立体几何解题方法与研究.长春:吉林人民出版社,1984.
[5] 倪莉.空间向量在立体几何中的应用.数学学习与研究·教研版,2007,1:18.
[6] 赵国有,安生花.初等几何问题的向量证法.延安教育学院学报,2000,4:63-66.
[7] 胡炳生.现代数学观点下的中学数学.北京:高等教育出版社,1999.

第九章 平面解析几何

> 解析几何知识在数学课程中出现得较早,小学教学课程中就开始出现用坐标确定点的位置的内容,只不过那时是停留在整数坐标,而且并没有明确采用"坐标"名称.初中阶段全面介绍了平面直角坐标系,主要是为了学习函数的需要.借助坐标系描绘函数图像,学习函数性质,具有明显的代数性质.解析几何知识较为系统地出现在数学课程中是在高中阶段,内容主要集中在曲线和方程上.所以在中学数学中,解析几何的内容的重点在曲线、方程与函数等方面.

第一节 曲线、方程与函数

笛卡儿的解析几何的基本思想是在平面上引进坐标的概念,即在平面内建立坐标系,将平面上的点和有序实数对 (x,y) 之间建立起一一对应的关系.每一对实数 (x,y) 都对应于平面上的一个点;反之,每一个点都对应于一个实数对——它的坐标 (x,y).采用这种方式可以将一个代数方程 $f(x,y)=0$ 与平面上一条曲线对应起来,于是几何问题便可归结为代数问题,并反过来通过代数问题的研究发现新的几何结果.

一、坐标与坐标系

解析几何中,首先是建立坐标系.点、直线或其他几何对象与有序数组之间建立的一套对应法则称为**坐标系**.与点对应的有序数组称为该点的**坐标**.有序数组为一个数的坐标系称为一维坐标系;有序数组为 n 个独立的数的坐标系称为 n 维坐标系.平面解析几何中的坐标系是二维坐标系.常用的坐标系有平面直角坐标系、平面极坐标系、仿射坐标系、空间直角坐标系、球面坐标系、柱面坐标系等.中学的平面解析几何中主要使用平面直角坐标系和平面极坐标系.

1. 平面直角坐标系

平面直角坐标系是平面笛卡儿坐标系的一种. 设 l_1, l_2 是平面内两条相交、原点(记为 O)重合的坐标轴,且从 l_1 的方向到 l_2 的方向是逆时针方向,我们称坐标轴 l_1 为**横轴**或 x **轴**,称坐标轴 l_2 为**纵轴**或 y **轴**. 设平面上任意点 P 在坐标轴 x,y 轴上的射影分别为 M,N,则有向线段 OM 的数量 x 称为 P 点的**横坐标**,有向线段 ON 的数量 y 称为 P 点的**纵坐标**,有序数对 (x,y) 称为 P 点的**坐标**. 反过来,已知点 P 的坐标为 (x,y),在 x 轴上确定一点 M,使有向线段 OM 的数量等于 x;在 y 轴上确定一点 N,使有向线段 ON 的数量等于 y;再过 M,N 分别作 y,x 轴的平行线交于一点,则此点就是点 P 的位置. 这样使平面上的点集与有序数对 (x,y) 的集合之间建立的一套一一对应的法则称为**平面笛卡儿坐标系**,其中当坐标轴互相垂直时,称为**平面直角坐标系**;当坐标轴夹角非直角时,为**平面斜坐标系**.

2. 平面极坐标系

在平面内取一点 O. 由 O 出发的一条射线 Ox,一个长度单位和计算角度的一个正方向(通常为逆时针方向)与平面合称为**极坐标平面**,其中点 O 称为**极点**,射线 Ox 称为**极轴**. 对于平面上任意的点 P,设 $|OP|=\rho$,称 ρ 为点 P 的**极径**;设 $\angle xOP=\theta \in [0,2\pi)$,称 θ 为点 P 的**极角**或辐角. 有序数对 (ρ,θ) 称为 P 点的**极坐标**. 反过来,给定一个有序数对 $(\rho,\theta)(\theta\in[0,2\pi))$,也可以在极坐标平面内找到唯一的点与它对应. 极坐标平面内,极点的极径为 0,极角不确定. 除极点外,其他点和它的极坐标成一一对应. 上述平面点集与有序数对 (ρ,θ) 的集合之间的一套对应法则称为**平面极坐标系**.

极坐标系的应用极为广泛,力学中的行星运动研究,机械中凸轮的设计,物理中圆形物体的形变、温度分布、波的传播等问题的研究都要用到极坐标系.

3. 平面直角坐标系与极坐标系的关系

平面直角坐标系与极坐标系虽然是两种不同的坐标系,但它们都可以用来描述平面上点的位置,只是选取的对应方式不同,因此平面上同一个点在两种坐标系下的坐标有着密切的联系. 设点 P 在平面直角坐标系与极坐标系中的坐标分别为 (x,y) 和 (ρ,θ),则二者之间的关系满足下述公式:

$$\begin{cases} x=\rho\cos\theta, \\ y=\rho\sin\theta \end{cases} \text{或} \begin{cases} \cos\theta=\dfrac{x}{\rho}, \\ \sin\theta=\dfrac{y}{\rho} \end{cases} (\rho\neq 0).$$

这两个公式也是平面内同一个点在两种坐标系下的坐标变换公式或互化公式.

二、曲线与方程

在解析几何中,曲线与方程是两个关系极为密切的概念,它们是同一数学对象的两种表

第九章 平面解析几何

达形式.解析几何中运用坐标法可以解决两类基本问题:一类是对满足给定条件的点的轨迹,通过坐标系建立它的方程;另一类是通过方程的讨论,研究方程所表示的曲线性质.

在给定平面直角坐标系中,设有一条曲线 C 和一个方程
$$F(x,y) = 0. \qquad ①$$

如果曲线 C 上任何点的坐标都满足方程①,同时,所有以方程①的解为坐标的点都在曲线 C 上,则称方程①为**曲线 C 的方程**,而曲线 C 称为**方程①的曲线**(也称为轨迹或图像).根据这个定义,要说明某一方程 $F(x,y)=0$ 是某一曲线 C 的方程,需要同时说明以下两点:

(1) 曲线 C 上任何一点的坐标都满足方程 $F(x,y)=0$;

(2) 以方程 $F(x,y)=0$ 的解为坐标的一切点都在曲线 C 上.

在建立曲线的方程时,一般是利用动点所满足的条件,建立其横纵坐标之间的关系,表示成代数等式,再经过一系列化简,最终得出所求的方程.这个过程就保证了条件(1)满足,继而再证明条件(2)也满足即可.

有些曲线,其上的点的坐标之间的关系难以直接建立,需要引进第三变量 t,将曲线上动点坐标 x, y 分别表示成关于 t 的函数表达式
$$\begin{cases} x = f(t), \\ y = g(t). \end{cases} \qquad ②$$

如果对于 t 的每个允许值,以方程②所确定的 x, y 为坐标的点 (x,y) 都在曲线 C 上,而且曲线 C 上的任一点的坐标都可以由 t 的某个允许值通过方程②得到,则称方程②为曲线 C 的**参数方程**,第三变量 t 称为**参变量**或**参数**.由于可以选择不同的变量为参数,因而同一曲线的参数方程不是唯一的,可以有多种不同的形式.参数方程可以通过消去参数 t 而转化为普通方程 $F(x,y)=0$.

在平面极坐标系中,如果曲线 C 上任意点 $P(\rho,\theta)$ 的坐标都满足方程 $F(\rho,\theta)=0$,同时,以方程 $F(\rho,\theta)=0$ 的解为坐标的点都在曲线 C 上,则称方程 $F(\rho,\theta)=0$ 为曲线 C 的**极坐标方程**,曲线 C 称为极坐标方程 $F(\rho,\theta)=0$ 的曲线.

平面极坐标系下的曲线也可以建立参数方程:
$$\begin{cases} \rho = f(t), \\ \theta = g(t). \end{cases}$$

在中学数学课程中,解析几何主要讨论直线和圆锥曲线.直线的方程为二元一次方程,圆锥曲线的方程主要是二元二次方程和参数方程.求曲线的方程主要分以下五个步骤:

(1) 建立适当的坐标系,设曲线上任意点 P 的坐标为 (x,y) 或 (ρ,θ);

(2) 根据曲线的特征,写出点 P 所满足的条件 M;

(3) 用点 P 的坐标表示条件 M,列出方程 $F(x,y)=0$ 或 $F(\rho,\theta)=0$;

(4) 化简方程 $F(x,y)=0$ 或 $F(\rho,\theta)=0$ 为最简形式;

(5) 证明以化简后的方程的解为坐标的点都是曲线上的点.

三、方程与函数

方程与函数代表着两种重要的数学思想,二者反映的都是人们关于量的认识的发展.方程反映的是人们对已知量和未知量的区分,揭示二者之间的必然联系;函数反映的是人们对量的认识从常量到变量的飞跃,它是运动中变量之间依存关系的刻画.方程与函数之间存在着密切的联系.同一个等式,可以用两种观点去考查,例如,一元函数可以看成二元方程;一元方程可以看做一元函数 $y=F(x)$ 在函数值 $y=0$ 时的特殊情形;解二元一次方程组相当于求两个一次函数图像交点的坐标.又如,抛物线方程是 $y^2=2px$,它和一元函数 $y=x^2$ 的表达形式不同,但二者的图像都是抛物线.对照二者的异同,则更能认识到抛物线的本质.

需要注意的是,在中学里函数的学习中强调函数的"单值性",而方程中蕴含的函数很多是多值的,需要结合具体问题恰当地理解,避免造成函数与方程两种思想的分离.

四、函数与曲线

函数和曲线有着非常密切的关系.虽然当初笛卡儿在解析几何中,已注意到一个变量对另一个变量的依赖关系,但那时人们尚未意识到需要提炼函数概念.直到 17 世纪后期牛顿、莱布尼茨建立微积分时还没有人明确函数的一般意义,大部分函数是被当做曲线来研究的.所以,在 18 世纪前,函数和曲线几乎被等同看待.18 世纪以后,随着对函数认识的加深,人们不断提出和完善函数的定义,使函数摆脱了曲线的范畴.但在实际研究中,借助曲线来讨论函数的性质仍然是一种常用的方法.解析几何的出现,更是把函数与曲线带入到同一个平台当中.解析几何是用代数的方法研究几何问题,但实际上,用几何观点分析代数问题,特别是分析函数问题,也是解析几何另一个重要的方面.

几何中把曲线看成是动点运动的轨迹,但是曲线不能直接参与计算.解析几何运用坐标法,把动点形成的曲线看做是由数表示的坐标变化的结果.在此基础上,牛顿把曲线看成是动点的路径,莱布尼茨从曲线的切线入手研究曲线的性质,二者殊途同归,都创造出了微积分.直到现在,借助曲线来讨论函数的性质,仍是函数研究中的一个重要方法.

第二节 曲线的生成与类型的判别

一、曲线的生成

曲线的生成方式有很多种.古希腊亚历山大时期的数学家阿波罗尼奥斯(Apollonius),用平面截一个对顶圆锥,根据平面的位置不同,分别得出椭圆、双曲线和抛物线:当平面与底面都不相交(即与所有母线都相交)时,在圆锥侧面得到的是椭圆,特别是与底面平行时得到的是圆;当平面与两个底面都相交时,在圆锥侧面得到的是双曲线;当平面只与一个底面相交时,在圆锥侧面得到的是抛物线.

阿波罗尼奥斯在前人的基础上,第一次从一个对顶圆锥得到所有的圆锥曲线,用纯几何的方法创造了相当完美的圆锥曲线理论.解析几何创立以后,人们开始基于坐标法来讨论曲线的生成问题.在平面解析几何中,曲线的生成方式主要有定义方式、特征条件方式和运动方式等.

1. 与定点相关的曲线

(1) 平面内与两个定点 F_1, F_2 的距离之和等于常数 $2a$ 的点的轨迹,当 $2a > |F_1 F_2|$ 时是椭圆(这是椭圆的定义),当 $2a = |F_1 F_2|$ 时是线段 $F_1 F_2$,当 $2a < |F_1 F_2|$ 时不存在.

(2) 平面内与两个定点 F_1, F_2 的距离之差的绝对值等于常数 $2a$ 的点的轨迹,当 $2a < |F_1 F_2|$ 时是双曲线(这是双曲线的定义),当 $2a = |F_1 F_2|$ 时是分别以 F_1, F_2 为端点的射线,当 $2a > |F_1 F_2|$ 时不存在.

(3) 平面内与两个定点 A_1, A_2 的连线斜率之乘积等于非零常数 λ 的点的轨迹是以线段 $A_1 A_2$ 的中点为中心的有心二次曲线:当 $\lambda = -1$ 时,轨迹是圆;当 $\lambda < 0$ 且 $\lambda \neq -1$ 时,轨迹是以 $A_1 A_2$ 所在直线为一条对称轴的椭圆;当 $\lambda > 0$ 时,轨迹是以 $A_1 A_2$ 所在直线为实轴的双曲线.

(4) 平面内与两个定点 A_1, A_2 的距离平方和为定值的点的轨迹是一个圆,线段 $A_1 A_2$ 的中点为其圆心.

(5) 平面内与两个定点 A_1, A_2 的距离平方差为定值的点的轨迹是垂直于直线 $A_1 A_2$ 的一条直线.

(6) 平面内与两个定点的距离之比为定值 λ 的点的轨迹,当 $\lambda \neq 1$ 时是一个圆(阿波罗圆),当 $\lambda = 1$ 时是两定点所在的直线.

2. 与定点、定直线相关的曲线

(1) 平面内到一定点与到一定直线的距离之比等于常数 e 的点的轨迹,当 $0 < e < 1$ 时是椭圆,当 $e = 1$ 时是抛物线,当 $e > 1$ 时是双曲线(这是圆锥曲线的统一定义).

(2) 平面内到一定点的距离 d_1 与到一定直线的距离 d_2 的线性和 $\lambda d_1 + \mu d_2 (\lambda > 0, \mu > 0)$ 为定值的点的轨迹,当 $\lambda = \mu$ 时是两段抛物线弧,当 $\lambda > \mu$ 时是椭圆,当 $\lambda < \mu$ 时是双曲线.

3. 与定点、定圆相关的曲线

(1) 平面内到一定点的距离等于到一定圆的最短距离的点的轨迹,当定点为定圆的圆心时是一个圆,当定点在定圆内且不为圆心时是椭圆,当定点在定圆外时是双曲线的一支,当定点在定圆上时是以定圆圆心为端点的射线.

(2) 与一定圆相切且经过一定点的动圆圆心的轨迹,当定点为定圆的圆心时是一个圆,当定点在定圆内且不为圆心时是椭圆,当定点在定圆外时是双曲线,当定点在定圆上时是半直线.

4. 与曲线相关的曲线

(1) 圆锥曲线过焦点的弦的中点轨迹是同型的圆锥曲线.

(2) 圆锥曲线与某一顶点张角两边的斜率乘积为定值的弦的中点轨迹是同型的圆锥曲线.

5. 由运动生成的曲线

(1) 把一条没有弹性的细绳绕在一个定圆上,拉开绳子的一端并拉直,使绳子与圆周始终相切,则绳子端点的轨迹是一条曲线,这条曲线叫做**圆的渐开线**,而这个定圆叫做**渐开线的基圆**.

(2) 射线上一动点从端点沿射线做匀速直线运动,同时射线绕其端点做匀角速度旋转时,动点的轨迹称为**阿基米德螺线(等速螺线)**.

(3) 平面直角坐标系内,长度为定值的线段 AB,当点 A 从原点沿纵轴移动到 $\pm\infty$ 时,点 B 的轨迹称为**曳物线**.

(4) 在平面上,一个动圆沿着一条固定的直线或固定圆周作相切滚动时,动圆圆周上一定点的轨迹称为**圆的摆线**.

二、圆锥曲线类型的判别

怎样判别实系数二元二次方程

$$Ax^2 + Bxy + Cy^2 + Dx + Ey + F = 0 \quad (A^2 + B^2 + C^2 \neq 0) \quad \text{①}$$

表示何种圆锥曲线是解析几何中经常要考虑的问题. 一个基本的方法是,利用坐标平移或旋转,将其化为圆锥曲线的标准方程后,再判断其类型. 除此之外,还有一些其他的基本方法.

1. 离心率判别法

圆锥曲线上任意一点到焦点的距离与该点到准线的距离之比,称为该圆锥曲线的**离心率**,记做 e. 根据圆锥曲线的统一定义,e 的取值范围可用来判别圆锥曲线的类型.

对于椭圆、双曲线来说,离心率也是焦距(两焦点间的距离)和长轴或实轴之比. 设焦距为 $2c$,椭圆的长轴或双曲线的实轴长为 $2a$,则 $e = \dfrac{c}{a}$.

对于椭圆,因为 $c = \sqrt{a^2 - b^2}$(b 为短半轴长),所以 $c < a$,从而有 $0 < e < 1$;对于双曲线,因为 $c = \sqrt{a^2 + b^2}$(b 为虚半轴长),所以 $c > a$,从而有 $e > 1$;对于抛物线,由定义即有 $e = 1$. 这样,根据离心率的值就可以判别曲线的类型:当 $0 < e < 1$ 时,曲线是椭圆;当 $e > 1$ 时,曲线是双曲线;当 $e = 1$ 时,曲线是抛物线.

特别地,如果把椭圆长轴固定,改变焦距使两个焦点无限靠近,以至于两者重合,则焦距

$c=0$,此时由 $c=\sqrt{a^2-b^2}$ 可得 $a=b$,于是椭圆就变成了圆.因此可规定圆的离心率为 $e=0$ (焦点为圆心,准线为无穷远直线).

2. 不变量判别法

利用变换的观点,考查圆锥曲线的不变量,也是对圆锥曲线类型进行判别的常用方法.

对于方程①,设

$$I_1 = A + \frac{1}{2}B, \quad I_2 = \frac{1}{4}\begin{vmatrix} 2A & B \\ B & 2C \end{vmatrix}, \quad I_3 = \frac{1}{8}\begin{vmatrix} 2A & B & D \\ B & 2C & E \\ D & E & 2F \end{vmatrix},$$

则 I_1, I_2, I_3 为不变量.

当 $I_2 > 0$ 时,如果 $I_1 I_3 < 0$,则方程①表示的曲线为椭圆.

当 $I_2 < 0$ 时,如果 $I_3 \neq 0$,则方程①表示的曲线为双曲线;如果 $I_3 = 0$,则为两条相交直线.

当 $I_2 = 0$ 时,如果 $I_3 \neq 0$,则方程①表示的曲线为抛物线;如果 $I_3 = 0$,则为两条平行直线或两条重合直线,或者没有轨迹.

3. 根式判别法

对于方程①,当 $A \neq 0$ 时,可转化为关于 x 的一元二次方程

$$Ax^2 + (By + D)x + (Cy^2 + Ey + F) = 0.$$

由求根公式有

$$x = \frac{-(By+D) \pm \sqrt{(By+D)^2 - 4A(Cy^2 + Ey + F)}}{2A}.$$

设

$$\Delta_y = (By+D)^2 - 4A(Cy^2 + Ey + F),$$

则方程①表示的曲线可由 Δ_y 来判别:

(1) 当 $\Delta_y = (py+q)^2$ 时,方程①表示的曲线是两条直线;

(2) 当 $\Delta_y = (py+q)^2 + r(pr \neq 0)$ 时,方程①表示的曲线是双曲线;

(3) 当 $\Delta_y = py + q(p \neq 0)$ 时,方程①表示的曲线是抛物线;

(4) 当 $\Delta_y = -(py+q)^2 + r(p \neq 0, r > 0)$ 时,方程①表示的曲线是椭圆或圆;

(5) 当 $\Delta_y = -(py+q)^2(p \neq 0)$ 时,方程①表示的曲线是一个点;

(6) 当 $\Delta_y = -(py+q)^2 + r(p \neq 0, r < 0)$ 时,方程①不表示任何曲线.

类似地,在 $C \neq 0$ 时,方程①也可以转化为关于 y 的一元二次方程,利用 Δ_x 同样可以对圆锥曲线的类型进行判别.这种方法可以避免坐标变换所带来的繁琐的计算,更快捷地判别出圆锥曲线的类型.

第三节 解析几何问题的求解[①]

一、曲线的方程问题

曲线的方程问题,除涉及曲线的定义外,还往往涉及焦点、轴、中心、离心率、渐近线等多个概念,有时还要涉及特定点或特定直线等.

例 1 已知椭圆 G 的中心在坐标原点,长轴在 x 轴上,离心率为 $\sqrt{3}/2$,两个焦点分别为 F_1 和 F_2,椭圆 G 上一点到 F_1 和 F_2 的距离之和为 12,求椭圆 G 的方程.

解 设椭圆 G 的方程为 $\dfrac{x^2}{a^2}+\dfrac{y^2}{b^2}=1(a>b>0)$,半焦距为 c,则有

$$\begin{cases} 2a=12, \\ \dfrac{c}{a}=\sqrt{3}/2, \end{cases} \quad \text{解得} \quad \begin{cases} a=6, \\ c=3\sqrt{3}. \end{cases}$$

所以 $b^2=a^2-c^2=36-27=9$. 因此,所求椭圆 G 的方程为 $\dfrac{x^2}{36}+\dfrac{y^2}{9}=1$.

例 2 已知 $M(-2,0)$ 和 $N(2,0)$ 是平面上的两点,动点 P 满足:$|PM-PN|=2$,求点 P 的轨迹方程;

解 由双曲线的定义,点 P 的轨迹是以 M,N 为焦点,实轴长为 $2a=2$ 的双曲线.由于该双曲线的半焦距 $c=2$,实半轴 $a=1$,从而虚半轴 $b=\sqrt{3}$,所以双曲线的方程为 $x^2-\dfrac{y^2}{3}=1$.

例 3 设斜率为 2 的直线 l 过抛物线 $y^2=ax(a\neq 0)$ 的焦点 F,且和 y 轴交于点 A. 若 $\triangle OAF$(O 为坐标原点)的面积为 4,求抛物线方程.

解 抛物线 $y^2=ax(a\neq 0)$ 的焦点 F 坐标为 $\left(\dfrac{a}{4},0\right)$,从而直线 l 的方程为

$$y=2\left(x-\dfrac{a}{4}\right),$$

它与 y 轴的交点为 $A\left(0,-\dfrac{a}{2}\right)$,所以 $\triangle OAF$ 的面积为 $\dfrac{1}{2}\left|\dfrac{a}{4}\right|\left|\dfrac{a}{2}\right|=4$,解得 $a=\pm 8$.所以,抛物线方程为 $y^2=\pm 8x$.

例 4 已知椭圆 C 的中心为直角坐标系的原点 O,焦点在 x 轴上,长轴上的一个顶点到两个焦点的距离分别是 7 和 1.

(1)求椭圆 C 的方程;

[①] 本节例题均选自近年全国各地的高考试题.

(2) 若 P 为椭圆 C 的动点,M 为过 P 且垂直于 x 轴的直线上的点,$\dfrac{|OP|}{|OM|}=e$ (e 为椭圆 C 的离心率),求点 M 的轨迹方程,并说明轨迹是什么曲线.

解 (1) 设椭圆 C 的长半轴长及半焦距分别为 a,c,则由已知得

$$\begin{cases} a-c=1, \\ a+c=7, \end{cases} \quad \text{解得} \quad a=4, c=3.$$

所以椭圆 C 的方程为 $\dfrac{x^2}{16}+\dfrac{y^2}{7}=1$.

(2) 设 $M(x,y)$,$P(x,y_1)$,其中 $x\in[-4,4]$. 由已知得 $\dfrac{x^2+y_1^2}{x^2+y^2}=e^2$,而 $e=\dfrac{3}{4}$,故有

$$16(x^2+y_1^2)=9(x^2+y^2). \qquad ①$$

由点 P 在椭圆 C 上得 $y_1^2=\dfrac{112-7x^2}{16}$. 代入①式并化简得 $9y^2=112$,所以点 M 的轨迹方程为 $y=\pm\dfrac{4\sqrt{7}}{3}$ ($-4\leqslant x\leqslant 4$),即轨迹是两条平行于 x 轴的线段.

二、曲线的离心率问题

例 5 设双曲线 $\dfrac{x^2}{a^2}-\dfrac{y^2}{b^2}=1$ ($a,b>0$) 的一条渐近线与抛物线 $y=x^2+1$ 只有一个公共点,求双曲线的离心率.

解 设双曲线 $\dfrac{x^2}{a^2}-\dfrac{y^2}{b^2}=1$ 的一条渐近线为 $y=\dfrac{b}{a}x$. 由题设知方程组 $\begin{cases} y=\dfrac{b}{a}x, \\ y=x^2+1 \end{cases}$ 有唯一解. 消去 y,得

$$x^2-\dfrac{b}{a}x+1=0.$$

因为该方程有唯一解,所以 $\Delta=\left(\dfrac{b}{a}\right)^2-4=0$,即 $\dfrac{b}{a}=2$. 因此

$$e=\dfrac{c}{a}=\dfrac{\sqrt{a^2+b^2}}{a}=\sqrt{1+\left(\dfrac{b}{a}\right)^2}=\sqrt{5}.$$

当双曲线 $\dfrac{x^2}{a^2}-\dfrac{y^2}{b^2}=1$ 的一条渐近线为 $y=-\dfrac{b}{a}$ 时,同理得 $e=\sqrt{5}$.

注 本例考查了双曲线的渐近线的方程和离心率的概念,以及直线与抛物线的位置关系."只有一个公共点",则方程组有唯一解,即可求出 b,从而求得离心率 e.

例 6 已知双曲线 C:$\dfrac{x^2}{a^2}-\dfrac{y^2}{b^2}=1$ ($a,b>0$) 的右焦点为 F,过 F 且斜率为 $\sqrt{3}$ 的直线交 C

于 A,B 两点,且 $AF=4FB$,求 C 的离心率.

解 如图 9.1 所示,设双曲线的右准线为 l,过 A,B 分别作 $AM\perp l$ 于 $M,BN\perp l$ 于 $N,BD\perp AM$ 于 D. 由直线 AB 的斜率为 $\sqrt{3}$ 知,直线 AB 的倾斜角为 $60°$,所以 $\angle BAD=60°$,$AD=\dfrac{1}{2}AB$. 由双曲线的第二定义有

$$AM-BN=AD=\dfrac{1}{e}(AF-FB)$$
$$=\dfrac{1}{2}AB=\dfrac{1}{2}(AF+FB).$$

又因为 $AF=4FB$,所以

$$\dfrac{1}{e}\cdot 3FB=\dfrac{5}{2}FB,$$

从而 $e=\dfrac{6}{5}$.

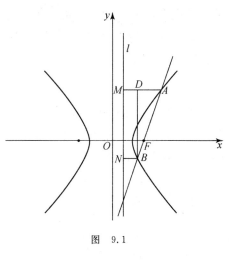

图 9.1

例 7 已知椭圆 $\dfrac{x^2}{a^2}+\dfrac{y^2}{b^2}=1(a>b>0)$ 的左、右焦点分别为 $F_1(-c,0)$,$F_2(c,0)$. 若椭圆上存在一点 P,使得 $\dfrac{a}{\sin\angle PF_1F_2}=\dfrac{c}{\sin\angle PF_2F_1}$,求该椭圆的离心率的取值范围.

解 在 $\triangle PF_1F_2$ 中,由正弦定理可得

$$\dfrac{PF_2}{\sin\angle PF_1F_2}=\dfrac{PF_1}{\sin\angle PF_2F_1},$$

则由已知得 $\dfrac{a}{PF_2}=\dfrac{c}{PF_1}$,即 $aPF_1=cPF_2$.

设点 P 的坐标为 (x_0,y_0),由焦点半径公式得 $PF_1=a+ex_0$,$PF_2=a-ex_0$,则

$$a(a+ex_0)=c(a-ex_0),\quad 即得\quad x_0=\dfrac{a(c-a)}{e(c+a)}=\dfrac{a(e-1)}{e(e+1)},$$

由椭圆的几何性质知 $x_0>-a$,则有 $\dfrac{a(e-1)}{e(e+1)}>-a$,整理得

$$e^2+2e-1>0,\quad 解得\quad e<-\sqrt{2}-1 \text{ 或 } e>\sqrt{2}-1.$$

又 $e\in(0,1)$,故椭圆的离心率 $e\in(\sqrt{2}-1,1)$.

三、与曲线相关的最值问题

例 8 已知直线 $l_1:4x-3y+6=0$ 和直线 $l_2:x=-1$,求抛物线 $y^2=4x$ 上一动点 P 到直线 l_1 和直线 l_2 的距离之和的最小值.

解 直线 $l_2: x=-1$ 为抛物线 $y^2=4x$ 的准线,由抛物线的定义知,P 到 l_2 的距离等于 P 到抛物线的焦点 $F(1,0)$ 的距离,故本题转化为在抛物线 $y^2=4x$ 上找一个点 P,使得 P 到点 $F(1,0)$ 和直线 l_1 的距离之和最小. 显然所求最小值 $d_{\min}$ 为 $F(1,0)$ 到直线 $l_1: 4x-3y+6=0$ 的距离,即

$$d_{\min} = \frac{|4-0+6|}{5} = 2.$$

例 9 在平面直角坐标系 Oxy 中,点 P 到点 $F(3,0)$ 的距离的 4 倍与它到直线 $x=2$ 的距离的 3 倍之和记为 d,已知当点 P 运动时,d 恒等于点 P 的横坐标与 18 之和.
(1) 求点 P 的轨迹 C;
(2) 设过点 F 的直线 l 与轨迹 C 相交于 M, N 两点,求线段 MN 长度的最大值.

解 (1) 设点 P 的坐标为 (x, y),则

$$d = 4\sqrt{(x-3)^2 + y^2} + 3|x-2| = x + 18. \qquad ②$$

当 $x > 2$ 时,由②式得 $\sqrt{(x-3)^2 + y^2} = 6 - \frac{1}{2}x$,化简为

$$\frac{x^2}{36} + \frac{y^2}{27} = 1. \qquad ③$$

当 $x \leqslant 2$ 时,由②式得 $\sqrt{(3-x)^2 + y^2} = 3 + x$,化简得

$$y^2 = 12x. \qquad ④$$

所以点 P 的轨迹 C 是椭圆 $C_1: \frac{x^2}{36} + \frac{y^2}{27} = 1$ 在直线 $x=2$ 的右侧部分与抛物线 $C_2: y^2 = 12x$ 在直线 $x=2$ 的左侧部分(包括它与直线 $x=2$ 的交点)所组成的曲线,见图 9.2.

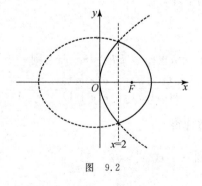

图 9.2

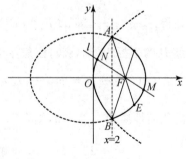

图 9.3

(2) 如图 9.3 所示,易知直线 $x=2$ 与 C_1, C_2 的交点都是 $A(2, 2\sqrt{6}), B(2, -2\sqrt{6})$,直线 AF, BF 的斜率分别为 $k_{AF} = -2\sqrt{6}, k_{BF} = 2\sqrt{6}$.

当点 P 在 C_1 上时,由③式知

$$PF = 6 - \frac{1}{2}x. \qquad ⑤$$

当点 P 在 C_2 上时,由④式知
$$PF = 3 + x. \qquad ⑥$$

若直线 l 的斜率 k 存在,则直线 l 的方程为 $y = k(x-3)$.

(i) 当 $k \leqslant k_{AF}$ 或 $k \geqslant k_{BF}$,即 $k \leqslant -2\sqrt{6}$ 或 $k \geqslant 2\sqrt{6}$ 时,直线 l 与轨迹 C 的两个交点 $M(x_1, y_1)$,$N(x_2, y_2)$ 都在 C_1 上,此时由⑤式知
$$MF = 6 - \frac{1}{2}x_1, \quad NF = 6 - \frac{1}{2}x_2,$$

从而
$$MN = MF + NF = \left(6 - \frac{1}{2}x_1\right) + \left(6 - \frac{1}{2}x_2\right) = 12 - \frac{1}{2}(x_1 + x_2).$$

由 $\begin{cases} y = k(x-3), \\ \dfrac{x^2}{36} + \dfrac{y^2}{27} = 1 \end{cases}$ 得 $(3 + 4k^2)x^2 - 24k^2 x + 36k^2 - 108 = 0$,则 x_1, x_2 是这个方程的两根,

所以
$$x_1 + x_2 = \frac{24k^2}{3 + 4k^2}, \quad MN = 12 - \frac{1}{2}(x_1 + x_2) = 12 - \frac{12k^2}{3 + 4k^2}.$$

因为当 $k \leqslant -2\sqrt{6}$ 或 $k \geqslant 2\sqrt{6}$ 时,$k^2 \geqslant 24$,所以
$$MN = 12 - \frac{12k^2}{3 + 4k^2} = 12 - \frac{12}{\dfrac{3}{k^2} + 4} \leqslant \frac{100}{11},$$

当且仅当 $k = \pm 2\sqrt{6}$ 时等号成立.

(ii) 当 $k_{AF} < k < k_{BF}$,即 $-2\sqrt{6} < k < 2\sqrt{6}$ 时,直线 l 与轨迹 C 的两个交点 $M(x_1, y_1)$,$N(x_2, y_2)$ 分别在 C_1, C_2 上,不妨设点 M 在 C_1 上,点 N 在 C_2 上,则由⑤,⑥两式知
$$MF = 6 - \frac{1}{2}x_1, \quad NF = 3 + x_2.$$

设直线 AF 与椭圆 C_1 的另一交点为 $E(x_0, y_0)$,则 $x_0 < x_1, x_2 < 2$,于是
$$MF = 6 - \frac{1}{2}x_1 < 6 - \frac{1}{2}x_0 = EF, \quad NF = 3 + x_2 < 3 + 2 = AF.$$

所以
$$MN = MF + NF < EF + AF = AE.$$

而点 A, E 都在 C_1 上,且 $k_{AE} = -2\sqrt{6}$,由(i)知
$$AE = \frac{100}{11}, \quad \text{所以} \quad MN < \frac{100}{11}.$$

若直线 l 的斜率不存在,则 $x_1 = x_2 = 3$,此时
$$MN = 12 - \frac{1}{2}(x_1 + x_2) = 9 < \frac{100}{11}.$$

综上所述,线段 MN 长度的最大值为 $\dfrac{100}{11}$.

例 10 已知以原点 O 为中心的椭圆的一条准线方程为 $y=\dfrac{4\sqrt{3}}{3}$，离心率 $e=\dfrac{\sqrt{3}}{2}$，M 是椭圆上的动点. 若 C,D 的坐标分别是 $(0,-\sqrt{3}),(0,\sqrt{3})$，求 $MC\cdot MD$ 的最大值.

解 由题设条件知椭圆的焦点在 y 轴上，故设椭圆方程为

$$\frac{x^2}{a^2}+\frac{y^2}{b^2}=1 \quad (b>a>0).$$

设 $c=\sqrt{b^2-a^2}$，由准线方程 $y=\dfrac{4\sqrt{3}}{3}$ 及 $e=\dfrac{\sqrt{3}}{2}$ 得 $\dfrac{c}{b}=\dfrac{\sqrt{3}}{2}$，解得 $b=2$，$c=\sqrt{3}$，从而 $a=1$，所以椭圆方程为 $x^2+\dfrac{y^2}{4}=1$.

又易知 C,D 两点是椭圆 $x^2+\dfrac{y^2}{4}=1$ 的焦点，所以

$$MC+MD=2b=4,\quad\text{从而}\quad MC\cdot MD\leqslant \left(\frac{MC+MD}{2}\right)^2=2^2=4,$$

当且仅当 $MC=MD$，即点 M 的坐标为 $(\pm 1,0)$ 时上式取等号. 因此 $MC\cdot MD$ 的最大值为 4.

四、与曲线相关的直线问题

例 11 已知 $\triangle ABC$ 的顶点 A,B 在椭圆 $x^2+3y^2=4$ 上，C 在直线 $l: y=x+2$ 上，且 $AB\parallel l$.

(1) 当边 AB 通过坐标原点 O 时，求 AB 的长及 $\triangle ABC$ 的面积；

(2) 当 $\angle ABC=90^\circ$，且斜边 AC 的长最大时，求 AB 所在直线的方程.

解 (1) 因为 $AB\parallel l$，且边 AB 通过点 $(0,0)$，所以 AB 所在直线的方程为 $y=x$. 由 $\begin{cases}x^2+3y^2=4\\ y=x\end{cases}$ 得 $x=\pm 1$. 设 A,B 两点的坐标分别为 $(x_1,y_1),(x_2,y_2)$，则

$$AB=\sqrt{2}\,|x_1-x_2|=2\sqrt{2}.$$

因为边 AB 上的高 h 等于原点到直线 l 的距离，所以 $h=\sqrt{2}$，从而 $\triangle ABC$ 的面积为

$$S_{\triangle ABC}=\frac{1}{2}AB\cdot h=2.$$

(2) 设 AB 所在直线的方程为 $y=x+m$. 由 $\begin{cases}x^2+3y^2=4\\ y=x+m\end{cases}$ 得

$$4x^2+6mx+3m^2-4=0.$$

因为 A,B 在椭圆上，所以

$$\Delta=-12m^2+64>0.$$

设 A,B 两点坐标分别为 $(x_1,y_1),(x_2,y_2)$，则 $x_1+x_2=-\dfrac{3m}{2}$，$x_1 x_2=\dfrac{3m^2-4}{4}$，从而

$$AB = \sqrt{2}\,|x_1 - x_2| = \frac{\sqrt{32-6m^2}}{2}.$$

又因为 BC 的长等于点 $(0,m)$ 到直线 l 的距离，即 $BC = \dfrac{|2-m|}{\sqrt{2}}$，所以

$$AC^2 = AB^2 + BC^2 = -m^2 - 2m + 10 = -(m+1)^2 + 11.$$

故当 $m = -1$ 时，边 AC 最长（这时 $\Delta = -12 + 64 > 0$），此时 AB 所在直线的方程为 $y = x - 1$。

例 12 已知椭圆 C 过点 $A\left(1, \dfrac{3}{2}\right)$，两个焦点为 $(-1, 0), (1, 0)$，E, F 是椭圆 C 上的两个动点。如果直线 AE 的斜率与 AF 的斜率互为相反数，证明直线 EF 的斜率为定值，并求出这个定值。

解 由题意，半焦距 $c = 1$，故可设椭圆方程为 $\dfrac{x^2}{1+b^2} + \dfrac{y^2}{b^2} = 1\ (b > 0)$。因为 A 在椭圆上，所以

$$\frac{1}{1+b^2} + \frac{9}{4b^2} = 1, \quad 解得 \quad b^2 = 3, \quad b^2 = -\frac{3}{4}(舍去).$$

因此椭圆的方程为

$$\frac{x^2}{4} + \frac{y^2}{3} = 1.$$

设直线 AE 的方程为 $y = k(x-1) + \dfrac{3}{2}$，将它代入 $\dfrac{x^2}{4} + \dfrac{y^2}{3} = 1$ 得

$$(3 + 4k^2)x^2 + 4k(3 - 2k)x + 4\left(\frac{3}{2} - k\right)^2 - 12 = 0.$$

设 E, F 的坐标分别为 $(x_E, y_E), (x_F, y_F)$。因为点 $A\left(1, \dfrac{3}{2}\right)$ 的横坐标为 1，利用一元二次方程根与系数的关系，可得

$$x_E = \frac{4\left(\dfrac{3}{2} - k\right)^2 - 12}{3 + 4k^2}, \quad 从而 \quad y_E = kx_E + \frac{3}{2} - k.$$

又直线 AF 的斜率与 AE 的斜率互为相反数，在上式中以 $-k$ 代换 k，可得

$$x_F = \frac{4\left(\dfrac{3}{2} + k\right)^2 - 12}{3 + 4k^2}, \quad y_F = -kx_F + \frac{3}{2} + k.$$

所以直线 EF 的斜率为

$$k_{EF} = \frac{y_F - y_E}{x_F - x_E} = \frac{-k(x_F + x_E) + 2k}{x_F - x_E} = \frac{1}{2},$$

即直线 EF 的斜率为定值，其值为 $\dfrac{1}{2}$。

例 13 已知双曲线 $C: \dfrac{x^2}{a^2} - \dfrac{y^2}{b^2} = 1 (a, b > 0)$ 的两个焦点为 $F_1(-2, 0), F_2(2, 0)$,点 $P(3, \sqrt{7})$ 在曲线 C 上.记 O 为坐标原点,过点 $Q(0, 2)$ 的直线 l 与双曲线 C 相交于不同的两点 E, F.若 $\triangle OEF$ 的面积为 $2\sqrt{2}$,求直线 l 的方程.

解 依题意,有 $a^2 + b^2 = 4$,得双曲线方程为

$$\dfrac{x^2}{a^2} - \dfrac{y^2}{4-a^2} = 1 \quad (0 < a < 2).$$

将点 $(3, \sqrt{7})$ 代入上式,得

$$\dfrac{9}{a^2} - \dfrac{7}{4-a^2} = 1, \quad \text{解得} \quad a^2 = 2, a^2 = 18 (\text{舍去}).$$

故双曲线方程为 $\dfrac{x^2}{2} - \dfrac{y^2}{2} = 1$.

设直线 l 的方程为 $y = kx + 2$,代入双曲线 C 的方程并整理,得
$$(1 - k^2)x^2 - 4kx - 6 = 0. \qquad ⑦$$

因为直线 l 与双曲线 C 相交于不同的两点 E, F,所以有

$$\begin{cases} 1 - k^2 \neq 0, \\ \Delta = (-4k)^2 + 4 \cdot 6(1 - k^2) > 0 \end{cases} \Longleftrightarrow \begin{cases} k \neq \pm 1, \\ -\sqrt{3} < k < \sqrt{3}, \end{cases}$$

即
$$k \in (-\sqrt{3}, -1) \cup (-1, 1) \cup (1, \sqrt{3}) \qquad ⑧$$

设 E, F 的坐标分别为 $(x_1, y_1), (x_2, y_2)$,则由⑦式得 $x_1 + x_2 = \dfrac{4k}{1-k^2}, x_1 x_2 = \dfrac{-6}{1-k^2}$.于是

$$EF = \sqrt{(x_1 - x_2)^2 + (y_1 - y_2)^2} = \sqrt{(1+k^2)(x_1 - x_2)^2}$$

$$= \sqrt{1+k^2} \cdot \sqrt{(x_1 + x_2)^2 - 4x_1 x_2} = \sqrt{1+k^2} \cdot \dfrac{2\sqrt{2} \cdot \sqrt{3-k^2}}{|1-k^2|}.$$

而原点 O 到直线 l 的距离 $d = \dfrac{2}{\sqrt{1+k^2}}$,所以 $\triangle OEF$ 的面积

$$S_{\triangle OEF} = \dfrac{1}{2} d \cdot EF = \dfrac{1}{2} \cdot \dfrac{2}{\sqrt{1+k^2}} \cdot \sqrt{1+k^2} \cdot \dfrac{2\sqrt{2} \cdot \sqrt{3-k^2}}{|1-k^2|}$$

$$= \dfrac{2\sqrt{2} \cdot \sqrt{3-k^2}}{|1-k^2|}.$$

若 $S_{\triangle OEF} = 2\sqrt{2}$,即 $\dfrac{2\sqrt{2} \cdot \sqrt{3-k^2}}{|1-k^2|} = 2\sqrt{2} \Longleftrightarrow k^4 - k^2 - 2 = 0$,解得 $k = \pm\sqrt{2}$.这时 k 满足⑧式,故满足条件的直线 l 有两条,其方程分别为

$$y = \sqrt{2}x + 2 \quad \text{和} \quad y = -\sqrt{2}x + 2.$$

习 题 九

1. 设双曲线 $\dfrac{x^2}{a^2}-\dfrac{y^2}{b^2}=1(a,b>0)$ 的渐近线与抛物线 $y=x^2+1$ 相切,求该双曲线的离心率.

2. 过双曲线 $\dfrac{x^2}{a^2}-\dfrac{y^2}{b^2}=1(a,b>0)$ 的右顶点 A 作斜率为 -1 的直线,设该直线与双曲线的两条渐近线的交点分别为 B,C. 若 $\overrightarrow{AB}=\dfrac{1}{2}\overrightarrow{BC}$,求双曲线的离心率.

3. 已知直线 $y=k(x+2)(k>0)$ 与抛物线 $C:y^2=8x$ 相交于 A,B 两点,F 为 C 的焦点. 若 $FA=2FB$,求 k 的值.

4. 设双曲线 $\dfrac{x^2}{a^2}-\dfrac{y^2}{b^2}=1(a,b>0)$ 的虚轴长为 2,焦距为 $2\sqrt{3}$,求此双曲线的渐近线方程.

5. 已知双曲线 $C:\dfrac{x^2}{a^2}-\dfrac{y^2}{b^2}=1(a,b>0)$ 的右焦点为 F,过 F 且斜率为 $\sqrt{3}$ 的直线交 C 于 A,B 两点. 若 $AF=4FB$,求 C 的离心率.

6. 求原点且倾斜角为 $60°$ 的直线被圆 $x^2+y^2-4y=0$ 所截得的弦长.

7. 已知抛物线 C 的顶点在坐标原点,焦点为 $F(1,0)$,直线 l 与抛物线 C 相交于 A,B 两点. 若 AB 的中点为 $(2,2)$,求直线 l 的方程.

8. 已知双曲线 $\dfrac{x^2}{2}-\dfrac{y^2}{b^2}=1(b>0)$ 的左、右焦点分别是 F_1,F_2,其一条渐近线方程为 $y=x$,点 $P(\sqrt{3},y_0)$ 在双曲线上,求 $\overrightarrow{PF_1}\cdot\overrightarrow{PF_2}$ 的值.

9. 设抛物线 $y^2=2x$ 的焦点为 F,过点 $M(\sqrt{3},0)$ 的直线与抛物线相交于 A,B 两点,与抛物线的准线相交于 $C,BF=2$,求 $\triangle BCF$ 与 $\triangle ACF$ 的面积之比.

10. 已知抛物线 $C:y=2x^2$,直线 $y=kx+2$ 交 C 于 A,B 两点,M 是线段 AB 的中点,过 M 作 x 轴的垂线交 C 于点 N,求证:抛物线 C 在点 N 处的切线与 AB 平行.

11. 已知椭圆 $C_1:\dfrac{y^2}{a^2}+\dfrac{x^2}{b^2}=1\ (a>b>0)$ 的右顶点为 $A(1,0)$,过 C_1 的焦点且垂直长轴的弦长为 1. 设点 P 在抛物线 $C_2:y=x^2+h\ (h\in\mathbf{R})$ 上,C_2 在点 P 处的切线与 C_1 交于 M,N 两点. 当线段 AP 的中点与 MN 的中点的横坐标相等时,求 h 的最小值.

12. 已知抛物线 $C:x^2=y$ 上一点 P 的横坐标为 $t(t>0)$,过 P 的直线交 C 于另一点 Q,交 x 轴于点 M,过点 Q 作 PQ 的垂线交 C 于另一点 N. 若 MN 是 C 的切线,求 t 的最小值.

13. 已知双曲线 C 的方程为 $x^2-\dfrac{y^2}{2}=1$,直线 $x-y+m=0$ 与双曲线 C 交于 A,B 两点,

且线段 AB 的中点在圆 $x^2+y^2=5$ 上,求 m 的值.

14. 已知双曲线 C 的方程为 $x^2-\dfrac{y^2}{2}=1$,直线 l 是圆 $O: x^2+y^2=2$ 上动点 $P(x_0,y_0)$ $(x_0 y_0\neq 0)$ 处的切线,l 与双曲线 C 交于 A,B 两点,证明 $\angle AOB$ 的大小为定值.

15. 已知点 $P(x_0,y_0)$ 在椭圆 $\dfrac{x^2}{a^2}+\dfrac{y^2}{b^2}=1(a>b>0)$ 上,$x_0=a\cos\beta,y_0=b\sin\beta$ $\left(0<\beta<\dfrac{\pi}{2}\right)$,直线 l_2 与直线 $l_1: \dfrac{x_0}{a^2}x+\dfrac{y_0}{b^2}y=1$ 垂直,O 为坐标原点,直线 OP 的倾斜角为 α,直线 l_2 的倾斜角为 γ,证明:点 P 是椭圆 $\dfrac{x^2}{a^2}+\dfrac{y^2}{b^2}=1$ 与直线 l_1 的唯一交点.

16. 已知圆 $G:(x-2)^2+y^2=\dfrac{4}{9}$ 是椭圆 $\dfrac{x^2}{16}+y^2=1$ 的内接 $\triangle ABC$ 的内切圆,其中 A 为椭圆的左顶点(见图 9.4).过点 $M(0,1)$ 作圆 G 的两条切线交椭圆于 E,F 两点.证明:直线 EF 与圆 G 相切.

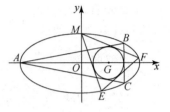

图 9.4

17. 若 P 为椭圆 $\dfrac{x^2}{16}+\dfrac{y^2}{7}=1$ 上的动点,M 为过 P 且垂直于 x 轴的直线上的点,$\dfrac{OP}{OM}=\lambda$,求点 M 的轨迹方程,并说明轨迹是什么曲线.

18. 已知抛物线 $E:y^2=x$ 与圆 $M:(x-4)^2+y^2=r^2(r>0)$ 相交于 A,B,C,D 四个点(见图 9.5).

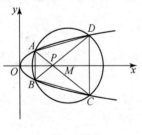

图 9.5

(1) 求 r 的取值范围;

(2) 当四边形 $ABCD$ 的面积最大时,求对角线 AC,BD 的交点 P 的坐标.

19. 设 P 为椭圆 $C:\dfrac{x^2}{16}+\dfrac{y^2}{7}=1$ 上的一个动点,M 为过 P 且垂直于 x 轴的直线上的点,$\dfrac{OP}{OM}=e$(e 为椭圆 C 的离心率),求点 M 的轨迹方程,并说明轨迹是什么曲线.

20. 已知 $\triangle ABC$ 的顶点 A,B 在椭圆 $x^2+3y^2=4$ 上,C 在直线 $l: y=x+2$ 上,且 $AB\parallel l$.当 AB 边通过坐标原点 O 时,求 AB 的长及 $\triangle ABC$ 的面积.

21. 已知抛物线 $y=x^2$ 和三个点 $M(x_0,y_0),P(0,y_0),N(-x_0,y_0)(y_0\neq x_0^2,y_0>0)$,过点 M 的一条直线交抛物线于 A,B 两点,AP,BP 的延长线分别交曲线 C 于 E,F(见图 9.6),求证:E,F,N 三点共线.

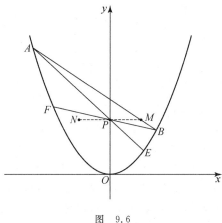

图 9.6

22. 设点 $P(x,y)$ 是椭圆 $\dfrac{x^2}{3}+y^2=1$ 上的一个动点,求 $S=x+y$ 的最大值.

23. 已知 $\triangle ABC$ 的顶点 A,B 在椭圆 $x^2+3y^2=4$ 上,C 在直线 $l:y=x+2$ 上,且 $AB\mathbin{/\mkern-6mu/} l$.当 $\angle ABC=90°$,且斜边 AC 的长最大时,求 AB 所在直线的方程.

24. 已知点 A 的坐标为 $(-\sqrt{5},0)$,B 是圆 $x^2+(y-\sqrt{5})^2=1$ 上的一点,点 M 在双曲线 $x^2-\dfrac{y^2}{4}=1$ 右支上,求 $MA+MB$ 的最小值,并求此时点 M 的坐标.

25. 设过抛物线 $y^2=2px\ (p>0)$ 的焦点 F 的直线与抛物线相交于 M,N 两点,自 M,N 向准线 l 作垂线,垂足分别为 M_1,N_1(见图 9.7),求证:$FM_1\perp FN_1$.

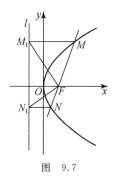

图 9.7

26. 设椭圆 $\dfrac{x^2}{a^2}+\dfrac{y^2}{b^2}=1(a>b>0)$ 的两个焦点分别为 $F_1(-c,0)$,$F_2(c,0)(c>0)$,过点 $E\left(\dfrac{a^2}{c},0\right)$ 的直线与椭圆相交于点 A,B 两点,且 $F_1A\mathbin{/\mkern-6mu/} F_2B,F_1A=2F_2B$.

(1) 求椭圆的离心率;　　(2) 直线 AB 的斜率;

(3) 设点 C 与点 A 关于坐标原点对称,直线 F_2B 上有一点 $H(m,n)(m\neq 0)$ 在 $\triangle AF_1C$ 的外接圆上,求 $\dfrac{n}{m}$ 的值.

27. 已知直线 $x-2y+2=0$ 经过椭圆 $C:\dfrac{x^2}{a^2}+\dfrac{y^2}{b^2}=1(a>b>0)$ 的左顶点 A 和上顶点 D,椭圆 C 的右顶点为 B,点 S 是椭圆 C 上位于 x 轴上方的动点,直线 AS,BS 与直线 $l:x=\dfrac{10}{3}$

分别交于 M, N 两点,求:

(1) 椭圆 C 的方程;　　　(2) 线段 MN 的长度的最小值.

本章参考文献

[1] 谷超豪. 数学辞典. 上海:上海辞书出版社,1992.

[2] 张奠宙. 中学几何研究. 北京:高等教育出版社,2006.

[3] 李文林. 数学史教程. 北京:高等教育出版社,2000.

[4] 刘影,程晓亮. 数学教学实践(高中分册). 北京:北京大学出版社,2010.

[5] 人民教育出版社,课程教材研究所,中学数学课程教材研究开发中心. 普通高中课程标准实验教科书·数学选修 1-1(A 版). 第 3 版. 北京: 人民教育出版社.2007.

[6] 人民教育出版社. 课程教材研究所,中学数学课程教材研究开发中心. 普通高中课程标准实验教科书·数学选修 4-4(B 版). 第 2 版. 北京: 人民教育出版社.2007.

[7] 人民教育出版社,课程教材研究所,中学数学课程教材研究开发中心. 普通高中课程标准实验教科书·数学选修 4-4(A 版). 第 2 版. 北京: 人民教育出版社.2007.

第十章 球面几何初步

> 球面既可看成半圆以它的直径为旋转轴旋转一周所成的曲面,又可看成与定点(球心)的距离等于定长(半径)的所有点组成的集合.球面上的几何(简称球面几何),主要考查球面上的点、线以及某些几何图形的性质和度量等.球面几何与人类的生产、生活息息相关.我们生活的地球可近似看成一个球,航海、航空、卫星定位等都离不开球面几何的知识.球面上的距离和角是球面上描述位置的基本概念.本章在介绍球面上的距离和角的度量方法的基础上,重点研究球面三角形.我们将研究球面三角形的内角和、两个球面三角形全等的判定、球面三角形的边角关系——正弦定理、余弦定理等.在球面三角形的基础上,给出球面多边形的概念,并用球面多边形的内角和定理推导简单多面体的欧拉公式,体会球面几何与拓扑学的联系.

第一节 球面几何的有关概念

球面与平面虽然都是几何图形,但是两者之间有很大的不同,同时又存在紧密的联系.我们可以通过类比欧氏几何的一些结论,猜想球面几何的相关结论;也可以通过这种类比,得到球面几何的研究方法.

一、平面与球面的位置关系

类比直线与圆的位置关系,我们知道,平面与球面的三种位置关系:

(1) 平面与球面相交:用任意一个平面去截一个球,截面是圆面,平面与球面的交线是一个圆.当平面与球面相交时,球心到平面的距离小于球的半径 r.

(2) 平面与球面相离:平面与球面不相交,没有交点.此时球心到平面的距离大于球的半径 r.

(3) 平面与球面相切:平面与球面相交且只有一个交点.此时球心到平面的距离等于球的半径 r.

球面被经过球心的平面截得的圆叫做**大圆**,被不经过球心的平面截得的圆叫做**小圆**. 当我们把地球看做一个球时,**经线**就是球面上从北极到南极的半个大圆,它以北极和南极为端点. 国际上,以过格林尼治天文台的经线为 $0°$**经线**. $0°$ 经线向东叫做**东经**,向西叫做**西经**. 地球球面上一点的经线的**经度**是过该点的经线所在半平面与 $0°$ 经线所成的二面角的大小. 赤道是一个大圆. 与赤道所在平面平行的平面截地球表面所得的小圆叫做**纬线**. 过地球球面上一点的纬线的**纬度**是该点与球心的连线与赤道平面所成的角的大小. 赤道以北叫做**北纬**,赤道以南叫做**南纬**. 赤道为 $0°$ **纬线**. 除赤道以外的其他纬线都是小圆.

很明显. 地球表面上任意一点由经度和纬度唯一确定. 如果没有特别说明,以后我们把地球看成球,把地球表面看成球面.

二、直线与球面的位置关系和球幂定理

直线与球面也有三种位置关系:

(1) 直线与球面相交:直线与球面有两个交点. 这条直线叫做球面的**割线**. 此时球心到直线的距离小于球的半径 r;

(2) 直线与球面相离:直线与球面没有公共点. 此时球心到直线的距离大于球的半径 r;

(3) 直线与球面相切:直线与球面有且只有一个公共点. 这个公共点叫做**切点**,这条直线叫做球面的**切线**. 此时球心到直线的距离等于球的半径 r.

容易证明,过球而外一点 P 作球面的切线,所有的切线长(切点与点 P 间的距离)相等,它们构成一个圆锥面.

我们知道,在平面几何中有切线长定理、切割线定理、相交弦定理,这些定理统称为圆幂定理. 类比圆幂定理,可以得到下面的结论.

定理 1 从球面外一点 P 向球面引割线,交球面于 Q,R 两点,再从点 P 引球面的任一切线,切点为 S,则 $PS^2 = PQ \cdot PR$.

证明 如图 10.1 所示,连结 SQ,SR. 由于两条相交直线 PS,PR 可唯一确定一个平面 α. 因此,由圆幂定理可知 $PS^2 = PQ \cdot PR$.

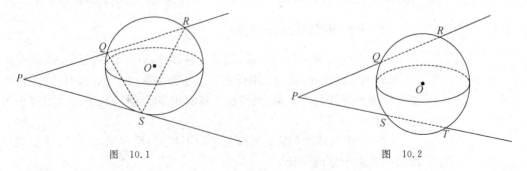

图 10.1 图 10.2

定理 2 从球外一点 P 向球面引两条割线,它们分别与球面相交于 Q,R,S,T 四点,则 $PQ \cdot PR = PS \cdot PT$(见图 10.2).

定理 3 设点 P 是球面内的一点,过点 P 作两条直线,它们分别与球面相交于 Q,R,S,T 四点,则 $PQ \cdot PR = PS \cdot PT$(见图 10.3).

定理 2 和定理 3 的证明留作练习.定理 1、定理 2 和定理 3 统称为**球幂定理**.

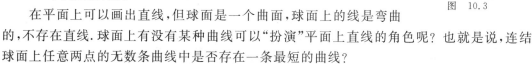

三、球面上的距离与角

1. 球面上的距离

在平面上可以画出直线,但球面是一个曲面,球面上的线是弯曲的,不存在直线.球面上有没有某种曲线可以"扮演"平面上直线的角色呢?也就是说,连结球面上任意两点的无数条曲线中是否存在一条最短的曲线?

图 10.3

我们用点 B,N 表示球面上的不同两个点,点 O 表示球心.显然,在球面上,点 B 与 N 之间可以连无数条曲线.在这无数条曲线中,有一条最短的.实际上,经过 B,N,O 三点(显然,这三点不在同一条直线上)的平面截球面,得到一个圆,这个圆是大圆.大圆上的两点 B,N 把大圆分成两段圆弧,长的一段叫做**优弧**,短的一段叫做**劣弧**.这段劣弧的长度就是球面上这两点之间的最短路径,我们称之为球面上两点之间的**距离**.因此,球面上连结两点之间的最短路径是经过这两点的一段大圆弧——劣弧.

由于不在同一条直线上的三点唯一确定一个圆,因此过球面上两点必可连一条大圆弧(劣弧),且只可连一条大圆弧(劣弧).这类似平面上经过两点可以连一条直线,且只可连一条直线;平面上两点之间的最短路径是线段.因此,球面上的大圆可以"扮演"平面上直线的角色.

尽管球面上的大圆可以"扮演"平面上直线的角色,但是两者之间也有很大的不同.平面上的两条直线可以相交:只有一个交点;也可以不相交(平行):没有交点.但是球面上任意两个大圆(类似平面上的两条直线)必定相交,且有两个交点.

因为球面上的两个大圆所在的平面都经过球心 O,所以这两个大圆所在的平面有一个公共点,因此这两个平面必有一条过球心 O 的相交直线.这条相交直线显然是球的直径所在的直线,而两个大圆的交点是这条直径的两个端点.我们把球的直径的两个端点称为**对径点**.因此,两个大圆相交于对径点.

平面上两点之间的距离在欧氏几何中起着重要作用.同样,球面上两点之间的距离在球面几何中也起着重要的作用.球面角、球面三角形、球面多边形等等都是在球面上两点之间距离的基础上定义的.

2. 球面上的角

在平面上过一点 A 作两条射线 AB,AC,它们构成的图形叫做角,记做 $\angle BAC$.类似地,我们定义球面上的角——球面角.

过球面上一点 A 作两条大圆弧 $\overparen{AB},\overparen{AC}$,它们构成的图形叫做**球面角**,仍记做 $\angle BAC$,其中点 A 称为球面角的**顶点**,大圆弧 $\overparen{AB},\overparen{AC}$ 称为球面角的**边**,分别记做 AB,AC.

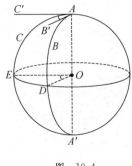

图 10.4

如图 10.4 所示，球面角 $\angle BAC$ 的两边 AB, AC 延长后相交于点 A 的对径点 A'。AB, AC 所在大圆的半平面构成一个二面角 $B\text{-}AA'\text{-}C$。显然，球面角 $\angle BAC$ 与二面角 $B\text{-}AA'\text{-}C$ 唯一对应。用二面角 $B\text{-}AA'\text{-}C$ 来度量球面角 $\angle BAC$，而二面角 $B\text{-}AA'\text{-}C$ 的大小用它的平面角来度量，这样球面角 $\angle BAC$ 的大小就可以用平面上的角来度量了。在二面角 $B\text{-}AA'\text{-}C$ 的棱 AA' 上，如果我们在球心 O 处，分别作 $OD \perp AA'$，$OE \perp AA'$，且它们分别交球面角 $\angle BAC$ 的两边 AB, AC 于 D, E 两点，那么 $\angle DOE$ 为二面角 $B\text{-}AA'\text{-}C$ 的平面角。这时，可用 $\angle DOE$ 的大小度量球面角 $\angle BAC$ 的大小。

从另外一个角度看，如果在点 A 处分别作大圆弧 $\overset{\frown}{AB}$ 和 $\overset{\frown}{AC}$ 的切线 AB' 和 AC'，显然 $AB' \perp AA'$，$OD \perp OA$，且 AB' 和 OD 在同一个平面内，所以 $AB' \parallel OD$。同理，$AC' \parallel OE$。所以 $\angle B'AC' = \angle DOE$。也就是说，$\angle DOE$ 等于点 A 处分别与球面角 $\angle BAC$ 两边 AB 和 AC 相切的射线 AB' 和 AC' 所成的角 $\angle B'AC'$。

在实际中，为了考虑问题的简便，二面角 $B\text{-}AA'\text{-}C$ 的平面角通常取为大圆的圆心角 $\angle DOE$。

由球面角的定义，我们再看一下经线经度的意义。地球球面上一点的经线是过该点的经线（半个大圆）所在半平面与过格林尼治天文台的经线所在半平面组成的二面角的大小。

四、球面上的基本图形

1. 极与赤道

地球上有南极、北极和赤道。在球面几何中，我们也引进"极"和"赤道"的概念。

如图 10.5 所示，我们知道，如果设点 N 为地球上的北极点，点 O 为地球的球心，那么半径 ON 垂直于赤道 L_N 所在的平面。也就是说，过球心 O 且垂直于地球半径 ON 的平面截地球球面所得的大圆是地球的赤道。

同样，如图 10.6 所示，我们可以在球面上任取一点 A，过球心 O 且垂直于球半径 OA 的平面截球面得到大圆 L_A，此时称点 A 为**极点**（简称**极**），称大圆 L_A 为以点 A 为极点的**赤道圆**（简称**赤道**）。

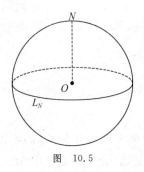

图 10.5

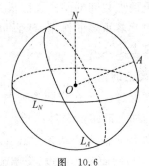

图 10.6

对于球面上的任意一点,均可得到与它对应的一个赤道;对于球面上的赤道,均可得到与它对应的两个极点.也就是说极与赤道是一体的,谁也离不开谁.有极就有与之对应的赤道;反之,有赤道就有与之对应的极.两者之间除此之外,是否还有其他紧密的联系?

容易知道,如果球的半径为 r,那么极点 A 与赤道上任意一点 B 的距离为 $\frac{\pi}{2}r$.也就是说,极与赤道上任意一点的距离相等.类比平面上点到直线的距离,我们引入极到赤道的距离的概念:极点与赤道上任意一点的距离称为**极到赤道的距离**.由于赤道是大圆,也就是球面上的一条"直线",因此这实际上是在讨论球面上一点(极)到与之对应的"直线"(赤道)的距离问题.

2. 球面二角形

球面二角形与球面角有着紧密的联系.如图 10.7 所示,我们把球面角 $\angle BAC$ 的两边 AB, AC 延长后相交于对径点 A' 所组成的图形 $ABA'C$ 称为**球面二角形**.因为它像天空中一轮弯弯的月亮,所以又称它为**月形**.月形也可以看做球面上由两个大圆的各一半所围成的图形.我们把 $\overset{\frown}{ABA'}$, $\overset{\frown}{ACA'}$ 称为球面二角形 $ABA'C$ 的**边**,记为 ABA', ACA',把球面角 $\angle BAC$ 或 $\angle BA'C$ 称为球面二角形 $ABA'C$ 的**夹角**.

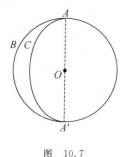

图 10.7

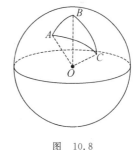

图 10.8

3. 球面三角形

我们把球面上三条"直线段"(即三条大圆的劣弧)首尾顺次相接构成的封闭图形称为球面三角形.也就是说,在球面上,给出不在同一大圆上的三点 A, B, C,可以得到经过这三点中任意两点的大圆的劣弧 $\overset{\frown}{AB}, \overset{\frown}{BC}, \overset{\frown}{CA}$,这三条劣弧组成的图称为**球面三角形**,记做球面 $\triangle ABC$(见图 10.8),其中三条劣弧称为球面 $\triangle ABC$ 的**边**,记做 AB, BC, CA;A, B, C 三点称为球面 $\triangle ABC$ 的**顶点**;三个球面角 $\angle BAC, \angle ABC, \angle ACB$ 称为球面 $\triangle ABC$ 的三个**内角**,分别简记为 $\angle A, \angle B, \angle C$.

如图 10.8 所示,由于球面 $\triangle ABC$ 的三边都是圆弧,如果分别连结球心 O 与 A, B, C 三点,由球面角的定义及其度量可知,球面 $\triangle ABC$ 的三个内角 $\angle A, \angle B, \angle C$ 可以分别由二面角 B-OA-C，A-OB-C，B-OC-A 来度量．另外，如果∠AOB=α（弧度），∠BOC=β（弧度），∠COA=γ（弧度），那么球面△ABC 的三边 AB，BC，CA 分别为 AB=rα，BC=rβ，CA=rγ，其中 r 为球的半径．特别地，若 r=1，则 AB=α，BC=β，CA=γ．

4. 三面角

从上面的讨论可以看出，无论是度量球面△ABC 的边长，还是它的内角，都涉及一个图形，即从球心 O 出发的三条线段 OA，OB，OC 组成的图形．如果延长三条线段 OA，OB，OC，使它们成为射线，那么这三条射线确定三个平面（类似三棱锥的侧面）（见图 10.9）．类比二面角，我们把由这三个平面构成的图形称为**三面角**，记为 O-ABC，其中点 O 称为三面角的**顶点**，OA，OB，OC 称为它的**棱**，∠AOB，∠BOC，∠COA 称为它的**面角**．三面角中每相邻两面构成的二面角称为它的二面角．一个三面角有三个二面角．

综上所述，球面△ABC 的三个内角对应于三面角 O-ABC 的三个二面角，三条边对应于三面角 O-ABC 的三个面角．

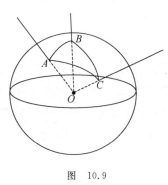

图 10.9

因为有上面的对应关系，对球面上边与角的研究就转化为立体几何中角的研究，即我们可以利用三面角的有关知识研究球面三角形．

5. 对顶三角形

给定球面△ABC，其顶点 A，B，C 的对径点分别为 A′，B′，C′．容易证明，分别经过 A′，B′，C′ 三点中任意两点的三条"直线段"（大圆劣弧）也构成一个球面三角形．我们把顶点分别为 A′，B′，C′ 的球面△A′B′C′ 称为球面△ABC 的**对顶三角形**（见图 10.10）．

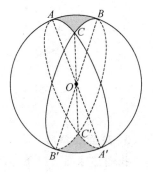

图 10.10

由对径点的定义显然可知，球面△A′B′C′ 的对顶三角形是球面△ABC．另外，容易看出，两个对顶的球面三角形关于球心对称．

6. 球极三角形

对于任意球面△ABC，假设与边 BC 所在大圆对应的极点为 A′，A″，与边 AC 所在大圆对应的极点为 B′，B″，与边 AB 所在大圆对应的极点为 C′，C″，而且点 A，A′，B，B′，C，C′ 在同一个半球面内（见图 10.11），我们称球面△A′B′C′ 为球面△ABC 的**极对称三角形**（或**球极三角形**）．

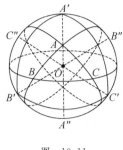
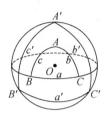

图 10.11　　　　　　　　　　　图 10.12

如图 10.12 所示，设球面 $\triangle ABC$ 的三边 BC,AC,AB 分别为 a,b,c，且它们对应的极点分别为 A',B',C'（它们与 A,B,C 在同一个半球面内），球面 $\triangle ABC$ 的极对称三角形 $\triangle A'B'C'$ 的三边 $B'C',A'C',A'B'$ 分别为 a',b',c'。因为点 B' 是 b 所在大圆的极点，所以点 A 与 B' 的距离是 $\frac{\pi r}{2}$（r 为球的半径）。同理，点 A 与 C' 的距离也是 $\frac{\pi r}{2}$。由于点 A 与点 B',C' 的距离都是 $\frac{\pi r}{2}$，因此，与点 A 对应的赤道是 a' 所在的大圆。同理可知，与点 B 的对应的赤道是 b' 所在的大圆，与点 C 的对应的赤道是 c' 所在的大圆。又因为点 A,A',B,B',C,C' 在同一个半球面内，所以球面 $\triangle A'B'C'$ 的极对称三角形是球面 $\triangle ABC$。也就是说，球面 $\triangle ABC$ 与它的球极 $\triangle A'B'C'$ 互为极对称三角形。

第二节　球面三角形

本节我们在类比平面三角形有关性质的基础上，讨论球面三角形三边之间的关系、球面等腰三角形、球面三角形的周长以及球面三角形的内角和，重点讨论球面三角形的内角和，并比较它们与平面三角形性质的异同点。

我们知道，两个半径相同的球面可以通过平移使它们重合，而两个半径不同的球面可以通过放大或缩小半径使它们重合，即它们是相似的。因此，在单位球面上讨论球面几何不失一般性。为了讨论方便，如果没有特别说明，我们重点讨论单位球面上的球面三角形的性质。

一、球面三角形三边之间的关系

我们知道，平面三角形的两边之和大于第三边，两边之差小于第三边。在球面三角形也有同样的结论。

如图 10.13 所示，在单位球面上，有一球面 $\triangle ABC$，球心为 O，那么 $O\text{-}ABC$ 是一个三面角，且

$BC = \angle BOC$，$CA = \angle COA$，$AB = \angle AOB$.
在三面角 $O\text{-}ABC$ 中,容易证明 $\angle AOB + \angle BOC > \angle COA$. 这样,我们得到：三面角中的两个面角之和大于第三个面角.

对应到球面三角形中,即有：球面三角形中,两边之和大于第三边,两边之差小于第三边.

二、球面"等腰"三角形

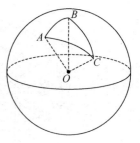

图 10.13

类似于"平面三角形的两边相等,那么它们的对角相等",在球面三角形中,等边对等角,反之亦然.也就是说,存在球面等腰三角形.下面我们用例子的形式给出它的证明.

例 1 已知在球面 $\triangle ABC$ 中,$AC = AB$,求证：$\angle B = \angle C$.

证明 要证 $\angle B = \angle C$,只需证二面角 $A\text{-}OB\text{-}C$ 等于二面角 $A\text{-}OC\text{-}B$ 即可.

如图 10.14(a),(b)所示,连结 OA, OB, OC,并把三面角 $O\text{-}ABC$ 和球面 $\triangle ABC$ 移出来(已放大). 作 $AD \perp$ 平面 OBC,垂足为 D;作 $DE \perp OB, DF \perp OC$,垂足分别为 E, F,连结 AE, AF. 因为 $OB \perp AD, OB \perp DE$,所以 $OB \perp$ 平面 ADE,从而 $OB \perp AE$. 同理 $OC \perp AF$.

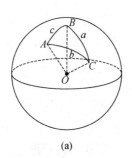
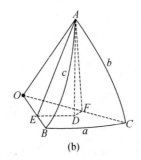

图 10.14

因为 $AC = AB$(指弧长相等),所以 $\angle AOB = \angle AOC$. 于是 $\text{Rt}\triangle AOE \cong \text{Rt}\triangle AOF$,因此
$$AE = AF.$$

同理 $\text{Rt}\triangle ADE \cong \text{Rt}\triangle ADF$,因此 $\angle AED = \angle AFD$. 又因为 $\angle AED, \angle AFD$ 分别为二面角 $A\text{-}OB\text{-}C$,二面角 $A\text{-}OC\text{-}B$ 的平面角,所以 $\angle B = \angle C$.

反过来,不难证明,在球面三角形中,等角对等边.同样,在球面三角形中,大角对大边,大边对大角.

三、球面三角形的周长

由于球面三角形的每条边长都是大圆的劣弧,都小于大圆周长的一半,因此,球面三角形的周长小于 3/2 个大圆周长,不能任意长.实际上,球面三角形的周长小于大圆周长.

例 2 求证：球面三角形的周长小于大圆周长.

证明 如图 10.15(a)所示，设球面 $\triangle ABC$ 的三条边长分别为 a,b,c，球心为 O，连结 OA,OB,OC，那么 $O\text{-}ABC$ 是一个三面角. 在三面角 $O\text{-}ABC$ 中，连结 AB,BC,AC（见图 10.15(b)）. 由于球面三角形的边长与三面角的面角之间的对应关系，我们把球面三角形的边长问题转化为三面角的面角问题.

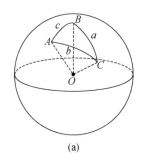
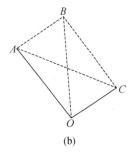

图 10.15

因为
$$\angle AOB = \pi - (\angle OAB + \angle OBA), \quad \angle BOC = \pi - (\angle OBC + \angle OCB),$$
$$\angle COA = \pi - (\angle OAC + \angle OCA),$$

所以
$$\angle AOB + \angle BOC + \angle COA$$
$$= 3\pi - (\angle OAB + \angle OBA + \angle OBC + \angle OCB + \angle OCA + \angle OAC).$$

因为三面角中的两个面角之和大于第三个面角，所以
$$\angle OAB + \angle OAC > \angle CAB, \quad \angle OBA + \angle OBC > \angle ABC,$$
$$\angle OCB + \angle OCA > \angle BCA.$$

而 $\angle CAB + \angle ABC + \angle BCA = \pi$，所以
$$\angle OAB + \angle OBA + \angle OBC + \angle OCB + \angle OCA + \angle OAC$$
$$> \angle CAB + \angle ABC + \angle BCA = \pi,$$

从而
$$\angle AOB + \angle BOC + \angle COA$$
$$= 3\pi - (\angle OAB + \angle OBA + \angle OBC + \angle OCB + \angle OCA + \angle OAC)$$
$$< 2\pi,$$

即三面角 $O\text{-}ABC$ 的三个面角的和小于 2π. 因此，球面 $\triangle ABC$ 的周长小于大圆周长.

四、球面三角形的内角和

平面三角形的一个非常重要的性质是内角和等于 π，球面三角形的内角和是否也是一个定值呢?

下面我们证明在半径为 r 的球面上,任意球面 $\triangle ABC$ 的面积为 $(A+B+C-\pi)r^2$,其中 A,B,C 分别为 $\angle A, \angle B, \angle C$ 的弧度表示. 特别地,在单位球面上,球面 $\triangle ABC$ 的面积为 $A+B+C-\pi$.

证明 如图 10.16 所示,设 A,B,C 三点的对径点分别为 A', B', C'. 我们分别观察以 A,B,C 为顶点的三个月形:

以 A 为顶点的月形 $ABA'C$:它可以看做由球面 $\triangle ABC$ 和球面 $\triangle A'BC$ 拼接在一起;

以 B 为顶点的月形 $BCB'A$:它可以看做由球面 $\triangle BCA$ 和球面 $\triangle B'CA$ 拼接在一起;

以 C 为顶点的月形 $CAC'B$:它可以看做由球面 $\triangle CAB$ 和球面 $\triangle C'AB$ 拼接在一起.

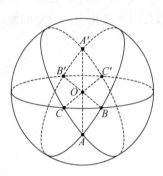

图 10.16

设球面 $\triangle ABC$ 的三个内角 $\angle A, \angle B, \angle C$ 分别为 A, B, C (弧度). 下面求月形 $ABA'C$ 的面积.

我们知道,月形 $ABA'C$ 的面积等于整个球面面积的 $\dfrac{A}{2\pi}$ 倍,即

$$月形\ ABA'C\ 的面积 = \dfrac{A}{2\pi} \times 4\pi r^2 = 2Ar^2,$$

因此,有

$$球面\ \triangle ABC\ 的面积 + 球面\ \triangle A'BC\ 的面积 = 月形\ ABA'C\ 的面积 = 2Ar^2, \qquad ①$$

$$球面\ \triangle ABC\ 的面积 + 球面\ \triangle B'CA\ 的面积 = 月形\ BCB'A\ 的面积 = 2Br^2, \qquad ②$$

$$球面\ \triangle ABC\ 的面积 + 球面\ \triangle C'BA\ 的面积 = 月形\ CAC'B\ 的面积 = 2Cr^2. \qquad ③$$

又有

$$球面\ \triangle ABC\ 的面积 + 球面\ \triangle A'BC\ 的面积 + 球面\ \triangle B'CA\ 的面积$$
$$+ 球面\ \triangle CA'B'\ 的面积 = 半球面面积, \qquad ④$$

$$球面\ \triangle CA'B'\ 的面积 = 球面\ \triangle C'AB\ 的面积. \qquad ⑤$$

①,②,③ 三式相加得

$$3 \times 球面\ \triangle ABC\ 的面积 + 球面\ \triangle A'BC\ 的面积 + 球面\ \triangle B'CA\ 的面积$$
$$+ 球面\ \triangle C'BA\ 的面积 = 2(A+B+C)r^2, \qquad ⑥$$

将 ④,⑤ 两式代入 ⑥ 式得

$$2 \times 球面\ \triangle ABC\ 的面积 + 2\pi r^2 = 2(A+B+C)r^2,$$

即

$$球面\ \triangle ABC\ 的面积 = (A+B+C-\pi)r^2.$$

因为面积是一个正数,因此球面三角形的内角和大于 π. 这一结论与平面三角形的内角和等于 π 有很大区别,也是球面几何作为非欧几何模型与欧氏几何不同的重要特征

之一.

由于球面三角形的内角所对的边都小于大圆的一半,所以每个内角都小于 π,因此,其内角和小于 3π. 实际上,由于球面三角形的周长小于大圆周长,球面三角形的内角和可以更小. 可以证明球面三角形的内角和小于 2π.

五、球面三角形全等

类似于平面三角形全等的定义,我们规定两个**球面三角形全等**是指两个图形完全相等,即球面三角形的六个元素:三条边、三个角,分别相等. 由于球面的半径不同,球面的大小也不一样,所以研究球面三角形的全等问题,只能在同一球面上或半径相等的球面上才有意义.

下面我们讨论两个球面三角形全等的判定.

"边边边"(s. s. s)**判定定理** 如果两个球面三角形的三对边对应相等,那么这两个球面三角形全等.

证明 由球面三角形与三面角的对应关系可知,由于两个球面三角形的三条边对应相等,所以与两个球面三角形对应的两个三面角的面角相等. 这时,如果能够证明这两个三面角中每两个面所成的二面角也相等,那么就证明了两个球面三角形中的角对应相等,从而两个球面三角形全等.

设球面 $\triangle ABC$ 与球面 $\triangle A'B'C'$ 的三条边对应相等,即 $\widehat{AB}=\widehat{A'B'}, \widehat{BC}=\widehat{B'C'}, \widehat{CA}=\widehat{C'A'}$.

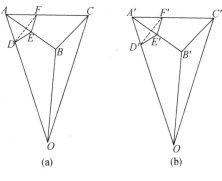

图 10.17

如图 10.17(a),(b)所示,在两个三面角 $O\text{-}ABC$ 和 $O\text{-}A'B'C'$ 中,连结 $AB,BC,CA,A'C',B'C',C'A'$. 因为等弧上的弦相等,所以
$$AB=A'B', \quad BC=B'C', \quad CA=C'A'.$$
因为两个三面角 $O\text{-}ABC$ 和 $O\text{-}A'B'C'$ 的三对面角相等,即
$$\angle AOB=\angle A'OB', \quad \angle BOC=\angle B'OC', \quad \angle COA=\angle C'OA'.$$
又因为 $OA=OB=OC=OA'=OB'=OC'$,所以
$$\triangle AOB\cong\triangle A'OB', \quad \triangle BOC\cong\triangle B'OC', \quad \triangle COA\cong\triangle C'OA',$$
从而
$$\angle OAB=\angle OA'B', \quad \angle OBC=\angle OB'C', \quad \angle OCA=\angle OC'A'.$$
又因为 $\triangle ABC\cong\triangle A'B'C'$,所以 $\angle BAC=\angle B'A'C'$.

在 OA 和 OA' 上分别取点 D 和 D',使 $AD=A'D'$,再过点 D 在平面 OAB 和 OAC 上作 OA 的垂线,分别交 AB 和 AC 于点 E 和 F;同样地,过点 D' 在平面 $OA'B'$ 和 $OA'C'$ 上作 OA' 的垂线,分别交 $A'B'$ 和 $A'C'$ 于点 E' 和 F'. 容易证明

$$\angle EDF = \angle E'D'F'.$$

又因为 $\angle EDF$ 和 $\angle E'D'F'$ 分别是二面角 B-OA-C 和 B'-OA'-C' 的平面角,所以这两个二面角相等.

同理可证另外两对二面角也相等.

由球面三角形的内角与三面角中二面角的对应关系,可得球面 $\triangle ABC$ 和球面 $\triangle A'B'C'$ 的三对内角对应相等. 所以,球面 $\triangle ABC$ 与球面 $\triangle A'B'C'$ 全等.

借助三面角我们还可以证明(证明略)下面一些球面三角形全等的判定定理.

"边角边"(s.a.s)判定定理 如果两个球面三角形的两对边对应相等,且它们的夹角也相等,那么这两个球面三角形全等.

"角边角"(a.s.a)判定定理 如果两个球面三角形的两对角对应相等,且它们的夹边也相等,那么这两个球面三角形全等.

"角角角"(a.a.a)判定定理 如果两个球面三角形的三对角对应相等,那么这两个球面三角形全等.

从球面三角形全等的"角角角(a.a.a)"判定定理可见,平面几何与球面几何有显著不同之处. 在平面几何中,如果两个三角形的三对角对应相等,那么这两个三角形相似,不一定全等;而在同一个球面上,如果两个球面三角形的三对角对应相等,那么这两个球面三角形全等. 也就是说,在同一个球面上,不存在相似三角形这个概念,或者说,"相似"的三角形必定全等.

六、球面三角形的正弦定理与余弦定理

平面三角形的边角之间存在定量的边角关系:正弦定理、余弦定理. 类似地,球面三角形其边角之间也存在正弦定理、余弦定理. 为了简便起见,我们考虑单位球面上的情形.

单位球面上的正弦定理 设单位球面上球面 $\triangle ABC$ 的三个内角分别为 A,B,C,它们所对应的三边长分别为 a,b,c,则

$$\frac{\sin A}{\sin a} = \frac{\sin B}{\sin b} = \frac{\sin C}{\sin c}.$$

证明 因为球面 $\triangle ABC$ 三边 BC,AC,AB 的长分别为 a,b,c,则 $a=BC=\angle BOC$(弧度),$b=AC=\angle COA$(弧度),$c=AB=\angle AOB$(弧度). 又球面 $\triangle ABC$ 的三个内角 A,B,C 分别等于二面角 C-OA-B, A-OB-C, A-OC-B 的大小.

下面我们首先看一下二面角 A-OB-C 和二面角 A-OC-B.

如图 10.18 所示,过点 A 作 $AD \perp$ 平面 OBC,点 D 为垂足,再过点 D 分别作 $DE \perp OB, DF \perp OC, E, F$ 为垂足,

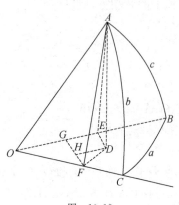

图 10.18

第二节 球面三角形

连结 AE, AF. 因为 DE 是 AE 在平面 OBC 内的射影，且 $DE \perp OB$，所以 $OB \perp AE$. 同理 $OC \perp AF$. 因此 $\angle DEA$ 和 $\angle DFA$ 分别是二面角 A-OB-C 和 A-OC-B 的平面角，所以
$$\angle DEA = B, \quad \angle DFA = C.$$

在 Rt$\triangle ADE$ 和 Rt$\triangle ADF$ 中，因为
$$AD = AE \sin \angle DEA = OA \sin \angle AOB \sin B = \sin c \sin B,$$
$$AD = AF \sin \angle DFA = OA \sin \angle AOC \sin C = \sin b \sin C,$$

所以
$$\sin c \sin B = \sin b \sin C, \quad 即 \quad \frac{\sin B}{\sin b} = \frac{\sin C}{\sin c}.$$

同理，得 $\dfrac{\sin A}{\sin a} = \dfrac{\sin C}{\sin c}$. 于是得到

$$\frac{\sin A}{\sin a} = \frac{\sin B}{\sin b} = \frac{\sin C}{\sin c}.$$

单位球面上的余弦定理 设单位球面上球面 $\triangle ABC$ 的三个内角分别为 A, B, C，它们所对应的三边长分别为 a, b, c，则
$$\begin{cases} \cos a = \cos b \cos c + \sin b \sin c \cos A, \\ \cos b = \cos c \cos a + \sin c \sin a \cos B, \\ \cos c = \cos a \cos b + \sin a \sin b \cos C. \end{cases}$$

证明 参考图 10.18，可知 $OF = \cos b, OE = \cos c$. 过点 F 作 $FG \perp OB$ 于点 G，则
$$OE = OG + GE, \quad OG = OF \cos a = \cos b \cos a.$$

过点 D 在平面 OBC 内作 $DH \perp FG$，垂足为 H，则 $DH /\!/ OB$. 所以 $\angle DFH = \angle BOC = a$，且四边形 $DEGH$ 是矩形，从而
$$GE = DH = DF \sin \angle BOC = AF \cos C \sin a = \sin b \sin a \cos C.$$
因此
$$\cos c = \cos a \cos b + \sin a \sin b \cos C.$$

同理，得
$$\cos a = \cos b \cos c + \sin b \sin c \cos A, \quad \cos b = \cos c \cos a + \sin c \sin a \cos B.$$

于是有
$$\begin{cases} \cos a = \cos b \cos c + \sin b \sin c \cos A, \\ \cos b = \cos c \cos a + \sin c \sin a \cos B, \\ \cos c = \cos a \cos b + \sin a \sin b \cos C. \end{cases}$$

如果球面的半径为 r，那么可知
$$\frac{BC}{r} = \frac{a}{r} = \angle BOC(弧度), \quad \frac{AC}{r} = \frac{b}{r} = \angle COA(弧度), \quad \frac{AB}{r} = \frac{c}{r} = \angle AOB(弧度).$$

因此，在上述推导过程中，分别用 $\dfrac{a}{r}, \dfrac{b}{r}, \dfrac{c}{r}$ 代替 a, b, c 就得到：

半径为 r 的球面上的正弦定理：

$$\frac{\sin A}{\sin \frac{a}{r}} = \frac{\sin B}{\sin \frac{b}{r}} = \frac{\sin C}{\sin \frac{c}{r}};$$

半径为 r 的球面上的余弦定理：

$$\begin{cases} \cos \frac{a}{r} = \cos \frac{b}{r} \cos \frac{c}{r} + \sin \frac{b}{r} \sin \frac{c}{r} \cos A, \\ \cos \frac{b}{r} = \cos \frac{c}{r} \cos \frac{a}{r} + \sin \frac{c}{r} \sin \frac{a}{r} \cos B, \\ \cos \frac{c}{r} = \cos \frac{a}{r} \cos \frac{b}{r} + \sin \frac{a}{r} \sin \frac{b}{r} \cos C. \end{cases}$$

对于平面 $\triangle ABC$，由于 $c^2 = a^2 + b^2 - 2ab\cos C$，若 $\angle C = \pi/2$，则 $c^2 = a^2 + b^2$，这是勾股定理. 同样，在球面 $\triangle ABC$ 中，若 $\angle C = \pi/2$，我们也称它为**球面直角三角形**. 由球面上的余弦定理同样可得球面直角三角形中三边之间的关系，我们不妨把它称为球面上的"勾股"定理.

球面上的"勾股"定理　设单位球面上球面 $\triangle ABC$ 的三个内角分别为 $\angle A, \angle B, \angle C$，其中一个内角 $\angle C = \pi/2$，三边 BC, AC, AB 的长分别为 a, b, c，则 $\cos c = \cos a \cos b$.

七、球面多边形与欧拉公式

球面几何有很多应用，用球面多边形的内角和公式证明拓扑学中的著名公式——欧拉公式就是一个重要的应用.

1. 球面多边形及其内角和公式

设在球面上有 n 个点：$A_1, A_2, A_3, \cdots, A_n$，且任意三点不在同一个大圆上，经过这 n 个点中任意两点作大圆，首尾顺次连结劣弧 $A_1A_2, A_2A_3, \cdots, A_{n-1}A_n$，如果这些劣弧互不相交，那么就把这些劣弧组成的封闭图形叫做**球面 n 边形**，记为球面 n 边形 $A_1A_2\cdots A_{n-1}A_n$，其中点 $A_1, A_2, A_3, \cdots, A_n$ 称为球面 n 边形的顶点，球面角 $\angle A_nA_1A_2, \angle A_1A_2A_3, \angle A_2A_3A_4, \cdots, \angle A_{n-1}A_nA_1$ 称为球面 n 边形的内角，分别简记为 $\angle A_1, \angle A_2, \angle A_3, \cdots, \angle A_n$. 类似平面凸多边形，如果球面 n 边形 $A_1A_2\cdots A_{n-1}A_n$ 总在它的每一边所在大圆一侧的半个球面内，那么称这个球面多边形为**球面凸 n 边形**. 下面我们均假设所讨论的球面 n 边形为球面凸 n 边形.

设单位球面上的 $n(n \geqslant 3)$ 边形 $A_1A_2\cdots A_{n-1}A_n$ 的 n 个内角 $\angle A_1, \angle A_2, \angle A_3, \cdots, \angle A_n$ 的弧度分别为 $A_1, A_2, A_3, \cdots, A_n, S$ 为这个球面 n 边形的面积，则

$$A_1 + A_2 + A_3 + \cdots + A_n = (n-2)\pi + S.$$

事实上，当 $n = 3$ 时，就是球面三角形的面积公式，结论显然成立. 当 $n = 4$ 时，总可以把两个不相邻的顶点用大圆弧连结起来，由于这两个不相邻的顶点都在一个大圆的半个球面内，所以这段圆弧是劣弧，因此这段劣弧把球面四边形分为两个球面三角形，而这两个球面三角形面积的和等于球面四边形的面积. 以此类推，便可得到球面五边形的面积公式，进而

得到球面 n 边形的内角和公式.

2. 简单多面体的欧拉公式

多面体是由若干个平面多边形所围成的封闭的几何体.如果一个多面体在它的每一个面所在的平面的同一侧,那么这个多面体称为凸多面体.

把多面体想象成由橡皮膜围成的,对这个橡皮膜做成的多面体进行充气,如果它能变成一个球面,我们把这样的多面体叫做**简单多面体**.

简单多面体的欧拉公式　如果用 V 表示简单多面体的顶点数,E 表示简单多面体的棱数,F 表示简单多面体的面数,则有 $V-E+F=2$.

证明　我们设想简单多面体 η 的表面是由橡皮膜围成的,所以它是可以任意变形的,即它各棱可以任意伸长、缩短或弯曲.

我们在这个橡皮膜的简单多面体 η 中,吹入足够的空气,使它变成一个单位球面 ϑ.在变形过程中,保持橡皮膜不被吹破.这样,简单多面体 η 的一个顶点就变成单位球面 ϑ 上的一个点,η 的一条棱就变成 ϑ 上的一段曲线,此时 η 的各边就变成 ϑ 上的一个"网络".此时,再调整此"网络",使其上的每一条曲线都变成 ϑ 上的一段大圆弧.于是,就把简单多面体 η 变成整个球面 ϑ,且 η 的一个面变成 ϑ 上的多边形.这时,η 的顶点数、棱数、面数与 ϑ 上的顶点数、棱数、面数完全相同.只需研究 ϑ 上的顶点数、棱数、面数关系就可以了.

把 η 的各个面编号:$1,2,\cdots,F$.η 的第 1 个面变成 ϑ 上的第 1 个球面多边形,设此球面多边形有 n_1 条边,它的 n_1 个内角的弧度数分别为 $\alpha_1,\alpha_2,\cdots,\alpha_{n_1}$,其面积为 S_1.由球面多边形的内角和公式有

$$\alpha_1+\alpha_2+\cdots+\alpha_{n_1}=n_1\pi-2\pi+S_1,$$

同理,η 的第 2 个面变成 ϑ 上的第 2 个球面多边形,设此球面多边形有 n_2 条边,它的 n_2 个内角的弧度数分别为 $\beta_1,\beta_2,\cdots,\beta_{n_2}$,其面积为 S_2.由球面多边形的内角和公式有

$$\beta_1+\beta_2+\cdots+\beta_{n_2}=n_2\pi-2\pi+S_2.$$

…………

η 的第 F 个面变成 ϑ 上的第 F 个球面多边形,设此球面多边形有 n_F 条边,它的 n_F 个内角的弧度数分别 $\gamma_1,\gamma_2,\cdots,\gamma_{n_F}$,其面积为 S_F.由球面多边形的内角和公式有

$$\gamma_1+\gamma_2+\cdots+\gamma_{n_F}=n_F\pi-2\pi+S_F.$$

我们将这 F 个式子相加,一方面,左边就是球面上 F 个多边形的内角和,也就是围绕每个球面多边形顶点球面多边形内角的和,而每个顶点处球面多边形的内角和为 2π,又知球面上"网络"的"顶点"数与 η 的顶点数是相同的,均为 V,故

$$左边 = 2\pi V.$$

另一方面,

$$右边 = n_1\pi-2\pi+S_1+n_2\pi-2\pi+S_2+\cdots+n_F\pi-2\pi+S_F$$

$$= \pi \sum_{j=1}^{F} n_j - 2\pi F + \sum_{j=1}^{F} S_j = \pi \sum_{j=1}^{F} n_j - 2\pi F + S,$$

其中 S 表示球面的面积（F 个球面多边形覆盖整个球面,其面积和为球面的面积）,即

$$S = \sum_{j=1}^{F} S_j = 4\pi.$$

我们注意到,$\sum_{j=1}^{F} n_j$ 表示球面上 F 个球面多边形边数总和的 2 倍. 这是因为,在这个总和中,每一个球面多边形的每一条边都被计算了 2 次（每一条边恰为某两个球面多边形的公共边）. 所以

$$\sum_{j=1}^{F} n_j = 2E,$$

其中 E 为简单多面体的棱数. 因此

$$2\pi V = 2\pi E - 2\pi F + 4\pi, \quad 即 \quad V - E + F = 2.$$

这个证明方法是法国数学家勒让德(Legendre)首先给出的.

习 题 十

1. 证明：从球外一点 P 向球面引两条割线,它们分别与球面相交于 Q,R,S,T 四点,则 $PQ \cdot PR = PS \cdot PT$.

2. 证明：设点 P 是球面内的一点,过点 P 作两条直线,它们分别与球面相交于 Q,R,S,T 四点,则 $PQ \cdot PR = PS \cdot PT$.

3. 设半径为 10 的球面上有一个球面 $\triangle ABC$,它的三条边长分别为 $2,4/3,3$,求它的三个内角.

4. 求证：在单位球面的球面等边 $\triangle ABC$ 中,若它的一个内角为直角,则它的一条边长为 $\pi/2$.

5. 设单位球面上球面 $\triangle ABC$ 的三个内角分别为 A,B,C,它们所对的三边长分别为 a,b,c,求证：

(1) $\sin \dfrac{A}{2} = \sqrt{\dfrac{\sin(s-b)\sin(s-c)}{\sin b \sin c}}$,其中 $s = \dfrac{1}{2}(a+b+c)$；

(2) $\cos \dfrac{A}{2} = \sqrt{\dfrac{\sin s \sin(s-a)}{\sin b \sin c}}$,其中 $s = \dfrac{1}{2}(a+b+c)$.

6. 球面上的三个大圆可以构成多少个球面三角形？

7. 设球面 $\triangle ABC$ 的三个角分别为 $\angle A, \angle B, \angle C$,且点 A,B,C 的对径点分别为 A',B',C',试分别求出球面 $\triangle A'BC, \triangle AB'C, \triangle ABC'$ 的三个内角与它们的面积.

8. 求证：球面三角形的内角和小于 2π.

9. 已知单位球面上三条大圆弧长分别为 $\pi/6, \pi/3, \pi/2$，以这三条大圆弧为边是否可以构成一个球面三角形？

10. 设单位球面上球面 $\triangle ABC$ 的三内角分别为 A, B, C，它们所对的三边长分别为 a, b, c，求证：
$$\cos A = -\cos B\cos C + \sin B\sin C\cos a,$$
$$\cos B = -\cos C\cos A + \sin C\sin A\cos b,$$
$$\cos C = -\cos A\cos B + \sin A\sin B\cos c.$$

本章参考文献

[1] 贝尔热 M. 周克希. 现代数学译丛几何(第五卷)：球面、双曲几何与球面空间. 周鹤荣, 译. 北京：科学出版社, 1991.

[2] 贝尔热 M. 周克希. 现代数学译丛几何(第二卷)：欧式空间、三角形、圆及球面. 陈志杰, 译. 北京：科学出版社, 1989.

[3] 人民教育出版社, 课程教材研究所, 中学数学课程教材研究开发中心. 普通高中课程标准实验教科书·数学选修 3-3·球面上的几何(A 版). 北京：人民教育出版社, 2007.

[4] 余金荣. 球面上的几何性质. 数学通讯, 2008, 5：34-35.

[5] 周斌. 聚焦高考中以球为载体的问题. 中学数学研究, 2009, 3：38-40.

[6] 王人连. 航海数学. 大连：大连海事大学出版社, 2000.